Wissenschaftliche Beiträge aus dem Tectum Verlag

Reihe Rechtswissenschaft

Wissenschaftliche Beiträge
aus dem Tectum Verlag

Reihe Rechtswissenschaft
Band 186

Zuhal Ayar

Die Vererblichkeit von Accountnutzungsvereinbarungen und -inhalten

Tectum Verlag

Zuhal Ayar
Die Vererblichkeit von Accountnutzungsvereinbarungen und -inhalten

Wissenschaftliche Beiträge aus dem Tectum Verlag
Reihe: Rechtswissenschaft; Bd. 186

Zugl. Diss. Humboldt-Universität zu Berlin, 2022

Eingereicht unter dem Originaltitel: „Vererblichkeit von Internet-Accounts“

ISBN 978-3-8288-4785-9
ePDF 978-3-8288-7894-5
ISSN 1861-7875

Gesamtverantwortung für Druck und Herstellung:
Nomos Verlagsgesellschaft mbH & Co. KG
Printed in Germany

Besuchen Sie uns im Internet
www.tectum-verlag.de

Bibliografische Informationen der Deutschen Nationalbibliothek
Die Deutsche Nationalbibliothek verzeichnet diese Publikation in der Deutschen Nationalbibliografie; detaillierte bibliografische Angaben sind im Internet über http://dnb.d-nb.de abrufbar.

Meinen Eltern

Vorwort

Die vorliegende Arbeit wurde im Sommersemester 2021 bei der Juristischen Fakultät der Humboldt-Universität zu Berlin als Dissertation eingereicht. Wesentliche Literatur und Rechtsprechung konnten bis März 2021 berücksichtigt werden.

An erster Stelle möchte ich mich ganz herzlich bei Frau Prof. Dr. Katharina de la Durantaye für die Betreuung dieser Arbeit bedanken. Besonderer Dank gilt auch Herrn Prof. Dr. Herbert Zech für die rasche Erstellung des Zweitgutachtens.

Dem Avicenna-Studienwerk danke ich nachdrücklich für die finanzielle Förderung meiner Promotion, vor allem aber fühle ich mich für die ideelle Förderung zu großem Dank verpflichtet. Ich durfte zahlreiche wundervolle Menschen kennenlernen, die mich fasziniert und sehr inspiriert haben.

Besonderer Dank gebührt weiterhin Frau Dr. Henrikje Budde und Frau Camilla Schloss, die insbesondere während meiner Promotionszeit eine große Stütze für mich waren. Sie haben mir nicht nur wertvolle Hinweise für meine Arbeit erteilt, sondern mich auch in jeder anderen Hinsicht unermüdlich unterstützt.

Mein herzlichster und ganz besonderer Dank geht an meine Familie, insbesondere an meine Eltern Ayşe und Abdullah Ayar. Sie haben mein ganzes Studium und meine Promotion großzügig unterstützt. Meine Eltern hatten selbst nicht die Chance zu studieren. Umso mehr haben sie alles dafür getan, damit ich diesen Weg gehen kann. Dafür bin ich ihnen unendlich dankbar.

Bu kitabı her daim yanımda olan ve akademik çalışmalarımda desteğini benden hiç esirgemeyen canım anneme ve babama armağan ediyorum.

Hamburg, im Februar 2022 *Zuhal Ayar*

Inhaltsverzeichnis

Einleitung

A. Problemstellung

I. Relevanz von Internet-Accounts Verstorbener

Die Internetnutzung hat im Laufe ihrer noch kurzen Historie bereits viele Rechtsfragen aufgeworfen. Zu den kontrovers diskutierten Sachverhalten zählt auch die Frage, welche Positionen aus der Onlinewelt zum Nachlass einer Person dazugehören; dies ist unter der Bezeichnung „Digitaler Nachlass“ bekannt. Die Vielfalt der im Internet bestehenden Rechte und Rechtsbeziehungen und die stetig zunehmende Nutzung von Internetdiensten und -plattformen sorgen für eine komplexe Materie.

78 Prozent aller Deutschen haben einen E-Mail-Account,[1] den sie für eine Vielzahl unterschiedlicher Kommunikationsvorgänge nutzen. 60 Prozent der Internetnutzer haben sogar zwei oder mehr E-Mail-Accounts,[2] jeder Fünfte verschickt täglich private E-Mails.[3] Seit geraumer Zeit sind aber die E-Mail-Accounts nicht mehr die am häufigsten genutzten Internetdienste: 87 Prozent der Internetnutzer sind inzwischen in einem sozialen Netzwerk angemeldet.[4] Im Schnitt haben Internet-

---

1 https://www.pressebox.de/pressemitteilung/bitkom-bundesverband-informationswirtschaft-telekommunikation-und-neue-medien-ev/Fast-80-Prozent-aller-Deutschen-nutzen-E-Mails/boxid/693174 (Alle Links in diesem Dokument wurden zuletzt am 5.5.2022 abgerufen). Account ist die englische Bezeichnung für ein Benutzerkonto für Internetdienste.

2 https://www.pressebox.de/pressemitteilung/bitkom-bundesverband-informationswirtschaft-telekommunikation-und-neue-medien-ev/e-mails-trend-zur-privaten-zweitadresse/boxid/703573.

3 https://www.it-times.de/news/jeder-funfte-internet-nutzer-schickt-taglich-private-e-mails-107467/.

4 https://www.bitkom-research.de/de/pressemitteilung/jeder-dritte-kann-sich-ein-leben-ohne-social-media-nicht-mehr-vorstellen.

nutzer 20 bis 25 Accounts bei unterschiedlichen Diensten.[5] Im Rahmen der Nutzung dieser Dienste sammelt eine Person im Laufe ihres Lebens schätzungsweise durchschnittlich 88 Gigabyte Daten an.[6] Bei Instagram werden beispielsweise weltweit täglich 80 Millionen Fotos hochgeladen.[7]

Es ist aber eine andere Schätzung, die Anlass zur Auseinandersetzung mit dem in dieser Arbeit behandelten Thema gibt: Das größte soziale Netzwerk – Facebook – mit weltweit rund 2,2 Milliarden aktiven Nutzern monatlich[8] verliert Schätzungen zufolge alle drei Minuten ein Mitglied, weil dieses verstirbt.[9] Immer mehr Angehörige oder Erben haben das Bedürfnis, auf die Daten der Verstorbenen in den jeweiligen Accounts zuzugreifen. Es sind aber nicht nur die emotionalen Interessen der Erben, die den Account für diese interessant machen: Nach einer Umfrage von McAfee, einem zu Intel gehörenden Sicherheitsunternehmen, schätzen beispielsweise die US-amerikanischen Verbraucher den Wert ihrer digitalen Güter auf durchschnittlich 55 000 US-Dollar.[10] Zu diesen wertvollen Gütern zählen virtuelle Objekte in Spielen, Bilder, Musik sowie Kundendaten. Darüber hinaus gibt es Inhalte, die für die Nachlassabwicklung relevant sein könnten, wie beispielsweise Vertragsdokumente, Abonnements und Onlinerechnungen.[11]

Die Verbraucherzentrale Bundesverband hat Ende Oktober 2014 eine Kampagne zum „digitalen Nachlass“ gestartet.[12] Ziel der Kampagne war es, die Verbraucher in Bezug auf ihre digitalen Hinterlassenschaf-

---

5 *Watkins*, 62 BUFF. L. REV. 193, 194 (2014).

6 *Carroll/Romano*, S. 39.

7 https://www.verbaende.com/news/pressemitteilung/fotos-mit-dem-smartphone-teilen-boomt-106153/.

8 https://de.statista.com/statistik/daten/studie/37545/umfrage/anzahl-der-aktiven-nutzer-von-facebook/.

9 *Brucker-Kley/Kurtz* in Brucker-Kley/Keller/Kurtz/Pärli/Schweitzer/Studer, S. 24.

10 *Grenne*, Passing Down Digital Assets, WALL STREET JOURNAL (31. August 2012), https://www.wsj.com/articles/SB10000872396390443713704577601524091363102.

11 *Martini*, JZ 2012, 1145, 1146; *Klas/Möhrke-Sobolewski*, NJW 2015, 3473, 3474.

12 https://www.verbraucherzentrale.de/wissen/digitale-welt/datenschutz/digitale-vorsorge-digitaler-nachlass-was-passiert-mit-meinen-daten-12002.

ten zu sensibilisieren. Die Verbraucherzentrale weist darauf hin, dass aufgrund der unklaren Rechtslage für die Erben praktische Schwierigkeiten bestehen, die digitalen Hinterlassenschaften zu verwalten; diese Schwierigkeiten könnten umgangen werden, wenn die Nutzer zu Lebzeiten Regelungen in Bezug auf ihre Internet-Accounts träfen.[13]

In der Praxis wird mit den Anfragen der Erben unterschiedlich umgegangen. Nur wenige Anbieter gewähren den Angehörigen beziehungsweise Erben Zugriff auf die Inhalte. In Einzelfällen ist es möglich, eine Kopie der Inhalte zu bekommen.[14] Google behält sich beispielsweise eine Entscheidung im Einzelfall vor und verlangt für die Legitimation des Zugriffes auf die Inhalte auch die Vorlage einer Sterbeurkunde des Nutzers und eine Berechtigung des Erben in Form eines Testaments oder eines Erbscheins.[15] Eine Besonderheit besteht bei Facebook: Nur unmittelbare Familienangehörige können die Schließung des Accounts verlangen,[16] aber jedermann kann unter Vorlage eines Todesnachweises die Herstellung eines Gedenkzustands in die Wege leiten.[17] Der Gedenkzustand des Accounts führt dazu, dass dieser nicht mehr genutzt werden kann – ein Zugriff ist nicht mehr möglich. Lediglich die bereits bestehenden Kontakte können auf die Pinnwand des Verstorbenen schreiben und Erinnerungen teilen.[18] Facebook sieht diesen Dienst selbst als eine Art der Trauerbewältigung an. Die bereits bestehenden Kontakte sollen die Möglichkeit haben, sich durch Kondolenzbekundungen gegenseitig Trost zu spenden. Gleichzeitig sollen sie aber auch vor (schmerzlichen) Erinnerungen bewahrt werden; deshalb werden von Profilen, die in den Gedenkzustand versetzt wurden, keine Erinnerungen an Geburtstage, gemeinsame Erlebnisse oder Ähnliches

13 https://www.verbraucherzentrale.de/wissen/digitale-welt/datenschutz/digitale-vorsorge-digitaler-nachlass-was-passiert-mit-meinen-daten-12002.

14 https://newsroom.gmx.net/2013/04/08/rechtzeitig-an-den-digitalen-nachlass-denken/.

15 https://support.google.com/mail/answer/14300?hl=de&uls=de#1.

16 https://www.facebook.com/help/275013292838654/?helpref=hc_fnav.

17 https://www.facebook.com/help/275013292838654/?helpref=hc_fnav.

18 https://www.facebook.com/help/1017717331640041/info-zu-konten-im-gedenkzustand/?helpref=hc_fnav.

versendet. Diese Profile erscheinen dann auch nicht mehr bei den Vorschlägen für neue Freunde.[19]

Jedoch regeln die wenigsten Anbieter die Vorgehensweise bei einem Todesfall des Nutzers in ihren Nutzungsbedingungen. Meistens sind es „Hilfeseiten", die Informationen dazu enthalten, was mit den Accounts im Todesfall passiert. Die Erben müssten sich also auf der Seite des Anbieters durchklicken, um herauszufinden, wie sie vorgehen müssen. Die Regelungen können auch geändert werden, da keine verbindliche Vereinbarung darüber besteht. Hat ein Unternehmen gar keine Regelung getroffen und weigert sich, die Inhalte herauszugeben, können die Erben nur im Klagewege versuchen, Zugriff auf die Accounts zu erhalten.[20]

Mit dem wachsenden Bedürfnis nach einer Regelung für den Zugang Dritter zu einem Internet-Account, hatte zunächst Google einen sogenannten Kontoinaktivität-Manager eingeführt: Die Nutzer können bestimmen, was mit ihren Daten geschehen soll, wenn sie innerhalb eines bestimmten Zeitraums ihren Account nicht benutzt haben.[21] Facebook hat ebenfalls kurz nach Google eine Option für die Nutzer eingeführt, mit der diese regeln können, wie mit ihren Accounts zu verfahren ist, wenn sie versterben.[22] Die Nutzer können dabei auswählen, ob ein anderer Nutzer Zugriff auf den Account erhalten soll oder ob dieser gelöscht wird.[23]

II. Stand der Diskussion in Deutschland

In Deutschland wurde 2015 die erste Klage vor dem Landgericht Berlin anhängig.[24] Die klagenden Eltern, die Zugriff auf den Facebook-

19 https://www.facebook.com/help/1017717331640041/info-zu-konten-im-gedenkzustand/?helpref=hc_fnav.

20 Vgl. ausführlichen zu den Interessen der Beteiligten, *Thiesen*, S. 2ff.

21 https://support.google.com/accounts/answer/3036546?hl=de.

22 https://www.facebook.com/help/1568013990080948.

23 https://www.facebook.com/help/103897939701143.

24 LG Berlin DNotZ 2016, 537.

Account ihrer verstorbenen Tochter begehrten, obsiegten. Facebook gab sich mit der Entscheidung allerdings nicht zufrieden, und das Kammergericht entschied als Berufungsinstanz, dass dem Zugriffsbegehren der Eltern nicht entsprochen werden könne.[25] In erbrechtlicher Hinsicht ließ das Gericht das Ergebnis offen, da es sowohl für als auch gegen die Vererblichkeit Gründe sah. Bereits das Telekommunikationsrecht sprach nach Ansicht des Kammergerichts jedoch gegen den Zugriff auf den Facebook-Account. Der Bundesgerichtshof (BGH) wiederum entschied auf die Revision der Eltern, dass dem Zugriffsbegehren der Eltern stattzugeben sei.[26] Anschließend gab Facebook die Account-Inhalte auf einem USB-Stick mit mehr als 14.000 Seiten an die Eltern heraus. Die Eltern begehrten allerdings Zugang zum Account selbst, um sich die Inhalte dort anschauen zu können. Das Landgericht Berlin setzte daraufhin auf Antrag der Eltern ein Zwangsgeld gegen Facebook fest, wegen Nichterfüllung des Urteils. Das Kammergericht hob auf Antrag von Facebook den Beschluss des Landgerichts auf, weil es der Auffassung war, dass durch die Herausgabe der Inhalte die Verpflichtung aus dem landgerichtlichen Urteil erfüllt war. Der Beschluss des Kammergerichts wurde wiederum vom BGH aufgehoben. Der BGH legte neben der eigenen Entscheidung das landgerichtliche Urteil dahingehend aus, dass die Verpflichtung auf Zugang zum Account aus dem Urteil des Landgerichts nur dann erfüllt sei, wenn die Erben sich im Account so bewegen könnten wie die Erblasserin. Eine aktive Nutzung des Accounts sei indes ausgeschlossen. Es sei auch denkbar, dass die Herausgabe der Inhalte ausreiche, um die Verpflichtung auf Zugang zu erfüllen, falls es sich bei den herausgegebenen Inhalten um ein Abbild des Accounts handle, welches gewährleiste, dass die Erben sich durch diese Inhalte genauso navigieren können, wie im Account selbst.[27]

Welche Auswirkungen das Urteil tatsächlich auf die Praxis haben wird, bleibt abzuwarten. Der Streit um die Auslegung, wie ein Zugangsan-

25 KG Berlin ZUM-RD 2017, 524.
26 BGH NJW 2018, 3178.
27 BGH GRUR 2020, 1348, 1350.

spruch erfüllt werden kann, zeigt, dass die sehr weitgehende BGH-Entscheidung keine Rechtssicherheit gebracht hat. Nicht nur ist noch unklar, wie lange die Erben von diesem Zugangsanspruch Gebrauch machen können, es ist auch nicht klar, auf welche anderen Accounts diese Grundsätze übertragen werden können.[28] Ungeklärt ist vor allem auch die Frage, ob und in welchen Fällen die Erben den Account auch nutzen können.

Es ist auch nicht auszuschließen, dass die Diensteanbieter in Zukunft vertraglich die Vererblichkeit ausschließen. Wird die Vererblichkeit des Vertrages wirksam ausgeschlossen, stünde den Erben auch kein Recht auf Zugang zu, den sie von der Nutzungsvereinbarung ableiten. In diesem Fall müsste ein originäres Recht an den Inhalten geprüft werden.

III. Stand der Diskussion in den USA

In den USA kam es bereits im Jahr 2005 zu einer ersten Rechtsstreitigkeit.[29] Eine Familie wollte nach dem Tod ihres Sohnes, der im Irak als Soldat gefallen war, Zugriff auf dessen E-Mail-Account erlangen, um ein Kriegstagebuch zu veröffentlichen. Der Diensteanbieter[30] Yahoo verweigerte den Zugang mit einem Hinweis auf seine Nutzungsbedingungen.[31] In einem ähnlichen Fall wollten die Eltern Zugang zum Facebook-Account ihres verstorbenen Sohnes, um an das „Look-Back-Video"[32] über dessen Leben zu gelangen. Facebook reagierte erst, nach-

28 Ayar, GRUR-Prax 2020, 496.

29 Vgl. dazu *Atwater*, 2006 UTAH L. REV. 397, 400 (2006); *Cummings*, 15 MINN. J. L. SCI. & TECH, 897, 899 (2014).

30 Diensteanbieter ist nach § 2 Nr. 1 TMG jede natürliche oder juristische Person, die eigene oder fremde Telemedien zur Nutzung bereithält oder den Zugang zur Nutzung vermittelt; bei audiovisuellen Mediendiensten auf Abruf ist der Diensteanbieter jede natürliche oder juristische Person, die die Auswahl und Gestaltung der angebotenen Inhalte wirksam kontrolliert.

31 http://www.spiegel.de/netzwelt/web/getoeteter-us-soldat-wem-gehoeren-justins-e-mails-a-336723.html.

32 Ein Video mit den herausragenden Beiträgen aus der eigenen Chronik.

dem die Eltern medienwirksam auf ihr Anliegen aufmerksam gemacht hatten.[33]

Die in Folge dieser Auseinanderetzungen geführte Debatte in der Literatur konzentrierte sich vor allem darauf, inwiefern persönlichkeitsrechtliche Aspekte des Erblassers und auch Dritter einer Herausgabe der Accounts-Inhalte, die teilweise auch als Eigentum[34] eingestuft wurden, entgegenstehen.[35]

Die National Conference of Uniform State Laws (auch Uniform Law Commission genannt (ULC)), deren Aufgabe es ist Gesetzesvorschläge auszuarbeiten, die von den einzelnen Bundesstaaten dann übernommen werden können, hat 2014 einen ersten Gesetzesentwurf zum Umgang mit digitalen Gütern (Uniform Fidicuiary Access to Digital Assests Act (UFADAA) erstellt. Der Entwurf sah vor, dass die berechtigten Treuhänder[36] im Wesentlichen die gleichen Rechte hatten wie die Erben.

Der Entwurf stieß aber vielerorts auf Kritik. Der Hauptkritikpunkt betraf die fehlende Berücksichtigung der Privatsphäre des verstorbenen Nutzers und Dritter, mit denen dieser kommuniziert hatte.[37] Obwohl in den USA der Schutz von Daten insgesamt und daher auch der Schutz der Daten Verstorbener eine deutlich geringere Bedeutung beigemessen wird, konnte sich der Entwurf der ULC aufgrund dieser Bedenken zum Schutz der Privatsphäre nicht durchsetzen. Insbesondere die Risiken, die durch die Weitergabe der Kommunikationsinhalte für die Beteiligten entstehen könnten, waren ausschlaggebend für den

33 http://www.pcwelt.de/news/Facebook_zeigt_Mitleid_mit_trauerndem_Vater-Look_Back-8516786.html.

34 *Fairfield*, 85 B.U.L. Rev. 1047, 1049 (2005); *Kutler*, 26 Berkeley Tech. L.J. 1641, 1649 (2011).

35 statt vieler *Darrow/Ferrera*, 10 N. Y. U. J. Legis. & Pub. Pol'y 281, 314 (2007); *Holland Capel*, 30 Berkeley Tech. L. J. 1211, 1233 (2015).

36 Treuhänder können Anwälte; Vermögensverwalter oder andere durch den Erblasser oder von Gerichts wegen als Vertreter bestimmte Personen sein. Erben haben auch nur dann Zugriffsrechte, wenn sie Treuhänder sind.

37 Ein großes Gewicht hatte vor allem die Stellungnahme der American Civil Liberties Union (ACLU). Die Stellungnahme, die von allen teilnehmenden Organisationen unterschrieben wurde, ist abrufbar unter: https://cdt.org/files/2015/01/Joint-Letter-re-ULC-Bill-general-statement-2-FINAL.pdf.

zweiten Entwurf der ULC. Im Gegensatz zum ersten Entwurf sieht der zweite Entwurf, der sogenannten Revised Uniform Fiduciary Access to Digital Assets Act (RUFADAA)[38] nicht mehr vor, dass Kommunikationsinhalte „per default" also standardmäßig an die Treuhänder herausgegeben werden. Grundsätzlich entscheidet der Erblasser über das Schicksal seines „digitalen Nachlasses" und insbesondere darüber, ob die Kommunikationsinhalte Teil des Nachlasses werden. Sofern es keine Anhaltspunkte dafür gibt, dass der Erblasser den Zugriff auf seinen Account durch Dritte wünschte, ist dieser ausgeschlossen. Der erste Anhaltspunkt für den Willen des Nutzers ist die entsprechende Wahl einer vom Provider online angebotenen Funktion (Online Tool).[39] Sollte der Nutzer eine entsprechende Funktion des Providers nicht genutzt haben oder sollte diese Funktion nicht angeboten worden sein, kommt es auf den Wunsch des Nutzers an, der in einem Testament, einer Vollmacht oder einer anderen Aufzeichnung zum Ausdruck gebracht wurde. Sollte der Nutzer von beiden Möglichkeiten keinen Gebrauch gemacht haben, gelten die Bestimmungen in den Nutzungsbedingungen. Die Treuhänder[40] könnten sodann den Inhalt des Accounts mit Ausnahme von Nachrichten herausverlangen. Bei Nachrichten kann der Treuhänder ein Verzeichnis verlangen, aus dem hervorgeht, mit wem der Nutzer zu welcher Zeit kommuniziert hat.

B. Untersuchungsgegenstand

Die Rechtsprobleme um den Zugangsanspruch zu Accounts und den Inhalten werden häufig unter dem Schlagwort „digitaler Nachlass" diskutiert. Darunter verstehen die meisten Autoren unterschiedliche Rechte und Rechtsstellungen, die weitgehend durch die Informations-

38 Abrufbar unter: https://www.uniformlaws.org/committees/community-home?CommunityKey=f7237fc4-74c2-4728-81c6-b39a91ecdf22.

39 Entsprechende Regelungen haben sowohl Google als auch Facebook für ihre Dienste eingeführt.

40 In erster Linie gehören die Erben nicht zu den Berechtigten, die den digitalen Nachlass regeln. Nur für den Fall eines Testaments oder einer gerichtlichen Anordnung kann ein Erbe *Personal Representative* im Sinne des RUFADAA werden.

technologie entstanden sind.[41] Die meisten Definitionen beschreiben aber nicht, nach welchen Kriterien die Zuordnung dieser Positionen zum „digitalen Nachlass“ erfolgen soll. Richtigerweise kann es keine Definition des „digitalen Nachlass“ geben, weil dadurch das Ergebnis der Prüfung, welche digitalen Positionen vererblich sind, vorweggenommen wird. Der Begriff des Nachlasses hat im Erbrecht die gleiche Bedeutung wie der Begriff der Erbschaft.[42] Die Erbschaft ist dabei der rechtliche und der Nachlass der wirtschaftliche Ausdruck für die vererblichen Vermögenspositionen des Erblassers.[43] Es kann somit lediglich festgestellt werden, welche Positionen des Erblassers, die durch Informationstechnologie entstehen, zum vererblichen Vermögen gehören.

Diese Arbeit beschränkt sich auf die Untersuchung von Accounts. Bisher fehlt eine Untersuchung, die sich mit unterschiedlichen Account-Arten auseinandersetzt. Die vorliegende Arbeit untersucht daher die Vererblichkeit von unterschiedlichen Account-Arten und ihren Inhalten. Ein Account ist ein passwortgeschütztes Benutzerkonto, das den Zugang zu einer digitalen Dienstleistung ermöglicht. Eine digitale Dienstleistung wird in der Richtlinie über bestimmte vertragsrechtliche Aspekte der Bereitstellung digitaler Inhalte und digitaler Dienstleistungen (Digitale-Inhalte-Richtlinie) definiert als: Dienstleistungen, die dem Verbraucher die Erstellung, Verarbeitung oder Speicherung von Daten in digitaler Form oder den Zugang zu solchen Daten ermöglichen, oder Dienstleistungen, die die gemeinsame Nutzung der vom Verbraucher oder von anderen Nutzern der entsprechenden Dienstleistung in digitaler Form hochgeladenen oder erstellten Daten oder sonstige Interaktionen mit diesen Daten ermöglichen.[44] Die Digitale-Inhalte-Richtlinie definiert auch die digitalen Inhalte als Daten, die

41 *Bräutigam* in DAV-Stellungnahme Nr. 34/2013, S. 93; *Deusch*, ZEV 2014, 2, 2; *Herzog*, NJW 2013, 3745, 3745; siehe auch *Ludyga*, ZEV 2018, 1, der „digitales Vermögen“ als geeigneteren Begriff bezeichnet.

42 *Leipold*, Erbrecht, S. 13; *Weidlich* in Palandt, § 1922 Rn. 7.

43 Vgl. *Lange/Kuchinke* § 5 I (S. 84).

44 Art. 2 Nr. 2 Digitale-Inhalte-Richtlinie, abrufbar unter: https://eur-lex.europa.eu/legal-content/DE/TXT/HTML/?uri=CELEX:32019L0770&from=DE#d1e831-1-1

in digitaler Form erstellt und bereitgestellt werden.[45] Diese Definition sind zwar nicht darauf begrenzt, dass diese digitalen Dienste und digitalen Inhalte nur durch die Erstellung eines Accounts genutzt werden können, in den meisten Fällen ist das aber der Fall. Zumindest aber wird diese Arbeit auf die digitalen Dienstleistungen begrenzt, die mithilfe eines Accounts genutzt werden können, da es um die Frage geht, ob die Inhaberschaft an diesem Account oder andere Rechte auf den Erben übergehen.

Ein Account wird durch die Registrierung des Nutzers auf der Seite des Diensteanbieters von diesem eingerichtet. Der Account ermöglicht sodann den Zugang zu dem Dienst und die wiederkehrende, auf Dauer angelegte Nutzung der Dienstleistung. Der Nutzer ist der „Inhaber" des Accounts. Er kann innerhalb des Accounts seine persönlichen Daten, die im Zusammenhang mit dem Dienst genutzten Inhalte sowie einen gewissen „Nutzungsstand" in seinem Account sichern. Ein Nutzungsstand ist aber beispielsweise nicht nur bei Onlinespielen relevant, um ein Spiel nicht jedes Mal von vorne beginnen zu müssen – stellt der Diensteanbieter etwa eine Nachrichtenfunktion bereit, werden die Nachrichten ebenfalls im Account gespeichert.

C. Gang der Untersuchung

Die Entscheidung des BGH basiert weitgehend auf Thesen, die von der Literatur bei der Behandlung des Themenkomplexes „digitalen Nachlass" aufgestellt wurden. Der Aufbau der Arbeit wird sich aber nicht an diesen Schwerpunkten orientieren.[46] Ziel der Arbeit ist es, unabhängig von den Einzelansichten darzustellen, wie Rechte und Rechtspositionen grundsätzlich im Erbfall behandelt werden. Dennoch soll bei der Untersuchung der erbrechtlichen Grundsätze im ersten Kapital berücksichtigt werden, wie diese Grundsätze für die Prüfung der Vererblichkeit des „digitalen Nachlass" durch unterschiedliche Autoren

45 Art. 2 Nr. 1 Digitale-Inhalte-Richtlinie.

46 Eine Auseinandersetzung mit den Thesen der Literatur ist zu finden bei *Uhrenbacher*, Digitales Testament und Digitaler Nachlass.

verwendet wurden, um die Kriterien sodann unter Berücksichtigung dieser Meinungen für die eigentliche Prüfung der Vererblichkeit von Accounts zu verwenden.

Im ersten Kapitel werden die Kriterien bestimmt, die bei der Bewertung der Vererblichkeit von Rechten und Rechtspositionen herangezogen werden. Zunächst wird untersucht, welche Bedeutung der Vermögensbegriff hat, da nach § 1922 BGB das Vermögen die Erbschaft bildet, welches auf den Erben übergeht.

Dafür wird zuerst untersucht, ob die Verwendung des Vermögensbegriffs im Gesetz selbst Rückschlüsse darauf erlaubt, welche Rechte und Rechtspositionen dem Vermögensbegriff unterfallen müssen. Anschließend werden die in der Literatur vertreten Auffassungen zum Umfang des Vermögens analysiert. Für die Bewertung der gefundenen Ergebnisse werden ebenfalls die Motive des Gesetzgebers dargestellt.

Anschließend wird analysiert, ob andere zusätzliche Kriterien erforderlich sind, um die Vererblichkeit von Rechten und Rechtspositionen zu bestimmen. Besonderes Augenmerk wird auf zwei Entscheidung des BGH gelegt, die sich mit der Vererblichkeit von immateriellen Rechten beschäftigen.

Neben den Vererblichkeitskriterien werden Unvererblichkeitskriterien untersucht, die eine Aussonderung von Rechten aus dem Vermögen zur Folge haben. Es werden schließlich auch die Grundsätze für die Vererblichkeit von Verbindlichkeiten des Erblassers dargestellt.

Abschließend wird untersucht, welche ideellen Schutzrechte, die außerhalb der Universalsukzession bestehen, den Angehörigen des Erblassers zustehen.

Im zweiten Teil werden diese Grundsätze auf die Vererblichkeit der unterschiedlichen Account-Arten und auf die Account-Inhalte übertragen. Dabei werden neben den Literaturauffassungen, die Urteile der Gerichte auf ihre Vereinbarkeit mit den erbrechtlichen Grundsätzen überprüft. Die gefundenen Ergebnisse werden, sofern relevant, mit der Rechtslage in den USA verglichen. Obwohl ein Rechtsvergleich im klassischen Sinne nicht möglich ist, da in den USA erbrechtliche Themen kaum behandelt wurden, weil den rechtlichen Schwerpunkt dort die Frage bildete, ob die Persönlichkeitsrechte des Erblassers einem Übergang des wohl eher unstreitigen Eigentums (aufgrund eines weiten Verständnisses vom Eigentum, gelten nach US-amerikanischem Recht auch Accounts weitgehend als Eigentum) entgegenstehen.

Es wird sich zeigen, dass die meisten Nutzungsvereinbarungen keinen Vermögenswert haben. Im dritten Teil der Arbeit wird daher untersucht, welche Probleme aus datenschutz- und telekommunikationsrechtlicher Sicht bestehen und ob die gefundenen Ergebnisse einer verfassungsrechtlichen Prüfung standhalten.

Der Untersuchung wird die Annahme zugrunde gelegt, dass die Erben nicht über die Passwörter verfügen, da es sich dabei um den Regelfall handelt und andernfalls jeweils zu prüfen wäre, ob der Erbe berechtigt war, diese Informationen weiterzugeben, und welche Folge dieser Vertragsbruch hätte. Es wird auch unterstellt, dass im Vertragswerk keine besonderen Regelungen zur Vererblichkeit vorhanden sind. Damit wird der in der Praxis häufigste Fall erfasst, da die meisten Diensteanbieter – wenn überhaupt – den postmortalen Zugriff in einer Art Hilfsfunktion regeln und dieser damit nicht Teil der Nutzungsvereinbarung ist. Die Frage, ob entsprechende Klauseln zulässig wären, kann nur anhand des Ergebnisses beantwortet werden.[47] Auf Daten, die sich auf Datenträgern des Erblassers befinden, wird nur eingegangen, sofern der unterschiedliche Speicherplatz zu unterschiedlichen Ergebnissen führt.

47 Zu dieser Fragestellung siehe *Redeker* in DAV-Stellungnahme Nr. 34/2013, S. 59 f, *Burandt*, EE 2018, 152. 154; ausführliche Prüfung bei *Thiesen*, 54ff; nach *Große-Wilde*, MDR 2018, R5, R6 eine der immer noch offenen Fragen nach der Entscheidung des BGH.

Teil I. Grundlagen der Rechtsnachfolge

Ob Internet-Accounts und ihre Inhalte auf die Erben übergehen, bestimmt sich danach, ob es sich um vererbliche Rechte und Rechtsbeziehungen handelt. Die vererblichen Rechte gehen als Ganzes auf den Erben über, unvererbliche Rechte erlöschen in der Regel.[48] Nur in Ausnahmefällen kommt es zu einer Sondererbfolge oder einer treuhänderischen Wahrnehmung von Rechten durch Angehörige.[49] Dabei handelt es sich entweder um gesetzliche oder gewohnheits- beziehungsweise richterrechtlich anerkannte Fälle.

A. Die Zuordnung von Rechten zum vererblichen Vermögen

I. Die Zuordnung zum Vermögen anhand des Vermögensbegriffs

Nach § 1922 BGB ist Gegenstand der Rechtsnachfolge das Vermögen des Erblassers. Dieses geht im Ganzen auf den oder die Erben über. Eine Legaldefinition des Vermögensbegriffes gibt es nicht; der historische Gesetzgeber setzte wohl die Bekanntheit des Begriffes voraus. Neben der Verwendung in § 1922 BGB kommt der Begriff auch an vielen anderen Stellen im BGB sowie andernorts im Zivilrecht vor. Das Verständnis vom Vermögensbegriff ist innerhalb des Zivilrechts aber uneinheitlich.[50]

---

48 A. A wohl *Bock*, AcP 217 (2017), 370, 375, mit Verweis auf *Dietzel*, S. 9. *Dietzel* stellt allerdings nur die Begrifflichkeit klar und geht zunächst nicht weiter darauf ein, in welchen Fällen eine Rechtsbeziehung nicht auf die Erben übergeht, aber dennoch erhalten bleibt.

49 Siehe dazu Teil I D.

50 Zu den unterschiedlichen Vermögensbegriffen im BGB siehe *Boehmer* in Staudinger[11], § 1922 Rn. 72 f.

Nach dem haftungsrechtlichen Vermögensbegriff[51] gehören nur die geldwerten Rechte, die einer Person zustehen, zum Vermögen.[52] Ein anderes Vermögensverständnis wird den §§ 1374 I, 1375 BGB entnommen. Vermögen im Sinne dieser Normen ist der Überschuss, der nach Abzug der Verbindlichkeiten vom Aktivvermögen übrigbleibt. Dieses Vermögensverständnis ist für das Erbrecht aber ungeeignet, weil es sich um eine Berechnungsmethode handelt, die nichts dazu sagt, welche Positionen zum (aktiven) Vermögen gehören. Wiederum anders wird das Vermögen im wirtschaftlichen Kontext verstanden. Neben den Rechten (Aktiva), die geldwert sind, sollen auch die Verbindlichkeiten (Passiva) Teil des Vermögens sein.[53] Für den Vermögensbegriff des § 1922 BGB herrscht Dissens darüber, ob neben den Rechten (Aktiva) auch die Verbindlichkeiten (Passiva) umfasst sein sollen.[54] Die Rechtsnachfolge in die Verbindlichkeiten ist in den §§ 1967, 2058 BGB aber gesondert geregelt. Die Sukzession in die Verbindlichkeiten ist daher unstreitig, sodass es keiner Entscheidung bedarf, ob die Verbind-

51 Auch als allgemeiner Vermögensbegriff bezeichnet; da es aber kein allgemeines Verständnis davon gibt, wie der Vermögensbegriff zu verstehen ist, ist dieser Begriff irreführend.

52 Sogenannter privatrechtlicher (haftungsrechtlicher) Vermögensbegriff, *Larenz*[7], BGB-AT, § 17 I (S. 305), *Endemann*, Bd. 3, S. 12; *Larenz/Wolf*[9], BGB-AT, § 21 Rn. 3. Beispielsweise in den §§ 45, 49, 52 II, 311 b, 718, 733 I Nr. 3, § 803, § 864, § 1085, 1603 BGB. Der haftungsrechtliche Vermögensbegriff, wie er insbesondere im Insolvenz- und Vollstreckungsrecht vorkommt, umfasst ebenfalls nur die Aktiva, *Dauner-Lieb*, S. 44.

53 Sogenannter wirtschaftlicher Vermögensbegriff, §§ 775 Ziff. 1, 1760 Abs. 4, 1802, 1841 BGB. Siehe dazu auch *Larenz/Wolf*[9], BGB-AT, § 21 Rn. 13; *Enneccerus/Nipperdey*, AT Bd. I, § 131 II 4 (S. 842).

54 Gegen die Einbeziehung der Passiva: *Boehmer* in Staudinger[11], § 1922 BGB Rn. 76; *Binder*, Rechtstellung des Erben, S. 14, *Enneccerus/Nipperdey*, AT Bd. I § 131 II 4 (S. 843); *Brox/Walker*, Erbrecht, § 1 Rn. 10; *Kipp/Coing*, § 91 II Nr. 2 (S. 502); *Gaa*, AcP 161 (1962), 433, 436 f., mit weiterer Begründung zu den rechtspolitischen Gründen, warum die Übernahme der Schulden nicht in der Übernahme des Vermögens liegen kann. Dafür *Leipold* in MüKo, § 1922 Rn. 16; *Lieder* in Erman, § 1922 Rn. 6; *Endemann*, Bd. 3, S. 16, der das wesentliche Argument der Gegenauffassung, dass § 1967 BGB sonst überflüssig wäre, nicht gelten lässt. Da es im BGB keine Seltenheit sei, dass eine spezielle Regelung zum Tragen kommt, obwohl bereits die Rechtsfolge aus einer anderen Norm ableitbar ist; so ähnlich auch *Fenyves*, S. 24, der den Übergang der Schulden als Konsequenz der Vermögensübernahme sieht.

lichkeiten bereits nach § 1922 BGB auch übergehen würden. Einen Rückschluss darauf, welche Rechte zum (aktiven) Vermögen gehören, kann man aus dem Meinungsstreit zudem nicht ziehen, da sowohl bei den Rechten als auch bei den Verbindlichkeiten deren Zugehörigkeit zum Vermögen als Aktiva oder Passiva erst einmal festgestellt werden muss.[55] Die Verwendung des Vermögensbegriff in den unterschiedlichen Normen ermöglicht somit keinen Rückschluss darauf, nach welchen Kriterien eine Zuordnung von Rechten zu diesem Vermögen erfolgt.[56] Das Vermögen ist somit kein eigenständiges Verfügungsobjekt und auch kein einheitliches Recht.[57] Die Rechtsnachfolge in das Vermögen geschieht durch den Übergang der einzelnen Rechte, die dieses Vermögen bilden. Zu der Einheit des Vermögens gelangen diese Rechte durch die Person, der sie zustehen.[58]

1. Regel-Ausnahme Grundsatz für die Bestimmung der Vererblichkeit

Die Zugehörigkeit einzelner Positionen zum erbrechtlichen Vermögen (unabhängig davon, ob es Aktiva oder Passiva sind) soll nach allgemeiner Auffassung, wie beim haftungsrechtlichen Vermögensbegriff, grundsätzlich danach bestimmt werden, ob es sich um ein geldwertes Recht handelt.[59] Aufgrund vieler Sonderregeln zur Vererblichkeit im BGB, die von diesem Grundsatz abweichen, soll man sich aber für die Vererblichkeit nicht starr am Geldwert orientieren,[60] der Geldwert

55 Auch bei den Verbindlichkeiten müsste man folglich zunächst prüfen, wann es sich um vermögensrechtliche Verbindlichkeiten handelt.

56 *Dorweiler*, S. 200.

57 *Larenz/Wolf*[9], BGB-AT, § 21 Rn. 19; *v. Tuhr*, AT, Bd. I, § 18 VI, S. 328; *Enneccerus/Nipperdey*, AT Bd. I, § 131 IV (S. 845).

58 *Endemann*, Bd. 3; S. 14; *Meincke*, S. 71.

59 *Larenz*[7], BGB-AT, § 17 I (S. 305); *Endemann*, Bd. 3, S. 12; *Brox/Walker*, BGB-AT, Rn. 787; *Larenz/Wolf*[9], BGB-AT, § 21 Rn. 3 f.; so auch *Gierke*, Deutsches Privatrecht, Bd. I, S. 276 f., „unpersönliches wirtschaftliches Gut".

60 *Brox/Walker*, Erbrecht, § 1 Rn. 11; *Lange/Kuchinke*, § 5 II Nr. 2 (S. 87); *Lieder* in Erman, 1922 Rn. 8; *Marotzke* in Staudinger, § 1922 Rn. 113; diese Auffassung wird auch mit den Motiven zum BGB begründet, *Brox/Walker*, Erbrecht, § 1 Rn. 11; *Kipp/Coing*, § 91 II Nr. 2 (S. 501), a. A. *Binder*, Rechtsstellung des Erben, S. 26; *Bender*, S. 164.

eines Recht soll nur ein richtungsweisendes Kriterium sein.[61] Zu diesen Sonderregeln gehören sowohl geldwerte Rechte, die dennoch unvererblich sind (zum Beispiel §§ 473 S. 1, 1586 I, 1615 I, 613 S. 1 BGB), genauso wie nichtgeldwerte Rechte, die dennoch vererblich sein können (zum Beispiel nach den §§ 38, 40 BGB die Mitgliedschaft in einem Idealverein, wenn dies in der Satzung bestimmt wird). Im Ergebnis soll § 1922 BGB daher nur eine Vermutungsregel sein, der man entnehmen kann, dass ein geldwertes Recht grundsätzlich vererblich ist und ein nichtgeldwertes Recht in der Regel nicht.[62]

Dieses Argument ist aber nicht zielführend, insofern von den gesetzlichen Ausnahmen der Umfang des vererblichen Vermögens abgeleitet werden soll. Obwohl die vielen Ausnahmen vom haftungsrechtlichen Vermögensbegriff darauf hindeuten, dass in erbrechtlicher Hinsicht einige Besonderheiten zu berücksichtigen sind, ist mit dieser pauschalen Feststellung nichts gewonnen. Ein weit gefasster Vermögensbegriff, der sich auf die Ausnahmeregeln im BGB stützt, ist für die Prüfung der Vererblichkeit unwirksam – es ist klar, dass bei gesonderter gesetzlicher Regelung diese vorrangig gelten. Ein Regel-Ausnahme-Grundsatz lässt sich dadurch nicht aufstellen. Eine Systematisierung der Regeln im BGB, die eine Abweichung vom haftungsrechtlichen Vermögensbegriff vorsehen, ist ebenfalls nicht möglich. Es handelt sich meist um Spezialregelungen, die zwar einen Vergleich im Einzelfall ermöglichen, aber nur begrenzt einen Rückschluss auf allgemeine Wertungen erlauben. Obwohl das Kriterium der Höchstpersönlichkeit überwiegend auf gesetzliche Unvererblichkeitsgründe zurückgeführt wird, lässt sich

61 *Boehmer* in Staudinger[11], § 1922 Rn. 65 f.; *Dietzel*, S. 19; *Hoeren* in HK-BGB, § 1922 Rn. 2; *Kroiß* in NK-BGB, § 1922 Rn. 7; *Kunz* in Staudinger, § 1922 Rn. 63 f.; *Lange*, Erbrecht § 9 Rn. 31; *Leipold* in Müko, 1922 Rn. 19; *Lieder* in Erman, § 1922 Rn. 8; *Marotzke* in Staudinger (2008) § 1922 Rn. 113, 115; *Müller-Christmann* in BeckOK, § 1922 Rn. 24.

62 *Dietzel*, S. 19, 22; *Leipold* in MüKo, § 1922 Rn. 19; *Lieder* in Ermann, § 1922 Rn. 8; *Marotzke* in Staudinger, § 1922 Rn. 115; *Scholz Löhnig* in Frieser, § 1922 Rn. 15; teilweise wird die Abgrenzung auch zu persönlichkeitsbezogenen Rechten vorgenommen, vgl. *Obergfell*, Kapitel 1, IV, Rn. 17. Ein nichtgeldwertes Recht muss aber nicht immer auch persönlichkeitsbezogen sein, daher werden personenbezogene Rechte in dieser Arbeit als Ausschlusskriterien und nicht als Abgrenzungsmerkmale behandelt.

den Normen keine entsprechende allgemeine Aussage entnehmen.[63] Vielfach handelt es sich um Einzelfallentscheidungen des Gesetzgebers, bei denen Besonderheiten der jeweiligen rechtlichen Materie berücksichtigt wurden.[64]

Die meisten Ausnahmefälle betreffen zudem die Unvererblichkeit von Rechten, die einen geldwert haben und damit grundsätzlich vererblich wären (zum Beispiel § 613, 673, 1061, 1090 II in Verbindung mit 1061). Für die Vererblichkeit eines nichtvermögenswerten Rechts wird überwiegend das Beispiel der Mitgliedschaft in einem Verein aufgezeigt, soweit dies in der Satzung geregelt ist (§§ 38, 40 BGB). Dabei handelt es sich aber um eine dispositive Regelung, der sich nur entnehmen lässt, dass eine Rechtsnachfolge auch vereinbart werden kann, obwohl sie gesetzlich ausgeschlossen ist.

2. Die Rechtsmacht des Erblassers als erbrechtliches Vermögen („weiter Vermögensbegriff")

In Teilen der Literatur wird der Nennung des Vermögens in § 1922 BGB keine wesentliche Bedeutung beigemessen; sie sehen die „Rechtsmacht" des Erblassers insgesamt als Erbschaft an.[65] Der Rechtsmacht des Erblassers unterliegt sein gesamtes Pflichtenleben, also die Gesamtheit seiner Rechtsverhältnisse, wovon auch nichtvermögenswerte Rechte umfasst sein können.[66] Unvererblich sollen die Rechtsbeziehungen nur dann sein, wenn diese aufgrund ihrer Bindung zum Erblasser nicht vom Erben fortgeführt werden können, weil die-

63 Vgl. dazu insbesondere *Richter*, S. 51 ff., der zu dem Ergebnis kommt, dass weder die Gründe noch der Umfang der höchstpersönlichen Rechte verallgemeinert werden könnten.

64 *Binder*, Rechtsstellung des Erben, S. 2 f.

65 *Lange/Kuchinke*, § 5 III Nr. 1 (S. 88); *Stein* in Soergel, § 1922 Rn. 13 f.; *Stürner* in Jauernig, § 1922 Rn. 1.

66 *Weidlich* in Palandt, § 1922 Rn. 7; *Lange/Kuchinke*, § 5 II Nr. 2 (S. 87); *Kipp/Coing*, § 91 II 2 (S. 501); *Brox/Walker*, Erbrecht, § 1 Nr. 11; *Schmidt* in jurisPK BGB § 1922 Rn. 10.

se nur vom Erblasser erbracht oder gefordert werden können.[67] Dazu sollen solche Rechtsbeziehungen gehören, die höchstpersönlichen Zwecken oder individuellen Bedürfnissen dienen.[68] Dieser speziell erbrechtliche Vermögensbegriff[69] beinhaltet dann alle vererblichen Rechte. Die davon auszusondernden unvererblichen Rechte, die sich auch aus Gesetz oder Vertrag ergeben können, sollen den Umfang der Rechtsnachfolge bestimmen.[70]

Ob diese Begriffe (Höchstpersönlichkeit beziehungsweise individuelle Bedürfnisse) aber anstelle des gesetzlichen Merkmals des Vermögens als Abgrenzungskriterien besser geeignet sind, ist zu bezweifeln. Diese Begriffe sind nicht nur überwiegend subjektiv, sondern auch sehr vage.[71] Beim Vermögensbegriff kann man sich zumindest an der generellen Bedeutung im Zivilrecht orientieren, von der auch der Gesetzgeber ausging.[72] Es erscheint zudem auch nicht sinnvoll und rechtlich bedenklich, Kriterien zu erschaffen, wenn das Gesetz selbst ein Kriterium enthält, an dem man sich zunächst orientieren kann.[73] Die Ersetzung des Vermögensbegriffes, um den der Rechtsmacht verlagert das Problem der Aussonderung der unvererblichen Rechte zu gesetzlich nicht definierten Begriffen, die zudem uneinheitlich verstanden werden.[74] Es handelt sich dann auch nicht mehr um eine Ausweitung des Vermögensbegriffes, sondern um dessen Streichung.[75] Das Gesetz ebenso wie der Großteil der Literatur sowie die Rechtsprechung gehen unzweifelhaft von einer Vermögensnachfolge aus; darin kommt

---

67 *Stein* in Soergel, § 1922 Rn. 14; widersprüchlich dagegen bei *Schmidt* in jurisPK BGB, § 1922 Rn. 10, der einerseits die Gesamtheit der Rechtsverhältnisse, also auch die nichtvermögensrechtlichen, als vererblich ansieht, dann aber auf das Regel-Ausnahme-Verhältnis verweist. Dieses besagt aber, dass die nichtvermögenswerten Rechte grundsätzlich unvererblich sind.

68 *Müller-Christmann* in BeckOK, § 1922 Rn. 24.

69 *Stein* in Soergel, § 1922 Rn. 14; *Tanck* in Damrau/Tanck, § 1922 Rn. 15.

70 *Stein* in Soergel, § 1922 Rn. 14.

71 Ausführlicher zu den Begriffen Teil I B. II. sowie *Dietzel*, S. 9 f.

72 *Dorweiler*, S. 200.

73 *Dietzel*, S. 19; *Bender*, S. 165.

74 Gegen eine derartige Abgrenzung auch *Kunz* in Staudinger, § 1922 Rn. 76; *Seidler*, S. 31 ff., 40.

75 In diese Richtung wohl *Herzog* in DAV Stellungnahme Nr. 34/2013, S. 30.

die vom Gesetzgeber beabsichtigte Abgrenzung zur Nachfolge in die Rechtspersönlichkeit des Erblassers zum Ausdruck.[76]

Jedoch muss auch innerhalb dieser Ansicht unterschieden werden zwischen denjenigen, die eine Vererblichkeit von nichtvermögenswerten Rechten für möglich halten, und anderen, die von einer Regel-Vererblichkeit von nichtvermögenswerten Positionen ausgehen.[77] Die Regel-Vererblichkeit von nichtvermögenswerten Rechten ist mit dem Wortlaut der Norm nicht mehr vereinbar. Vom Vermögensbegriff kann weder nach dem natürlichen noch nach dem juristischen Sprachgebrauch ein nichtvermögenswertes Recht umfasst sein.[78] Damit wären die Grenzen der Auslegung überschritten.[79] Zu einem anderen Ergebnis gelangt man auch nicht durch die Berücksichtigung des Begriffes im Gesamtzusammenhang der Norm.[80] Die im Wortlaut des § 1922 BGB enthaltenen Begriffe „Erbschaft" und „als Ganzes" ergeben auch bei einer ganzheitlichen Betrachtungsweise nicht die Sukzession in nichtvermögenswerte Positionen.[81] Der Ausdruck ist vielmehr ein Hinweis auf den Übergang der Rechte in Form der Gesamtrechtsnachfolge – zum Umfang selbst können daraus keine Rückschlüsse gezogen werden.[82]

76 Dazu ausführlich *Seidler*, S. 33 ff.

77 Soweit ersichtlich nur *Weidlich* in Palandt, 1922 Rn. 7; diese Mindermeinung dient der Begründung der Vererblichkeit des gesamten digitalen Nachlasses, so zum Beispiel *Herzog*, NJW 3745, 3759; *Biermann*, ZErb 2017, 210, 213.

78 Vgl. *Meincke*, S. 72; *Frank/Helms*, Erbrecht, § 1 III Nr. 2 Rn. 9a; *Bender*, S. 160, der zudem zu Recht kritisiert, dass das Wesen der Definition nicht die Unschärfe sein kann. So wird mancherorts vorgebracht, dass der Begriff nur aufgrund seiner Prägnanz gewählt sei, aber keine abschließende Regelung der Vererblichkeit bezwecke. *Binder*, Rechtsstellung des Erben, S. 1, „wenn aber die Erbschaft Vermögen ist, so schließt der Erbschaftsbegriff alles das aus, was nicht Vermögen ist".

79 *Boehmer* in RG-FG III, S. 247: „Es ist sowohl rechtsphilosophisch wie rechtsdogmatisch ein unmögliches Unternehmen, den Begriff des ‚Vermögens' so weit zu spannen, dass er auch persönliche Verhaltenspflichten und Bindungslagen mitumgreift." Vgl. dazu auch *Bender*, S. 160.

80 So jedoch *Lange*, Erbrecht, § 9 I Rn. 30, aber in Bezug auf Aktiva und Passiva; *Scholz Löhnig* in Frieser, § 1922 Rn. 8; *Müller-Christmann* in BeckOK, § 1922 Rn. 12.

81 So auch *Boehmer*, Erbfolge und Erbenhaftung, S. 26.

82 So aber *Herzog* in DAV Stellungnahme Nr. 34/2013, S. 30.

Die Beschreibung der Rechtsnachfolge in alle vererblichen Rechte und die Rechtsstellung des Erblassers ist unter anderem auf *Boehmer* zurückzuführen. Damit wollte dieser aber keine Abkehr vom Vermögensbegriff erreichen, sondern aufzeigen, dass die erbrechtliche Rechtsnachfolge mehr ist als die Vermögensübernahme, wie sie bis 1999 noch in § 419 BGB geregelt war. Der wesentliche Unterschied im Erbrecht ist, dass der Erbe persönlicher Schuldner der Verbindlichkeiten des Erblassers wird, während bei einer Vermögensübernahme die Verbindlichkeiten auf das Vermögen begrenzt waren.[83] Über die Vererblichkeit der Rechte und Pflichten im Einzelnen, insbesondere in Zweifelsfällen, sollte damit aber keine Aussage getroffen werden. Daher beinhaltet die Ansicht, der Erbe trete in die gesamte Rechts- und Pflichtenstellung des Erblassers ein, keinen eigenständigen Aussagegehalt in Bezug auf die Abgrenzung der vererblichen von den unvererblichen Rechten.

a) Universalsukzession als Grund für die umfassende Rechtsnachfolge

Die umfassende Nachfolge in alle Rechtsbeziehungen wird teilweise auch als Konsequenz des Prinzips der Universalsukzession gesehen.[84] Um den Übergang der Rechtsposition als Ganzes zu gewährleisten, soll die gesamte Rechts- und Pflichtenstellung des Erblassers unverändert auf die Erben übergehen.[85] Dabei wird aber verkannt, dass die Universalsukzession nicht die Vererblichkeit aller Rechte bedeutet, sondern den Übergang der vererblichen Rechte im Ganzen. Das Prinzip bestimmt nicht, was übergeht, sondern wie es übergeht.[86] Das Wesentliche am Prinzip der Universalsukzession ist, dass im Gegensatz zu der

---

83 Der Erbe kann seine Haftung auch auf den Nachlass beschränken, allerdings muss er das aktiv tun, andernfalls haftet er gemäß § 1967 BGB persönlich.

84 Zum Beispiel *Endemann*, Bd. 3, S. 20, der in der Bezeichnung „Vermögen als Ganzes" einen kennzeichnenden und unzweideutigen Ausdruck dafür sieht, dass auch die Passiva von § 1922 BGB umfasst sind.

85 *Schlüter/Röthel*, Erbrecht, § 1 Rn. 31; *Stein* in Soergel, § 1922 Rn. 13, 14; *Kipp/Coing*, § 91 II Nr. 2 (S. 501).

86 Vgl. *Binder*, Rechtsstellung des Erben, S. 11: „Das universelle Moment ist die Succession, nicht ihr Objekt." *Richter*, S. 14; *Windel*, S. 8, es soll die Zersplitterung in Sondernachfolgen verhindert werden.

Singularsukzession die Rechtspositionen im Ganzen übergehen.[87] Das ändert aber nichts an dem Gegenstand der Übertragung. Die Universalsukzession bezieht sich auf das Vermögen beziehungsweise auch bei einem weit gefassten Verständnis des Begriffes lediglich auf die fortsetzbaren vermögensrechtlichen Rechtsbeziehungen.[88] Alles, was Teil dieses Vermögens ist, ist Gegenstand der Sukzession.[89] Als zwingendes Prinzip schreibt die Universalsukzession demnach nur vor, dass alle vererblichen, vermögenswerten Rechte auf den Erben übergehen, ohne zu bestimmen, welche das sind.[90] Zum Umfang der Rechtsnachfolge im Einzelnen kann aus dem Prinzip der Universalsukzession folglich keine Erkenntnis gewonnen werden.

b) Die Motive des Gesetzgebers als Begründung für den weiten Vermögensbegriff

Der weite Vermögensbegriff des Erbrechts und insbesondere die Vererblichkeit nichtvermögenswerter Rechte werden oftmals als eine Entscheidung des Gesetzgebers präsentiert. Nach einer weit verbreiteten Auffassung wird in den Motiven ein entsprechender Wille des Gesetzgebers gesehen.[91] In den Motiven (V., S. 2) zu § 1749 Abs. 1 BGB E[92], der Vorgängernorm zu § 1922 BGB, heißt es:

> „*Die Erbrechtsnormen befassen sich mit der Sukzession in das Vermögen. Auf dem Gebiete des Rechtes der Schuldverhältnisse ist anerkannt, daß zu dem Wesen der Obligationen nicht ein vermögensrechtliches Interesse des Gläubigers gehört. Auch solche Obligationen unterliegen den allgemeinen Sukzessionsgrundsätzen. Dies wird nicht zweifelhaft sein.*“[93]

Dieser Formulierung wird der Wunsch des Gesetzgebers entnommen, im Rahmen der Rechtsnachfolge auch nichtvermögenswerte Positionen zu erfassen. Die Nennung des Vermögens alleine soll keine

87 *v. Savigny*, § 105 (S. 15).
88 Vgl. *Boehmer* in Staudinger[11], § 1922 Rn. 4.
89 *Muscheler*, Universalsukzession, S. 6.
90 So ähnlich auch *Meincke*, S. 80.
91 *Dietzel*, S. 18; *Kipp/Coing*, § 91 II Nr. 2 (S. 501); *Lange/Kuchinke*, § 5 II Nr. 2 (S. 87).
92 Entwurf 1. Lesung, S. 420.
93 Motive V, S. 2 = Mugdan V, S. 1 f.

Beschränkung sein, sondern den wichtigsten Gegenstand der Erbfolge hervorheben.[94] Diese Motivstelle wird aber aus dem historischen Zusammenhang gerissen.[95] Im Schuldrecht gab es zur Zeit der Entstehung des BGB eine Diskussion dazu, ob die Wirksamkeit eines Schuldverhältnisses ein vermögensrechtliches Interesse des Gläubigers voraussetze oder das entscheidende Abgrenzungskriterium der Rechtsbindungswille sei.[96] Durch die Ergänzung des Gesetzgebers, dass auch Obligationen ohne vermögensrechtliches Interesse des Gläubigers den Sukzessionsgrundsätzen unterliegen, sollte sichergestellt werden, dass unabhängig von diesem Streitstand Obligationen vererblich sind, soweit sie nach den allgemeinen Grundsätzen vererblich wären, das heißt insgesamt vermögensrechtlicher Natur sind.[97]

Eine Leistung kann auch dann vermögensrechtlicher Art sein, wenn sie für den Gläubiger keinen Wert hat, da es diesem freisteht, auch unwirtschaftliche Interessen zu verfolgen.[98] Das bestehende oder fehlende Vermögensinteresse des Gläubigers ist ein individuelles und kein allgemeines. Gerade im Obligationsrecht kann individuell ein Vermögensinteresse bestehen, welches generell nicht anerkannt ist.[99] Es liegt dann ein subjektives Vermögensinteresse vor, kein objektives. „Die Theorie des Vermögensinteresses lehrt (…) nicht (…), dass die Obligation eine Vermögensbeziehung haben müsse, sondern dass sie eine Vermögensbeziehung zum Gläubiger haben müsse.“ Die Hauptfälle, die eine Diskussion um das Erfordernis eines Vermögensinteresses des Gläubigers hervorriefen, waren daher insbesondere Dienstleistungen, die nur zum persönlichen Genuss erfolgen, wie zum Beispiel Klavier-

---

94 *Kipp/Coing*, § 91 II Nr. 2 (S. 501).

95 Vgl. *Bender*, S. 160.

96 Vgl. zu dem Streit insbesondere *Dernburg*, Pandekten, Bd. II, § 17 (S. 52 a. E.), *Gierke*, Bürgerliches Gesetzbuch, Bd. I S. 194, der auch den Unterschied zwischen einem allgemeinen Vermögenswert und einem vermögensrechtlichen Interesse des Gläubigers aufführt. Letzterer kann innerhalb von Verträgen durch eine Gegenleistung bestimmt werden, ohne dass ein allgemeiner Vermögenswert vorliegen muss. Siehe zum Streitstand auch *Oelzen* in Staudinger, § 241 Rn. 12 f.

97 *Bender*, S. 162.

98 *Cosack* (1922), § 128 III (S. 325).

99 *Kohler*, ArchBürgR 12 (1897), 1, 3 f., 6 f., 30.

stunden zum Vergnügen sowie Verträge mit einem gemeinnützigen Zweck.[100] In beiden Fällen wurde verlangt, dass das fehlende Vermögensinteresse des Gläubigers an der Leistung einem wirksamen Vertragsschluss nicht entgegenstehen solle.[101] Die Frage war also nicht, ob es sich objektiv um eine vermögenswerte Leistung handelt, sondern ob das fehlende vermögensrechtliche Interesse des Gläubigers in diesen Fällen einem wirksamen Vertragsschluss entgegenstand. Für den Fall, dass die Leistung dann aber ausbleibt, sollte der Gläubiger auch bei fehlendem subjektiven Vermögensinteresse das vernünftige Interesse erstattet bekommen.[102] Das heißt, man ging davon aus, dass es ein vernünftiges beziehungsweise objektives Interesse geben kann, auch wenn dieses subjektiv beim Gläubiger nicht vorhanden ist. Trotz des fehlenden Vermögensinteresses des Gläubigers kann eine Obligation demnach von vermögensrechtlicher Bedeutung sein.[103]

Die Klarstellung in der Motivstelle ist daher so zu verstehen, dass ein fehlendes subjektives Vermögensinteresse des Gläubigers nicht zur Folge hat, dass dieses Schuldverhältnis unvererblich ist. Denn das Kriterium des Vermögenswertes wird im erbrechtlichen Zusammenhang objektiv bestimmt, weil es unabhängig von seinem Träger vorliegt.[104] Für die heutige Lesart, dass sie trotz des fehlenden Vermögensinteresses vererblich sein sollen, gibt es keine Anhaltspunkte. Selbst wenn man die Motivstelle so verstünde, dass sie sich allgemein auf eine nichtvermögenswerte Leistung des Schluderns bezieht, obwohl sie wörtlich und historisch nur auf das Interesse des Gläubigers abstellt, müsste man den sodann folgenden Verweis auf die allgemeinen Sukzessionsgrundsätze so lesen, als stünde da „sind dennoch vererblich" beziehungsweise „gehören auch zum Vermögen". In diesem Fall wäre der Wunsch des Gesetzgebers eindeutig und auch mit den sonsti-

100 *Hellwig*, AcP 86 (1896) Bd. 2, S. 223, 226 f., 233 f.; *Kohler*, ArchBürgR 12 (1897), 1, 14.

101 Vgl. dazu auch *Dernburg*, Pandekten Bd. II § 17 1 (S. 51).

102 *Jakobs/Schubert*, Beratungen SchR I, S. 41 mit Fn. 2.

103 *Jakobs/Schubert*, Beratungen Erbrecht, S. 45.

104 *Boehmer* in Staudinger[11], § 1922 Rn. 65; *Endemann*, Bd. 3, S. 13; *Fischer* in FS Rosenthal, S. 11, siehe dazu auch *Bender*, S. 161.

gen Entwurfsnormen einheitlich. Das zeigt auch ein Blick auf § 2051 S. 1 E, der regelte, dass (nur) die zum Vermögen des Erblassers gehörenden Rechte und die vermögensrechtlichen Verbindlichkeiten des Erblassers auf den Erben übergehen.[105] Diese Norm, die im Hinblick auf § 1749 BGB E (wortgleich mit § 1922 BGB) als selbstverständlich wieder gestrichen wurde, ohne dass damit eine inhaltliche Änderung beabsichtigt war,[106] verdeutlicht, dass die Sukzession nicht nur grundsätzlich, sondern ausschließlich in Vermögensrechte erfolgen sollte.[107]

Diese Motivstelle ist daher nur sinnvoll, wenn sie im Gesamtzusammenhang mit den Debatten betrachtet wird, die sich einerseits darauf bezogen, was erforderlich ist, um ein Schuldverhältnis zu begründen, und andererseits, ob es überhaupt Obligationen ohne vermögensrechtliches Interesse des Gläubigers geben kann und ob diese dann zu den Vermögensrechten gezählt werden können.[108] Durch den Gesetzgeber wurde nur klargestellt, dass es für die Wirksamkeit des Schuldverhältnisses nicht erforderlich sei, dass der Gläubiger ein vermögenswertes Interesse an der Leistung hat. Der Rechtsbindungswille galt als ausreichend. Es war der Wille des Gesetzgebers, die Schuldverhältnisse nicht nur auf die Befriedigung wirtschaftlicher Interessen zu beschränken.[109] Davon unberührt bleibt die Frage, ob Schuldverhältnisse, die auf eine objektiv nichtvermögenswerte beziehungsweise ideelle Leistung gerichtet sind, zu den Vermögensrechten zählen würden beziehungsweise vererblich wären.[110]

---

105 Motive V, S. 525 f. = Mugdan V, S. 280.

106 Protokolle V, S. 649 f.

107 *Bender*, S. 162.

108 Vgl. dazu auch *Cosack* (1922), § 128 III (S. 325); *Gierke*, Bürgerliches Gesetzbuch Bd. I, S. 194; *Hellwig*, AcP 86 (1896), Bd. 2, S. 223, 226; *Kohler*, ArchBürgR 12 (1897), 1, 17; *Sohm*, JherbJB 53 (1908), 373, 376;

109 *Windel* in FS Schnapp, S. 859.

110 So ausdrücklich *Gierke*, Bürgerliches Gesetzbuch, Bd. I, S. 194: „Zweifelhaft bleibt (...), wie der Entwurf das Verhältnis des Begriffes der Obligation zu dem Begriff des Vermögensrechts aufgefaßt wissen will." Ablehnend zum Beispiel *Larenz*[7], BGB-AT, § 17 I (S. 305): „Forderungen, wenn sie, wie regelmäßig einen Geldwert haben."

Die fehlerhafte rechtliche Einordnung der Motivstelle lässt sich auch daran erkennen, dass dieses Argument nunmehr allgemein für die Begründung der Vererblichkeit von nichtvermögenswerten Positionen aller Art herangezogen wird.[111] Dabei bezog es sich ausschließlich auf den Sonderfall, dass der Gläubiger kein vermögensrechtliches Interesse an einer Obligation hatte.

Es erscheint auch wenig überzeugend, dass der Gesetzgeber das Vermögen nur als ein Beispiel der vererbbaren Positionen nennt.[112] Die Gesamtschau der vorhandenen und der in der Entwurfsphase als selbstverständlich wieder gestrichenen Normen zeigt vielmehr, dass der Gesetzgeber eine Vermögensnachfolge regeln wollte. Der Übergang der gesamten „Rechtsmacht"[113] oder des „Rechtslebens"[114] des Erblassers einschließlich seiner nichtvermögenswerten Positionen schlägt sich im Gesetz nicht nieder.[115]

Eine Begründung über die Motivstelle ist nicht überzeugend. Die Vererblichkeit nichtvermögenswerter Positionen insgesamt geht zudem über die Motivstelle hinaus. Mindestens bei diesen Rechten müsste im Umkehrschluss gefolgert werden, dass der fehlende Vermögenswert – da es nicht wie bei Schuldverhältnissen in den Motiven erwähnt wurde – zur Unvererblichkeit führen müsste. Der Wunsch des Gesetzgebers, die Vererblichkeit geldwertloser Leistung trotz des Wortlauts von § 1922 BGB anzunehmen, ist zumindest nicht eindeutig genug,

---

111 Vgl. LG Berlin DNotZ 2016, 537, 540: „Der Erbe (tritt) die Rechtsnachfolge im Sinne einer Gesamtrechtsnachfolge nach § 1922 BGB an allen vermögensrechtlichen und nicht-vermögensrechtlichen Positionen an, soweit diese nicht dem höchstpersönlichen Bereich zuzuordnen sind oder einen überwiegenden Personenbezug aufweisen."

112 Für dieses Argument *Dernburg/Engelmann*, Bd. V, S. 355, dennoch nimmt *Engelmann* nicht an, dass nichtvermögenswerte Rechte auch vererblich sind.

113 *Lange/Kuchinke*, S. 88.

114 *Boehmer* in Staudinger[11], § 1922 Rn. 96; *ders.* in RG-FG III, S. 216 f., aber auch *Boehmer* sieht im Ergebnis als entscheidendes Kriterium für die Vererblichkeit den Vermögenswert, *Boehmer* in Staudinger[11], § 1922 Rn. 149. Seine Ausführungen sollen vor allem dazu dienen, die erbrechtliche Rechtsnachfolge von einer Vermögensübernahme, wie sie in § 419 BGB a. F. geregelt war, zu unterscheiden.

115 *Bender*, S. 163, der für diesen Fall von einer Funktionsnachfolge spricht.

um die Indizwirkung des Vermögenswertes für die Vererblichkeit von Schuldverhältnissen nicht gelten zu lassen.

3. Geldwerte Rechte als vererbliches Vermögen

Der haftungsrechtliche Vermögensbegriff, der die Summe der geldwerten Rechte darstellt, ist daher auch für das Erbrecht entscheidend. Der Geldwert eines Rechts ist aber nicht nur richtungsweisend für die Vererblichkeit eines Rechts, sondern ein maßgeblich entscheidendes Kriterium, da die Ausnahmen im Gesetz diese Grundvoraussetzung für die Vererblichkeit von Rechten und Rechtsstellungen erst einmal nicht erschüttern können.

Die Relevanz des Geldwertes von vererblichen Rechten ist auch darin zu erkennen, dass das Vermögen als Nachlass die Haftungsmasse bildet.[116] Nach *v. Tuhr* besteht die wichtigste Eigenschaft des Vermögens darin, als Haftungsobjekt zu dienen.[117] Deshalb soll der Vermögensbegriff auch nicht die Passiva umfassen. Für die Gläubiger ist maßgeblich, ob Aktivvermögen vorhanden ist, an dem sie ihre Forderungen befriedigen können.[118] Deshalb können auch nur Rechte von der Zwangsvollstreckung umfasst sein, die zumindest einen mittelbar in Geld umsetzbaren Vermögenswert haben.[119] Tatsächliche Verhältnisse vermögenswerter Art oder Handlungsbefugnisse fallen nicht unter die Zwangsvollstreckung.[120] Das Insolvenzrecht geht vom gleichen Vermögensverständnis aus. Nach § 36 Abs. 1 InsO unterliegen nur die Gegenstände der Insolvenzmasse, die auch der Zwangsvollstreckung unterliegen.[121] Der Vermögenswert der zu verwertenden Gegenstände soll dazu dienen, die Geldforderung des Gläubigers zu befriedigen.

---

116 Vgl. *Dauner-Lieb*, S. 62; *Müller-Christmann* in BeckOK, § 1922 Rn. 15.

117 *v. Tuhr*, AT, Bd. I, § 18 I, S. 315.

118 *Larenz/Wolf*[9], BGB-AT, § 21 Rn. 8; *Hartmann* in Baumbach/Lauterbach/Albers/Hartmann, ZPO, § 857 Rn. 3.

119 *Brox/Walker*, ZPO, Rn. 719; *Stein/Jonas/Brehm*, ZPO, § 857 Rn. 3.

120 *Birner*, S. 16.

121 Vgl. ausführlich *Birner*, S. 18 f. Eine weitere systematische Funktion kommt dem Vermögensbegriff im Schadensrecht zu, § 251 Abs. 1 BGB.

Im Rahmen eines Nachlassinsolvenzverfahrens oder der Nachlassverwaltung wird der Nachlass als Sondervermögen zur Haftung für die Verbindlichkeiten des Erblassers (§§ 1975 BGB, 325 InsO) herangezogen. Diese Haftungsunterworfenheit des Vermögens als Nachlass verdeutlicht, dass auch das erbrechtliche Vermögen grundsätzlich vom gleichen Verständnis ausgehen muss wie das haftungsrechtliche Vermögen.[122] Die Anerkennung disponibler Vermögenswerte durch die Vererblichkeit öffnet diese Positionen grundsätzlich auch dem Gläubigerzugriff.[123] Wie bei der Insolvenz handelt es sich auch beim Vermögen im erbrechtlichen Sinne um eine vom Verkehrsrecht abgekoppelte Masse, die grundsätzlich identisch ist (§ 325 InsO).[124]

Ein Recht wird überwiegend dann zu den Vermögensrechten gezählt, wenn es einen objektiven Tausch- oder Nutzwert hat.[125] Beim Tauschwert handelt es sich um den Gegenwert des Tauschgegenstandes, der sich in Geld beziffern lässt. Ein Gebrauchswert liegt vor, wenn das Recht einen in Geld ausdrückbaren wirtschaftlichen Nutzen gewährt.[126] Dieser kann im Ertragswert eines Rechts liegen[127] oder in einem anderen mit der Nutzung einhergehenden finanziellen Vorteil, wie beispielsweise der Möglichkeit, die Nutzung einem anderen gegen

122 Vgl. *Peukert*, Güterzuordnung, S. 638, 643, der die Begriffe Nachlass und Erbschaft aus als gleichbedeutend einstuft, wodurch auch keine divergierenden Rechtsfolgen möglich seien. Nach *Peukert* reicht es deshalb auch nicht aus, einfach festzustellen, dass keine Gründe gegen eine Vererblichkeitslösung sprechen, weil man die Rechte sogleich der Zwangsverwertung unterwirft. Man müsse zumindest positive in der Rechtsordnung verankerte Argumente für eine Vererblichkeit finden; *Endemann*, Bd. 3, S. 16, der den wesentlichen Zweck aller Erbfolgeanordnungen darin sieht, den Nachlass als Haftungsganzes für die Befriedigung der Gläubiger des Erblassers zu erhalten; *Dauner-Lieb*, S. 44.

123 *Ahrens*, ZEV 2006, 237, 241; *Peukert*, Güterzuordnung, S. 638.

124 *Peukert*, Güterzuordnung, S. 632 f.

125 *Brox/Walker*, BGB-AT, Rn. 787; *Dernburg*, Pandekten, Bd. I, § 22, S. 48, § 67, S. 154; *Gierke*, Deutsches Privatrecht, Bd. I, S. 277 mit Fn. 82; *Sohm*, ArchBürgR 28 (1906), 173, 179 ff.

126 *Larenz*[7], BGB-AT, § 17 I 2, S. 305; v. *Tuhr*, AT, Bd. I, § 18 I, S. 314, der auch darauf verweist, dass der Gebrauchswert dazu führt, dass es sich auch bei unübertragbaren Rechten um Vermögensrechte handelt.

127 *v. Tuhr*, AT, Bd. I, § 18 I, S. 314; *Meinecke*, S. 175 f.

Entgelt zu überlassen, oder der Ersparnis, die sonst für die Leistung erforderlich wäre.[128]

Der so zu bestimmende Wert muss zudem ein objektiver sein. Unter objektivem Wert versteht man den „im gewöhnlichen Geschäftsverkehr für den (...) Gegenstand zu erzielenden Preis", mithin den Wert, den „der Gegenstand für jedermann hat".[129] Bei einem Schuldverhältnis muss die Leistung gleichermaßen einen objektiven Verkehrswert aufweisen, der sich in Geld ausprägen oder beziffern lässt.[130] Im Unterscheid zum Tauschwert ist es nicht der Gegenwert, den jeder zu zahlen bereit wäre, sondern der Wert, der für Leistungen dieser Art gezahlt wird.[131]

a) Im Einzelfall wertlose Rechte

In der Literatur zum „digitalen Nachlass" wird die Ansicht vertreten, dass der Inhalt eines Rechts für die Vererblichkeit nicht maßgeblich sei. Daher seien auch wertlose sowie geschäftliche wie private Gegenstände gleichermaßen vererblich.[132] Die Vererblichkeit eines wertlosen Gegenstandes liegt aber nicht darin begründet, dass der Inhalt des Rechts nicht entscheidend ist, sondern darin, dass die Zuordnung der Rechte zu den Vermögensrechten keine Frage des Einzelfalls ist. Für die Annahme eines Vermögensrechts muss nicht im Einzelfall ein geldwertes Recht vorliegen, sondern im Regelfall. Ist dieses Recht im Einzelfall wertlos, so ist es dennoch ein Vermögensrecht. Geld ist als allgemeines Tauschmittel für alle wirtschaftlichen Zwecke geeignet.[133] Daher ist der Geldwert als

128 *v. Tuhr*, AT, Bd. I, § 18 I, S. 314; *Boehmer* in Staudinger[11], § 1922 Rn. 66.

129 BGHZ 39, 198; BGHZ 31, 238, 241. Welcher Markt konkret für die Bestimmung des Wertes relevant ist, entscheidet sich üblicherweise am Normzweck, vgl. dazu *Scholz*, S. 73. Für die Vererblichkeit kommt es aber nicht auf den konkreten Wert an, sondern darauf, dass überhaupt ein objektiver Wert vorliegt, sodass diese Frage nicht vertieft werden muss. Lediglich für die Nachlassberechnung wäre eine konkrete Wertbestimmung erforderlich, vgl. dazu *Meincke*, Das Recht der Nachlassbewertung im BGB.

130 *Endemann*, Bd. 3, S. 13.

131 *Scholz*, S. 133.

132 *Bock*, AcP 207 (2017), 371, 383 f.; *Herzog*, NJW 2013, 3745, 3749.

133 *v. Tuhr*, AT, Bd. I, § 18 I, S. 314.

äußeres Kennzeichen adäquat, einem Recht die vermögensrechtliche Qualität zu verleihen.[134]

Welche Kriterien vorliegen müssen, um ein Vermögensrecht anzunehmen, war bereits in der älteren Literatur umstritten.[135] Das Erfordernis des Geldwertes als Kriterium für die Annahme eines Vermögensrechts wurde angezweifelt, da es sich um eine sich ständig ändernde Variable handelt.[136] Zumindest aber sollte es nicht das entscheidende Kriterium sein, da der Geldwert zwar eine typische, aber nicht notwendige Eigenschaft eines Vermögensrechts sei.[137] Es gebe Rechte, die auch ohne einen konkreten Vermögenswert zu den Vermögensrechten gezählt werden müssten,[138] genauso wie Rechte, die einen tatsächlichen Geldwert haben, aber dennoch nicht als Vermögensrecht einzustufen sind.[139] Bereits

134 *v. Tuhr*, AT, Bd. I, § 18 I, S. 314; a. A. *Richter*, S. 50, der diese Einteilung für § 1922 BGB ablehnt, da geldwerte Positionen auch unvererblich sein können und auch rechtliche wie tatsächliche Positionen vererblich seien, die man üblicherweise nicht zum Vermögen zählt.

135 Siehe für die unterschiedlichen Ansichten *Dernburg*, Pandekten, Bd. I, § 22 (S. 48), § 67 (S. 154); *Gierke*, Deutsches Privatrecht, Bd. I, S. 277; *Sohm*, ArchBürgR 28 (1906), 173, 179 ff.; *ders.*, JherbJB 53 (1908), 373, 374 f.; *Binder*, ArchBürgR 34 (1910), 209, 227 ff.; *v. Tuhr*, At, Bd. I, § 18 I, S. 314 f.; *Enneccerus/Nipperdey*, AT Bd. I, § 78 II. (S. 453 f.).

136 Vgl. *Enneccerus/Nipperdey*, AT Bd. I, § 78 II (S. 454); *Sohm*, ArchBürgR 28 (1906), 173, 180.

137 *Sohm*, JherbJB 53 (1908), 373, 376; *ders.*, ArchBürgR 28 (1906), 173, 180, *Sohm* kritisiert insbesondere, dass die Wahl des Kriteriums Geldwert willkürlich erfolgt sei und die Gründe sich nicht aus dem Inhalt der Rechtsordnung ergäben. Der Geldwert sei für die Annahme eines Vermögensrechts weder notwendig noch genügend. Entscheidend sei, dass es sich „der Art nach“ um übertragbare Rechte handelt. *Binder*, ArchBürgR 34 (1910), 209, 227 ff., nimmt eine vermittelnde Stellung ein und bezeichnet zumindest die Forderungsrechte, die auf Leistungen ohne Vermögenswert gerichtet sind, als Nichtvermögenswerte, da es keine Vermögensrechte ohne Geldwert gebe. Nach *Korves*, S. 33, sei mittlerweile anerkannt, dass ein Vermögensrecht nicht zwingend einen Geldwert haben müsse.

138 *Sohm*, ArchBürgR 28 (1906), 173, 180, nennt das Beispiel eines Forderungsrechts auf eine wertlose Locke. Dieses Beispiels bedient sich auch *Enneccerus/Nipperdey*, AT Bd. I, § 78 (S. 453).

139 *Sohm*, ArchBürgR 28 (1906), 173, 180, nennt als Beispiel das Firmenrecht des Kaufmannes, das zur damaligen Zeit weder vererblich noch übertragbar war und auch nicht zur Konkursmasse gehörte. Vgl. auch *Bekker*, S. 140 f., der Beispiele dafür aufführt, wann Vermögensrechte trotz Vermögenswert in vielen Fällen nicht wie Vermögensrechte behandelt werden können, zum Beispiel bei Pfändungsverboten.

damals wurde dieser Kritik aber zu Recht entgegnet, dass es gerade nicht darauf ankommt, ob das Recht im Einzelfall einen Geldwert aufweist, sondern ob das Recht nach einer generell-abstrakten Betrachtungsweise einen Geldwert hat. Daher sind Eigentumsrechte an Sachen beispielsweise unabhängig vom tatsächlichen Wert der Sache immer Vermögensrechte, da dem Eigentum eine zuordnende Funktion zukommt, die abstrakt betrachtet immer geldwert sein kann. Das gilt auch für die „wertlose" Locke.[140]

Bei Forderung auf eine nichtvermögenswerte Leistung und bei nichtvermögenswerten Schuldverhältnissen wurde die Zuordnung zu den Vermögensrechten unterschiedlich gehandhabt, ohne dass sich eine klare Linie herausgebildet hätte. Oftmals wurde aber gerade mit Blick auf die Vererblichkeit dieser Rechte gefordert, dass sie nur dann zu den Vermögensrechten zu zählen seien, wenn sie grundsätzlich eine wirtschaftliche Bedeutung hätten.[141] Für die Vererblichkeit wurde sodann aber nicht angezweifelt, dass diese nur bei einem entsprechenden Vermögenswert vorliegt.[142]

Die Frage nach dem Inhalt eines vererblichen Rechts wurde durch die Vererblichstellung der vermögenswerten Bestandteile des allgemeinen Persönlichkeitsrechts durch den BGH erneut aufgeworfen. Während zuvor diskutiert wurde, ob der Geldwert notwendig ist, um ein Vermögensrecht anzunehmen, wurde nunmehr bezweifelt, ob der Geldwert allein für die vermögensrechtliche Behandlung eines Rechts genüge, die neben der Vererblichkeit grundsätzlich auch die Vollstreckbarkeit mit sich bringt. Der Geldwert einer Rechtsposition entsteht in diesen Fällen dadurch, dass man ausschließliche Nutzungsrechte auf andere übertragen kann. Nach diesem Verständnis kann jedes ausschließliche

140 Vgl. *Larenz/Wolf*[9], BGB-AT, § 21 Rn. 9; *Fischer* in FS Rosenthal, S. 11; *Kohler*, ArchBürgR 12 (1897), 1, 13.

141 *Endemann*, Bd. 3, S. 12 f.; *Hellwig*, Verträge, S. 50; *ders.*, AcP 86 (1896) Bd. 2, S. 225.

142 *Endemann*, Bd. 3, S. 15.

Recht durch die Möglichkeit der Rechteeinräumung an Dritte einen faktischen Vermögenswert erhalten.[143]

Die Berücksichtigung rein tatsächlicher Gegebenheiten bedenkt aber nicht, dass die Rechtsordnung auch die Aufgabe hat, gesellschaftlichen Fehlentwicklungen entgegenzuwirken.[144] Deshalb ist ein Vermögensrecht nicht mit einem geldwerten Recht gleichzusetzen.[145] Die Möglichkeit, ein Gut zu kommerzialisieren oder wirtschaftlich zu verwenden, kann auch dann, wenn es sich um die übliche Erscheinungsform handelt, nicht ausschließlich den Charakter eines Rechts bestimmen.[146] Die Übertragbarkeit eines Gutes innerhalb der Grenzen von § 413 BGB kann nicht das entscheidende Merkmal eines Vermögensrechts sein.[147] Die Übertragbarkeit ist lediglich ein Indiz für den vermögensrechtlichen Charakter.[148] Die Behandlung eines Gutes sollte aus rechtlichen, nicht aus faktischen Erwägungen erfolgen.[149] Die im Einzelfall feststellbaren Interessen sind keine feste Größe, an der man sich für die rechtsdogmatische Einordnung eines Rechts orientieren kann.[150] Einem Recht muss nach objektiven, generell-abstrakten Kriterien ein Geldwert zukommen, wodurch für seine Einordnung als Vermögensrecht auch unerheblich ist, ob im Einzelfall das Gut wertlos

143 Vgl. dazu umfassend: *Götting*, S. 54, 67, 137, sowie *Ullmann*, AfP 1999, 209, 210. Aus der Tatsache, dass Persönlichkeitsgüter durch die Marktentwicklung gegen Entgelt in den Rechtsverkehr eingeführt wurden, folgt ein vermögensrechtlicher Zuweisungsgehalt an diesen Rechten.

144 Vgl. *Schack*, AcP 195 (1995), 594. So ähnlich auch der BGH ZUM 2000, 582, 587: „Den Forderungen, die sich aus der fortschreitenden Kommerzialisierung des Persönlichkeitsrechts ergeben, dort entgegenzutreten, wo höherrangige rechtliche oder ethische Prinzipien dies gebieten."

145 Vgl. dazu *Wortmann*, S. 253 mit Fn. 628; er kritisiert, dass dies eine Folge der Marlene-Entscheidung sei, weil dort der tatsächliche Wert des allgemeinen Persönlichkeitsrechts als Begründung für die Vererblichstellung diente.

146 Vgl. *Ahrens*, S. 89, der zwar seine Erörterungen auf die Unterscheidung von Persönlichkeits- und Vermögensrechten bezieht, diese können aber verallgemeinert werden, wenn es um die grundsätzliche Charakterisierung von Rechten geht.

147 Vgl. zum Spannungsfeld der rechtlichen Qualifikation und der tatsächlichen Herrschaftsbefugnisse *Zerr*, Abgetrennte Körpersubstanzen, S. 37 f.

148 *Ahrens*, S. 89; *Preuß*, S. 47.

149 *Peukert*, ZUM 2000, 710, 713.

150 *Peukert*, ZUM 2000, 710, 714.

ist oder nur ideellen Interessen dient.[151] Diese Normativbedingungen sind dann erfüllt, wenn das Gut von Rechts wegen auch für die kommerzielle Nutzung bestimmt ist und eine Güterzuordnung beabsichtigt, die ihren abstrakten Wert umfasst.[152] Sofern ein Recht dadurch charakteristisch zu den Vermögensrechten gezählt werden kann, ist es grundsätzlich vererblich.Terminologisch wäre daher die Verwendung des Begriffes „vermögensrechtlich“ anstelle der Bezeichnung „vermögenswert“ geeigneter, da es nicht von einem im Einzelfall bestehen Geldwert ausgeht, sondern bereits die generell-abstrakte Qualifikation des Rechts beschreibt.

b) Vererblichkeit von geldwerten Gütern

Ein Problem bereitet der haftungsrechtliche Vermögensbegriff bei der Frage, ob nur Rechte oder auch Güter vererblich sein sollen, die tatsächlich existent sind und eine wirtschaftliche Relevanz aufweisen können[153], deren Zuordnung aber nicht über ein subjektives Recht erfolgt.

151 RGZ 52, 227, 230, *Ahrens*, S. 86; *Bekker*, S. 137; *Dietzel*, S. 19; ausführlich dazu *Peukert*, Güterzuordnung, S. 647 f.; *ders.* in Leible/Lehmann/Zech, S. 110; ders. *Peukert*, ZUM 2000, 710, 713; *Wortmann*, S. 116, 130; so wohl bereits *Kohler*, Urheberrecht an Schriftwerken, S. 13. So auch BGH NJW 1987, 2869, 2871 bei der Berechnung eines Bereicherungsanspruchs. Es sei nicht der tatsächliche Marktwert entscheidend, sondern die abstrakte Feststellung eines „substantiellen, wirtschaftlich verwertbaren Inhalt(s)“.

152 *Peukert*, ZUM 2000, 710, 713; *ders.*, Güterzuordnung, S. 648; *Wortmann*100, *Forkel* der einen ökonomischen Gehalt nicht ausreichen lässt, solange das Recht nicht vom bisherigen Inhaber völlig ablösbar ist. *Götting*, S. 1, sieht darin aber eine Kluft zwischen Rechtsdogmatik und Rechtswirklichkeit. Zwischen Vermögens- und Persönlichkeitsrechten sei kein autonomischer Gegensatz gegeben, sodass die Persönlichkeitsrechte durch einen tatsächlichen Wert auch zu Vermögensrechten werden können.

153 *Peukert* in Leible/Lehmann/Zech, S. 95 f. m. w. N.

Der haftungsrechtliche Vermögensbegriff umfasst nur subjektive Rechte, sodass auch nur diese als vererblich gelten.[154] Teilweise wird das Vermögen aber auch als die Summe der geldwerten Güter oder Beziehungen bezeichnet.[155] In den meisten Fällen wird nicht deutlich, ob es sich dabei um eine sprachliche Ungenauigkeit handelt oder ob die Autoren bewusst auch die Güter zum Vermögen zählen. Insbesondere ist der weite beziehungsweise erbrechtliche Vermögensbegriff wohl nicht so zu verstehen, dass davon auch Güter umfasst sein sollen. Es werden nur unfertige, noch werdende oder künftige Rechte beziehungsweise Forderungsrechte auf künftige Leistungen oder auch vermögenswerte Rechtslagen als vererblich betrachtet.[156] Diese sind aber allesamt subjektive, wenn auch noch nicht vollkommene Rechte.

Die grundsätzliche Beschränkung auf subjektive Rechte wird damit begründet, dass in vermögensrechtlichen Sachverhalten ohnehin nur Rechte relevant sind, weil nur diese verwertet werden können.[157] In Bezug auf Accounts würde das bedeuten, dass lediglich die Nutzungsvereinbarung vererblich ist und die Inhalte nur, sofern gesonderte subjektive Rechte an diesen bestehen, wie beispielsweise Immaterialgüterrechte. Bestehen keine gesonderten Ansprüche, wären die Inhalte verbunden mit der Nutzungsvereinbarung entweder vererblich oder unvererblich. Die Account-Inhalte können aber unter Umständen als (sonstige) Gegenstände Objekte des schuldrechtlichen Verkehrs

---

154 *Bekker*, S. 139 f.; *Ullmann*, WRP 2000, 1049, 1052; *v. Tuhr*, AT, Bd. I, § 18 II S. 318; *Wolf/Neuner*, BGB-AT, § 26 Rn. 14; *Brox/Walker*, BGB-AT, Rn. 787; vgl. *Endemann*, Bd. 3, S. 12 f., der auch kritisiert, dass im BGB andernorts dieses Prinzip fälschlicherweise verwässert wird, zum Beispiel bei der Definition des Gegenstandes, die sowohl Sachen als auch Rechte umfasst; richtigerweise müsste man die Rechte an der Sache in diese Definition hineinlesen; a. A. *Strohal*, S. 16.

155 *Kipp/Coing*, § 91 III Nr. 1 (S. 502). Gegen die Verwendung des Begriffes Gut, weil ein Gut selbst nicht zum Vermögen gehören kann, sondern nur ein Recht, *Bekker*, S. 139.

156 *Endemann*, Bd. 3, S. 13, 47, bezeichnet diese Rechte als „keimende Rechte". Sofern es sich bei diesen zukünftigen Rechten um geldwerte Positionen handelt, sollen sie vererblich sein. Es ist aber fraglich, ob es sich dabei überhaupt um eine Ausweitung des Vermögensbegriffes handelt, da nicht das Kriterium der Zugehörigkeit abweicht, sondern nur der Zeitpunkt.

157 *Bekker*, S. 140.

sein, auch wenn an ihnen keine rechtliche Herrschaftsmacht besteht (§ 453 BGB). Als Leistungsgegenstand eines schuldrechtlichen Vertrages kommt jedes geldwerte Gut in Betracht.[158] Dieses Phänomen ist aber nicht neu. Kurze Zeit nach der Entstehung des BGB fiel auf, dass immaterielle Güter, die weder Sachen noch Rechte sind, eine wirtschaftliche Relevanz aufweisen können.[159] Dazu zählen beispielsweise elektrische Energie, nicht patentiertes Geheimwissen, nicht geschützte Erfindungen, der Goodwill eines Unternehmens, Knowhow und in neuerer Zeit auch Sportveranstaltungen und Internet-Domains.[160] Diese vermögenswerten immateriellen Güter können ohne subjektive Rechtspositionen, die ihre Zuordnung regeln, gehandelt werden.[161]

Vermögenswerte Positionen, an denen keine subjektiven Rechte bestehen, gibt es auch im Bereich der Schadenersatzansprüche.[162] Auch ohne, dass an ihnen subjektive Rechte bestehen, kann die Verletzung tatsächlich werthaltiger Positionen Schadenersatzansprüche auslösen. Das Recht am eingerichteten und ausgeübten Geschäftsbetrieb ist beispielsweise als werthaltige Position anerkannt. Beeinträchtigungen sind über § 823 BGB geschützt. Dennoch erlangt der Unternehmer dadurch keine unmittelbare Herrschaftsbefugnis, die über die Einzelrechte am Unternehmen hinausgeht.[163]

Hinsichtlich des Erbrechts bestehen ähnliche Bestrebungen. § 27 HGB bezeichnet ein Handelsgeschäft als zum Nachlass gehörend. Die Rege-

158 *Brox/Walker*, BGB-AT, Rn. 781.

159 *Peukert* in Leible/Lehmann/Zech, S. 95 f. m. w. N.

160 *Brox/Walker*, BGB-AT, Rn. 781, „tatsächliche Vermögenswerte"; *Peukert* in Leible/Lehmann/Zech, S. 95 f. Im Detail zu den Sportveranstaltungen siehe *Kainer*, Sportveranstaltungen – Ein neues Immaterialgüterrecht; für Knowhow siehe *Pfister*, Das technische Geheimnis „Know-how" als Vermögensrecht.

161 *Haberstumpf*, NJOZ 2015, 793, 797, siehe auch *Mehrings*, NJW 1993, 3102, 3105, der noch vor der Einführung des § 453 BGB diese Gegenstände dem Kaufrecht unterordnen wollte, weil ihre faktische Nutzungsmöglichkeit zu einer Mehrung des Vermögens führt.

162 Schadenersatzansprüche, die auf die Löschung von Daten gerichtet sind, gelten als Verletzung des Eigentums am Datenträger, vgl. dazu *Peukert* in FS Schricker, S. 149, 155.

163 Vgl. *Brox/Walker*, BGB-AT, Rn. 791 f.: „Es bedarf so vieler Einzelübertragungen, wie Rechte vorhanden sind."

lung wird daher so verstanden, dass das gesamte Handelsgeschäft als Einheit auf den Erben übergeht, obwohl kein subjektives Recht am Handelsgeschäft existiert. Das Unternehmen setzt sich aus einzelnen Rechten und Gütern sowie Kundenbeziehungen zusammen.[164] Es ist auch weitgehend unstreitig, dass ebenso andere Wertträger, wie zum Beispiel der Geschäfts- oder Firmenwert (Goodwill), vererblich sind, obwohl sie nicht als subjektive Rechte anerkannt sind.[165] Der Besitz geht ebenfalls als tatsächliches Herrschaftsrecht auf den Erben über.[166] Auch die Rechtsprechung hat Positionen außerhalb der subjektiven Rechte aufgrund ihrer Werthaltigkeit als vererblich erklärt beziehungsweise als Teil der Konkursmasse berücksichtigt.[167]

Es erscheint gerade im Erbrecht sinnvoll, die Vererblichkeit danach zu entscheiden, ob einer Position Vermögenswert zukommt, auch wenn keine subjektiven Rechte an ihr bestehen. Die rechtlich zulässige Verwertbarkeit faktisch exklusiver Güter ist auch ein Indiz für deren Vererblichkeit.[168] Darin kommen die eigentliche Reichweite der Universalsukzession und die erbrechtsspezifische Bestimmung des Vermögensbegriffes zum Vorschein.[169] Dem Gesetz lässt sich auch keine Einschränkung auf lediglich subjektive Rechte entnehmen. Die Verwendung eines weiten Vermögensbegriffes sollte erst recht auch andere Wertträger umfassen.[170] Verfügt der Erblasser rein faktisch über ein vermögenswertes Gut oder ist ihm dieses durch die Verkehrs-

---

164 *Leipold* in MüKo, § 1922 Rn. 74.

165 *Boehmer* in Staudinger[11], § 1922 Rn. 149 f.; *Lieder* in Erman, § 1922 Rn. 7; *Lehmann*, S. 43.

166 Vgl. *Strohal*, S. 16, A. A. *Endemann*, Bd. 3, S. 20 f., der das Recht zum Besitz als vermögenswertes vererbliches Recht einstuft und nicht die tatsächliche Besitzgewalt, die nur ein persönliches Machtverhältnis darstellt. Teilweise wird argumentiert, dass der Besitz nicht zum Vermögen gehört, weil ansonsten § 857 BGB überflüssig wäre, vgl. *Wolf/Neuner*, BGB-AT, § 26 Rn. 19.

167 BGHZ 16, 172 ff. = GRUR 1955, 388, Vererblichkeit des allgemeinen Persönlichkeitsrechts, BGHZ16, 172 ff. – nicht patentiertes Geheimwissen als Teil der Insolvenzmasse; siehe auch *Peukert* in Leible/Lehmann/Zech, S. 103 f.

168 *Peukert*, Güterzuordnung, S. 642, 653.

169 *Peukert*, Güterzuordnung, S. 643.

170 *Peukert*, Güterzuordnung, S. 641, bezeichnet den Begriff des Vermögens als den umfassendsten, den das BGB kennt.

anschauung zugeordnet, so lässt sich kein plausibles Argument gegen die Vererblichkeit dieser Güter vorbringen. Eine andere Beurteilung führt auch zu einem Wertungswiderspruch mit § 453 Abs. 1 BGB; mit dieser Norm sollten die Lücken geschlossen werden, die aufgrund unkörperlicher vermögenswerter Güter bestanden.[171] Können diese Güter verkauft werden, müssen sie auch vererblich sein, denn die Erbschaft ist in Bezug auf faktische Gegebenheiten mehr als die rechtlich relevante Haftungsmasse. Das Problematische dabei ist allerdings, dass die Vererblichkeit dennoch keine Frage des Einzelfalls sein darf. Wie bereits dargestellt, muss die Vermögensrechtlichkeit nach generell-abstrakten Kriterien bestimmt werden. Es ist naturgemäß schwierig, Normativbestimmungen zu finden, aus denen die Vermögensrechtlichkeit abgeleitet wird, wenn an diesen Positionen keine subjektiven Rechte bestehen. Der Vermögenswert ist ein Indiz, kann aber bei faktischen Positionen nicht allein ausreichen. Ergänzend muss berücksichtigt werden, ob die Realisierung des Vermögenswertes auch generell rechtlich zulässig ist.[172] So könnten beispielsweise rein nach faktischen Gegebenheiten auch Organe verkauft werden, doch wäre dies rechtlich nicht zulässig. Es kommt also auch in diesem Zusammenhang darauf an, ob nach abstrakten Kriterien keine rechtlichen Bedenken gegen die Veräußerlichkeit eines Gutes bestünden. Diese können wiederum nur im Einzelfall geprüft werden.

---

171 In der Gesetzesbegründung (Entwurf eines Gesetzes zur Modernisierung des Schuldrechts vom 14.05.2001, BT-Drucks. 15/6040, 242) hieß es: „Gemäß Abs. 1 sind die Vorschriften über den Sachkauf auch auf den Kauf ‚sonstiger Gegenstände' entsprechend anzuwenden. Damit folgt die Vorschrift der Rechtsprechung, die schon heute die Vorschriften des Kaufvertragsrechts, soweit sie passen, z. B. auf die entgeltliche Übertragung von Unternehmen oder Unternehmensteilen, von freiberuflichen Praxen, von Elektrizität und Fernwärme, von (nicht geschützten) Erfindungen, technischem Know-how, Software, Werbeideen usw. anwendet."

172 *Peukert*, Güterzuordnung, S. 642; *ders.* in Leible/Lehmann/Zech, S. 100; *Pfister*, S. 21, *Richter*, S. 50 mit Fn. 107; *Lehmann*, S. 82. Allgemein für die Vererblichkeit von Gütern *Kipp/Coing*, Erbrecht, § 91 III Nr. 1 (502); *Hoeren* in HK-BGB, § 1922 Rn. 2; *Ebenroth*, Erbrecht, Rn. 22; *Lieder* in Erman, § 1922 BGB Rn. 7. *Geiger* in JurisPK-BGB, § 2286 Rn. 5; *Kregel* in RGRK, § 1922 Rn. 10.

4. Zwischenergebnis

Festgestellt wurde bisher, dass im Gesetz der Vermögensbegriff unterschiedlich verstanden wird und im Erbrecht davon abweichend ein weiter Vermögensbegriff vertreten wird. Unabhängig davon, welches Vermögensverständnis zugrunde gelegt wird, liegt keine überzeugende Begründung für den Übergang aller Rechtsbeziehungen nach § 1922 BGB vor, insbesondere nicht derer ohne Vermögenswert.[173] Die Trennung der vererblichen von den unvererblichen Rechten muss daher vorrangig am Merkmal des Vermögenswertes erfolgen.[174] Als Haftungsmasse dient das Vermögen im Rahmen der postmortalen Surrogation der Befriedigung der Gläubiger, daher sind vermögenswerte Rechte grundsätzlich vererblich. Andere Kriterien, die eine Zuordnung von Rechten und Rechtsverhältnissen ermöglichen, müssen sich am Sinn und Zweck der Rechtsnachfolge orientieren. Diese beabsichtigt in erster Linie eine Sukzession in das Vermögen, die neben der Haftung für Nachlassgläubiger den Zweck hat, das Wirtschaftsleben des Erblassers zu ordnen und den Nachlass den Erben für eigenwirtschaftliche Zwecke zu überlassen.

II. Andere Vererblichkeitskriterien

Die Frage, welche Rechte und Güter dennoch von der Erbfolge umfasst sein sollten und auch müssen, kann nur in Anbetracht der Intention der Rechtsnachfolge beantwortet werden. Die erbrechtliche Interessenlage und die damit verbundene Zweckbindung des Vermögens sind

---

173 Diese Argumentation ist zudem zirkulär. Der Vermögensbegriff kann nicht als der Inbegriff aller auf den Erben übergehenden Rechte beschrieben werden, *Dorweiler*, S. 209.

174 *Kunz* in Staudinger, § 1922 Rn. 63; so ähnlich auch *Stein* in Soergel, § 1922 Rn. 38, angesichts der Formulierung in § 1922 BGB sei deutlich, dass das Gesetz bei dem Übergang in erster Linie auf vermögenswerte Rechte abzielt. Vgl. auch *Lehmann*, S. 43; anders wohl *Seidler*, S. 36, die in der Höchstpersönlichkeit das zentrale Merkmal für erlöschende Rechtspositionen sieht. Die Ansicht stimmt insofern, als auch eine vermögenswerte Rechtsposition unvererblich sein kann, wenn sie höchstpersönlich ist.

maßgeblich für die Ermittlung der Zugehörigkeit auch anderer Rechte zum Vermögen. Entscheidend für die Bestimmung der Vererblichkeitskriterien, die über den Vermögenswert hinausgehen, ist daher die Rechtsfolge, die an den Vermögensbegriff im Rahmen des Erbrechts geknüpft ist.[175] Das Vermögen im erbrechtlichen Sinne ist gleichbedeutend wie der Nachlass, dieser bildet sich aus den vererblichen Rechten und Rechtsbeziehungen. Der Nachlass fällt dem Erben ohne weiteres Zutun zu.[176] Die Rechte und Pflichten des Erblassers erfahren eine automatische Neuzuordnung.[177] Der Fortbestand des Wirtschaftslebens einer Person im Todesfall wird dadurch sichergestellt.[178] Für den Fall, dass diese Rechte nicht auf den Erben übergehen, erlöschen sie in der Regel.

1. Kontinuitätsinteresse bei vertraglichen Schuldverhältnissen

Für vertragliche Schuldverhältnisse gilt grundsätzlich ebenfalls, dass sie nur dann vererblich sind, wenn es sich um vermögenswerte Rechte handelt. Die allgemeinen Kriterien werden für alle Rechte und Rechtsbeziehungen angewandt, ohne eine Sonderbehandlung der vertraglichen Schuldverhältnisse.[179] Die positive Feststellung der Vererblichkeit ist insbesondere deshalb erforderlich, um ein überwiegendes erbrechtliches Interesse im Schutzbereich des Art. 14 GG zu begründen. Die Gewährleistung des verfassungsrechtlichen Erbrechts ist ein wesentliches Argument, mit dem auch entgegenstehende andere Rechte ausgeschlossen werden.[180]

Das Erfordernis der Vermögensrechtlichkeit gilt gleichermaßen für die Verbindlichkeiten, die ebenfalls auf den Erben übergehen. Für die Vererblichkeit ist es nicht nur relevant, welche Leistungen der Erbe beanspruchen kann, sondern auch, welche er selbst erbringen muss.

175 *Endemann*, Bd. 3, S. 14.
176 *Frank/Helms*, Erbrecht § 1 III Rn. 5. Bei mehreren Erben wird der Nachlass gemeinschaftliches Vermögen (§ 2032 Abs. I BGB).
177 *Marotzke* in Staudinger[8], § 1922 Rn. 1.
178 *Papantoniou*, AcP 173 (1973), 385, 391.
179 *Kunz* in Staudinger, § 1922 Rn. 64ff.
180 Siehe dazu Teil IV B.

Insbesondere bei gegenseitigen Schuldverhältnissen muss er seinen Teil aus dem synallagmatischen Verhältnis erfüllen. Aufgrund der Vertragsfreiheit kann der Erblasser sich dabei zu jedem Verhalten verpflichten, sofern damit kein Widerspruch zum Gesetz oder ein Verstoß gegen die guten Sitten einhergeht. Die Pflichten gehen grundsätzlich auf den Erben über; für diese haftet er gemäß § 1967 BGB auch persönlich und nicht nur mit dem geerbten Vermögen. Eine Beschränkung der Haftung auf den Nachlass erfordert die Anordnung einer Nachlassverwaltung oder die Eröffnung des Nachlassinsolvenzverfahrens. Im Entwurf zum BGB (§ 2051) war noch ausdrücklich geregelt, dass nur die vermögensrechtlichen Verbindlichkeiten auf den Erben übergehen. Ähnlich wie bei § 1922 BGB wird aber auch bei den Nachlassverbindlichkeiten die Ansicht vertreten, dass diese nicht nur auf vermögensrechtliche Verbindlichkeiten beschränkt sein sollen.[181] Es gibt zahlreiche Pflichten, die der Erbe übernehmen muss, die nicht unmittelbar vermögensrechtlich sind.[182] Diese Pflichten sind dann aber gesetzlich vorgeschrieben, durch Gewohnheitsrecht etabliert oder in sonstiger Weise das Wirtschaftsleben des Erblassers betreffend.[183] Die Grenze der vererblichen Pflichten ist aber zumindest dann erreicht, wenn der Erbe zu einem persönlichen Tun oder Unterlassen verpflichtet wird.[184]

Angesichts der Funktion der Rechtsnachfolge, den Fortbestand des Wirtschaftslebens einer Person sicherzustellen und damit für Rechtssicherheit und Verkehrsschutz zu sorgen, kann man bei vertraglichen Schuldverhältnissen von einem eigenständigen Kontinuitätsinteresse ausgehen.[185] Daraus folgt aber nur eine Vermutung zugunsten der Vererblichkeit, wenn nicht mit Sicherheit festgestellt werden kann, ob

181 *Marotzke* in Staudinger, § 1967 Rn. 8 ff.;
182 Vgl. dazu ausführlich *Boehmer*, Erbfolge und Erbenhaftung, S. 65 ff.
183 *Boehmer* in RG-FG III, S. 216, 251, 253.
184 Vgl. *Gaa*, AcP 161 (1962), 433, 441.
185 *Marotzke* in Staudinger (2008), § 1922 Rn. 115.

es sich um ein vererbliches Recht handelt.[186] Die Vererblichkeit eines Schuldverhältnisses kann nicht allein mit dem Kontinuitätsgedanken begründet werden.[187] Bei Schuldverhältnissen muss, wie bei anderen Rechten auch, zunächst festgestellt werden, ob eine vermögensrechtliche Zuordnung möglich ist.

Der Kontinuitätsgedanke dient der Rechtssicherheit und dem Verkehrsschutz, lässt sich aber nicht aus Art. 14 GG ableiten. Der Schutzumfang von Art. 14 GG betrifft nur die Vermögensnachfolge.[188] Daher kann sich die Vermutungsregel zwar auf die Vererblichkeit von Verträgen beziehen, nicht aber auf ihre Vermögensrechtlichkeit;[189] diese bedarf einer eigenen Begründung.[190] Die Personenbezogenheit eines vertraglichen Schuldverhältnisses kann somit auch nur in Abwägung zu der Vermögensrechtlichkeit festgestellt werden.[191] Die Anforderungen an die Personenbezogenheit eines Rechts sind geringer, wenn dieses kei-

---

186 Eine grundsätzliche Vererblichkeit war auch in § 292 E geregelt. So ist wohl auch *Boehmer* in Staudinger[11], § 1922 Rn. 197, zu verstehen, wenn er davon spricht, dass für den Fall, dass weder die Leistung noch die Gegenleistung Geldwert hat, aber auch nicht „personengebunden“ ist, das Schuldverhältnis vererblich sei, weil es nicht höchstpersönlich sei - ohne zwar diese Wertung zu begründen, allerdings mit Beispielen, die sich auf die amtsrechtliche Stellung des Erblassers beziehen.

187 So aber *Biermann*, ErbR 2018, 1. Die Befürwortung der umfassenden Nachfolge in alle Rechte und Verbindlichkeiten lässt außer Acht, dass gerade im Gegensatz zum Weiterleben des Erblassers, wie es im Römischen Recht geregelt war, das BGB eine Vermögensnachfolge regeln wollte, vgl. dazu *Dernburg*, Pandekten, Bd. III, § 53, S. 98, und *Windscheid*/Kipp, Bd. 2, § 528 (S. 188 mit Fn. 7), der auch das Verständnis einer vermögensrechtlichen Persönlichkeit, die auf den Erben übergehen soll, kritisiert. Vgl. dazu auch *Seidler*, S. 33 ff.

188 Siehe dazu Teil IV B.

189 Dieses Verständnis wird durch die im Entwurf enthaltene Norm § 292 E bestätigt. Trotz einer grundsätzlichen Vermutung der Vererblichkeit von vertraglichen Schuldverhältnissen kann die Natur des Schuldverhältnisses die Vererblichkeitsvermutung widerlegen. Die Natur des Schuldverhältnisses spricht dann gegen die Vererblichkeit, wenn dieses nichtvermögensrechtlich ist, vgl. *Boehmer* in Staudinger[11], § 1922 Rn. 149.

190 So ähnlich *Peukert*, Güterzuordnung, S. 653.

191 So ähnlich *Kunz* in Staudinger, § 1922 Rn. 75, die von einer komparativen Bestimmung der Vererblichkeit spricht.

nen Geldwert hat, da in diesen Fällen die Unvererblichkeit des Rechts für die Beteiligten geringere oder keine materielle Bedeutung hat.[192]

Die Annahme der Vererblichkeit aller Verträge ist eine Entwicklung in der Literatur zum „digitalen Nachlass", der keine Begründung zugrunde liegt.[193] In der Literatur ist es weitgehend unstreitig, dass ein Schuldverhältnis eine vermögenswerte Leistung enthalten muss, um vererblich zu sein (trotz der oben zitierten Motivstelle).[194] Lediglich *Strohal* folgend wollten einige Autoren in älterer Literatur danach entscheiden, ob der Zweck des Schuldverhältnisses vereitelt wäre, wenn das nichtvermögenswerte Schuldverhältnis unvererblich ist.[195] Danach gilt grundsätzlich auch bei Schuldverhältnissen die Vermutungsregel, dass vermögenswerte Schuldverhältnisse grundsätzlich vererblich sind und nichtvermögenswerte Schuldverhältnisse grundsätzlich nicht.[196] Die Zweifelsregel der Vererblichkeit gilt wie bei anderen Rechten nur für vermögenswerte Vertragsverhältnisse.[197] Daher ist auch bei vertraglichen Schuldverhältnissen eine umfassende Berücksichtigung der Vererblichkeitskriterien erforderlich.[198]

Sofern man für die Vererblichkeit die vermögensrechtliche Zuordnung der Verträge als unwichtig erachtet und nur die Personenbezogenheit als Grund für die Unvererblichkeit anerkennt, kann diese Vorgehensweise dann nicht mehr überzeugen, wenn geprüft werden soll, ob

---

192 *Gierke*, Deutsches Privatrecht, Bd. I, S. 705 f., ging davon aus, dass alle Rechte, die keinen Geldwert haben, Persönlichkeitsrechte sind.

193 Siehe dazu *Herzog* in DAV Stellungnahme Nr. 34/2013, S. 35.

194 *Endemann*, Bd. 3, S. 13; *Binder*, Rechtsstellung des Erben, S. 7 Fn. 39 m. w. N; *Leipold*, Erbrecht, S. 252 f; *v. Tuhr*, At, Bd. I, § 18 S. 317, dort zwar nicht im Zusammenhang mit dem Erbrecht, aber da *v. Tuhr* keinen gesonderten erbrechtlichen Vermögensbegriff befürwortet, gilt dasselbe auch fürs Erbrecht; a. A. *Boehmer* in Staudinger[11], § 1922 Rn. 197.

195 *Strohal*, Erbrecht, Bd. 2, S. 23; *Flad* in Planck, Bd. V, Vorbemerkung, S. 4; *v. Lübtow*, Bd. 2, S 669. Zum Zweck des Schuldverhältnisses ausführlich Teil I. II. 2.

196 *Dietzel*, S. 22; *Windel*, S. 6, 17; *Claussen*, S. 47 f.; *Peukert*, Güterzuordnung, S. 641; im Ergebnis auch Stein in Soergel, § 1922 Rn. 38; ausführlich dazu auch *Bender*, S. 164 f.; in diesem Sinne auch *Boehmer* in Staudinger[11], § 1922 Rn. 197, der den Ausschlussgrund des § 292 E „Natur des Schuldverhältnisses" darin sieht, dass es sich nicht um ein vermögenswertes Recht handelt.

197 *Stein* in Soergel, § 1922 Rn. 14.

198 So ähnlich auch *Seidler*, S. 85 f.

ein wirksamer Ausschluss der Vererblichkeit vorliegt. Im Rahmen von § 307 Abs. 1 und 2 Nr. 1 BGB muss geprüft werden, ob ein Verstoß gegen wesentliche Grundgedanken der gesetzlichen Regelung vorliegt, von der abgewichen wird. Der wesentliche Grundgedanke von § 1922 BGB ist aber der Vermögensübergang.[199]

2. Auslegung in Zweifelsfällen nach dem Zweck des Rechtsinstituts

In Literatur und Rechtsprechung wird vertreten, dass für Zweifelsfälle die Vererblichkeit durch Auslegung ermittelt wird. Dabei sollen neben der Interessenlage auch Sinn und Zweck des Rechtsinstituts und die Interessen des Rechtsverkehrs berücksichtigt werden.[200]

Die Abgrenzung nach dem Zweck ist aber terminologisch irreführend, da sich der Zweck beispielsweise bei einem vertraglichen Schuldverhältnis auch auf den Inhalt des Vertrages beziehen kann. Entfällt dieser, liegt ein Wegfall der Geschäftsgrundlage vor.[201] Der Zweck eines Rechts oder Rechtsverhältnisses bedeutet in diesem Zusammenhang Funktion beziehungsweise Aufgabe[202] und kann im ideellen oder materiellen beziehungsweise wirtschaftlichen Bereich liegen. Dient ein Recht dazu, die wirtschaftlichen Interessen einer Person zu regeln, hat es eine materielle Funktion.[203] Ist das Recht beziehungsweise Rechtsverhältnis darauf ausgelegt, kulturelle oder ideelle Bedürfnisse zu be-

---

199 Siehe dazu auch BVerfGE.

200 *Binder*, Rechtsstellung des Erben S. 6 f.; *Enneccerus/Nipperdey*, AT Bd. I, § 78 (S. 453); *Hausmann* in Hausmann//Hohloch, Erbrecht, Kap. 1 D. Abs. 2 Rn. 44; *Kunz* in Staudinger, § 1922 Rn. 73; *Leipold* in MüKo, 1922 Rn. 19, 20; *Marotzke* in Staudinger, § 1922 Rn. 115, 275; *Peukert*, Güterzuordnung, S. 654; vgl. auch *Jung*, S. 107, der auch bei einer einheitlichen Zuordnung eine Prüfung anhand von Sinn und Zweck des Rechtsinstituts und der Interessenlage für geboten erachtet.

201 In vielen Fällen auch unter dem Begriff *Personenbezug* zusammengefasst.

202 Zur Abgrenzung nach der Funktion eines Rechts siehe *Klippel*, S. 501 f. für das Namensrecht.

203 *Cosack*, § 18 I (S. 62); *Windel*, S. 102; so ähnlich *Wortmann*, S. 102, 124, der den tatbestandlichen Schutz kommerzieller Interessen als Eigenschaft eines Vermögensrechts betrachtet. Siehe auch *Peukert*, Güterzuordnung, S. 647 f.; so wohl auch *Frey*, S. 100, eine Vollmacht ist kein Vermögensrecht, hat aber einen wirtschaftlichen Wert; *Boehmer* in Staudinger[11], BGB § 1922 Rn. 149; *Binder*, Rechtsstellung des Erben, S. 6.

friedigen, ist es ein „Personenrecht“ beziehungsweise immaterielles Recht.[204] Die Einteilung der Rechte im Allgemeinen (im Gegensatz zur Einteilung nach dem Vermögenswert) nach ihrer Funktion (dort Zweck) ist bereits bei *Enneccerus/Nipperdey* zu finden: Entscheidend für die Zuordnung eines Rechts zu den Vermögensrechten sei dessen Zweck.[205] Eine entsprechende Einteilung befürwortet auch *Boehmer* für vertragliche Schuldverhältnisse. Es soll danach gefragt werden, ob das Schuldverhältnis „nach der Wirtschaftsstruktur und Sozialauffassung der jeweiligen Zeit oder der konkreten Falllage an die individuelle Person eines bestimmten Gläubigers gebunden ist oder mehr den sachlichen Zwecken des Lebensausschnitts dient, dem der Schulderfolg angehört“.[206] Obwohl *Boehmer* selbst darauf hinweist, dass vor allem in den Motiven des Gesetzgerbers der Vermögenswert der Leistung als wesentliches Abgrenzungskriterium betrachtet wurde, hält er die Funktion bei Schuldverhältnissen für das entscheidende Kriterium.[207] Gerade für den Fall, dass keine einheitliche Einordnung als ideelles oder materielles Recht möglich ist beziehungsweise anhand dieser Einordnung keine Vererblichkeitsentscheidung getroffen werden kann, muss die Funktion eines Rechts berücksichtigt werden, um die Frage nach der Vererblichkeit zu beantworten.[208]

In zwei Entscheidungen, die grundsätzlich immaterielle Rechte betrafen, hat der BGH anhand der materiellen Funktion, die durch diese

204 *Boehmer* in Staudinger[11], BGB § 1922 Rn. 197; vgl. auch *Binder*, Rechtsstellung des Erben, S. 58 f.

205 *Enneccerus/Nipperdey*, AT Bd. I, § 78 (S. 453). So ähnlich auch *Windel*, S. 17, der von Rechtskreisen spricht.

206 *Boehmer* in Staudinger[11] BGB, § 1922 Rn. 197; so kann auch die Wertung des BVerfG verstanden werden, das die Wahrnehmung von Vermögensinteressen als Grundgedanken des bürgerlichen Rechts sieht, BVerfGE NJW 2006, 3409, 3410.

207 *Boehmer* in Staudinger[11] BGB, § 1922 Rn. 197.

208 *Peukert*, Güterzuordnung, S. 649 mit Fn. 590 mit zahlreichen Beispielen aus der Rechtsprechung. Die überwiegend vertretene Unübertragbarkeit des allgemeinen Persönlichkeitsrechts als Ganzes wird vor allem damit begründet, dass dieses Recht dazu bestimmt sei, den ideellen Interessen einer Person zu dienen und damit auch nicht verwertbar sein sollte, dazu *Ahrens*, S. 86 f., der diese Begründung allerdings für nicht zwingend erachtet, weil das Persönlichkeitsrecht auch für wirtschaftliche Interessen eingesetzt wird.

Rechte auch erfüllt wird, deren Vererblichkeit angenommen. In dogmatischer Hinsicht wurden diese Entscheidungen häufig kritisiert, weil sie sich zu sehr an der jeweiligen Interessenlage orientierten und die erbrechtlichen Grundsätze außer Acht ließen.[209] Dennoch eignen sie sich mitsamt der durch die Literatur ergänzend erörterten erbrechtlichen Grundsätze dazu, Anhaltspunkte für die vermögensrechtliche Zuordnung von insbesondere immateriellen Rechten zu schaffen.

a) Schutz vermögenswerter Interessen

Die Vererblichkeit der vermögenswerten Bestandteile des allgemeinen Persönlichkeitsrechts bejahte der BGH im Wesentlichen aus zwei Gründen:[210] zum einen, weil den Erben die Möglichkeit der geldwerten Vermarktung dieser Rechte zuteilwerden sollte, und zum anderen, weil der BGH auch gewährleisten wollte, dass ein Schutz vor einer kommerziellen Nutzung durch Dritte besteht.[211] Die Funktion des Persönlichkeitsrechts wurde um eine materielle Zuweisungs- und Ausschlussfunktion erweitert.

Der Bekanntheitsgrad einer Person wird in der Werbebranche, um Produkte mit dieser Person in Verbindung zu bringen und den Absatz zu steigern.[212] Werden nunmehr die Persönlichkeitsmerkmale einer Person ohne deren Einwilligung genutzt, so entsteht ihr dadurch – in der Regel – kein ideeller Schaden.[213] Allerdings entgeht ihr die

209 Zur Vererblichkeit der vermögenswerten Bestandteile des allgemeinen Persönlichkeitsrechts siehe *Wortmann*, Die Vererblichkeit vermögensrechtlicher Bestandteile des Persönlichkeitsrechts, *Jung*, Die Vererblichkeit des allgemeinen Persönlichkeitsrechts; *Gregoritza*, Die Kommerzialisierung von Persönlichkeitsrechten Verstorbener; *Lichtenstein*, Idealwert und Geldwert des zivilrechtlichen Persönlichkeitsrechts vor und nach dem Tode.

210 Es wird teilweise kritisiert, dass der BGH sich bei seiner Entscheidung gar nicht auf § 1922 BGB bezogen hat. Die Norm wird im Urteil nicht erwähnt.

211 BGH NJW 2000, 2195.

212 Dass diese Vorgehensweise lukrativ und kausal für den höheren Absatz ist, wird hier unterstellt. Siehe dazu auch *Götting*, NJW 2001, 585.

213 Es sei denn, der Name wird zum Bewerben von Produkten genutzt, die dem Ansehen des Verstorbenen schaden oder im Widerspruch zu dessen lebzeitigen Idealen stehen.

Möglichkeit, für diese Nutzung ein Entgelt zu verlangen, wodurch letztendlich ein wirtschaftlicher Schaden entsteht.[214]

Damit hat der BGH eine vermögensrechtliche (Güter-)Zuordnung für den Erbfall zugunsten der Erben vorgenommen, denn bis dahin konnte das Persönlichkeitsrecht nur in ideeller Hinsicht durch die Angehörigen geschützt werden. Somit ist nicht nur entschieden, dass die Erben theoretisch die Möglichkeit haben, als Inhaber der vermögenswerten Bestandteile des Persönlichkeitsrechts diese zu verwerten[215] – sie sind auch davor geschützt, dass es ein anderer tut.[216] Den Erben steht bei einer Nutzung durch Fremde nicht nur ein Abwehr- und Beseitigungsanspruch zu, sie können auch einen verschuldensunabhängigen Bereicherungsanspruch geltend machen.[217] Der ideelle Schutz der Persönlichkeit, der zudem nur auf Fälle der groben Entstellung beschränkt ist, wäre in diesen Fällen nicht ausreichend, da sich aus ihm nur Abwehrrechte und keine Ersatzansprüche ergeben.[218]

Es ist allerdings nicht nur aufgrund der faktischen Kommerzialisierung geboten, vermögensbezogene Persönlichkeitsbezüge anzuerkennen, auch tatbestandlich eignet sich das Persönlichkeitsrecht dazu, die Selbstverwirklichung ebenfalls in der ökonomischen Sphäre zu vollziehen.[219]

Der BGH vergleicht die Unterscheidung in vermögenswerte und ideelle Interessen mit dem Urheberrecht, das ebenfalls beide Komponenten vereint. Damit ändert der BGH seine Ansicht über den Charakter

---

214 Vgl. BVerfG NJW 2006, 3409 ff.

215 *Ullmann*, WRP 2000, 1049, 1051.

216 Die eigene Nutzung der Rechte durch die Erben ist Beschränkungen unterworfen. Sie dürfen sie nur in der Weise nutzen, wie es dem Willen des Erblassers entsprochen hätte.

217 *Brändel* in FS Erdmann, S. 49, 50.

218 *Götting*, NJW 2011, 585, 586. Die eigene Nutzung der Rechte durch die Erben ist dennoch Beschränkungen unterworfen. Sie müssen sich an den Interessen des Erblassers orientieren. Erbrechtlich bedeutet diese Einschränkung aber einen Systemwiderspruch: Die Erben sind grundsätzlich frei im Umgang mit den Rechten, die sie erben. Siehe dazu *Schwab* in FS Bengel/Reimann, S. 351; *Beuthien*, NJW 2003, 1220, 1222.

219 *Büchler*, AcP (206) 2006, 300, 313.

des Persönlichkeitsrechts, wie es zuvor durch den Gesetzgeber beim Markenrecht und beim Firmennamen erfolgte.[220]

Das Recht an der Firma galt als reines Persönlichkeitsrecht.[221] Die tatsächlichen und wirtschaftlichen Entwicklungen führten aber dazu, dass der Firmenname (§ 22 HGB) aufgrund der erlangten Bekanntheit wirtschaftlich wertvoll war. Das Recht löste sich vom Namensträger so weit ab, dass es ohne ihn und nur im Zusammenhang mit dem Unternehmen fortbestehen konnte. Eine noch stärkere materielle Verselbstständigung erfolgte bei der Marke: Zunächst ebenfalls nur als Persönlichkeitsrecht angesehen,[222] wurde die Marke nicht nur von der Person gelöst, sondern ist mittlerweile ein eigenständiges Immaterialgut (§ 27 I MarkG). Die wirtschaftliche Entwicklung hatte zur Folge, dass der Schutz der ideellen Interessen nicht mehr ausreichend war und nicht länger zu den tatsächlichen Gegebenheiten passte. Der Schutzbereich dieser Rechte wurde deshalb neben den persönlichkeitsrechtlichen Interessen um den Schutz vermögensrechtlicher Interessen erweitert.[223]

Beim allgemeinen Persönlichkeitsrecht können diejenigen Teile vom Kernrecht abgespalten werden, die einen Marktwert haben können. Dazu gehören insbesondere das Bildnis, der Name, die Stimme, aber auch die Handschrift beziehungsweise die Signatur.[224] Die Unterscheidung des Persönlichkeitsrechts in ideelle und vermögenswerte Teile wird deshalb teilweise dem Konzept von (persönlichkeitsbezogenen)

---

220 *Götting*, NJW 2001, 585, 585. Bei *Kroppenberg* in Harder/Kroppenberg, Erbrecht, § 2 Rn. 21, ist das kommerzielle Persönlichkeitsrecht als Teil des Aktivvermögens aufgeführt und mit anderen Vermögensrechten gleichgesetzt.

221 RGZ 9, 104, 105 f.

222 RGZ 69, 401, 403.

223 *Magold*, S. 413.

224 *Brändel* in FS Erdmann, S. 49, 50. Zur Problematik der Abspaltung eines vermögenswerten Rechts vom Kernrecht, das selbst dem Grunde nach erlischt, vgl. *Schwab* in FS Bengel/Reimann, S. 345, 349 f.

Immaterialgüterrechten zugeordnet.[225] Dieses birgt die Besonderheit, dass die abgespaltenen vermögenswerten Bestandteile des Persönlichkeitsrechts frei übertragbare und verwertbare Rechte wären, die zudem sowohl vererblich als auch vollstreckbar sein müssten.[226] Konsequenterweise würde das auch bedeuten, dass der Erbwerber dieser Rechte mit den Bildnis- und Namensrechten so verfahren kann, wie er möchte, unabhängig vom Willen des Betroffenen.[227] Überwiegend wird aber wohl trotz dieser Trennung an einem monistischen Verständnis des allgemeinen Persönlichkeitsrechts festgehalten.[228] Aus diesem Verständnis folgt die Unübertragbarkeit auch der vermögenswerten Bestandteile des Persönlichkeitsrechts. Obwohl das Persönlichkeitsrecht vermögenswerte Bestandteile aufweist, ist es als Abwehrrecht konzipiert, sodass die Behandlung als vollwertiges Vermögensrecht diese Schutzfunktion unterwandern würde.[229]

Die Vermögensinteressen, die durch die Persönlichkeit des Verstorbenen entstehen, werden nicht den Angehörigen zugesprochen, sondern den Erben.[230] Die Angehörigen sind zwar nach wie vor befugt, eine

225 *Ullmann*, AfP 1999, 209, 214; *Beuthien/Schmölz*, S. 11, 16 f., 64; Das umfassende Immaterialgüterrecht an eigenpersönlichen Gegenständen umfasst nach *Beuthien/Schmölz* das Abbild der Person, Tonbandaufnahmen, eigenpersönliche Lebensdaten sowie das Persönlichkeitsbild als Summe der Vorstellung Dritter über die eigene Person. Unter der Persönlichkeit im verfassungsrechtlichen Sinne, die auch an die Person gebunden ist, verstehen die Autoren „das jeweils unverwechselbar mit Empfindsamkeit, Bewusstsein, Vernunft, freiem Willen sowie geistigen und musischen Anlagen ausgestattete humanbiologische Steuerungssystem der Person, dessen individuelle Einzigartigkeit die Würde des Menschen ausmacht; *Beuthien*, NJW 2003, 1220, 1222: Das Persönlichkeitsgüterrecht bezieht sich auf das Persönlichkeitsbild der Person, das den Tod überdauert.

226 *Brändel* in FS Erdmann, S. 49, 50; a. A *Beuthien*, NJW 2003, 1220, 1222: Es ist nicht die Persönlichkeit selbst, die vermögensrechtlich geschützt wird. Es gibt kein Recht zur wirtschaftlichen Verwertung der Persönlichkeit. Lediglich das bei Mitmenschen entstandene Persönlichkeitsbild ist ein vermögenswertes Persönlichkeitsgut.

227 *Peukert*, ZUM 2000, 710, 715, der aus diesem Grund eine Objektivierung des Menschen sowie seiner Persönlichkeitssplitter als mit Art. 1 Abs. 1 GG unvereinbar erachtet.

228 *Götting*, S. 278 f.; *Magold*, S. 515 ff.; *Freitag*, 123 ff.; zu der Problematik eines dualistischen Rechts siehe Schack, JZ 2000, 1060, 1061.

229 Vgl. *Schack*, AcP 195 (1995), 594, 595.

230 BGHZ 143, 214, 225 f.

Entstellung der Person zu verhindern, aber sollte diese Handlung auch zu einer Vermögensmehrung bei dem Dritten führen, kann nur der Erbe den Ausgleich des Vermögensschadens beanspruchen. Stehen dem Erblasser Ansprüche auf Geldentschädigung wegen Verletzung seiner Persönlichkeit zu, sind diese aber nicht vererblich und erlöschen mit dem Tod des Geschädigten. Der Geldentschädigungsanspruch hat eine höchstpersönliche Genugtuungsfunktion. Diese steht der Vererblichkeit entgegen, da diese Funktion nur gegenüber dem Geschädigten Wirkung entfaltet.[231]

b) Bestimmungsgemäß vermögensrechtliche Interessen

Bei der Rechtsnachfolge in den Einsichtsanspruch in Krankenunterlagen lag eine den Account-Inhalten in Teilen vergleichbare Situation vor. Die begehrten Informationen, an denen keine subjektiven Rechte bestehen, konnten nur durch einen vertraglichen Hilfsanspruch geltend gemacht werden. Eine Rechtsnachfolge in den Einsichtsanspruch in Krankenunterlagen bejahte der BGH mit der Begründung, dass dieser „legitimen wirtschaftlichen Belangen dienstbar" gemacht werden könne, wodurch ihm eine vermögensrechtliche Komponente zukomme und der Übergang auf die Erben nach § 1922 BGB möglich sei.[232] Das Entscheidende sei demnach der Zweck des Einsichtsbegehrens der Erben.[233] Von diesen verlangte der BGH deshalb die konkrete Darlegung der Umstände, aus denen sie ihr Interesse an der Einsicht herleiten. Der Einsichtsanspruch kann daher, sofern er wirtschaftlichen Belangen dienen soll, auf die Erben übergehen. *Bender* kritisiert die Entscheidung dahingehend, als er in dem Zweck des Einsichtsbegehrens (aus Sicht der Erben) kein geeignetes Abgrenzungskriterium sieht; ein Vermögensrecht habe eine absolute und keine relative Qualität. Zudem liege in diesem Fall auch kein übergangfähiges Rechtsverhältnis vor, das im Zeitpunkt des Todes auf die Erben übergeht. Dieses würde erst mit dem Tod des Erblassers entstehen, da erst dann die Erben durch

231 BGH NJW 2014, 2871 = BGHZ 201, 45.
232 BGH NJW 1983, 2627, 2628.
233 Zustimmend *Dietzel*, S. 111.

ihr (vermögenswertes) Interesse im Einzelfall den Anspruch zum Entstehen bringen.[234] Daher kommt es auch dann, wenn auf die abstrakte Verwendbarkeit der Dokumentation abgestellt wird, nicht darauf an, welche (vermögensrechtlichen) Interessen die Hinterbliebenen verfolgen könnten, wie zum Beispiel eigne Schadenersatzansprüche, sondern auf die Möglichkeit der vermögenswerten Verwendung des Erblassers innerhalb der Grenzen des vertraglichen Zwecks des Informationsanspruchs.[235]

Das Einsichtsrecht in Krankenunterlagen steht dem Patienten zu Lebzeiten grundsätzlich unbeschränkt zu und dient vor allem auch zu Beweiszwecken;[236] diese objektive Funktion des Einsichtsanspruchs hat insofern bereits für den Erblasser vermögensrechtliche Relevanz. Daher ist nicht maßgeblich, ob die Erben im Einzelfall vermögenswerte Belange geltend machen, sondern dass in der Regel der Einsichtsanspruch auch die Funktion erfüllt, materielle Interessen des Erblassers zu schützen.[237] Trotz der immateriellen Natur des Einsichtsanspruchs weist dieser daher in der Regel einen bestimmungsgemäß vermögensrechtlichen Bezug auf.[238] Die Funktion des Einsichtsanspruchs, der Beweissicherung zu dienen, kann auch gegenüber einem neuen Gläubiger erfüllt[239] und damit vererbt werden. Bei nachwirkenden Persönlichkeitsbelangen können auch nahe Angehörige Einsicht nehmen. Der BGH erlaubt das aber nur, insoweit die Schweigepflicht des Arztes dem nicht entgegensteht.[240] Die Entscheidung darüber trifft der Arzt selbst; er muss gewissenhaft prüfen, ob sein Patient mit der Einsicht einverstanden gewesen wäre. Dabei ist zu berücksichtigen, ob dieses

234 *Bender*, S. 194 f. Zum erbrechtlichen Erfordernis, dass nur bereits bestehende Rechte des Erblassers vererblich sind, siehe *Leipold* in Müko, § 1922 Rn. 17.

235 *Bender*, S. 197; a. A. wohl *Müller*, ZEV 2014, 401, 403, die Ermittlung der Geschäfts- beziehungsweise Testierfähigkeit gilt auch als vermögensrechtliches Interesse.

236 BGHZ 85, 328, 330.

237 In diese Richtung *Bender*, S. 194 f.

238 *Bender*, S. 199.

239 *Dietzel*, S. 111 f.

240 BGH NJW 1983, 2627, 2628.

Geheimhaltungsinteresse des Patienten durch den Tod entfallen sein könnte.[241]

Mittlerweile wurde das Einsichtsrecht der Patienten und der Erben in § 630g BGB gesetzlich festgeschrieben. Während die Patienten immer das Recht auf Einsicht haben – außer es stehen erhebliche Belange Dritter entgegen –, haben die Erben für die Wahrnehmung vermögenswerter Interessen das Recht, Einsicht zu erhalten. Die Angehörigen haben ein Einsichtsrecht, soweit sie immaterielle Interessen geltend machen.

III. Zwischenergebnis

Zu den Vermögensrechten gehören Positionen (Rechte, Rechtsbeziehungen und Güter), die nach objektiven, generell abstrakten Kriterien einen Geldwert haben. Der für die Haftungsmasse relevante Geldwert dieser Rechte muss zumindest normativ bestimmbar sein. Für die eigenwirtschaftliche Verwertung der Rechte, aber auch für die persönliche Haftung des Erben für die Verbindlichkeiten ist die normative Zuordnung zu den Vermögensrechten ebenfalls zweckdienlich, da er diese Rechte und Pflichten problemlos wie eigene behandeln kann.

Problematisch wird es aber dann, wenn man ein Recht oder die aktive oder passive Vertragspflicht nicht eindeutig als vermögensrechtlich beziehungsweise nichtvermögensrechtlich einordnen kann. Die Rechtssicherheit und der Verkehrsschutz, die durch die erbrechtliche Neuzuordnung der Rechte gewährleistet sein sollen, wären in diesen Fällen gefährdet.[242] Gerade für den Fall, dass Rechte nicht eindeutig dem Aktivvermögen zugerechnet oder ganze Rechtsverhältnisse nicht in Aktiva und Passiva unterteilt werden können, steht man vor erbrechtlichen Problemen, die man im Insolvenz- und Zwangsvollstreckungsrecht nicht hat, da dort keine Neuzuordnung der Rechte aufgrund

241 BGH NJW 1983, 2627, 2629.

242 Vgl. dazu *Marotzke* in Staudinger, § 1922 Rn. 115.

des Wegfalls eines Rechtssubjektes erfolgt.[243] Es geht nicht um die Verwertung einer Position, um eine Geldeinnahme zu erreichen, sondern darum, die Rechte weiterzuführen. Daher bedarf es zusätzlicher Kriterien, die insbesondere in Zweifelsfällen berücksichtigen, dass die Position entweder als Ganzes auf einen neuen Rechtsträger übergeht oder erlischt.[244] Daher hinaus können auch ausnahmsweise Positionen nichtvermögensrechtlicher Art vererblich sein, wenn die Funktion dieser Rechte bestimmungsgemäß vermögensbezogen ist oder in anderer Weise dem wirtschaftlichen Rechtskreis eines Rechtssubjektes zugeordnet werden kann oder anderweitig dem Schutz seiner materiellen Interessen dient.

Nicht umfasst sind aber Interessen, die weder auf eine vermögensmäßige Nutzung des Erben gerichtet sind noch aus anderen Gründen eine Kontinuität erfordern.[245] Insbesondere Affektionsinteressen sind von den §§ 1922 ff. BGB nicht betroffen.[246]

B. Ausschluss von Rechten aus dem vererblichen Vermögen

Das Erbrecht ist wie das Recht auf Eigentum im Rahmen der Gesetze beschränkbar (Art. 14 Abs. 2 GG). Ein Recht auf eine Gesamtrechtsnachfolge besteht nicht.[247] Die Positionen des Erblassers gehen nur auf den Erben über, soweit sie vererblich sind.[248] Der Gesetzgeber

243 So ähnlich *Schlüter/Röthel*, Erbrecht, § 6 Rn. 14. Vgl. auch *Kunz* in Staudinger, § 1922 Rn. 63, mit der richtigen Annahme, dass vorrangig der Vermögenswert über die Vererblichkeit entscheidet. Die Einordnung der Rechte soll aber nicht schematisch nach dem Geldwert erfolgen, „sondern sich an der Kontinuitäts- und Zuordnungsfunktion des § 1922 Abs. 1 BGB, sowie einer umfassenden Abwägung der Interessen des Erblassers, der Erben und des Rechtsverkehrs" orientieren.

244 *Binder*, Rechtsstellung des Erben, S. 4 ff.; *Richter*, S. 54.

245 *Wortmann*, S. 116 mit Fn. 37.

246 *Fischer* in FS Rosenthal, S. 11. Unklar bei *Kunz*, Staudinger, § 1922 Rn. 68; obwohl die vermögensrechtliche Zuordnung im Vordergrund steht, sollen auch Affektionsinteressen umfasst sein. Das Beispiel bezieht sich aber auf Sachen, und gerade bei diesen kommt es nicht auf den Einzelfall an.

247 *Otte* in Staudinger, Einl. zum ErbR, § 64, mit Verweis auf *Papier* in Maunz/Düring (2002), Art. 14 GG Rn. 295.

248 Vgl. *Gaa*, AcP 161 (1962), 433, 439.

hat in zahlreichen gesetzlichen Regelungen Ausnahmen zur Vererblichkeit von Rechten bestimmt (§§ 473 S. 1, 530 Abs. 2, 532 S. 2, 1061 S. 1, 1586 Abs. 1, 1615I Abs. 3 BGB), aber keinen allgemeingültigen Grundsatz festgelegt.[249] Selbst nach dem bereits Festgestellten kann die Unvererblichkeit nicht anhand des Vermögenswertes klar definiert werden. Denn obwohl ein nichtvermögensbezogenes Recht von der Gesamtrechtsnachfolge grundsätzlich nicht umfasst ist, kann umgekehrt nicht in allen Fällen die Vererblichkeit von allen vermögensbezogenen Rechten angenommen werden. Die meisten Fälle der gesetzlichen Unvererblichkeit beziehen sich auf Vermögensrechte. Eine Systematisierung dieser Unvererblichkeitskriterien ist aber schwierig und wäre auch im Rahmen dieser Arbeit nicht möglich.[250] Es soll daher schwerpunktmäßig lediglich auf einige Grundsätze sowie auf diejenigen Fälle eingegangen werden, die im Rahmen des „digitalen Nachlasses" von Bedeutung sind.

I. Unübertragbare Rechte

Häufig wird die Unübertragbarkeit eines Rechts als Indiz für dessen Unvererblichkeit gesehen.[251] Sofern eine Rechtsposition unter Lebenden den Rechtsträger nicht ändern kann, erscheint es sinnvoll, diesen Wechsel auch nach dem Tode nicht zu ermöglichen.[252] Als gesetzliche Beispiele dienen unter anderem der Nießbrauch und die Grunddienstbarkeit. Da es sich bei diesen Rechten um vermögenswerte Positionen handelt, diese aber weder vererblich noch übertragbar sind, wird die

249 *Endemann*, Bd. 3, S. 50.
250 Vgl. dazu, *Dietzel*, S. 15 f.
251 Vgl. *Sohm*, JherbJB 53 (1908), 373, 375 f.; *Brox/Walker*, Erbrecht § 1 Rn. 11, dort allerdings mit dem Beispiel von gesetzlich unübertragbaren Rechten (§ 1961 BGB); *Große-Boymann* in Burandt/Rohjan, § 1922 Rn. 55.
252 Eine Indizwirkung befürwortet auch *Hausmann* in Hausmann/Hohloch, Erbrecht, Kap. 1 D. Abs. 2 Rn. 44.

Unübertragbarkeit als Indiz für die Unvererblichkeit verstanden.[253] Jedoch lassen sich aus der Unübertragbarkeit nicht immer Rückschlüsse ziehen. Es gibt auch Fälle von unübertragbaren Rechten, die aber dennoch vererblich sind. Ein Beispiel dafür ist das Urheberrecht: Dieses ist in seinem persönlichkeitsrechtlichen Teil zu Lebzeiten nicht übertragbar (§ 29 Abs. 1 UrhG). Es können nur Nutzungsrechte am Urheberrecht eingeräumt werden, das Urheberpersönlichkeitsrecht muss stets beim Urheber verbleiben. Das Urheberpersönlichkeitsrecht schützt insbesondere die Beziehung des Urhebers zu seinem Werk;[254] dieses Schutzbedürfnis entfällt mit dem Tode. Stirbt der Urheber, gehen deshalb die vermögensrechtlichen und die urheberpersönlichkeitsrechtlichen Befugnisse auf den Erben über (§ 28 UrhG).

Dennoch ist die Überlegung, dass ein unübertragbares Recht auch nicht vererbt werden soll, nicht abwegig.[255] Es ist zumindest ein Indiz für den Charakter eines Rechts.[256] Ist dieses seinem Zweck nach nicht für die Ausübung durch einen anderen bestimmt, sollte die Vererblichkeit ebenfalls ausgeschlossen sein. Es kommt demnach darauf an, warum eine Unübertragbarkeit vorliegt und ob diese Gründe auf die Vererblichkeit durchschlagen. Die Unübertragbarkeit ist die Folge eines bestimmten Rechtscharakters, nicht ihre Ursache.[257]

Bei Accounts stellt sich aber in erster Linie die Frage, ob auch die vertraglich vereinbarte Unübertragbarkeit ebenfalls die Unvererblichkeit, soweit sie nicht ebenfalls vertraglich geregelt ist, zur Folge haben müsste. Die Diskussion der Unvererblichkeit von unübertragbaren Rechten wird kaum bei vertraglichen Schuldverhältnissen geführt.[258]

253 A. A *Ahrens*, S. 86, kritisiert den Rückschluss, dass die Unübertragbarkeit als Indiz dafür gesehen wird, dass es sich um kein Verwertungsrecht handeln kann, und führt beispielhaft die §§ 1061, 1092 S. 1 BGB an. Deren Unübertragbarkeit hat nicht zur Folge, dass man diese Rechte nicht verwerten kann. Die Verwertbarkeit ist im technischen Sinne nicht mit einer Verfügung gleichzusetzen.

254 *Kefferpütz* in Wandtke/Bullinger, § 112 Rn. 9.

255 Zum Einfluss der fehlenden Abtretbarkeit siehe *Richter*, S. 23 f.

256 *Oettinghaus*, S. 32 f.

257 *Ahrens*, S. 89, *Richter*, S. 54.

258 Die Überlegungen zu einer entsprechenden Anwendung des § 399 BGB gehen wohl in diese Richtung.

Der Verkauf des gesamten Accounts wäre ein Rechtskauf.[259] Die Übertragung der Forderung würde damit durch Abtretung erfolgen. Nach § 399 Fall 2 BGB kann die Abtretung eines Anspruchs durch Vertrag ausgeschlossen werden;[260] eine solche Vereinbarung ist auch in AGB wirksam.[261] Es wäre daher zu prüfen, ob ein solches Abtretungsverbot im Todesfall in einen Vererblichkeitsausschluss umgedeutet werden muss. Der wesentliche Unterschied wäre aber, dass im Falle des Todes des Gläubigers dieser wegfällt, wenn er nicht durch die Erben ersetzt werden kann. Der Anspruch würde dann erlöschen.[262] Ob das in jedem Fall auch den Interessen des Vertragspartners entspricht, muss in Anbetracht der damit ebenfalls erlöschenden Gegenleistungspflicht bezweifelt werden.

II. Höchstpersönliche oder personenbezogene Rechte

Die meisten gesetzlichen Unvererblichkeitsgründe werden auf einen Personenbezug oder auf ihre höchstpersönliche Natur zurückgeführt.[263] Im Gegensatz zum Begriff der Höchstpersönlichkeit wird der Personenbezug überwiegend für vertragliche Schuldverhältnisse herangezogen, wohingegen als höchstpersönlich meistens andere Rechte eingestuft werden.[264] In den meisten Fällen handelt es sich um eine Wertung des Gesetzgebers, die zwar aufgrund der Eigenart dieser Rechte erfolgte, aber nicht (immer) aufgrund einer faktischen Unmög-

259 *Psczolla*, S. 73; zustimmend *Diegmann/Kuntz*, NJW 2010, 561, 562.

260 So auch *Krasemann*, MMR 2006, 351, 353; *Wemmer/Bodensiek*, K&R 2004, 432, 436; Koch, JurPC-Web-Dok. 0057/2006 Abs. 16, 49 in Bezug auf die Wirksamkeit der Klauseln in AGB; a. A. *Lober/Weber* MMR 2005, 653, 657, ein Übertragungsverbot widerspreche dem Leitbild einer Volllizenz, die der Nutzer für die Spielesoftware habe.

261 BGH NJW 2006, 3486, 3487.

262 *Bender*, S. 210.

263 Umfassend dazu *Binder*, Rechtsstellung des Erben, S. 3 f.

264 Zum Beispiel dingliche Rechte wie der Nießbrauch oder die beschränkt persönliche Dienstbarkeit. Diese Unterscheidung wird aber nicht stringent getroffen, zum Beispiel *Lange*, Erbrecht, § 9 II Rn. 33 (S. 32), der auch für Verträge die Höchstpersönlichkeit als Ausschlusskriterium anführt. So auch *Hoeren* in HK-BGB, § 1922 Rn. 11, 12; *Tanck* in Damrau, § 1922 Rn. 38.

lichkeit der Rechtsnachfolge.[265] Die Unvererblichkeit dieser Rechte ist daher nicht die Folge einer logischen Konsequenz, sondern einer gesetzgeberischen Entscheidung. Teilweise sind die Unvererblichkeitsregeln deshalb auch dispositiv (§ 613 S. 1, § 673 BGB „im Zweifel"). Die nunmehr aus diesen Fällen und der Ablehnung einer Persönlichkeitsfortsetzung entwickelten Begriffe der Höchstpersönlichkeit sowie des Personenbezuges dienen als allgemeiner Rechtsgedanke, dass bestimmte Rechtsstellungen, die „ihrer Art nach untrennbar mit der Person des Erblassers verknüpft" sind, nicht vom Erben fortgeführt werden können.[266] Da beide Begriffe auch im Zusammenhang mit dem „digitalen Nachlass" häufig vorkommen, wird ihr Aussagegehalt und auch ihre rechtliche Begründung überprüft, um sie im Rahmen der Vererblichkeitsprüfung anwenden zu können.

1. Höchstpersönlichkeit

Obwohl in der Literatur zum „digitalen Nachlass" viel mit dem Begriff der Höchstpersönlichkeit argumentiert wird, ist dieser als Unvererblichkeitskriterium in der erbrechtlichen Literatur keineswegs als allgemeingültig zu bezeichnen. Viele Autoren meiden den Begriff aufgrund dessen Unschärfe.[267] Dort, wo er vorkommt, wird der höchstpersönliche Charakter eines Rechts als ein in besonderem Maße auf die Person des Berechtigten oder Verpflichteten zugeschnittenes Recht beschrieben;[268] diese Rechtsstellung soll aufgrund der engen Verbindung des

265 *Binder*, Rechtsstellung des Erben, S. 6.

266 *Claussen*, S. 48.

267 Zum Beispiel *Binder*, Rechtsstellung des Erben, S. 2; *Marotzke* in Staudinger, BGB, § 1922 Rn. 115, 275. Dabei handelt es sich um einen im Zivilrecht häufig vorkommenden Begriff, der im Zusammenhang mit dem Wechsel eines Rechtsinhabers verwendet wird, vgl. dazu *Dietzel*, S. 9 f., so zum Beispiel bei § 399 Alt. 1 BGB oder § 850 d ZPO.

268 *Ebenroth*, Erbrecht, Rn. 22; *Kretzschmar*, Erbrecht, S. 18; *Dietzel*, S. 9 f., mit dem Argument, dass die enge Bindung des Rechts an die Person nur zu einem Erlöschen des Rechts führen kann. Jedoch ist beispielsweise gerade im persönlichkeitsrechtlichen Bereich die treuhänderische Wahrnehmung der Rechte durch nahe Angehörige üblich, gerade weil dieser sensible Bereich auch höheren Schutz erfordert. Freilich liegt in diesen Fällen streng genommen kein Übergang des Rechts vor.

Rechts mit dem Erblasser nur dieser innehaben. Der Übergang auf einen anderen soll sowohl im Rahmen der Gesamtrechtsnachfolge als auch im Rahmen der Sonderrechtsnachfolge ausgeschlossen sein.[269] Der Tod des Rechtssubjektes bringt die Rechtsbeziehung daher grundsätzlich zum Erlöschen.[270]

Ein unvererbliches Recht wird häufig als höchstpersönliches Recht bezeichnet, sodass die Höchstpersönlichkeit als begriffliches Gegenteil eines vermögenswerten Rechts aufgeführt wird.[271] Die synonyme Verwendung der Begriffe höchstpersönlich und unvererblich würde bedeuten, dass die unter die Bezeichnung „höchstpersönlich" gefassten Fälle die einzigen wären, die zur Unvererblichkeit führen, und dass diese auch nichtvermögensrechtlich sind.[272] Es sind aber vor allem Fälle von vermögenswerten Rechten, die im Gesetz aufgrund ihrer Höchstpersönlichkeit unvererblich sind.[273] Die Unvererblichkeit kann sich darüber hinaus auch aus anderen Gründen ergeben.[274] Die Verwendung des Begriffes „höchstpersönlich" anstelle der Begriffe „unvererblich" oder „nichtvermögensrechtlich" wäre daher falsch.[275] Ob ein Recht höchstpersönlich ist, muss unabhängig davon festgestellt werden, ob es vermögensrechtlich ist oder nicht.[276]

---

269 *Lange/Kuchinke*, S. 112; vgl. ausführlich zu dem Begriff der Höchstpersönlichkeit auch *Dietzel*, S. 10.

270 *Dietzel*, S. 11, nach *Dietzel* muss diese Rechtsposition immer erlöschen. Besteht die Möglichkeit der Sonderrechtsfolge, sei die Bezeichnung *höchstpersönlich* unpassend.

271 Zum Beispiel *Binder*, Rechtsstellung des Erben, S. 2, der die unvererblichen Privatvermögensrechte als höchstpersönliche Rechte einstuft.

272 Von diesem Verständnis geht offensichtlich *Bräutigam* in DAV Stellungnahme Nr. 34/2013, S. 17 aus. „Unvererblich sind höchstpersönliche Rechte, die keinen eigenen Vermögenswert aufweisen."

273 *Brox/Walker*, Erbrecht, § 1 Rn. 11; zum Beispiel der Nießbrauch oder die Grunddienstbarkeit sowie die Mitgliedschaft in einer Gesellschaft sind unzweifelhaft vermögenswerte Positionen, aber dennoch aufgrund ihrer Höchstpersönlichkeit unvererblich.

274 Umfassend dazu *Dietzel*, S. 15 ff.

275 So aber *Herzog* in DAV Stellungnahme Nr. 34/2013, S. 30.

276 *Dietzel*, S. 9 f. In diese Richtung wohl auch BGH NJW 2018, 3178, 3180, wenn sie die Unvererblichkeit eines Rechts ausschließlich danach beurteilen, ob es höchstpersönlich ist, unabhängig davon, ob es vermögensrechtlich ist oder nicht.

Beispielhaft für höchstpersönliche Rechte werden familienrechtliche Beziehungen, Unterhaltsansprüche oder die Pflicht zur Ausübung der elterlichen Sorge genannt. Ebenfalls aufgrund ihrer Höchstpersönlichkeit als unvererblich gelten die Mitgliedschaft in einem Verein, Urlaubsabgeltungsansprüche und Schenkungsrückforderungen.[277]

Einige dieser Rechtspositionen sind in der Regel nicht vererblich, obwohl sie in den meisten Fällen überwiegenden vermögenswert sind, wie beispielsweise Rechtspositionen mit mitgliedschaftlichem oder gesellschaftsrechtlichem Charakter.[278] Unvererblich ist beispielsweise die Mitgliedschaft in einem Verein (§ 38 BGB), es sei denn, es besteht eine Vererblichkeitsregelung in der Satzung (§ 40 BGB). Begründet wird diese Unvererblichkeit damit, dass es sich um ein persönliches Recht des Mitglieds handelt.[279] Der Mitgliedschaft in einem Idealverein wird auch kein Geldwert beigemessen, da sie eben nicht wirtschaftlich genutzt werden kann.[280] Aufgrund ihres persönlichen Rechts- und Pflichtinhaltes gilt auch die Mitgliedstellung in einer Gesellschaft nach § 727 Abs. 1 BGB als unvererblich.[281] Gemäß § 131 Abs. 3 S. 1 Nr. 1 HGB ist ebenfalls die Mitgliedschaft in der offenen Handelsgesellschaft unvererblich.[282] Die Unvererblichkeit der Mitgliedschaft ist auch bei einer Genossenschaft gegeben (§ 77 Abs. 1 S. 1 GenG).[283] In diesen Fällen wird die Wertung des Gesetzgebers dahingehend verstanden, dass der personenrechtliche den vermögensrechtlichen Bezug überwiegt.[284] Bei einer Kapitalgesellschaft und der Beteiligung

---

277 *Ebenroth*, Erbrecht, Rn. 36, *Zecher* in Große-Wilde/Quart, § 1922 Rn. 6; *Hoeren* in HK-BGB, § 1922 Rn. 12; *Stürner* in Jauernig, § 1922 Rn. 13.

278 Vgl. *Richter*, S. 52 f.

279 *Boehmer* in Staudinger[11], § 1922 Rn. 162.

280 *Wolf/Neuner*, BGB-AT, § 26 Rn. 17; *Larenz*[7], BGB-AT, § 17 I Fn. 3 (S. 305); *Sauter/Schweyer/Waldner*, Der eingetragene Verein, Rn. 333; ausführlich zum vermögensrechtlichen Zuweisungsgehalt einer Mitgliedschaft *Lettl*, AcP 2003, 203 (2003), S. 149 ff.

281 *Boehmer* in Staudinger[11], § 1922 Rn. 162.

282 Die Handelsgesellschaft erlischt nicht mit dem Tode eines Gesellschafters (anders noch § 131 Nr. 4 a. F.), die Personengesellschaft wird kraft Gesetzes aufgelöst, falls es keine abweichende Vereinbarung im Gesellschaftsvertrag gibt.

283 Vgl. *Richter*, S. 52 f.

284 *Brox/Walker*, Erbrecht, § 1 Rn. 11.

als Kommanditist ist hingegen der vermögensrechtliche Bezug überwiegend, sodass beide Positionen vererblich sind (§§ 15 Abs. 1 GmbHG, 177 HGB). Die Unterscheidung soll danach erfolgen, ob der Schwerpunkt auf einer Kapitalbeteiligung oder auf der persönlichen Mitarbeit liegt.[285]

Anhand dieser Beispiele ist zu erkennen, dass es vielfach eine Wertungsentscheidung ist, welche Rechte als höchstpersönlich eingestuft werden. Dabei handelt es sich keineswegs um Rechte, deren Übergang auf einen anderen Rechtsträger unmöglich wäre. Gerade auch die disponible Vererblichkeit bei der Mitgliedschaft in einem Idealverein zeigt, dass es sich keineswegs um eine zwingende Rechtsfolge handelt.

Im Rahmen der Vererblichkeitsprüfung lässt sich der Begriff daher nicht ohne nähere Konkretisierung anwenden, vor allem nicht, wenn es sich um umstrittene Rechte handelt, deren Charakter sich nicht eindeutig in der Wissenschaft etabliert hat.[286] Man kann grundsätzlich nicht pauschal von höchstpersönlichen oder nichthöchstpersönlichen Rechten sprechen, ohne dass man von bestimmten Kriterien ausgeht, die eine Kategorisierung ermöglichen. Die enge Bindung des Rechts an eine Person kann nur im Ergebnis einer Prüfung angenommen werden, nicht schon zu deren Beginn.[287] Erforderlich sind daher Kriterien, die erkennen lassen, dass eine Position nicht von einem anderen fortgesetzt werden kann. Derartige Kriterien können nur unter Berücksichtigung des jeweiligen Rechtsinstituts gefunden werden und erfordern die Berücksichtigung der Konsequenzen des Subjektwechsels.

In den Abhandlungen zum „digitalen Nachlass“ wird die Höchstpersönlichkeit sowohl in Bezug auf die Nutzungsvereinbarung themati-

---

285 *Müller-Christmann* in Beck OK, § 1922 Rn. 74; *Schmidt* in jurisPK § 1922 Rn. 78, zu den unterschiedlichen Regelungen bei Gesellschaftsanteilen, siehe auch *Obergfell*, Kapitel 1, IV, Rn. 18ff.

286 Vgl. dazu *Sernetz*, S. 50, der die Gleichstellung der Begriffe höchstpersönlich und unvererblich kritisiert, da man dadurch lediglich einen anderen Begriff verwende, ohne eine Begründung für die Personengebundenheit zu liefern.

287 So ähnlich auch *Dietzel*, 28; *Binder*, Rechtsstellung des Erben, S. 2, der betont, dass in den meisten Fällen eine gesetzliche Normierung der Grund für die Unvererblichkeit ist und selten aus dem Inhalt des Rechts auf seine Höchstpersönlichkeit geschlossen werden kann.

siert als auch bezüglich der Inhalte. Die Höchstpersönlichkeit der Nutzungsvereinbarungen wird überwiegend mit dem Hinweis auf die gleichbleibende Leistungspflicht des Diensteanbieters abgelehnt. Darüber hinaus sei auch die Höchstpersönlichkeit der Inhalte für die Vererblichkeit kein Hindernis, weil sich aus dem Gesetz die Wertung entnehmen lasse, dass auch höchstpersönliche Inhalte vererblich seien.[288]

Dogmatisch werden in diesem Zusammenhang aber unterschiedliche Rechte vermischt. Die Herrschafts- und Schutzrechte, die an den jeweiligen Positionen bestehen, müssen isoliert erbrechtlich bewertet werden. Sofern es sich um geistige Inhalte und persönliche Informationen in einem Account handelt, sind diese Inhalte vom Schutzbereich des allgemeinen Persönlichkeitsrechts umfasst. An ihnen bestehen aber keine Herrschaftsrechte. Bei den Herrschaftsrechten ist die Person das Subjekt dieser Rechte; diese stehen ihm in irgendeiner Form gegenüber. Davon zu unterscheiden sind die Persönlichkeitsrechte. Diese bestehen gegenüber anderen Personen und dienen der Durchsetzung personaler Lebensinteressen.[289] Die erbrechtliche Bewertung kann daher nicht identisch sein. Die Vererblichkeit der persönlichen Account-Inhalte kann nicht mit der Vererblichkeit von Herrschaftsrechten verglichen werden. Entscheidend für die Vererblichkeit dieser Inhalte ist, ob und unter welchen Kriterien auch geistige Inhalte (an denen unter bestimmten Voraussetzungen auch Herrschaftsrechte bestehen können) und persönliche Informationen vererblich sein können. Passender ist daher ein Vergleich mit der Vererblichkeit der vermögenswerten Bestandteile des allgemeinen Persönlichkeitsrechts sowie anderen immateriellen Rechten mit höchstpersönlichem Charakter, die vererblich sind. Denn in Persönlichkeitsrechte kann grundsätzlich keine Rechtsnachfolge erfolgen; persönlichkeitsrechtliche Befugnisse können von den Erben nur als Wahrnehmungsberechtigte ausgeübt werden.[290] Ob einzelne Account-Inhalte wie die vermögenswerten Teile des allgemei-

288 Ausführlich, *Herzog*, ZErb, 2017, 205, 206f; *Gloser*, DNotZ 2016, 545, 546; *Kutscher*, S. 92; *Pruns*, NWB 2013, 3161, 3166 f.

289 *Klippel*, S. 495; *Zerr*, S. 37.

290 *Forkel* in FS Paulick, S. 101, 108 f.; *Schlüter/Röthel*, Erbrecht, § 6 Rn. 20.

nen Persönlichkeitsrechts oder andere vererbliche Rechte mit Persönlichkeitsbezug dennoch vererblich sind, ist eine Frage des Einzelfalls und wird für die unterschiedlichen Inhalte spezifisch untersucht.

Sind vermögenswerte Positionen aufgrund ihrer „Höchstpersönlichkeit“ unvererblich, obliegt es den Erben, diese zur Abwicklung zu bringen, wenn diese nicht automatisch erlöschen.[291] Das gilt auch für Rechtsverhältnisse, die zu keiner Rechtsnachfolge führen, sondern aus anderen Gründen nicht ohne Weiteres erlöschen können. Diese können dann auch nur zeitweilig fortgelten (vgl. § 1969 BGB), um sie in angemessener Art und Weise zu beenden oder abzuwickeln.[292]

2. Personenbezug

Ähnlich wie die Höchstpersönlichkeit ist der „Personenbezug“ ein in der Literatur und auch in der Rechtsprechung häufig vorkommender Begriff, um die vererblichen von den unvererblichen Rechtsbeziehungen zu unterscheiden.[293] Eine allgemeingültige Definition des Begriffes gibt es nicht. Der Gedanke der Unvererblichkeit aufgrund des Personenbezuges ist darauf zurückzuführen, dass die Erben mit dem Nachlass nach Belieben verfahren können, wenn dieser auf sie übergeht.[294] Sie sind dabei nicht an die Interessen des Erblassers gebunden.[295] Neben den Rechten gehen auch die Pflichten des Erblassers auf die Erben über (§ 1967 BGB). Der Erbe wird selbst Inhaber der auf ihn übergehenden Rechtsstellungen, er führt sie nicht für den Erblasser aus. Darin ist der Grund zu sehen, warum die Erben schon nicht

---

291 *Boehmer* in Staudinger[11], § 1922 Rn. 98.

292 *Windel*, S. 2, 7, So auch bei einer aufgelösten Personengesellschaft, die als Liquidationsgesellschaft zunächst fortgeführt wird (§ 727 Abs. 1 BGB).

293 *Lange/Kuchinke*, S. 76, „personenbestimmt“; *Kipp/Coing*, § 91 III Nr. 1 (S. 502, 504), „personengebunden“. *Brox/Walker*, Erbrecht, § 1 Rn. 20b; „besonders personenbezogen“, „ob das der Fall ist, kann nur im Einzelfall entschieden werden“; *Boehmer* in Staudinger[11], § 1922 Rn. 149, „Rechte und Pflichten, die ihren Schwerpunkt in der Person ihres Trägers haben und sein Vermögen gar nicht oder nur nebensächlich berühren“. Nach *Dietzel*, S. 28, hat der Begriff keinen eigenen Erkenntniswert.

294 *Peukert* in Leible/Lehmann/Zech, S. 95, 107; *Lehmann*, S. 82 f.

295 *Beuthien*, NJW 2003, 1220, 1222.

in alle Rechte und Pflichten des Erblassers eintreten können. Gerade bei Pflichten aus vertraglichen Schuldverhältnissen ist das besonders wichtig, da im Gegensatz zum Erblasser, der sich zu jedem Verhalten vertraglich verpflichten kann, der Erbe diese Pflicht kraft Gesetzes übernimmt.[296] Im ersten Entwurf zum BGB war daher zunächst noch Folgendes geregelt: „Alle zu dem Vermögen des Erblassers gehörenden Rechte und alle Verbindlichkeiten des Erblassers werden, soweit sie nicht mit dem Tode desselben erlöschen, mit dem Anfalle Rechte und Verbindlichkeiten der Erben."[297]

Gesetzliche Beispiele von unvererblichen Rechten, die als personenbezogen eingeordnet werden, sind das Vorkaufsrecht (§ 473 S. 1 BGB), die Arbeits- und Dienstverpflichtungen (§ 611 f. BGB), die Ausführung des Auftrages (§ 673 S. 1 BGB) und der Geschäftsbesorgungsvertrag (§ 675 BGB).[298] Die Gründe für die Unvererblichkeit dieser Rechte sind unterschiedlich. Die Unvererblichkeit des Vorkaufrechts wird beispielsweise mit dem persönlichen Nutzungsinteresse des Gläubigers begründet, die Arbeits- und Dienstpflichten hingegen mit ihrer höchstpersönlichen Natur.[299] Ein Werkvertrag ist unvererblich, wenn es für die Leistungserbringung auf die „Sachkunde, Geschicklichkeit, künstlerische oder wissenschaftliche Eignung oder Vertrauenswürdigkeit des Erblassers" ankommt.[300]

Als Abgrenzungsterminus lässt sich nur der allgemeine Rechtsgedanke ableiten, dass die Personenbezogenheit solche Rechte aussondern soll, die auf eine bestimmte Art und Weise ihren Schwerpunkt in der

296 *Gaa*, AcP 161 (1962), 433, 441.

297 *Jakobs/Schubert*, Beratungen Erbrecht, S. 55.

298 Motive II, S. 549 = Mugdan II, S. 307, zum Beauftragten besteht persönliches Vertrauen, sowie *Richter*, S. 55 f., mit dem Versuch, den Ausschlussgrund der Höchstpersönlichkeit anhand dieser Normen zu konkretisieren. Richter kommt zu dem Entschluss, dass sich weder den Normen noch ihrer Entstehungsgeschichte entnehmen lasse, wann eine Persönlichkeitsbindung eng genug ist.

299 Motive II, S. 465 = Mugdan II, S. 259, mit der Begründung, dass die Leistung dann objektiv unmöglich ist; *Dietzel*, S. 66, m. w. N, *Oetker*, S. 211. *Scholz Löhnig* in Frieser, § 1922 Rn. 20.

300 *Scholz Löhnig* in Frieser, § 1922 Rn. 20.

Person des Rechtsträgers haben und sein Vermögen nicht oder nur in untergeordneter Weise berühren.[301]

Teilweise wird diskutiert, ob § 275 BGB als Maßstab für die Personenbezogenheit bei Schuldverhältnissen herangezogen werden soll. Damit wäre auch eine gesetzliche Grundlage gegeben, die zur Begründung dienen könnte.[302] Die Möglichkeit der Leistungserbringung ist aber nicht allein ausschlaggebend für die Rechtsnachfolge. Nur weil eine Handlung ausgeführt werden kann, führt sie noch nicht zu dem mit dem Vertragsschluss beabsichtigten und versprochenen Erfolg. Eine Leistungspflicht kann, soweit sie vertretbar ist, von jedem ausgeführt werden. Hat der Leistende aber nicht die gleichen Fähigkeiten wie der ursprüngliche Vertragspartner, tritt der gewünschte Erfolg nicht ein.[303] Passender ist daher eine entsprechende Anwendung des § 399 BGB.[304] Dessen Maßstab ist nicht nur bei einer Unmöglichkeit der Leistung, sondern bei allen Fällen der Inhaltsänderung von Rechten und Pflichten durch den todesbedingten Personenwechsel anwendbar.[305] Ist ein Subjektwechsel durch Privatautonomie nicht erreichbar, kann er auch nicht durch die Universalsukzession herbeigeführt werden.[306]

§ 399 BGB sieht vor, dass die Abtretung einer Forderung dann ausgeschlossen ist, wenn sie nicht ohne Inhaltsänderung einhergehen kann. In der Literatur werden einige Fälle beispielhaft aufgeführt, um eine Inhaltsänderung zu beschreiben, dazu gehören personengebundene beziehungsweise höchstpersönliche Ansprüche, unselbstständige Ansprüche und zweckgebundene Ansprüche.[307] Die Beispielsfälle, die unter diesen Oberbegriffen zusammengefasst werden, sind oftmals de-

301 Vgl. *Endemann*, Bd. 3, S. 11; *Lehmann*, S. 43.
302 *Claussen*, S. 49; *Bender*, S. 172 f.
303 *Oettinghaus*, S. 31.
304 *Leipold* in MüKo, § 1922 Rn. 21; *Oettinghaus*, S. 31; *Lange*, Erbrecht, § 9 II Rn. 33.
305 *Leipold* in MüKo, § 1922 Rn. 21; *Oettinghaus*, S. 31.
306 Im Grunde handelt es sich dabei auch um das von *Strohal* als Vererblichkeitskriterium für nichtvermögenswerte Rechte festgestellte Kriterium, da Zweck in diesem Sinne auf den Inhalt der Vertragspflicht abstellt. So auch *Oettinghaus*, S. 32.
307 Vgl. dazu *Roth/Kieninger* in MüKo, § 399 Rn. 1–32.

ckungsgleich mit den auch als unvererblich geltenden Rechten.[308] Um eine Redundanz zu vermeiden, soll daher auf den allgemeinen Rechtsgedanken abgestellt werden, der durch § 399 BGB zum Ausdruck kommt. Nur wenn der Wechsel des Vertragspartners zu keiner Veränderung der Leistung führt, kann eine Rechtsnachfolge stattfinden. Ob die Leistung durch den Personenwechsel verändert wird, muss durch Auslegung des Vertrages ermittelt werden.[309]

Ein Vertrag ist ein soziales Band, das auf die Erreichung eines bestimmten Zwecks gerichtet ist.[310] Dieser Vertrag ist nach einem Subjektwechsel nur dann wesensgleich, wenn die Leistung nicht nur möglich, sondern auch sinnvoll ist und den Zweck erfüllt, der mit dem Vertragsschluss beabsichtigt wurde.[311] Kann der Zweck des Vertrages bei einem Subjektwechsel nicht erreicht werden, geht dieser nur als leere Hülle über; der Vertrag büßt seinen Sinn ein, und es bleibt nur ein formaler Torso übrig.[312] Die Übertagbarkeit setzt daher einen objektiven Kern voraus, der trotz des Personenwechsels gleich bleibt.[313]

Ob sich die Leistung derart verändert, dass sie zwecklos wird, hängt nicht davon ab, ob die Rechtsbeziehung im Allgemeinen auch zwischen beziehungsweise mit anderen Personen möglich wäre, sondern davon, ob die konkrete Rechtsbeziehung, wie sie durch die beteiligten Personen geformt wird, auch durch andere fortgesetzt werden kann.[314] Das ist dann der Fall, wenn die Person des Vertragspartners für den Inhalt des Vertrages keine Bedeutung hat. Ein Indiz dafür ist, dass der

308 Zum Beispiel Mitgliedschaftsrechte, Unterhalts- und Rentenansprüche, Urlaubsansprüche, zweckgebundene Leistungen.

309 *Binder*, Rechtsstellung des Erben, S. 6.

310 *Esser*, Schuldrecht, S. 78; *Larenz*, Schuldrecht I, § 2 V, S. 27: „Das Schuldverhältnis ist (…) nicht nur eine Summe verschiedenartiger Rechtsfolgen, sondern ein komplexes Sinngebilde, ein sinnhaftes Gefüge."

311 *Richter*, S. 60; *Bender*, S. 211 f., *Larenz*, Schuldrecht I, § 2 V, S. 27.

312 *Richter*, S. 67; *Bender*, S. 212.

313 *Richter*, S. 60.

314 Vgl. so ähnlich *Richter*, S. 61, 67; *Oettinghaus*, S. 36.

Vertrag von einem anderen fortgesetzt werden kann, ohne dass der Zweck des jeweiligen Vertrages verändert wird.[315]

III. Zusammenfassung

Zu den Unvererblichkeitskriterien lässt sich zusammenfassend sagen, dass in den meisten Fällen eine bestimmte Verknüpfung des Rechts mit der Person des Rechtsträgers zur Unvererblichkeit führt. Mit Person ist nicht irgendeine Rechtspersönlichkeit gemeint, „sondern die Persönlichkeit eines bestimmten Menschen, als Inbegriff seiner individuellen Eigenschaften".[316] Nur wenn das Recht oder Rechtsverhältnis mit all seinen Wirkungen ohne diese Person den gleichen Stellenwert hat, handelt es sich um eine fortsetzbare Rechts- und Pflichtenstellung. Der Terminus „enge Beziehung" ist kaum fassbar, weil die gesetzlichen Beispiele nur Einzelfallentscheidungen sind, deren Wertungen nicht verallgemeinert werden können. Es sollte zumindest ergänzend immer auf die Fortsetzbarkeit einer Position abgestellt werden. Diese setzt zwar auch die Trennbarkeit eines Rechts von einer Person voraus, die „Enge der Bindung" kann aber anhand einer einheitlichen rechtlichen Wertung erfolgen. Diese „personenrechtlichen" Strukturen einer Position sind durch Auslegung zu ermitteln. Lässt sich eine Position nach Inhalt, Wirkung und Funktion durch einen anderen Rechtsträger fortführen, so ist sie vererblich. Ein wesentliches Indiz für eine fortsetzbare Rechtsposition ist, dass der Erbe gemäß der Funktion des Rechts diese als eigene weiterführen kann.

315 Vgl. dazu BGH NJW 2010, 2661, 2664: „Zweck des zwischen dem Anmelder des Benutzerkontos und der Bekl. begründeten Vertragsverhältnisses ist es nicht – wovon das BerGer. mit Recht ausgegangen ist –, irgendeiner Person die Teilnahme an dem Spiel zu ermöglichen; vielmehr sollen die Rechte und Pflichten aus dem Vertragsverhältnis allein zwischen den Vertragsparteien begründet werden. Die Übertragung des Benutzerkontos auf einen Dritten stellt dann aber eine Änderung des Vertragsverhältnisses dar, die nur mit Zustimmung der Bekl. erfolgen kann (vgl. § 311 I BGB)."

316 *Gauch*, S. 68.

C. Rechte der Angehörigen zum Schutz ideeller Interessen

I. Allgemeines

Die Unvererblichkeit eines Rechts hat nicht immer das Erlöschen dieser Rechtsbeziehung zur Folge. Es kann zu einer Sondererb- und zu einer Sonderrechtsnachfolge kommen. Eine Sonderrechtsnachfolge ist der vom Erblasser abgeleitete Rechtserwerb, der sich nicht im Rahmen der Gesamtrechtsnachfolge vollzieht.[317] Die Voraussetzungen und Wirkungen sind nicht mit der Erbfolge verknüpft.[318] Es kommt zu einem unmittelbaren Übergang einzelner Rechte des Erblassers bei dessen Tod. Dabei handelt es sich aber nicht um eine Rechtsnachfolge, wie sie in Vermögensrechte erfolgt, da der Sinn und Zweck nicht darin besteht, das Vermögen der Berechtigten zu mehren und ihnen hierzu die Rechte zur wirtschaftlichen Nutzung nach Belieben zu überlassen.[319] Ein Fall der Sonderrechtsnachfolge ist der Tod des Mieters (§§ 569, 569a BGB). Das Vertragsverhältnis geht nach Maßgabe der §§ 563 ff. BGB auf den Ehegatten, eingetragenen Lebenspartner, Partner einer nichtehelichen Lebensgemeinschaft oder andere Familienangehörige des Erblassers über. Davon zu unterscheiden ist die Sondererbfolge. In diesem Fall gehen ebenfalls die Rechte des Erblassers außerhalb der Gesamtrechtsnachfolge auf einen Dritten über; dieser ist dann (Sonder-)Erbe. Voraussetzungen und Wirkungen dieser Rechtsnachfolge werden wenigstens teilweise durch das fünfte Buch des BGB bestimmt. Zur Sondererbfolge zählen die Hoferbfolge, die Heimstättenerbfolge und die Vererbung von Personengesellschaftsanteilen.[320]

Daneben gibt es Rechte, die nicht Teil der Rechtsnachfolge sind, sondern dem Schutz der ideellen Interessen des Erblassers, aber auch der nahen bzw. nächsten Angehörigen dienen.

---

317 *Otte* in Staudinger Einl. zum ErbR, Rn. 3.

318 *Leipold* in MüKo, § 1922 Rn. 132.

319 *Windel*, S. 103 f.

320 *Lange*, Erbrecht, § 8 II Rn. 25.

Der Umfang dieser Rechte und auch der Umfang der nächsten Angehörigen ist in den jeweiligen Gesetzen individuell geregelt. Eine einheitliche Definition, wer als nächster Angehöriger einzustufen ist, gibt es nicht. Die meisten Normen, die den nächsten Angehörigen Rechte gewähren, bestimmen selbst wer als Angehöriger gilt.

Beispielsweise regelt § 77 Abs. 2 StGB, wer nach dem Tod des Verletzten antragsberechtigt ist. Genannt werden in diesem Kontext der Ehegatte, der Lebenspartner sowie die Kinder. Für den Fall, dass der Verstorbene weder einen Ehegatten noch einen Lebenspartner oder Kinder hatte, sollen die Eltern antragsberechtigt sein. Sind die Eltern bereits verstorben, sind die Geschwister und die Enkel antragsberechtigt. In Abs. 2 S. 3 der Norm werden diese Personengruppen als Angehörige beschrieben.

In § 60 Abs. 2 UrhG werden die Angehörigen ebenfalls als die Ehegatten oder Lebenspartner und die Kinder sowie für den Fall, dass es keinen Ehegatten, Lebenspartner oder Kinder gibt, die Eltern beschrieben. Nach § 60 Abs. 1 UrhG dürfen diese das Bildnis des Verstorbenen vervielfältigen und verbreiten, sofern dies unentgeltlich und nicht zu gewerblichen Zwecken erfolgt.

§ 4 TPG regelt, dass für den Fall einer fehlenden schriftlichen Einwilligung sowie bei Nichtvorliegen eines schriftlichen Widerspruchs für eine Organspende der nächste Angehörige des möglichen Spenders zu dieser Angelegenheit zu befragen ist; dieser ist berechtigt, einer Organentnahme zuzustimmen. In § 1a Nr. 5 TPG sind die nächsten Angehörigen in einer Rangfolge definiert: An erster Stelle werden die Ehegatten oder eingetragenen Lebenspartner aufgeführt, danach die Kinder, sodann die Eltern, anschließend die volljährigen Geschwister und zuletzt die Großeltern.

Für den Bereich des postmortalen Persönlichkeitsschutzes wird eine entsprechende Anwendung des § 77 Abs. 2 StGB befürwortet, da der

Kreis der Angehörigen in § 60 Abs. 2 UrhG als zu eng betrachtet wird.[321]

Während die Rechtsnachfolge das Schicksal der Rechte für die Zukunft gestaltet, handelt es sich bei diesen Rechten in der Regel um die Wahrung der Erblasserinteressen, die aus der Vergangenheit herrühren. Die Intention, die hinter diesen Rechten steckt, dient teilweise als Argumentation innerhalb der Literatur zum „digitalen Nachlass", um die Interessen und Rechte der nächsten Angehörigen zu begründen, die unabhängig von einer Vermögensnachfolge, aufgrund ideeller Interessen, Rechte in Bezug auf den „digitalen Nachlass" haben soll. Der Schutz ideeller Interessen im Todesfall wird insbesondere durch das Recht der Totenfürsorge, das sich auf die sterblichen Überreste bezieht und dem Bildnis- und postmortalem Persönlichkeitsschutz, die Teile der überlebenden Persönlichkeit schützen, gewährleistet.

II. Recht der Totenfürsorge

Das Recht der Totenfürsorge umfasst die Verwahrung der Leiche sowie die Vorbereitungshandlungen für die Bestattung, die Grabgestaltung sowie die Grabpflege;[322] dieses steht nicht den Erben, sondern den nächsten Angehörigen zu.[323] Das ist auch konsequent, da es sich nicht um eine Vermögensangelegenheit handelt.[324] Der Erblasser kann zwar entscheiden, dass seine Angehörigen von seinem Vermögen nichts erhalten, aber er kann ihnen die letzte Sorge um seine sterblichen Reste nicht nehmen. Die Kosten, die für die Beerdigung anfallen, sind aber vom Erben zu tragen. Darin wird eine postmortale Verbindlichkeit des Erblassers gesehen, die dann konsequenterweise von den Erben

---

321 *Lange/Kuchinke*, § 5 III Nr. 5 (S. 102). An anderer Stelle wird die Anwendung des FeuerbestG befürwortet.

322 Die sogenannten virtuellen Friedhöfe werden ebenfalls zum Schutzbereich der Totensorge gezählt, *Schenk*, S. 100.

323 Vgl. *Stein* in Soergel, § 1922 Rn. 19. Grundsätzlich können diese personenidentisch sein.

324 *Stein* in Soergel, § 1922 Rn. 19.

übernommen wird.[325] Diese Pflicht des Erben ist auch gesetzlich in § 1968 BGB geregelt. Das Totenfürsorgerecht der Angehörigen hat sich hingegen gewohnheitsrechtlich etabliert. Diese Berechtigung wird einer nachwirkenden familienrechtlichen Beziehung entnommen.[326] Die nächsten Angehörigen, denen dieses Recht zusteht, sind primär die Ehegatten und Kinder des Erblassers, sodann andere Verwandte.[327] Allerdings wird für das Recht der Totenfürsorge auch die Ansicht vertreten, dass bei einer gewillkürten Erbfolge das Recht auf die Erben übergehen soll.[328] Erreicht werden soll damit eine dem Willen des Erblassers entsprechende Regelung auch im nichtvermögensrechtlichen Bereich. Entzieht der Erblasser seinen Angehörigen den Erbteil, so wird vermutet, dass er diesen auch das Recht der Totenfürsorge nicht zusprechen würde, da sich der Erblasser in diesem Fall gegen seine familiäre Bindung zugunsten seiner sozialen Bindungen entschieden habe.[329] Die Entscheidung muss danach getroffen werden, wem das Recht der Totenfürsorge dient. Will man damit die Interessen der Angehörigen schützen, sollte ihnen das Recht auch nicht im Falle der gewillkürten Erbfolge entzogen werden. Stehen die Interessen des Erblassers und die Verwirklichung seiner Vorstellungen im Vordergrund, so ist es naheliegend, dieses Recht denjenigen einzuräumen, denen der Erblasser auch sein Vermögen zukommen ließ.

III. Bildnisschutz

Die Bildnisse einer Person dürfen in deren Todesfall nur mit der Einwilligung der nahen Angehörigen veröffentlicht werden. § 22 KunstUrhG definiert dabei die nahen Angehörigen selbst als die Ehegatten beziehungsweise Lebenspartner sowie die Kinder des Abgebildeten. Sollte dieser weder einen Ehegatten noch Kinder haben, sind die El-

325 *v. Blume*, AcP 112 (1914), 367, 390.

326 *v. Blume*, AcP 112 (1914), 367, 390; *Stein* in Soergel, § 1922 Rn. 19.

327 AG Bielefeld, Urteil vom 11. Dezember 2014 – 406 C 126/14; ausführlich dazu *Schenk*, S. 106 ff.

328 *Horn* in Erman, § 1968 Rn. 2.

329 Vgl. *Stein* in Soergel, § 1922 Rn. 19.

tern zuständig. Eine Regelung zu vermögenswerten Bestandteilen des Rechts am eigenen Bild gibt es nicht. In Anlehnung an die Rechtsprechung zur Vererblichkeit des allgemeinen Persönlichkeitsrechts wird dieses besondere Persönlichkeitsrecht, soweit es Vermögenswert hat, vererbt.[330]

IV. Postmortaler Persönlichkeitsschutz

Es ist allgemein anerkannt, dass die Persönlichkeit einer Person zumindest in einem gewissen Umfang auch nach dem Tod noch schutzbedürftig ist.[331] Der Schutzumfang des postmortalen Persönlichkeitsrechts ist aber geringer als beim allgemeinen Persönlichkeitsrecht, da die freie Entfaltung der Persönlichkeit als wichtigstes Schutzgut nicht mehr beeinträchtigt werden kann.[332] Mit der Zeit verblasst aber die Erinnerung der Nachwelt an den Verstorbenen, wodurch auch der Schutz seines Persönlichkeitsbildes nachlässt.[333] In erster Linie dient der postmortale Persönlichkeitsschutz dem Schutz des Andenkens und der Lebensleistung des Verstorbenen und kann trotz der fehlenden Übertragbarkeit als höchstpersönliche Rechtsposition geltend gemacht werden.[334] Dieser Andenkenschutz wird aus dem in Art. 1 Abs. 1 GG gewährleisteten Schutz der Menschenwürde, der den Tod überdauert, hergeleitet.[335] Da aber kein Rechtsträger mehr vorhanden ist, ist die dogmatische Herleitung des postmortalen Persönlichkeitsrechts umstritten.[336] Während ein Teil des Schrifttums aus diesem Grund den postmortalen Persönlichkeitsschutz ablehnt, befürworten andere Stimmen eine Teilrechtsfähigkeit, wie sie bei ungeborenen Kindern auch angenommen wird.[337] Andere wollen den Schutz über das Persönlich-

330 Vgl. *Engels* in BeckOK Urheberrecht, § 22, Rn. 64 f.
331 *Brox/Walker*, Erbrecht § 1 Rn. 16; Lange/Kuchinke, 5 III Nr. 5, S. 101, *Claus*, S. 17.
332 *Brox/Walker*, Erbrecht § 1 Rn. 16 b.
333 *Brox/Walker*, Erbrecht § 1 Rn. 16 b.
334 *Kipp/Coing*, § 91 IV Nr. 16 (S. 516); *Stein* in Soergel, § 1922 Rn. 23.
335 BVerfGE 30, 173, 194 = NJW 1971, 1645, Mephisto.
336 Vgl. zu den Hauptpositionen *Bender*, VersR 2001, 815, 816; *Fischer*, S. 60 ff.
337 *Schmitt* in MüKo, § 1 Rn. 55; vgl. zum älteren Meinungsstand *Hoch*, S. 8 f.

keitsrecht der Angehörigen mittelbar gewähren. Überwiegend wird eine treuhänderische Verwaltung eines subjektlosen Rechts durch die Angehörigen bevorzugt.[338] Fallen die Angehörigen und Erben aber derart auseinander, dass die Erben nicht zum Kreis der Angehörigen gehören, muss wie beim Totenfürsorgerecht geprüft werden, ob nicht doch den Erben die Wahrung des Andenkens zusteht. Das Recht der Angehörigen resultiert zwar aus der Familienverbundenheit und wäre in dem Fall dem Erbrecht vorzuziehen; es ist aber auch zweifelhalft, ob enterbte Angehörige geeignet und gewillt sind, das Andenken des Verstorbenen zu wahren.[339] Wie bei immaterialgüterrechtlichen Konzeptionen, die einen Übergang sowohl der persönlichkeits- als auch der vermögensrechtlichen Komponenten auf den Erben vorsehen, ist die gleiche Vorgehensweise auch beim Persönlichkeitsrecht interessengerecht.[340]

Anerkannte Fälle einer postmortalen Persönlichkeitsverletzung sind beispielsweise die negative Darstellung eines Verstorbenen in einem Roman[341] oder die postmortale Wahlwerbung mit der Person durch eine rechtsgesinnte Partei.[342] Den Angehörigen steht ein Beseitigungs- und Unterlassungsanspruch zu, wohingegen ein Anspruch auf immateriellen Schadenersatz ausgeschlossen ist, da der Zweck – die Genugtuung für den erlittenen Schmerz – nicht mehr erreichbar ist.[343]

Ergebnis für Teil I

Der Kerngedanke des Erbrechts ist eine Übertragung der vermögenswerten Rechte vom Erblasser zum Erben mit dem Ziel der Ver-

338 Nach *Lange/Kuchinke*, § 5 III Nr. 5 (S. 104), kann man sich bezüglich des Begriffes „Angehörige“ am FeuerbestG orientieren, da dieses ausführliche Regelungen darüber enthält wer „Angehöriger“ ist. Ausführlich zum Meinungsstand zu subjektlosen Rechten siehe *Hohner*, S. 63 ff.

339 Vgl. *Lange/Kuchinke*, § 5 III Nr. 5 (S. 101), *Stein* in Soergel § 1922 Rn. 24.

340 *Leipold* in MüKo, § 1922 Rn. 635a.

341 BGHZ 50, 133 – „Mephisto“.

342 OLG Köln NJW 1999, 1969.

343 *Stein* in Soergel, § 1922 Rn. 23.

schmelzung der Vermögensmassen.[344] Alle Zuordnungs- und Aussonderungskriterien dienen unter Berücksichtigung der erbrechtlichen Wertung primär dazu, fortsetzbare Rechte und Rechtsbeziehungen zu bestimmen, die den Interessen des Erblassers, der Erben und des Rechtsverkehrs gerecht werden. Die Vermögens- oder Personenbezogenheit sind Kriterien, die diese Fortbesetzbarkeit mitbestimmen; die Vermögensbezogenheit der Erbschaft dient als maßgeliches Abgrenzungskriterium.[345] Ein Vermögensbegriff, der diese Aufgaben erfüllen soll, besteht grundsätzlich aus Rechten, die nach generell-abstrakten Kriterien zu den Vermögensrechten gehören, sowie anderen rechtlich anerkannten Wertträgern, die Teil des Rechtsverkehrs sind. Die Rechtsnachfolge dient aber auch der Regelung des Wirtschaftslebens des Erblassers post mortem. Daher muss eine Position auch dann vererblich sein, wenn es zumindest nach objektiv bestimmbaren Kriterien den Schutz materieller Interessen bezweckt beziehungsweise der Regelung von Vermögensangelegenheiten dient. Daher sind nicht nur alle geldwerten, sondern auch alle wertbezogenen Rechtsverhältnisse vererblich.[346]

Nichtvermögenswerte Rechte, welche die Vermögensangelegenheiten einer Person nicht berühren, sind grundsätzlich nicht vererblich. Sie können allerdings aus Gründen der Rechtssicherheit vererblich sein, sofern keine Personenbezogenheit vorliegt beziehungsweise diese in Abwägung zu einem Kontinuitätsinteresse und den Interessen des Rechtsverkehrs nicht überwiegt. Handelt es sich um kein fortsetzbares Recht, muss unter Berücksichtigung der Interessen der Beteiligten eine treuhänderische Wahrnehmung dieser Interessen in Betracht gezogen werden, wovon auch die Abwicklung von Rechtsverhältnissen betroffen sein kann.

344 *Wortmann*, S. 116.
345 *Kunz* in Staudinger, § 1922 Rn. 10.
346 Siehe dazu auch *Peukert*, Güterzuordnung, S. 461.

Teil II. Anwendbarkeit der erbrechtlichen Prinzipien auf Accounts

Die Vererblichkeit von Internet-Accounts hängt davon ab, ob nach den gefundenen Zuordnungs- und Aussonderungskriterien die Nutzungsvereinbarungen sowie die Account-Inhalte vererblich sind.

Die bisherige Diskussion über die Vererblichkeit von Accounts lässt weitgehend eine Trennung zwischen dem Account und den Inhalten bei der Anspruchsprüfung vermissen.[347] Dabei sind es unterschiedliche Positionen, die angestrebt werden.[348] Die Nutzungsvereinbarung ist eine relative Rechtsposition, die einen Anspruch auf eine Dienstleistung gewährt. Sie ist nicht nur kündbar, sondern kann auch unwirksam sein oder von der Vererblichkeit ausgeschlossen werden.[349]

E-Mail-Accounts, die beispielsweise durch Dritte, etwa den Arbeitgeber oder die Universität, zur Verfügung gestellt werden, wären bereits nicht auf andere übertragbar. In diesem Fall wären auch die E-Mails unvererblich, wenn man den Vertrag als „Träger" dieser Rechte sieht, das heißt, die Parteistellung im Vertragsverhältnis als maßgeblich dafür erachtet, wem die E-Mails „gehören". Die Folgen eines fehlenden Vertrages können nur berücksichtigt werden, wenn die Inhalte selbst nach ihrer Vererblichkeit bewertet werden. Account-Inhalte können

---

347 Für eine Trennung aufgrund der Unvererblichkeit der Account-Inhaberschaft, *Bräutigam* in DAV-Stellungnahme Nr. 34/2013, S. 17 f.; *ders.* in Burandt/Rojahn, § 1922 Anhang, Rn. 5; *Raude*, RNotZ 2017, 17, 20. Für eine Trennung trotz Vererblichkeit der Account-Inhaberschaft, *Seidler*, S. 69 ff.; *Lange/Holtwiesche*, ZErb 2016, 125, 127; *Ludyga*, jM 2016, 442, 445.

348 A. A. *Raude*, ZEV 2017, 433, 435, der relevante Anspruch sei vertraglich, allerdings ohne Begründung.

349 Vgl. *Knoop*, NZFam 2016, 966, 968 zur Unwirksamkeit der Verträge bei Minderjährigen. Dem schwebend unwirksamen Vertrag könne aber nach dem Tod des Minderjährigen noch zur Wirksamkeit verholfen werden (§ 108 Abs. 3 BGB).

im Allgemeinen gegebenenfalls auch Gegenstand von Kaufverträgen sein (§ 453 BGB), sie entstehen und erlöschen unabhängig von der Nutzungsvereinbarung. Vergleicht man die Situation mit einem Mietverhältnis, so sind die Inhalte mit den sich in der Wohnung befindlichen Gegenständen vergleichbar. Diese unterliegen aber der Eigentumsordnung und werden nicht automatisch dem Mieter beziehungsweise dem jeweiligen Vertragspartner des Mietverhältnisses zugeordnet. Genauso wie der Mietvertrag ermöglicht die Nutzungsvereinbarung zunächst nur die tatsächliche Herrschaft über Account-Inhalte. Ihre rechtliche Zuordnung muss daher auch unabhängig von der Vererblichkeit der Nutzungsvereinbarung erfolgen.[350] Das ist vor allem dann der Fall, wenn das Vertragsverhältnis nicht erforderlich ist, um die Inhaberschaft an den Inhalten zu mitteln. Eine Trennung zwischen der Dienstleistung und den Inhalten ist nunmehr auch in Art. 2 der Digitalen-Inhalte-Richtlinie geregelt. Die Richtlinie macht deutlich, dass es sich um unterschiedliche Rechtspositionen handelt.

A. Soziale Netzwerke

Die Hauptfunktion sozialer Netzwerke besteht im Ermöglichen der Kommunikation und des Informationsaustausches innerhalb der Beziehungsgeflechte der Nutzer.[351] Das Verschicken von Nachrichten ist die am häufigsten genutzte Funktion von sozialen Netzwerken, gefolgt von (Echtzeit-)Chatten mit Freunden.[352] Die Kommunikation erfolgt sowohl zwischen zwei Nutzern als auch innerhalb bestimmter Gruppen. Dabei ist es nicht erforderlich, sich zunächst ein- oder den an-

350 In der US-Literatur wird beispielsweise beinahe ausschließlich von den Inhalten als Digital Assets (digitales Gut) gesprochen, nur wenige Autoren betrachten auch die Account-Inhaberschaft als mögliches Digital Asset. Vgl. dazu *Beyer/Cahn*, 9 NAELA J. 135, 137 f. (2013); *Conner*, 3 Est. Plan. & Community Prop. L. J. 301, 303 (2011). Eine weitergehende Aufteilung ist bei *Hayworth*, 68 U. Miami L. Rev. 535, 537 (2014) zu finden, die zusätzlich noch zwischen beweglichen und unbeweglichen Gütern trennt.

351 So ähnlich *Piltz*, S. 20.

352 Soziale Netzwerke, BITKOM 2011, 2. Auflage 12/2011, S. 4, abrufbar unter: https://www.bitkom.org/sites/default/files/file/import/SozialeNetzwerke.pdf.

deren anzuwählen. Die Kommunikation findet beinahe beiläufig statt, wodurch ihr eine gewisse Leichtigkeit verliehen wird.[353] Man kann sich schnell Netzwerken von Gleichgesinnten anschließen oder solche schaffen.[354]

Neben dem Kommunikationselement ist die Selbstdarstellung eine der wichtigsten Funktionen für den Nutzer.[355] Die Selbstdarstellung ermöglicht den Nutzern, diejenigen Informationen über sich zu teilen, die sie für die Beschreibung der eigenen Persönlichkeit, zumindest in der virtuellen Umgebung, für relevant halten. Etwa die Hälfte der Facebook-Mitglieder lädt Fotos von sich hoch und teilt diese mit ihrem Netzwerk.[356] Bei der Darstellung legen die Nutzer auch Wert darauf, möglichst ihre persönlichen Aspekte zum Ausdruck zu bringen.[357]

Die Plattformen werden auch dafür genutzt, Informationen zu Veranstaltungen zu erhalten sowie Fotos hochzuladen und zu teilen.[358] Für einen Teil der Nutzer dient das soziale Netzwerk auch als Informationsquelle für Nachrichten.[359] Die sozialen Netzwerke werden von Host-Providern auf Webportalen angeboten, für deren Nutzung im Vorfeld eine Registrierung erforderlich ist.[360] Grundsätzlich kann sich jeder mit einer E-Mail-Adresse registrieren, der das soziale Netzwerk nutzen möchte. Manche Netzwerke sind themenorientiert, etwa geschäftliche oder Studentennetzwerke. Eine Anmeldung ist jedoch auch bei diesen Netzwerken grundsätzlich für jedermann möglich.

---

353 *Bräutigam/Sonnleithner* in Hornung/Müller-Terpitz, S. 37.

354 Vgl. Art. 29 Datenschutzgruppe, Stellungnahme 5/2009 zur Nutzung sozialer Onlinenetzwerke, WP 163, S. 5, abrufbar unter: https://cnpd.public.lu/content/dam/cnpd/de/publications/groupe-art29/wp163_de.pdf.

355 *Redeker*, IT-Recht, Rn. 1171.

356 Soziale Netzwerke, BITKOM 2011, 2. Auflage 12/2011, S. 4, abrufbar unter: https://www.bitkom.org/sites/default/files/file/import/SozialeNetzwerke.pdf.

357 *Stopfer/Back/Egloff*, DuD 2010, 459, 461.

358 Soziale Netzwerke, BITKOM 2011, 2. Auflage 12/2011, S. 4, abrufbar unter: https://www.bitkom.org/sites/default/files/file/import/SozialeNetzwerke.pdf.

359 https://www.pressebox.de/pressemitteilung/bitkom-bundesverband-informationswirtschaft-telekommunikation-und-neue-medien-ev/Jeder-Fuenfte-nutzt-soziale-Netzwerke-als-Nachrichtenquelle/boxid/766084.

360 Die bekanntesten sind wohl Xing, LinkedIn und Facebook.

Allgemein zeichnen sich soziale Netzwerke dadurch aus, dass die Nutzer die Möglichkeit haben, sogenannte Profile zu erstellen sowie deren Inhalt selbst zu gestalten und nach Belieben auszubauen. Das Nutzerprofil dient der Repräsentation der jeweiligen Person innerhalb des sozialen Netzwerkes.[361] Ein Profil besteht häufig aus einem oder mehreren Bildern des Nutzers und dem Namen (original oder Pseudonym). Darüber hinaus können die Nutzer je nach Netzwerk beliebig viele Daten in ihr Profil einpflegen. Dazu zählen Angaben wie E-Mail-Adresse, Geburtsdatum, Telefonnummer, aber auch Werdegang, Abschlüsse oder Arbeitgeber. Die Detaildichte der persönlichen Informationen bestimmen die Nutzer selbst. Mit diesem Profil verknüpft sich der Nutzer mit anderen Mitgliedern des Netzwerkes, indem er sie als Kontakte hinzufügt. Über sein Profil nimmt er ferner an den Kommunikationsvorgängen innerhalb des sozialen Netzwerkes teil. Neben dem Nachrichtenaustausch und der Chatfunktion stehen ihm dafür diverse Funktionen zur Verfügung. So kann ein Nutzer seinen Standort teilen, Personen auf Fotos markieren, Inhalte Dritter bewerten oder kommentieren.[362] Der Nutzer kann selbst entscheiden, welche seiner Kontakte die von ihm geteilten Informationen sehen dürfen. Es besteht auch die Möglichkeit, die Inhalte für alle Nutzer des sozialen Netzwerkes sichtbar zu machen.

Die Vererblichkeit eines Accounts in sozialen Netzwerken ist der erste Fall in Deutschland, mit dem sich die Gerichte beschäftigt haben.[363] Der Fall durchlief gleich drei Instanzen. Die Eltern und Erben eines 15-jährigen Kindes verlangten Zugriff auf dessen Facebook-Account. Bei dem Tod des Mädchens war unklar, ob es sich um einen Suizid handelte – es war vor eine U-Bahn gefallen. Die Eltern hofften, im Facebook-Account ihres Kindes Informationen über dessen Todesursache zu finden. Der Bahnfahrer hatte Schadenersatzansprüche geltend gemacht, die zunächst von der Haftpflichtversicherung übernommen worden

361 Vgl. dazu *Meyer*, S. 33.

362 *Piltz*, S. 20

363 Ein weiteres Urteil erließ das LG Münster, Urteil v. 16.04.2019, Az. 14 O 565/18 zum Zugang zu einem iCloud-Benutzerkonto. Der LG bejahte im Einklang mit der BGH-Rechtsprechung des Zugangsanspruch.

waren. Ob weitere Ansprüche auf die Eltern zukommen würden, war unklar. Die Zugangsdaten zum Account hatten die Eltern nach eigenen Angaben von ihrer Tochter selbst bekommen. Dennoch konnten sie deren Nachrichten nicht lesen, da der Account durch Facebook in den „Gedenkzustand" versetzt worden war, was das Lesen von Nachrichten verhindert. Es reicht die Vorlage einer Todesanzeige durch einen beliebigen Nutzer, um einen Account in den Gedenkzustand zu versetzen. Daraufhin verklagten die Eltern Facebook auf Zugang zum Account ihrer Tochter samt den Kommunikationsinhalten.

Die Literatur hatte sich zuvor überwiegend an E-Mail-Accounts orientiert; die Ergebnisse wurden großenteils unverändert auf die sozialen Netzwerke übertragen. Erst nachdem das Landgericht Berlin[364] den Zugangsanspruch zu einem Facebook-Account erstinstanzlich entschieden hatte, wurde die Frage der Vererblichkeit von Accounts für soziale Medien intensiver behandelt. Im Unterschied zu den E-Mail-Accounts wurde vermehrt die Frage aufgeworfen, inwiefern ein Zugangsanspruch das postmortale Persönlichkeitsrecht des Erblassers sowie die Persönlichkeitsrechte Dritter verletzen würde.

Nachdem der BGH die Vererblichkeit der Nutzungsvereinbarung unter Ablehnung der Verletzung anderer Rechte bejahte,[365] stritten die Parteien im Nachgang darum, ob die Herausgabe der Inhalte ausreiche, um die Verpflichtung gegenüber den Erben zu erfüllen. Der BGH ließ die Herausgabe der Inhalte nicht ausreichen, stellte aber klar, dass vom Recht der Erben die Nutzung des Accounts nichts umfasst sei.[366] Bis zu dieser Klarstellung wurde in der Literatur wohl überwiegend angenommen, dass die Nutzungsvereinbarung als Ganzes auf die Erben übergeht, mit der Konsequenz, dass die Erben den Account auch

364 LG Berlin DNotZ 2016, 537.

365 Das Urteil wurde fast ausschließlich positiv aufgenommen, z.B. *Gloser*, DNotZ 2018, 846, 860; *Gratsch*, NZFam 2018, 800, 811; *Hoeren*, MMR 2018, 740, 749; *Ludyga*, ZEV 2018, 582, 592.

366 BGH GRUR 2020, 1348, 1350.

nutzen können.[367] Den Übergang der Nutzungsvereinbarung hatten davor in ihren Entscheidungen sowohl das Kammergericht als auch das Landgericht grundsätzlich bejaht.[368] Das Landgericht geht nur oberflächlich darauf ein, dass die Vererblichkeit der Nutzungsvereinbarung auch grundsätzlich die Nutzung der Accounts beinhaltet; die dauerhafte Nutzung der Accounts durch den Erben wird nur in einem Nebensatz erwähnt und wohl abgelehnt.[369] Das Kammergericht lehnt dagegen die Nutzung des Accounts ausdrücklich ab, ohne aber näher auf die rechtstechnische Umsetzung einzugehen.[370] Beide Gerichte gehen, wie der BGH, nicht darauf ein, wie bei einer grundsätzlichen Vererblichkeit der Nutzungsvereinbarung die Nutzung selbst davon nicht umfasst sein soll.[371]

---

367 So z.B. *Goratsch*, NZFam 2018, 800, 811; *Lietzenburger*, FDErbR 2018, 407688, *Holzer* in Groll, Teil 9, Rn. 48 f., nennt als Handlungsbefugnisse der Erben das Kündigen oder Löschen beziehungsweise Sperren des Accounts oder Zugang und Herausgabe der gespeicherten Inhalte und Auskunft über die Vertragsdaten. Bei kostenpflichten Accounts soll dem Erben ein Kündigungsrecht zustehen, wenn ihm die Fortsetzung nicht zumutbar ist, zum Beispiel bei einem Partnerschaftsvermittlungsvertrag, falls der Erbe verheiratet ist. So auch Fraunhofer Institut, Der digitale Nachlass, S. 47. Anders *Preuß*, NJW 2018, 3146, 3148, die eine aktive Nutzung als höchstpersönliches Recht einstufte und die BGH-Entscheidung entsprechend verstand. Vgl. auch *Methmann*, MMR 2020, 688, 693, der erst in dem Beschluss eine klare Positionierung zur aktiven Nutzung erkennt.

368 LG Berlin DNotZ 2016, 537, 538.

369 LG Berlin DNotZ 2016, 537, 540.

370 KG Berlin ZUM-RD 2017, 524, 527f.

371 Entgegen des ursprünglichen Urteils des BGH NJW 2018, 3178, wurde nach dem Beschluss, BGH GRUR 2020, 1348 bezweifelt, ob nunmehr wirklich Rechtsklarheit herrscht, vgl. *Braun*, jurisPR-ITR 15/2019 Anm. 3; *Burandt*, EE 2019, 020; so wohl auch *Ludyga* jM 2021, 320, 321 obwohl unklar bleibt, welche Fragen noch ungeklärt seien.

I. Rechtsnachfolge in die Nutzungsvereinbarung

1. Wirksamer Vertragsschluss[372]

Vertragspflichten können nur dann auf die Erben übergehen, wenn überhaupt ein wirksamer Vertrag zustande gekommen ist[373] – ein Vertrag[374] kommt durch Angebot und Annahme zustande.[375] Dabei handelt es sich um zwei sich inhaltlich entsprechende, auf dieselbe Rechtsfolge gerichtete Willenserklärungen.[376]

Ein Angebot auf den Abschluss eines Vertrages kann entweder schon in der Bereitstellung des Dienstes gesehen werden oder in dem Registrierungsvorgang des Nutzers. Ob bereits das Anbieten eines Dienstes für jeden, der sich registrieren will, als verbindliches Angebot betrachtet werden kann, ist durch Auslegung zu ermitteln.[377] Eine Webseite kann grundsätzlich eine Willenserklärung in Form einer Computererklärung enthalten.[378] Der Erklärungsinhalt ergibt sich dann unmittelbar aus der Webseite selbst.[379] Es ist nicht erforderlich, dass sich die Erklärung an eine bestimmte Person richtet, sondern ist auch ad incertas personas[380] möglich.[381]

---

372 Sofern bei den anderen Account-Typen keine Abweichung dargestellt werden, gilt das Gleiche auch für die jeweiligen Nutzungsvereinbarungen.

373 Die Problematik des Vertragsschlusses mit Minderjährigen wird nicht untersucht. Zu dieser Problematik insbesondere unter dem Aspekt einer wirksamen datenschutzrechtlichen Einwilligung siehe *Bräutigam*, MMR 2012, 635, 637, *Wintermeier*, ZD 2012, 210, 212.

374 Nach *Flume*, AT BGB II, § 33, 2 (S. 602) ist ein Vertrag die „rechtsgeschäftliche Regelung eines Rechtsverhältnisses, die von den Vertragsparteien einverständlich getroffen wird".

375 BGH NJW 2002, 363, 364, indirekt wird dies § 145 BGB entnommen, der aber den Vertragsschluss nicht ausdrücklich beschreibt.

376 BGH NJW 2005, 3636, 3637; *Bork* in Staudinger, § 145 Rn. 1; *Bork* in Staudinger, Vorbm. zu § 145 Rn. 2.

377 BGH NJW 2002, 363, 364.

378 Neben Worten sind ebenfalls Zeichen oder schlüssiges Verhalten geeignet, um als Erklärung aufgefasst zu werden, vgl. *Kitz* in Hoeren/Sieber/Holznagel, Teil 13 1, Rn. 7. Davon zu unterscheiden ist der konkludente Vertragsschluss, der durch die Neuregelung in § 312 BGB nur noch begrenzt möglich ist.

379 *Holzbach/Süßenberger* in Moritz/Dreier, Teil C, Rn. 87.

380 Angebot an unbestimmte Personen.

381 BGH NJW 2002, 363, 364.

Ob diese Erklärung als Angebot aufgefasst werden kann oder ob nur eine sogenannte invitatio ad offerendum vorliegt, ist nach dem objektiven Empfängerhorizont zu entscheiden.[382] Als Maßstab dient ein durchschnittlicher Nutzer, der mit den Besonderheiten des Internets vertraut ist.[383] Bei der invitatio ad offerendum hat der Erklärende noch keinen Rechtsbindungswillen und möchte sich die zum Vertragsschluss führende Annahmeerklärung noch vorbehalten.[384] Ist für den Empfänger die Erklärung als rechterheblich zu verstehen, so muss sich der Erklärende diese aber zurechnen lassen.[385] Eine invitatio ad offerendum wird insbesondere dann angenommen, wenn der Erklärende ein erkennbares Interesse daran hat, sich den Vertragsschluss vorzubehalten. Das ist vor allem bei begrenzten Leistungsangeboten oder dann, wenn die Bonität des Nutzers für den Vertragsschluss relevant ist, der Fall. Bei kostenlosen Diensten liegt die Annahme nahe, dass die Nutzer davon ausgehen, dass es sich um ein verbindliches Vertragsangebot handelt, da die Registrierung automatisch ohne Zwischenschritte zur Einrichtung des Accounts führt. Allerdings kann es auch bei hochentwickelter und optimierter Technik zu Störungen kommen.[386] Aus diesem Grund wird man einen Vertragsschluss nur unter Vorbehalt der Funktionsfähigkeit des Systems annehmen können. Dies ist auch für einen durchschnittlichen Nutzer erkennbar.[387] Zudem kann dem Diensteanbieter auch nicht von vornherein jedes Interesse an einer vorherigen Selektion abgesprochen werden, nur weil der Dienst kostenlos angeboten wird.[388] Daher liegt in der Regel in der Bereitstellung des Dienstes nur eine invitatio ad offerendum.

382 *Busche* in MüKo, § 145 Rn. 10.

383 BGH NJW 2008, 1384, 1387.

384 *Bork* in Staudinger, § 145 Rn. 3.

385 Dem Erklärenden stünde dann die Möglichkeit zu, wegen Irrtums anzufechten, § 119 BGB.

386 *Redeker* in Hoeren/Sieber/Holznagel, Teil 12 Rn. 20. Dass die Registrierung nicht immer reibungslos funktioniert, ist auch daran zu erkennen, dass manche Dienste Hilfeseiten für Probleme anbieten. So zum Beispiel Facebook: https://de-de.facebook.com/help/363421160387753/.

387 *Hoeren*, Internetrecht, S. 186; a. A. *Kunz*, S. 163.

388 *Maume*, MMR 2007, 620, 621.

Die Registrierung durch den Nutzer ist als Angebot zum Vertragsabschluss zu sehen, welches der Diensteanbieter spätestens mit der Einrichtung des Accounts konkludent annimmt.[389]

2. Anmeldung unter Angabe falscher Daten[390]

Der Anmeldevorgang erfolgt bei den meisten Diensten ohne eine Überprüfung der Nutzerdaten auf ihre Richtigkeit. In den meisten Fällen muss der Nutzer lediglich eine E-Mail-Adresse angeben, an die eine Nachricht für die Bestätigung des Accounts versandt wird. Das dient allerdings dem Zweck, die Registrierung durch den Nutzer zu verifizieren, nicht dazu, seine Daten auf Richtigkeit zu überprüfen. Die Erstellung eines E-Mail-Accounts ist wiederum ebenfalls ohne Verifizierung der Identität möglich.

Die meisten Anbieter bestimmen in ihren AGB allerdings, dass die Nutzer ihre Personalien wahrheitsgemäß angeben müssen (Klarnamenpflicht). Der Name ist ein wichtiger Bestandteil des Vertrages. Da er aber nicht immer zur Identifizierung des Vertragspartners erforderlich ist, gehört er nicht zwingend zu den wesentlichen Vertragsbestandteilen.[391] Hat der Vertragspartner aber zu erkennen gegeben, dass er den Vertrag nur unter Angabe der wahren Identität des Nutzers schließen möchte, ist zu bezweifeln, ob bei Angabe einer falschen Identität von einem Rechtsbindungswillen ausgegangen werden kann.[392] Ohne einen Rechtsbindungswillen kann auch kein wirksamer Vertrag zustande kommen.[393] Eine Ausnahme gilt bei Geschäften, die sofort abgewickelt werden: Bei diesen kommt es auf die Identität des Vertragspartners an. Ein Schuldverhältnis kann nicht wirksam begründet

389 Davon zu unterscheiden ist eine Zugangsbestätigung im elektronischen Geschäftsverkehr nach § 312e Abs. 1 S. 1 Nr. 3.

390 Sofern bei den anderen Account-Typen keine Abweichung dargestellt werden, gilt das Gleiche auch für die jeweiligen Nutzungsvereinbarungen.

391 Insbesondere dann, wenn beide Parteien anonym agieren, *Habel*, MMR 2008, 71, 76.

392 Vgl. *Kunz*, S. 161.

393 In den USA ist die Verwendung eines falschen Namens sogar ein Verstoß gegen den CFFA (Computer Fraud and Abuse Act) und kann zivil- und strafrechtlich verfolgt werden.

werden, wenn falsche Angaben zur Identität gemacht werden.[394] Der Diensteanbieter will in diesen Fällen für den Nutzer erkennbar nur mit demjenigen den Vertrag schließen, der seine wahre Identität zu erkennen gibt.[395] Besteht der Diensteanbieter nicht auf die Angabe der wahren Identität, kann der Vertrag mit dem Handelnden zustande kommen.[396]

Bis zum Inkrafttreten der DS-GVO war es streitig, ob die Anbieter gegen § 13 Abs. 6 TMG verstoßen, wenn sie verlangen, dass der Nutzer seinen Klarnamen angibt, da in § 13 Abs. 6 TMG geregelt ist, dass die Nutzung des Dienstes anonym und pseudonym ermöglicht werden muss. Seit Inkrafttreten der DS-GVO im Mai 2018 haben §§ 12 ff. TMG und damit auch § 13 Abs. 6 TMG nach allgemeiner Auffassung keine Gültigkeit mehr.[397] Die DS-GVO enthält keine Regelung entsprechend dem § 13 Abs. 6 TMG. Die Materie der anonymen und pseudonymen Nutzung gilt aber als abschließend geregelt, da der Vorschlag einer Regelung im Gesetzgebungsverfahren gemacht wurde und der EU-Gesetzgeber sich dagegen entschieden hat.[398] § 13 Abs. 6 TMG muss daher unionskonform ausgelegt werden, damit

394 Unklar bei *Redeker* in Hoeren/Sieber/Holznagel, Teil 12 Rn. 422, ob die Registrierung unter Angabe des falschen Namens grundsätzlich nicht zum Vertragsschluss führt. In jedem Fall aber dann, wenn der Vertragspartner auf die Angabe des wahren Namens besteht. A. A *Feldmann/Heidrich,* CR 2006, 406, 410, die auch bei anonymer Registrierung den Vertragsschluss bejahen.

395 So auch AG Kerpen, NJOZ 2014, 1886; LG München CR 2007, 264, 265; das LG sieht in der Angabe des falschen Namens eine Vertragsverletzung, wodurch dem Diensteanbieter das Recht zusteht, den Vertrag nach § 314 Abs. 1 S. 1 BGB zu kündigen.

396 A. A *Kunz*, S. 161, der den Rechtsbindungswillen des Anbieters ablehnt, wenn dieser eine anonyme Anmeldung akzeptiert. „Es sei kaum anzunehmen, dass eine Partei sich rechtlich an einen bewusst im Anonymen bleibenden Partner binden will.“

397 Vgl. *Schantz* in Schantz/Wolff, Rn. 305. Der Streit darüber, ob die Klarnamenpflicht auch in Bezug auf den Vertragsschluss nicht zulässig sei, ist durch die DS-GVO wohl entschieden. In Art. 8 DS-GVO ist vorgesehen, dass die Verantwortlichen angemessene Anstrengungen dafür unternehmen sollen, dass die Einwilligung durch den Träger der elterlichen Verantwortung für das Kind oder mit dessen Zustimmung erteilt wurde. Dafür sind schon im Vorfeld wahrheitsgemäße Angaben über den Namen und das Alter erforderlich.

398 OLG München, Endurteil vom 08.12.2020 – 18 U 2822/19 Rn. 28. 50.

ein Widerspruch gegen die Datenschutzgrundverordnung, die als höherrangiges Recht Anwendungsvorrang genießt, vermieden wird.[399] Die Pflicht eine anonyme oder pseudonyme Nutzung zu ermöglichen, steht unter dem Vorbehalt der Zumutbarkeit für den dass es dem Anbieter, § 13 Abs. 6 TMG. Die Feststellung der Zumutbarkeit gelingt im konkreten Fall durch das Abwägen der Interessen des Anbieters mit dem Recht des Nutzers auf informationelle Selbstbestimmung.[400] Diese Abwägung fällt zugunsten des Anbieters, da der Anbieter nicht nur aufgrund rechtlicher Pflichten das Interesse hat, die Identität des Nutzers zu kennen, sondern auch ein Interesse daran hat, präventiv auf die Nutzer einzuwirken, um sozialschädliches Verhalten im Internet zu unterbinden.[401]

Da die Diensteanbieter folglich von den Nutzern verlangen können, ihre wahre Identität bei Vertragsschluss preiszugeben, sind Verträge, die unter Angabe eines falschen Namens geschlossen werden, für den Diensteanbieter zumindest anfechtbar beziehungsweise nichtig.[402] Im Interesse des Diensteanbieters sollte es ihm entsprechend der Wertung des § 179 BGB überlassen sein, welche Rechtsfolgen er aus diesem Umstand bevorzugt.[403]

---

399 OLG München, Endurteil vom 08.12.2020 – 18 U 2822/19 Rn. 43, 54.

400 OLG München, Endurteil vom 08.12.2020 – 18 U 2822/19 Rn. 55.

401 OLG München, Endurteil vom 08.12.2020 – 18 U 2822/19 Rn. 55. Dieses Ergebnis wurde in der Literatur im Wesentlichen auch für § 13 Abs. 6 TMG vertreten, zumindest hinsichtlich der Klarnamenpflicht für den Vertragsschluss, vgl. *Härting*, NJW 2013, 2065, 2067 m. w. N.; *Maume*, MMR 2007, 620, 621; *Moos* in Taeger/Gabel, BDSG, § 3 Rn. 41; *Stadler*, ZD 2011, 57, 58.

402 Nach der kippschen Lehre von der Doppelwirkung können auch nichtige Verträge angefochten werden, wenn man die ungünstigen Folgen der Nichtigkeit vermeiden möchte.

403 Diese Fälle unterliegen nicht § 164 BGB; davon sind nur die Fälle des Handelns unter falschem Namen und Handeln mit falschen Namen erfasst. Es geht dem Diensteanbieter weder darum, mit einer ihm namentlich bekannten Person einen Vertrag zu schließen, sodass er hierüber nicht getäuscht werden kann, noch kommt es ihm darauf an, mit der „vor ihm stehenden" Person einen Vertrag zu schließen, da der Vertrag unter Abwesenden geschlossen wird. Es ist ihm nur wichtig, dass der Handelnde seine wahre Identität angibt.

3. Vermögensrechtliche Zuordnung

Die bisher überwiegende Ansicht in der Literatur bejaht einen Übergang der (Account-)Nutzungsvereinbarung zwischen dem Diensteanbieter und dem Erblasser auf die Erben im Wege der Gesamtrechtsnachfolge (§ 1922 BGB).[404] Die Nutzungsvereinbarung sei ein vermögenswertes Vertragsverhältnis und somit, wie andere Dauerschuldverhältnisse auch, vererblich.[405] Eine Begründung woraus sich die Vermögensrechtlichkeit des Vertragsverhältnisses ergibt, außer der Tatsache, dass es sich um einen Vertrag handelt, erfolgt allerdings nicht.[406]

Das Landgericht Berlin[407] bejahte, weitgehend unter Verweis auf die Literaturauffassungen, ebenfalls einen Anspruch der Kläger auf Zugang zum Account. Das Zugriffsrecht auf die Server der Beklagten ergebe sich aus dem Übergang der Nutzungsvereinbarung der Erblasserin mit Facebook auf die Erben gemäß § 1922 BGB; dieses Vertragsverhältnis sei Vermögen im Sinne des § 1922 BGB. Die sich aus dem Vertrag ergebenden Rechte und Pflichten, mithin auch das Zugriffsrecht auf das Nutzerkonto, würden auf die Erben übergehen.Das Kammergericht

---

404 *Hoeren*, NJW 2005, 2113, 2114; *Martini*, JZ 2012, 1145, 1147, 1150; *Brinkert/Stolze/Heidrich*, ZD 2013, 153, 154 f.; *Herzog*, NJW 2013, 3745, 3745.

405 *Hoeren*, NJW 2005, 2113, 2114; *Martini*, JZ 2012, 1145, 1147; *Herzog*, NJW 2013, 3745, 3749; *Steiner/Holzer*, ZEV 2015, 262, 264; a. A. *Bräutigam* in DAV-Stellungnahme Nr. 34/2013, S. 17 f.; *ders.* in Burandt/Rojahn, § 1922 Anhang, Rn. 4 f.; *Rott/Rott*, NWB-EV 2013, 160, 164; *Leeb*, K&R 2014, 693, 694.

406 So zum Beispiel: *Ludyga*, jM 2016, 442, 442, der zwar die Problematik zutreffend erkennt, aber nicht erläutert, warum heute das Verständnis vom Vermögen so viel weiter sein. Der von ihm zitierte *Endemann* beispielsweise führt explizit auf, dass ein Vertrag nur dann zu dem vererbblichen Vermögen zählt, wenn die Leistung objektiven Verkehrswert hat, vgl. *Endemann*, Bd. 3, S. 13; siehe auch *Herzog*, ZErb 2017, 205, 206 mit der Behauptung, es sei kein tragender Gedanke des Erbrechts, dass ausschließlich vermögenswerte Positionen vererbt werden.

407 LG Berlin DNotZ 2016, 537 = ZD 2016, 182 = FamRZ 2016, 738. Die Entscheidung wurde vielfach positiv aufgenommen, z. B. *Gloser*, DNotZ, 2016, 537, 549: „erfreuliche, erbenfreundliche Ergebnisse"; *Lieder/Berneith*, FamRZ 2016, 738, 744 sehen „wenig Handlungsbedarf". Dennoch wurde die nicht geklärte Frage des postmortalen Persönlichkeitsrechts als im Regelfall relevanter Grund für die Unvererblichkeit gesehen, zum Beispiel *Litzenburger*, FD-ErbR 2016, 375286; *Solmecke/Schmitt*, ZD 2016, 182, 187. Kritisiert wurde auch die Argumentation zum Telekommunikationsrecht, vgl. *Leeb*, K&R 2016, 135, 140; *Kuntz*, jM 2016, 190, 191 f.; *Kuhls*, jurisPR-ITR 6/2016 Anm. 2; *Willems*, ZfPW 2016, 494, 511 f.

Berlin bestätigte trotz Bedenken in der mündlichen Verhandlung die Vererblichkeit des Vertrages.[408] Dieser solle aber nicht derart auf die Erben übergehen, dass diese den Account wie einen eigenen nutzen können; es soll ihnen nur ein passives Leserecht zustehen. Der Anspruch könne durch die Herausgabe der Inhalte erfüllt werden.[409] Der BGH[410] bejahte ebenfalls die Vererblichkeit der Nutzungsvereinbarung – zumindest, sofern sich der Anspruch der Erben darauf richtet, nur Zugang zum Account zu erlangen. Ob eine Nutzung des Accounts durch die Erben ebenfalls möglich wäre, lies der BGH unbeantwortet, deutete aber an, dass eine Nutzung des Accounts durch die Erben nicht gewollt sei. Der Nutzungsvertrag soll dennoch vererblich sein, da weder aus Vertrag noch aus Gesetz eine Unvererblichkeit angenommen werden könne. Diese Entscheidung präzisierte der BGH aufgrund der anschließenden Uneinigkeit der Parteien darüber, ob die Herausgabe der Inhalte ausreicht, dahingehend, dass die Vererblichkeit des Vertrages dazu führt, dass die Erben als neue Vertragspartner Zugang zum Account bekommen, diesen aber nicht nutzen dürfen. Eine Herausgabe der Inhalte alleine ließ der BGH hingegen wegen der Stellung der Erben als Vertragspartner nicht ausreichen. Erforderlich sei, dass die Erben genauso wie der Erblasser sich im Account bewegen können.[411]

Sowohl die Literatur als auch die Rechtsprechung, die sich im Wesentlichen auf die Argumente der Literatur stützen, prüfen nicht, warum der Vertrag vererblich ist. Die Vererblichkeit wird lediglich damit begründet, dass es sich um einen Vertrag handelt und keine Unvererblichkeitsgründe vorliegen. Wie aber bereits festgellt, gilt bei Verträgen ebenfalls, dass diese nur dann vererblich sind, wenn es sich um eine

---

408 Pressemitteilung 22/2017 zur mündlichen Verhandlung vom 25.04.2017, abrufbar unter: https://www.berlin.de/gerichte/presse/pressemitteilungen-der-ordentliche n-gerichtsbarkeit/2017/pressemitteilung.585181.php.

409 KG Berlin ZUM-RD 2017, 524 = RNotZ 2017, 457 = DNotZ 2018, 286. Die Ausführungen zum Fernmeldegeheimnis wurden überwiegend begrüßt, *Conraths*, CR 2017, 454, 462; *Deusch*, ZEV 2017, 386, 389; *Raude*, ZEV 2017, 433, 439; *dies.*, RNotZ 2017, 457, 471; a. A. *Ludyga*, jM 2017, 414 f.; *Gloser*, DNotZ, 2018, 286, 307 f.

410 BGH NJW 2018, 3178.

411 BGH GRUR 2020, 1348, 1350.

vermögenswerte Position handelt. Eine Regel-Vererblichkeit von nichtvermögenswerten Position vertritt außerhalb des „digitalen Nachlasses“ kaum jemand.[412]

Die Vererblichkeit von Vertragsverhältnissen hängt daher in erster Linie davon ab, ob diese vermögensrechtlich sind;[413] das wesentliche Kriterium für die vermögensrechtliche Zuordnung ist der Vermögenswert eines Rechts. Ein vertragliches Schuldverhältnis ist dann vermögenswert, wenn die vertraglich versprochene Leistung einen Tausch- oder Nutzwert hat[414] – dieser muss nach objektiven, generell-abstrakten Kriterien bestehen.[415] Eine im Einzelfall mögliche Veräußerung ist nicht ausreichend.[416] Die Vererblichkeit wäre allerdings auch dann anzunehmen, wenn die nichtvermögensrechtliche oder nicht eindeutig vermögensrechtliche Leistung zumindest ihrer Funktion nach den materiellen Interessen des Erblassers dient.[417] Ist die Leistung nach diesen Kriterien weder vermögensrechtlich noch ihrer Bestimmung nach vermögensbezogen, ist zu prüfen, ob die Nutzungsvereinbarung als nichtvermögensrechtliche Position den Erben oder möglicherweise den nahen Angehörigen zugeordnet werden muss. Die Vererblichkeit von nichtvermögensrechtlichen Positionen stellt grundsätzlich die Ausnahme dar, daher müssen besondere Gründe vorliegen, die eine Zuordnung erforderlich machen.[418] Ein Grund für den Fortbestand nichtvermögensrechtlicher Verträge ist in der Kontinuitätsfunktion des Erbrechts zu sehen. Die Aspekte der Rechtssicherheit und des Verkehrsschutzes, die mit der Kontinuität von Rechtsverhältnissen ein-

412 So ähnlich auch *Raude*, ZEV 2017, 433, 435.

413 Teil I. A. II. 1.

414 Die Vermögensrechtlichkeit der Gegenleistung spielt bei dieser Bewertung zunächst keine Rolle. Obwohl man die Parteistellung als Ganzes erbt, werden Leistung und Gegenleistung isoliert auf ihre Vererblichkeit hin überprüft. Sollte eine Seite aus dem Synallagma nicht vererblich sein, müssen die Auswirkungen auf den gesamten Vertrag geprüft werden.

415 Teil I. A. I. 1. a).

416 Gerade die Fälle des illegalen Verkaufs von Zugangsdaten ist nicht zu berücksichtigen.

417 Teil I A. I. 1. b).

418 Allgemeine Meinung, siehe dazu Teil I A. I. und II.

hergehen, sprechen bei vertraglichen Schuldverhältnissen im Zweifel für deren Vererblichkeit.[419]

Die vermögensrechtliche Zuordnung allein ist aber noch nicht entscheidend für die Vererblichkeit – persönlichkeitsrechtliche Strukturen können auch bei vermögensrechtlichen Positionen zur Unvererblichkeit führen.[420] Ob ein Vertragsverhältnis im Ergebnis vom Erben fortgesetzt werden kann und soll, kann nur anhand einer Gesamtbetrachtung von vermögens- und persönlichkeitsrechtlichen Elementen entschieden werden.

a) Tauschwert

aa) Private Accounts

Soziale Netzwerke sind in aller Regel kostenlos,[421] sodass sich jedermann einen Account einrichten kann. Daher ist bei einer privaten Nutzung des Accounts ebenfalls kein Tauschwert anzunehmen. Eine private Nutzung liegt auch dann vor, wenn es sich thematisch um ein Netzwerk handelt, das der Pflege von geschäftlichen Kontakten dient. So sind beispielsweise Plattformen wie LinkedIn oder Xing für die berufsbezogene Nutzung gedacht; daraus ergibt sich aber kein Tauschwert. Die Plattformen dienen dazu, die beruflichen Fähigkeiten und den Werdegang darzustellen und sich ein Netzwerk aufzubauen, das nicht der Pflege der privaten, sondern der beruflichen Kontakte dient. Diese Accounts haben für Dritte keinen Wert, da sie personalisiert sind. Nur dann, wenn es sich um einen Account handelt, der ausschließlich der Darstellung eines Unternehmens dient, ist diesem ein Wert beizumessen. In diesem Fall ist es auch egal, ob sich der Account auf einer Plattform befindet, die der Pflege der geschäftlichen oder der privaten Kontakte dient. Mittlerweile haben viele Unternehmen eine Onlinepräsenz bei sozialen Netzwerken. Dort machen sie auf das Unternehmen und ihre Angebote aufmerksam. Die Nutzer können

419 Teil I A. I. 1. a).
420 Teil I. B.
421 Kostenlos bedeutet das Fehlen einer Gegenleistungspflicht in Geld.

den Handlungen des Unternehmens folgen, sodass der Account durch seine Bekanntheit bei den Nutzern und Kunden einen eigenständigen Wert innerhalb des sozialen Netzwerkes entwickelt. Müsste das Unternehmen diese Seite neu errichten, würden diese „Follower“[422] wegfallen.

bb) Accounts von Influencern

Neben Accounts von Unternehmen gibt es aber auch Accounts von Privatpersonen oder Personengruppen, die geschäftlich beziehungsweise mit erwerbswirtschaftlicher Absicht genutzt werden. Bei Facebook, vor allem aber bei Instagram oder YouTube[423] beziehungsweise ähnlichen Plattformen können Nutzer diesen Accounts folgen. Die Inhaber dieser Accounts werden auch als Influencer[424] bezeichnet. Erfolgreiche Influencer betreiben ihre Accounts in sozialen Netzwerken hauptberuflich. Gewinne erzielen sie in erster Linie durch Werbebeiträge. Dabei stellen sie in ihren Accounts die Produkte oder Dienstleistungen von Unternehmen vor und werden für diese vergütet. Je größer die Reichweite eines Influencers ist, desto mehr kann er für die Beiträge verlangen. In einigen Fällen bekommen die Influencer auch Waren oder Dienstleistungen geschenkt, um diese auf ihrem Account zu präsentieren. Aufgrund der stark zunehmenden Zahl solcher Accounts kam es in den letzten Jahren vermehrt zu Gerichtsentscheidungen über die Kennzeichnungspflicht von Werbeanzeigen von Influencern.[425] In einem vom Landgericht Berlin entschiedenen Fall wurde eine Kennzeichnungspflicht auch für die Fälle bejaht, in denen ein Influencer zwar für einen Beitrag keine Gegenleistung erhalten hat, der Account aber grundsätzlich geschäftlich genutzt wird.[426] Für

422 Als Follower (auf deutsch: Anhänger), werden in sozialen Netzwerken diejenigen Nutzer bezeichnet, die den Aktivitäten eines anderen Nutzers folgen.

423 YouTube ist kein soziales Netzwerk, sondern eine Content-Community, dennoch kann die Prüfung hier zusammen erfolgen, da es in Bezug auf Influencer-Accounts keinen Unterschied macht.

424 *To influence* bedeutet im Englischen beeinflussen.

425 Vgl. zum Beispiel LG Hagen, Beschl. v. 1. Januar 2018 – 23 O 45/17.

426 LG Berlin, Urteil vom 24.05.2018, Az. 52 O 101/18.

eine geschäftliche Handlung (im Sinne des Wettbewerbsrechts) kommt es nach der Entscheidung des Landgerichts nicht darauf an, ob der einzelne Beitrag finanzierte Werbung enthält, sondern darauf, ob der Account insgesamt kommerzielle Interessen verfolgt. In diesem Fall unterliegt nach Auffassung des Landgerichts Berlin jeder Beitrag der Kennzeichnungspflicht.

Bei Instagram können die Nutzer ihren Account als Business-Account führen.[427] Der Account bleibt zwar unentgeltlich, die Nutzer haben aber mehrere zusätzliche Funktionen zur Verfügung, wie beispielsweise die Anzeige von Statistiken über die Reichweite der Beiträge oder demografische Angaben zu den Followern.[428] Bei Facebook darf hingegen ein Profil nicht ausschließlich geschäftlich genutzt werden. Der geschäftliche Auftritt erfordert das Einrichten einer „Seite"; diese unterscheidet sich von privaten Profilen dadurch, dass man ihr folgt, indem man auf „Gefällt mir" klickt. Darüber hinaus muss eine gesonderte Nutzungsvereinbarung abgeschlossen werden, um Facebook zu geschäftlichen Zwecken zu nutzen.[429] Profile kann man hingegen abonnieren oder sich über eine Freundschaftsanfrage verbinden. Bei YouTube kann man unter zusätzlichen Voraussetzungen den „Kanal" (die Außendarstellung des Accounts) für die Monetarisierung freischalten.[430] Erfüllt man die Voraussetzungen, wird man im Partnerprogramm von YouTube aufgenommen. Das ermöglicht den Nutzern zusätzliche Einnahmen durch von YouTube geschaltete Werbung. Betreibt ein Nutzer einen Account folglich geschäftlich beziehungsweise mit Gewinnerzielungsabsicht, kann dieser Account in aller Regel auch als solcher identifiziert werden.

Fraglich ist, unter welchen Voraussetzungen diese Accounts ebenfalls einen Marktwert erlangen können. Dabei sollen mögliche rechtliche Hindernisse, die in Form von Veräußerungsverboten bestehen könnten, zunächst außer Betracht bleiben. Ein Account ist für einen ande-

427 Dazu muss man in den Einstellungen zum Account die entsprechende Funktion betätigen.

428 https://business.instagram.com/getting-started?locale=de_DE-.

429 https://de-de.facebook.com/legal/terms.

430 https://support.google.com/youtube/answer/94522?hl=de

ren Nutzer dann wertvoll, wenn dieser viele Follower hat. Die Anzahl der Follower spiegelt die ungefähre Reichweite des Accounts wider; an dieser wird dann bemessen, wie viel ein Werbebeitrag wert ist. Ab etwa 100.000 Followern bei Instagram kann man pro Beitrag etwa 400 Euro verlangen.[431] Das schlägt sich dann auch in dem Verkaufspreis nieder. Sowohl für Instagram- als auch für YouTube-Accounts besteht ein Markt.[432] Der Wert dieser Accounts kann in der Regel auch nach objektiven Kriterien bestimmt werden: Neben der Anzahl der Follower sind beispielsweise die behandelten Themen, Likes und Interaktionen zu den einzelnen Bildern und Beiträgen sowie die Bekanntheit des Account-Namens Indikatoren für die Preisbestimmung. Innerhalb der Interessenten handelt es sich dabei um objektive Kriterien, die für alle gleichermaßen relevant sind.

Problematisch ist die Wertfeststellung dann, wenn die Accounts – wie in den meisten Fällen – durch eine bestimmte Person betrieben werden, die für Dritte auch erkennbar ist. Die Follower identifizieren den Account in diesen Fällen mit der jeweiligen Person und folgen diesem meist auch, um die Beiträge der entsprechenden Person zu sehen. Ein Blick auf die zum Verkauf angebotenen Accounts bestätigt dies: Es werden nur Accounts zum Kauf angeboten, deren Beiträge und deren Profil allgemein und anonym gehalten sind und die Identität des Account-Inhabers nicht preisgeben. Ob diesen Accounts daher ein objektiver Marktwert zukommt, ist zu bezweifeln. Ein möglicher Marktwert wäre aber auch dann nicht zu berücksichtigen, wenn die Personalisierung des Accounts zur Unvererblichkeit führen würde, weshalb diese vor einer abschließenden Entscheidung untersucht werden muss.[433]

431 http://blog.influence.co/instagram-influencer-rates/.

432 Siehe zum Beispiel https://www.epicnpc.com/forums/youtube-accounts.585/ oder https://fameswap.com/browse-instagram-accounts-for-sale.

433 Teil I. B.

b) Nutzwert

aa) Social-Log-in

Bei sozialen Netzwerk-Accounts wird deren vermögensrechtliche Zuordnung teilweise dadurch begründet, dass sie dazu dienen, sich bei einer Vielzahl anderer Accounts einzuloggen. Die Social-Log-in-Funktion ist in der Handhabung einfacher als die Nutzung von E-Mail-Adressen für den Zugriff auf andere Dienste. Ist man in seinem sozialen Netzwerk-Account eingeloggt, muss man häufig nur ein Feld auf der Seite des Anbieters mit der gewünschten Social-Log-in-Seite betätigen, und schon kann man den Dienst nutzen.[434] Durch diese Funktion allein kann die Nutzungsvereinbarung jedoch nicht als vermögensrechtliche Position gewertet werden. Dieses Argument ist zirkulär. Der Zugriff auf andere Accounts ist so lange nicht als vermögensrechtliche Befugnis einzuordnen, bis man für den jeweiligen Account dessen Vererblichkeit festgestellt hat. Denn ohne eine Nutzungsbefugnis an diesem Account, die durch die Nutzungsvereinbarung auf den Erben übergegangen ist, ist der Log-in wertlos.

bb) Follower

Bei der Bewertung eines Nutzwertes kann bei sozialen Netzwerken nicht allein die Leistung des Diensteanbieters für den Nutzer berücksichtigt werden. Es kann sich zwar bei sozialen Netzwerken jeder kostenlos einen Account einrichten und dadurch die gleiche Leistung empfangen kann wie jeder andere, der sich einen Account einrichtet. Die Besonderheit bei den sozialen Netzwerken ist aber, dass die Plattformen ihre Leistung derart anbieten, dass sie über das Vertragsverhältnis hinausgehen. Der Nutzwert beschränkt sich nicht mehr auf die Nutzung der Plattform, es müssen auch die durch die Nutzung ermöglichten Erwerbschancen berücksichtigt werden. Aus dieser Betrachtungsweise ergibt sich für kommerziell genutzte Accounts, dass

434 Sollte man darüber hinaus keine Nutzungsbedingungen akzeptieren müssen, so stellt sich bereits die Frage, ob mit dem Diensteanbieter überhaupt ein Vertrag zustande gekommen ist, der erbrechtlich relevant wäre.

die Gründe, die einen Tauschwert ermöglichen, auch zu einem Nutzwert führen.

Die Anzahl der Follower entscheidet bei Accounts wie Instagram oder YouTube darüber, wie viel Geld oder geldwerte Leistungen sie von Unternehmen erhalten, die ihre Werbung über den Account des Nutzers verbreiten wollen. Die Anzahl der Follower ist ferner ein Kriterium für das Monetarisieren des Accounts über die Plattform. Dieser Wert ist auch nicht nur subjektiv – die Erwerbschancen, die durch den Account ermöglicht werden, sind nach objektiven Kriterien feststellbar.

c) Die Funktion des Accounts

Privat genutzte soziale Netzwerk-Accounts werden im Wesentlichen für die Kommunikation sowie die Selbstdarstellung genutzt.[435] Das Verschicken von Nachrichten ist die am häufigsten genutzte Funktion von sozialen Netzwerken, gefolgt von (Echtzeit-)Chatten mit Freunden.[436] Für die Selbstdarstellung erstellen die Nutzer „Onlineidentitäten", die sie über ihren Account verwalten. Die Selbstdarstellung ermöglicht den Nutzern, diejenigen Informationen über sich zu teilen, die sie für die Beschreibung der eigenen Persönlichkeit, zumindest in der virtuellen Umgebung, für relevant halten. Etwa die Hälfte der Facebook-Mitglieder lädt Fotos von sich hoch und teilt diese mit ihrem Netzwerk.[437] Bei der Darstellung legen die Nutzer auch Wert darauf, möglichst ihre persönlichen Aspekte zum Ausdruck zu bringen.[438] Innerhalb der Plattformen dienen die Accounts der „Ordnung der Verhältnisse".[439] Die Nutzungsvereinbarungen für soziale Netzwerke gelten somit vorrangig der Befriedigung von ideellen Interessen. Davon zu unterscheiden sind die bereits oben beschriebenen Influencer-Accounts; die kommerziellen Interessen stehen bei diesen Accounts in

435 So ähnlich *Piltz*, S. 20; *Redeker*, IT-Recht, Rn. 1171.

436 Soziale Netzwerke, BITKOM 2011, 2. Auflage 12/2011, S. 4, abrufbar unter: https://www.bitkom.org/sites/default/files/file/import/SozialeNetzwerke.pdf.

437 Soziale Netzwerke, BITKOM 2011, 2. Auflage 12/2011, S. 4, abrufbar unter: https://www.bitkom.org/sites/default/files/file/import/SozialeNetzwerke.pdf.

438 *Stopfer/Back/Egloff*, DuD 2010, 459, 461.

439 KG Berlin ZUM-RD 2017, 524, 531.

aller Regel im Vordergrund. Obwohl die Accounts auch für Kommunikationszwecke genutzt werden, steht die Vermarktung der Selbstdarstellung im Vordergrund.

Mit zunehmender Tendenz werden soziale Netzwerke aber auch als Verkaufsplattform genutzt. So ist sowohl bei Facebook als auch bei Instagram zu beobachten, dass man Produkte direkt erwerben kann. Der Zugang zu und die Nutzung der Plattform sind unmittelbar erforderlich für den Erwerbsvorgang. Über die Marketplace-Funktion von Facebook können Nutzer auch Sachen verkaufen, sodass zumindest die Möglichkeit besteht, dass die Accounts auch für materielle Bedürfnisse genutzt werden. Das Schuldverhältnis dient damit zumindest mittelbar auch wirtschaftlichen Interessen. Diese Funktion steht aber im engen Zusammenhang mit der ideellen Nutzung des Accounts. Beide Nutzungsarten können nur durch den Inhaber des Profils erfolgen, dem der Account zugeordnet ist. Solange der Account nicht überwiegend für kommerzielle Zwecke verwendet wird, überwiegen bei den privat genutzten Accounts die ideellen Interessen. Da es dabei vor allem um die Nutzung des Accounts für die Zukunft geht und nicht um die Herausgabe der Inhalte, entstehen auch keine Nachteile für die Beteiligten. Bereits bestehende Ansprüche und Verbindlichkeiten können von den Erben auch abgewickelt werden, ohne die Nutzungsvereinbarung fortzusetzen. Ein erbrechtliches Interesse, den Account für die Plattformfunktion zu nutzen, besteht nicht, da insoweit jeder sich selbst einen Account einrichten kann.

d) Kontinuitätsinteresse

Ein Kontinuitätsinteresse ist bei sozialen Netzwerk-Accounts auch nicht übergangsweise gegeben. Es ist nicht damit zu rechnen, dass vermögensrechtlich relevante Inhalte mit der Zeit noch hinzukommen. Selbst bei der Nutzung der Verkaufs- und Marktplatzfunktionen sind diese in der Regel bereits abgewickelt. Selbst wenn es noch offene Transaktionen gibt, können diese als Rechtsnachfolger an den Erben weitergeleitet werden. Ein Übergang der Nutzungsvereinbarung ist nicht erforderlich.

e) Isolierte Vererblichkeit des Anspruchs auf Zugang zum Account

Obwohl die Inhaberschaft am Account isoliert betrachtet keine vermögensrechtliche Position darstellt, muss die Besonderheit berücksichtigt werden, dass sie einen Zugriff auf die Account-Inhalte ermöglicht. Die Nutzungsvereinbarung beinhaltet nicht nur das Recht, den Account zu nutzen, sie gewährt dem Nutzer auch einen Zugangsanspruch zu den gespeicherten Inhalten.[440] Ein vom Nutzungsrecht losgelöster Zugangsanspruch kann nur vererbt werden, wenn dieser entweder isoliert vererblich ist oder die Vererblichkeit des Teilrechts zur Vererblichkeit des ganzen Vertrages führt.

Eine Teilvererblichkeit von Verträgen ist nur in Ausnahmefällen möglich. Verträge werden grundsätzlich als Ganzes vererbt.[441] Aus einem Vertragsverhältnis gehen alle Ansprüche und Pflichten auf den Erben über. Ist die Vererblichkeit ausgeschlossen, trifft dies in der Regel die Haupt- und Nebenpflichten.[442] Andernfalls wäre das Recht gegenstandslos.[443] Folgt man aber der Auffassung des BGH, ist zumindest der Nutzungsanspruch aus dem Vertrag unvererblich. Die Erben sollen lediglich Zugang zum Account erhalten. Das Problematische bei der isolierten Vererblichkeit einzelner Ansprüche ist, dass man dadurch ein Ungleichgewicht im bestehenden Synallagma schafft. Schuldrechtliche Ansprüche aus Verträgen bestehen aus diesem Grund allgemein nicht isoliert. Ist die Leistung des einen Vertragspartners unmöglich, entfällt grundsätzlich auch die Leistungspflicht des anderen (§ 326 BGB). Daher werden auch nur diejenigen Leistungen als Hauptleistungen eingestuft, die zu einer unmittelbaren Anwendung der Rechte aus den §§ 323, 326 I BGB führen.[444] Bei Hauptleistungen, also den wesentlichen Vertragspflichten, kann die Haftung für deren Verletzung grundsätzlich nicht ausgeschlossen werden. Nebenrechte

440 Vgl. dazu *Kunz* in Staudinger, § 1922 Rn. 618 ff., es wird offengelassen, ob es sich bei der Nutzungsvereinbarung um ein vermögenswertes Recht handelt, da es zumindest einen Zugang zu den Inhalten gewährt.

441 *Bender*, S. 168; *Richter*, S. 20; *Winkler von Mohrenfels*, S. 162.

442 *Tanck* in Damrau/Tanck, § 1922 Rn. 39; *Lenkaitis*, S. 237.

443 *Bender*, S. 169.

444 *Cichon*, § 1 Rn. 130.

haben dagegen keine vertragsprägende Bedeutung. Sie dienen nur der Förderung und Verwirklichung des Hauptanspruchs und können aufgrund ihrer rechtlichen Unbeständigkeit für sich allein nicht bestehen, nicht übertragen oder gepfändet werden.[445] Aus diesem Grund sind sie grundsätzlich auch nicht vererblich.[446] Beispiele für Nebenrechte sind das Recht auf Auskunftserteilung und das Recht auf Einsichtsgewährung.[447]

Beim Zugangsanspruch wird die Ansicht vertreten, dass es sich bei diesem – neben dem Nutzungsrecht – um einen Hauptanspruch aus dem Vertrag handelt.[448] Ohne Zugang zum Account kann der Dienst nicht genutzt werden, sodass es zur Anwendung der §§ 323, 326 I kommen würde, sollte die Leistung ausbleiben. Jedoch hat der Zugangsanspruch isoliert keine eigenständige Funktion. Bei einigen Diensten ist die Eingabe der Zugangsdaten nicht einmal jedes Mal erforderlich, wenn man den Dienst nutzen möchte, da der Browser den Login-Status speichert.

Der Zugangsanspruch hat zwei Funktionen: zum einen die Ermöglichung der Nutzung des Dienstes und zum anderen den Zugriff auf die gespeicherten Daten. Allerdings ist der Zugriff auf die gespeicherten Daten kein isolierter vertraglicher Anspruch. Die Daten stehen den Nutzern für die Verwendung der Funktionen des Dienstes zur Verfügung. Sofern sie aus dem Dienst exportiert werden können, handelt es sich ebenfalls um eine Funktion des Dienstes. Lediglich bei reinen Dateiverwaltungsdiensten ist der Zugang zugleich auch Teil der Hauptnutzung des Dienstes. In einen Mietvertrag würde man auch nicht eintreten, nur um die Gegenstände aus der Wohnung in Besitz zu nehmen.

---

445 *Boehmer* in Staudinger[11], § 1922 Rn. 203; *Binder*, S. 52; *Plaß*, WRP 2000, 1077, 1085.

446 BGH NJW 1988, 2729: „Der Anspruch auf Abgabe einer eidesstattlichen Versicherung als Hilfsanspruch (kann) nicht für sich allein abgetreten oder gepfändet werden."

447 Für das Auskunftsrecht *Leipold* in Müko 1922 Rn. 21, für das Recht auf Einsichtsgewährung *Lenkaitis*, S. 236.

448 So bereits *Wemmer/Bodensiek*, K&R 2008, 71, 74.

Trennt man nunmehr, wie vom BGH vorgeschlagen, die Vererblichkeit der Ansprüche nach Zugang und Nutzung, so kommt es zu einem Auseinanderfallen der Inhaberschaft am Account und dem Nutzungsrecht des Dienstes.[449] Die Account-Inhaberschaft würde in diesen Fällen leerlaufen; der Zugangsanspruch kann daher nicht ohne das Nutzungsrecht übertragen werden. Es ist aber auch nicht zweckdienlich, von einem Lese- beziehungsweise Einsichtsrecht auszugehen. Anhand dieser Rechte ist es nicht möglich, die Inhalte zuzuordnen, man ermöglicht lediglich eine Informationsgewinnung, ohne eine erbrechtliche Entscheidung über die Zuordnung der Positionen zu treffen.[450]

In allen Fällen bleibt aber offen, wie mit der weiteren Verwaltung des Accounts verfahren werden soll. Darf der Erbe den Account nicht weiter nutzen, müsste eine Regelung über das weitere Bestehen des Accounts getroffen werden. Es ist bereits fraglich, ob technisch ein isolierter Zugriff ohne die Nutzbarkeit des Accounts möglich ist. Sofern der Diensteanbieter das nicht gewährleisten kann, stellt sich die Frage, wie man den Missbrauch unterbinden kann, der dann durch eine unberechtigte Nutzung des Accounts möglich wäre.

Richtigerweise sollte daher der Anspruch des Erben auf das beschränkt werden, was er eigentlich auch anstrebt: die Herausgabe der Inhalte. Die Konstruktion über einen Zugangsanspruch, der nicht zugleich auch die Nutzung des Dienstes erlaubt, wäre in diesem Fall nicht erforderlich. Nach dem Beschluss des BGH, kann auch durch die Herausgabe der Inhalte der Anspruch der Erben erfüllt werden, solange sich die Erben im Account so bewegen können, wie im Account. Für die Herausgabe der Inhalte wäre aber der Übergang der Nutzungsverein-

449 Vgl. zu einer ähnlichen Problematik bei der Domain *Plaß*, WRP 2000, 1077, 1085. Unklar die Begründung bei *Lieder/Berneith*, FamRZ 2020, 1756, 1761, die im Beschluss des BGH das „sukzessionsrechtliche (erbrechtliche) Identitätsprinzip" bestätigt sehen, wonach „die übergeleitete Vermögensposition durch den Erbfall weder in Gestalt noch Charakter eine Änderung" erfährt, obwohl der Vertrag gerade nicht unverändert übergeht.

450 So ähnlich *Gloser*, DNotZ 2016, 537, 547: „Das Sichten alleine würde dem Erben nichts bringen." Ebenfalls *Deutsch*, ZEV 2016, 189, 194: „Die Zugangsgewährung ist abzugrenzen gegen ein Einsichtsrecht (…), zur Duldung einer Besichtigung der Server (…) oder zur Herausgabe des Account-Inhalts auf einem Datenträger."

barung nicht erforderlich. Lediglich die funktionsgleiche Anordnung der Inhalte, ist ein vom Nutzungsrecht abgeleitetes Teilrecht, das auch allein nicht den Übergang der gesamten Nutzungsvereinbarung rechtfertigen würde.

Das Problematische dabei ist allerdings, dass der BGH die Prüfung der vermögensrechtlichen Zuordnung der Inhalte gerade aufgrund der Vererblichkeit des Vertrages als nicht erforderlich betrachtet. Die Teilvererblichkeit des Vertrages reicht dem BGH aus, um den Vertrag als Trägermedium für die Inhalte zu qualifizieren. Fällt aber der Vertrag weg, so müsste darüber entschieden werden, ob die Inhalte für sich gesehen vermögensrechtlich den Erben zugeordnet werden können. Wie bereits festgestellt, können Wertträger auch ohne subjektive Rechte an ihnen als Vermögen im Sinne des Erbrechts eingestuft werden.[451] Die Brücke über den Vertrag als Trägermedium dient also vor allem dazu, den Zugang zu den höchstpersönlichen Inhalten zu rechtfertigen. Selbst wenn man die Vererblichkeit der höchstpersönlichen Inhalte unterstellt, ist es nicht überzeugend, den Vertrag als Trägermedium nur in Teilen den erbrechtlichen Rechtsfolgen zu unterwerfen. Geeigneter wäre auch in diesen Fällen, einen Anspruch außerhalb des Vertragsrechts zu finden. So hat der BGH beispielsweise im Falle von Kanzler Kohls Tonbändern einen Herausgabeanspruch über § 667 BGB gewährt. Die Inhalte im Account, die als vererblich gelten, müssten für die Anspruchserfüllung in technisch nutzbarer Form herunterzuladen sein.[452]

Es ist weder rechtlich noch faktisch ersichtlich, wieso die Erben für den Zugang zu den Account-Inhalten den gesamten Vertrag erben sollten, diesen dann aber nur für den Zugang nutzen dürften.

451 Siehe Teil I. A. I. 1. b).

452 Für einen Herausgabeanspruch auch *Redeker* in DAV Stellungnahme Nr. 34/2013, S. 64.

f) Zusammenfassung

Ein vermögensrechtliches Interesse an der Fortsetzung eines sozialen Netzwerk-Accounts besteht nur dann, wenn es sich um einen kommerziell ausgerichteten Account handelt. Einzelne geschäftliche Handlungen innerhalb eines überwiegend ideell genutzten Accounts reichen nicht aus, um diesen dem Kreis der Vermögensrechte zuzuordnen. Eine isolierte Vererblichkeit des Zugangsanspruchs ist auch bei sozialen Netzwerken problematisch, da der Zugangsanspruch nur der Informationsgewinnung dient. Die Inhalte müssen aber danach eingeteilt werden, ob sie dem Erben zugeordnet werden müssen oder untergehen.

Bei den kommerziell genutzten Accounts kommt der Nutzungsvereinbarung ein Vermögenswert zu. Ob diese Vermögensrechtlichkeit bei einem personifizierten Account auch die Vererblichkeit zur Folge hat, hängt davon ab, ob der Personenbezug derart ausgeprägt ist, dass er zur Unvererblichkeit der Vertragsbeziehung führt. Accounts, die zu einem geschäftlichen Betrieb gehören, gehen an den Nachfolger dieses Unternehmens über.

4. Ausschluss der Vererblichkeit

Nach den bisher gefundenen Ergebnissen ist eine Nutzungsvereinbarung in der Regel nicht vererblich, sofern es sich nicht um einen kommerziell ausgerichteten Account handelt. Für die vererblichen Accounts stellt sich die Frage, ob es zu einem Ausschluss der Vererblichkeit kommt, weil sogenannte Unvererblichkeitskriterien einschlägig sind. Die Frage, ob Unvererblichkeitskriterien einschlägig wären, ist aber auch für diejenigen Accounts relevant, die grundsätzlich aufgrund fehlender Vermögensrechtlichkeit unvererblich sind. Damit wird zum einen aufgezeigt, dass die bisher in Literatur und Rechtsprechung beinahe ausschließlich anhand dieser Kriterien geprüfte Vererblichkeit, unvollständig und fehlerhaft ist.

Die Prüfung der Unvererblichkeit setzt rechtstechnisch voraus, dass eine Subsumtion unter Aussonderungsmerkmale möglich ist, die ihre

Berechtigung selbst aus dem Gesetz oder aus anderen Rechten herleiten.[453] Ohne explizite gesetzliche Regelung ist die Annahme der Unvererblichkeit dann möglich, wenn die Position durch ihre Bindung an den Erblasser faktisch oder wertungsmäßig nicht durch einen anderen fortgesetzt werden kann. Im Schrifttum werden diese Fälle unter den Stichpunkten *Höchstpersönlichkeit* oder *Personenbezogenheit* diskutiert.[454] Diese Kriterien sollen die Bindung eines Rechts an eine Person zum Ausdruck bringen, woraus sich die Unvererblichkeit ergibt. Ob eine derartige Bindung vorliegt, ist durch Auslegung zu ermitteln.[455] Bei vertraglichen Schuldverhältnissen sind neben den allgemeinen Kriterien auch die vertragsspezifischen Besonderheiten des Parteiwechsels zu berücksichtigen.[456]

a) Höchstpersönlichkeit

Das Kriterium der Höchstpersönlichkeit wird in der erbrechtlichen Literatur nicht einheitlich verwendet.[457] Im Zusammenhang mit dem „digitalen Nachlass“ führt die Verwendung zu weiterer Verwirrung. In den meisten Fällen wird gerade bei der Frage nach der Höchstpersönlichkeit der Nutzungsvereinbarung von einem sehr engen Verständnis ausgegangen, sodass nur eine persönliche Leistungspflicht des Schuldners zur Unvererblichkeit führt. Teilweise wird dann noch ergänzend die Personenbezogenheit des Schuldverhältnisses thematisiert. Das Landgericht Berlin war der Auffassung, dass die Vererblichkeit des Vertrages nicht deshalb ausgeschlossen sei, weil dieser besonders personenbezogen ist.[458] Dies sei entsprechend dem Gedanken des § 399 BGB nur dann der Fall, wenn der Wechsel des Berechtigten die Leistung in ihrem Wesen verändern würde. Aus den Nutzungsbedingungen ergebe sich zwar, dass ein Nutzerprofil stark auf die Person des Nutzers bezogen sei. Es bestünde aber kein Schutzbedürfnis des

453 Vgl. Teil I B.
454 Siehe dazu Teil I B. II.
455 Siehe dazu Teil I B. II.
456 Vgl. Teil I B. II.
457 Siehe dazu Teil I B. II. 1.
458 LG Berlin DnotZ 2016, 537, 539 f.

Beklagten, da dieser ohne Prüfung der Identität der Nutzer die Verträge mit jedem abschließen würde. Daher habe er kein schutzwürdiges Interesse, seine Dienste nur an eine bestimmte Person zu leisten. Die Nutzer würden insoweit auch kein persönliches Vertrauen bei dem Beklagten in Anspruch nehmen.[459] Das Kammergericht schloss ebenfalls die Unvererblichkeit des Vertrages aufgrund des Gläubigerwechsels aus, weil sich entsprechend § 399 BGB der Charakter der Leistung des Beklagten durch den Gläubigerwechsel nicht ändere. Daher sei er nicht schutzwürdig, es komme für die Schutzwürdigkeit nicht darauf an, ob der Betreiber die Identität des Vertragspartners prüfe, wie es vom Landgericht vorausgesetzt wurde.[460]

Eine klare Trennung gelingt auch dem BGH nicht: Obwohl das Gericht zunächst zutreffend feststellt, dass nicht die Vertragspflichten höchstpersönlicher Natur sind, sondern die von den Nutzern generierten Inhalte,[461] wird im Folgenden die Nutzungsvereinbarung unter dem Aspekt der Personenbezogenheit sowie weiterhin unter dem Gesichtspunkt eines „höchstpersönlichen Bezuges“ bewertet.[462] Eine die Vererblichkeit ausschließende enge Bindung eines Vertragsverhältnisses an eine Person lässt sich, sofern keine persönliche Leistungspflicht vorliegt, besser anhand des Kriteriums der Personenbezogenheit feststellen.[463] Die Inhalte des Accounts werden dagegen unabhängig von der Nutzungsvereinbarung danach bewertet, ob sie aufgrund ihrer Höchstpersönlichkeit unvererblich sind.

b) Personenbezogenheit

Die Leistungshandlung des Diensteanbieters bleibt bei sozialen Netzwerken nach dem Personenwechsel gleich. Da die Diensteanbieter zu-

459 LG Berlin DNotZ 2016, 537, 539.
460 KG Berlin ZUM-RD 2017, 524, 527f.
461 BGH NJW 2018, 3178, 3180.
462 BGH NJW 2018, 3178, 3180 ff.
463 Teilweise prüft der BGH auch eine persönliche Leistungspflicht der Nutzer unter dem Gesichtspunkt der Höchstpersönlichkeit des Vertrages. Aus Gründen der Übersichtlichkeit werden die Gegenleistungspflichten der Nutzer aber gesondert geprüft.

dem die Identität der Nutzer nicht prüfen, wird von vielen Autoren angenommen, dass ein Wechsel des Vertragspartners diesem zumutbar ist.[464] Die Vorgehensweise eines Diensteanbieters kann aber nicht der Maßstab für eine abschließende rechtliche Würdigung sein. Es ist nicht ausgeschlossen, dass sich diese Vorgehensweise durch eine Änderung des Geschäftsmodells oder neue gesetzliche Vorgaben ändert. Andere Diensteanbieter können zudem durchaus ein Interesse an der Identität ihrer Nutzer haben – es kann nicht von vornherein angenommen werden, dass den Anbietern die Identität der Nutzer gleichgültig ist und sie dementsprechend auch einen anderen Nutzer für einen bereits bestehenden Account als neuen Vertragspartner akzeptieren müssen. Damit würde man in die unternehmerische Entscheidung des Diensteanbieters eingreifen, die Nutzer selbst auszuwählen. Nutzer, die man unter ihrer eigenen Identität nicht zulassen würde, könnten dann trotzdem Vertragspartner werden; damit würde man das virtuelle Hausrecht der Diensteanbieter aushöhlen.[465] Bei mehreren Erben, die zugangsberechtigt wären, würde zudem auch eine Feststellung der Identität des neuen Nutzers zusätzlich erschwert.

Die Diensteanbieter haben zunehmende Kontroll- und Überwachungspflichten, sodass sie durchaus ein Interesse an der Feststellbarkeit der Identität ihrer Nutzer haben. Insbesondere müssen soziale Netzwerke aufgrund von gesetzlichen Vorgaben, wie beispielsweise dem Netzwerkdurchsetzungsgesetz (NetzDG), besonders darauf achten, welche Nutzer ihre Netzwerke tatsächlich nutzen, um die eigene Haftung möglichst gering zu halten. Bei Plattformen wie YouTube, wo vermehrt Rechtsverletzungen vorkommen, hat der Betreiber ein noch größeres Interesse, die Identität der Nutzer ausfindig machen zu können. Aus

464 Das Argument der fehlenden Identitätsprüfung wird überwiegend bei sozialen Netzwerken vorgebracht, obwohl auch E-Mail-Accounts ohne eine Identitätsprüfung eingerichtet werden können; daher wird es hier geprüft. Siehe dazu bei *Brinkert/Stolze/Heidrich*, 155; *Herzog*, NJW 2013, 3746; *Leeb*, K&R 2014, 694; LG Berlin DnotZ 2016, 537, 539 f. Das Kammergericht hat hingegen die Relevanz der Identitätsprüfung abgelehnt und nur darauf abgestellt, dass sich die Leistung des Diensteanbieters nicht verändert, KG Berlin ZUM-RD 2017, 524, 531.

465 Vgl. zum virtuellen Hausrecht bei einem Chatforum LG Bonn MMR 2000, 109, sowie ausführlich zu diesem Thema *Piras*, Virtuelles Hausrecht.

diesem Grund kann auch nicht der Auffassung des Kammergerichts gefolgt werden, die für die Zumutbarkeit des Personenwechsels nur darauf abstellt, dass sich die Leistungshandlung nicht ändert.[466]

Die Schutzbedürftigkeit des Leistenden ist aber ohnehin nicht allein entscheidend dafür, ob ein Subjektwechsel möglich ist oder nicht. Entscheidend für die Frage, ob der Wechsel des Schuldners zu einer Veränderung der Leistung führt, ist, wie wichtig die Person des Gläubigers für das Schuldverhältnis ist und ob ein anderer das Rechtsverhältnis als eigenes weiterführen kann.

Bei sozialen Netzwerken ist die Personalisierung des Accounts ein Kernelement der Nutzung dieser Plattformen. Das zum Account gehörende Profil setzt sich aus den persönlichen Informationen einer Person zusammen. Die Verbindungen zu anderen Personen erfolgen über dieses Profil. Die Accounts werden zudem durch das Nutzerverhalten individualisiert, in ihnen schlagen sich persönliche Interessen und Neigungen wieder, und für deren Verwirklichung wird der Account auch genutzt. Die Person des Gläubigers bestimmt daher den Inhalt der Leistung.[467] Die Leistung wahrt ihre Identität nur gegenüber demjenigen Account-Inhaber, der den Account mit seinen persönlichen Informationen erstellt und genutzt hat. Diese Personenbezogenheit des Accounts steht einer Fortsetzbarkeit durch einen anderen entgegen. Die nunmehr auch durch den BGH ausgeschlossene aktive Nutzung des Accounts verdeutlicht, dass die Nutzungsvereinbarung tatsächlich nicht fortsetzbar ist.[468]

Besagte Personenbezogenheit besteht auch dann, wenn es sich um einen personalisierten, aber kommerziell genutzten Account handelt. Entscheidet sich der Nutzer dafür, den Account durch den Einsatz seiner Persönlichkeitsmerkmale zu nutzen, bezieht sich die Leistung des Diensteanbieters darauf, diese Selbstvermarktung zu unterstützen.

466 KG Berlin ZUM-RD 2017, 524, 530 f.

467 *Klas/Möhrke-Sobolewski*, NJW 2015, 3473, 3474.

468 So ähnlich auch *Rössel*, ITRB 2020, 278, 279 sowie *Seidler*, NZFam 2020, 141, 144 die allerdings bei einer Weiternutzung das postmortale Persönlichkeitsrecht als verletzt betrachtet; *Naczinsky*, ZEV 2021, 227, 228.

Ist das Profil des Nutzers hingegen anonym, hat das Schuldverhältnis für den Nutzer nicht den Zweck, seine Person darzustellen, sodass die Leistung des Diensteanbieters auch einem Dritten gegenüber erbracht werden kann. Letztendlich ist also die Art und Weise der Nutzung des Accounts maßgeblich dafür, ob dieser und das gesamte Onlineprofil von einem anderen übernommen werden kann. Diesem Ergebnis steht auch nicht entgegen, dass der Diensteanbieter ebenso wie die AGB gleichbleiben. Das Charakteristische der Nutzungsvereinbarung von sozialen Netzwerk-Accounts ist, dass sie nicht nur die Nutzung des Dienstes ermöglichen, sondern auch die Einrichtung eines Profils, das jeder Nutzer individuell gestalten kann, um damit mit Dritten in Kontakt zu treten. Daher kann die Personenbezogenheit der Nutzungsvereinbarung nicht allein danach bewertet werden, ob die Leistung ohne Berücksichtigung der an der Leistung beteiligten Personen die gleiche bleibt – denn das Vertragsverhältnis würde in dieser Form ohne die Person des Nutzers nicht bestehen.

c) Höchstpersönliche Leistungspflicht

Bei sozialen Netzwerken[469] wird vertreten, dass die Gegenleistung des Nutzers in der Überlassung seiner Daten beziehungsweise in der Einwilligung in die Datennutzung zu sehen ist.[470] Als Gegenleistung haben die Daten auch einen Vermögenswert, da der Betreiber diese dann in rechtlich zulässiger Weise kommerzialisieren kann. Die Vererblichkeit der Nutzungsvereinbarung kann in einem solchen Fall ausgeschlossen sein, weil es sich um eine höchstpersönliche Pflicht des Erblassers handelt, die durch die Erben nicht erfüllt werden können. Gerade bei sozialen Netzwerk-Account wäre es sinnlos, die Daten eines anderen Nutzers mit dem Account zu verknüpfen, da es zu einem Auseinanderfallen der Daten im Profil und der Nutzungsdaten käme wodurch die Daten als Leistung für den Diensteanbieter sinnlos wäre.

469 Je nach Ausgestaltung gilt das Gleiche auch für Content-Communities.

470 Eine Gegenleistung bejahen LG Berlin DNotZ 2016, 537, *Bräutigam*, MMR 2012, 635, der allerdings den Weg zu einer De-lege-ferenda-Lösung ebnen will, *Wintermeier*, ZD 2012, 210 ff. ohne nähere juristische Begründung.

Die Digitale-Inhalte-Richtlinie regelt aber nunmehr, dass Verträge, bei denen der Nutzer seine personenbezogenen Daten bereitstellt oder deren Bereitstellung zugesagt, den gleichen Regeln unterworfen werden, wie Verträge, für die der Verbraucher einen Preis zahlt oder dessen Zahlung zusagt.[471] Die Richtlinie regelt aber nicht, ob es sich bei der Bereitstellung der personenbezogenen Daten oder die Zusage der Bereitstellung um eine Gegenleistung handelt. Es ist somit durch die Digitale-Inhalte Richtlinie nicht geklärt, ob die Bereitstellung personenbezogener Daten oder die Zusage der Bereitstellung eine Pflicht des Nutzers im Rahmen eines synallagmatischen Vertragsverhältnisses ist. Die Gesetzesbegründung für die Umsetzung der Digitalen-Inhalte-Richtlinie in deutsches Recht geht explizit darauf ein, dass die Frage, ob es sich um eine synallagmatische Pflicht handelt, als dogmatisches Problem angesehen wird und von einer Regelung abgesehen wurde. Die Bereitstellung der Daten durch den Nutzer oder die Zusage der Bereitstellung ist eine objektive Anwendungsvoraussetzung für die entsprechenden Vorschriften.[472] Im ersten Entwurf der Digitale-Inhalte-Richtlinie wurde die Bereitstellung personenbezogener Daten oder die Verpflichtung zur Bereitstellung noch ausdrücklich als Gegenleistung bezeichnet. Dieser Vorschlag wurde aber insbesondere vom Europäischen Datenschutzbeauftragten kritisiert. In einer ausführlichen Stellungnahme weist er darauf hin, dass die Einstufung von personenbezogenen Daten als Gegenleistung aus grundrechtlichen und datenschutzrechtlichen Gründen, problematisch ist.[473] Personenbezogene Daten können sind daher objektiv als Gegenleistung zu sehen, eine Leistungspflicht des Nutzers wird aber nicht begründet. Es handelt

471 Artikel 3 Abs. 1 EU 2019/770.

472 Entwurf eines Gesetzes zur Umsetzung der Richtlinie über bestimmte vertragsrechtliche Aspekte der Bereitstellung digitaler Inhalte und digitaler Dienstleistungen, abrufbar unter: https://www.bmjv.de/SharedDocs/Gesetzgebungsverfahren/Dokumente/RefE_BereitstellungdigitalerInhalte.pdf;jsessionid=52FAFB21E4057148857EDFB798D586EF.2_cid297?__blob=publicationFile&v=1.

473 European Data Protection Supervisor, Stellungnahme 4/2017 zu dem Vorschlag für eine Richtlinie über bestimmte vertragsrechtliche Aspekte der Bereitstellung digitaler Inhalte, vom 14. März 2017, abrufbar unter: https://edps.europa.eu/sites/edp/files/publication/17-03-14_opinion_digital_content_de.pdf.

sich somit um keine vertragliche Leistungspflicht, die auf den Erben übergeht.

5. Zwischenergebnis für die Vererblichkeit der Account-Inhaberschaft

Die Nutzungsvereinbarung bei sozialen Netzwerken ist grundsätzlich nicht vererblich. Eine Vererblichkeit kommt nur dann in Betracht, wenn es sich um einen kommerziell genutzten Account handelt, der nicht in der personalisiert ist. Ein Account ist dann personalisiert, wenn die Person des Influencers im Vordergrund steht.

6. Schutz des Account-Namens

Namen werden in Diensten nur einmalig vergeben. Ob es sich dabei um die echten Namen oder um Pseudonyme handelt, ist irrelevant. Für den urheberechtlichen Schutz kommen aber nur Pseudonyme in Betracht, da nur diese das Werk der eigenen geistigen Schöpfung sein können. Der natürliche Name einer Person ist nicht urheberrechtlich geschützt.[474] Kurze Texte oder Slogans können grundsätzlich Urheberrechtsschutz als Sprachwerk erlangen (§ 2 Abs. 1 UrhG). Je kürzer der Text ist, desto schwieriger wird es aber, die für § 2 Abs. 2 UrhG erforderliche Individualität aufzuweisen.[475] Die Account-Namen bestehen meist aus einem oder zwei Wörtern. Für die vorliegende Untersuchung kommt es nicht darauf an, ob im Einzelfall ein ausgefallener Name zu einem Urheberrechtsschutz führt, sondern darauf, ob man in der Regel von einem Urheberrechtsschutz ausgehen kann. In den meisten Fällen wird die Individualität, die für einen Urheberrechtsschutz erforderlich ist, nicht erreicht. Ein Schutz kann nur bei besonders gearteten Account-Namen angenommen werden. Dazu ist aber wesentlich mehr erforderlich, als einen kreativen Eigennamen zu finden. Die Rechtsprechung hat in vielen Fällen den Urheberrechtsschutz für Fantasienamen verneint. So wurde beispielsweise bei den Namen Sherlock Holmes,

474 Ausführlich *Koos*, GRUR 2004, 808 f.
475 *Schack*, § 9 Rn. 202.

Lilli Marleen und Texas Bill der Urheberrechtsschutz abgelehnt.[476] Auch bei Filmen wird dem Titel generell kein urheberrechtlicher Schutz zugesprochen.[477] Der Regelfall der Namenswahl bei Pseudonymen für die Account-Nutzung wird nicht wesentlich anders sein.

Für den Erbfall hat es keine Auswirkungen, selbst wenn der Name urheberrechtlich geschützt ist. Lediglich die konkrete Bezeichnung wäre in diesem Fall geschützt, nicht aber der dazugehörige Account. Der Urheberrechtschutz als Sprachwerk garantiert nicht die Nutzung im selben Werkstück, da der Urheber keine Rechte am Werkstück erlangt.[478]

II. Vererblichkeit der Inhalte

Bezüglich der Inhalte, die sich in den Accounts befinden, sind die Ansichten nicht ganz einheitlich. Teilweise wird kein Unterschied zur Vererblichkeit der Nutzungsvereinbarung gemacht, während andere die Vererblichkeit der Inhalte separat bewerten aber nicht weiter begründen, welcher rechtliche Anspruch außer der Nutzungsvereinbarung auf die Erben übergeht. Die im Account vorhandenen Inhalte[479] sollen nur dann vererblich sein, wenn es sich um geschäftliche Inhalte handelt.[480] Bei geschäftlichen Inhalten überwiege der vermögensrechtliche Aspekt, sodass es sich um Positionen handle, die im Wege der Gesamtrechtsnachfolge auf die Erben übergehen (§ 1922 BGB).[481] Private Inhalte, insbesondere Nachrichten, werden als weitgehend unvererblich angesehen, weil sie besonders personenbezogen seien.[482] Die Unvererblichkeit personenbezogener Positionen resultiere daraus, dass sie höchstpersönlichen Zwecken oder individuellen Bedürfnissen des

476 BGHZ 26, 52; BGH GRUR 1958, 402; OlGZ 9, 12.

477 *Fezer*, Markenrecht, § 15 Rn. 383.

478 *Wandkte* in Wandkte/Bullinger, § 43 Rn. 37 f.

479 Überwiegend am Beispiel von E-Mails erörtert.

480 *Hoeren*, NJW 2005, 2113, 2114; *Brinkert/Stolze/Heidrich*, ZD 2013, 153, 154.

481 *Hoeren*, NJW 2005, 2113, 2114.

482 *Hoeren*, NJW 2005, 2113, 2114; *Brinkert/Stolze/Heidrich*, ZD 2013, 153, 154 f.; *Martini* in Hill/Martini/Wagner, S. 77, 84.

Erblassers dienten.[483] Diese Inhalte sollen den nächsten Angehörigen zustehen, da diese die postmortalen Persönlichkeitsrechte des Erblassers treuhänderisch wahrnehmen.[484]

Dieser Argumentation folgte im Wesentlichen auch das Landgericht Berlin. Das Prinzip der Gesamtrechtsnachfolge gelte auch für höchstpersönliche Daten. Eine Trennung der Inhalte in vermögenswerte und nichtvermögenswerte sei abzulehnen, weil eine eindeutige Bestimmung des Charakters praktisch nicht möglich sei – eine solche sei auch nicht geboten, wie sich aus §§ 2047 Abs. 2, 2373 Satz 2 BGB ergebe. Eine unterschiedliche Behandlung des digitalen und analogen Nachlasses sei ebenfalls nicht angezeigt. Auch der Vermieter müsse Zugang zu einer Wohnung gewähren, ohne die Gegenstände danach zu durchsuchen, ob diese höchstpersönlich seien.[485]

Der BGH begründet seine Entscheidung zur Vererblichkeit der Facebook-Inhalte teilweise damit, dass die Account-Inhalte auch vermögensrechtliche Bedeutung haben können.[486] Im Detail bleibt das Gericht aber sehr unkonkret. Es folgen keine Ausführungen dazu, welche vermögensrechtlichen Inhalte denn in einem sozialen Netzwerk überhaupt vorkommen können beziehungsweise um welche Rechte es sich handelt, die auf den Erben übergehen. Die bereits erörterten Möglichkeiten, soziale Netzwerke auch für materielle Belange zu nutzen, sind in der Berücksichtigung des BGH nicht einmal enthalten, da diese Funktionen neu sind und auch von den Prozessbeteiligten nicht vorgebracht wurden. In dem konkreten Fall kam noch hinzu, dass es sich um eine minderjährige Erblasserin handelte, sodass ohnehin alle Geschäfte, die sie ohne Kenntnis ihrer Eltern abgeschlossen hat, ohne deren Einwilligung nicht wirksam wären. Dem BGH ist zwar insofern beizupflichten, als die Erben ohne Kenntnis der Account-Inhalte gar nicht wissen können, welche Informationen dort vorhanden sind, und daher an sie keine hohen Anforderungen gestellt werden können,

483 *Hoeren*, NJW 2005, 2113, 2114; *Leipold* in MüKo, § 1922 Rn. 23.
484 *Hoeren*, NJW 2005, 2113, 2114.
485 LG Berlin DNotZ 2016, 537ff.
486 BGH NJW 2018, 3178, 3186.

um vermögensrechtliche Interessen geltend zu machen. Dadurch wird aber nicht die Frage obsolet, welche vermögensrechtlichen Positionen in einem sozialen Netzwerk-Account überhaupt vorkommen können. Für die Vererblichkeit muss zumindest abstrakt erfasst werden, welche kommerziellen Interessen im Regelfall bestehen können. Nur wenn man objektiv feststellt, dass vermögenswerte Positionen in Account vorhanden sind, die den Zugriff und die Aussonderung durch die Erben erfordern, kann ein vermögensrechtliches Interesse überhaupt erst angenommen werden.[487]

1. Vermögenswerte Positionen

a) Eigentum an Daten

Ein von der Nutzungsvereinbarung unabhängiges Recht könnte bestehen, wenn der Nutzer der Eigentümer der Daten in seinem Account ist.

Daten werden im technischen Sinne definiert als ein „Gebilde aus Zeichen oder kontinuierlichen Funktionen, die aufgrund bekannter oder unterstellter Abmachungen Informationen darstellen, vorrangig zum Zwecke der Verarbeitung oder als deren Ergebnis".[488] Daten sind demnach zunächst nur Zeichen und unterscheiden sich von gesprochenen Wörtern und visuellen Darstellungen durch ihre Niederlegung auf einem Datenträger. Erst durch einen Verständnis- und Verarbeitungsvorgang können Daten als Informationen für einen Empfänger erfasst werden.[489] Eine Bilddatei ist beispielsweise die Speicherung von binär codierten Daten; in dieser Form ist sie für den Menschen auch nicht sichtbar. Erst durch die Zurückwandlung in analoge Daten durch ein spezielles Gerät kann der Mensch das Abbild erkennen. Personenbezogene Daten sind ebenfalls binäre Codierungen (syntaktische Ebene),

---

487 Siehe dazu Teil I A. I. und 2.

488 DIN 44300 Teil 2 Nr. 2.1.13; siehe auch *Berberich/Golla*, PinG 2016, 165, 167, Daten sind nur die technische Abbildung von Informationen.

489 Vgl. *Specht*, CR 2016, 288, 290.

die Informationen enthalten, die sich auf eine bestimmte Person beziehen (semantische Ebene).[490]

Daten befinden sich sowohl zur Speicherung als auch zum Zwecke ihrer Übertragung auf einem Speichermedium.[491] Auf einer Festplatte können die magnetischen Feldlinien mit einer Magnetlupe gelesen werden. Diese Linien repräsentieren die Daten und werden anhand eines Magnetlesekopfes ausgewertet. Löscht man diese Daten, ist das physikalisch messbar – die Festplatte ist anders als vorher.[492] Daher wird aber die Sacheigenschaft von Daten nur dann angenommen, wenn sich diese auf einem Datenträger befinden.[493] Das heißt, isoliert gesehen sind Daten keine Sachen. Konsequenterweise müsste das bedeuten, dass sich die Eigentumsposition an den Daten durch ihren Transport auf einen anderen Datenträger ändert. Es entstünde eine willkürliche Zuordnung[494], die auch unberücksichtigt lässt, dass Daten nicht exklusiv, rival oder abnutzbar sind. Ihre fehlende Zuordnung führt nicht zu einem Konfliktpotenzial, da sie beliebig oft reproduziert werden können.[495] Den Speicherort als Kriterium für die Zuordnung heranzu-

490 Vgl. zum unterschiedlichen Begriff des Datums *Zech,* S. 35 f., der zwischen syntaktischer und semantischer Information unterscheidet; syntaktische Informationen werden auch als Rohdaten, die Menge von Zeichenreihungen oder binäre Codes bezeichnet, siehe dazu *Steinrötter,* MMR 2017, 731, 732; *Härting,* CR 2016, 646, 647, der zwischen Rohdaten, deren Informationsgehalt und den personenbezogenen Daten unterscheidet. Genau genommen müssen aber auch die personenbezogenen Daten differenziert werden in ihre physikalische Existenz auf dem Speichermedium und personenbezogene Daten, wie sie vom Datenschutzrecht beschrieben werden. Vom Datenschutzrecht werden beide Ebenen geschützt, da die physikalische Ebene reflexartig miterfasst wird, *Steinrötter,* MMR 2017, 731, 732.

491 *Berberich,* S. 92 m. w. N.

492 *Meier/Wehlau,* NJW 1998, 1585, 1588.

493 *Kloos/Wagner,* CR 2002, 865, 866; *Völzmann-Stickelbrock* in FS Eisenhardt, S. 327, 336; zusammenfassend auch *Berberich* in Große Ruse-Khan/v. Lewinski, Nutzergenerierte Inhalte, S. 165, 181.

494 Siehe dazu mit weiteren Ausführungen *Berberich* in Große Ruse-Khan/Klass/v. Lewinski, Nutzergenerierte Inhalte, S. 165, 184 f.

495 Arbeitsgruppe „Digitaler Neustart“ der Konferenz der Justizministerinnen und Justizminister der Länder, Bericht vom 15.05.2017 S. 8, 88, abrufbar unter: http://www.justiz.nrw.de/JM/schwerpunkte/digitaler_neustart/zt_bericht_arbeitsgruppe/bericht_ag_dig_neustart.pdf. Dabei geht es um die Rohdaten. Die Zuordnung der Information kann zu Konflikten führen.

ziehen, würde auch bedeuten, dass jeder, der eine Kopie gespeichert hat, Eigentümer sein müsste. Darüber hinaus führt die Zuordnung nach dem Speicherort auch dazu, dass die Inhaberschaft an den Inhalten und den Daten auseinanderfällt. Denn die Eigentümerstellung an der Verkörperung von immateriellen Informationen erlaubt keine automatischen Rückschlüsse auf die Inhaberschaft an den Inhalten.[496] Aufgrund der fehlenden Körperlichkeit ist auch kein Besitzrecht an den Daten möglich.[497]

b) Andere Rechte an Daten

Es kann wohl als herrschende Meinung bezeichnet werden, dass de lege lata aufgrund der fehlenden Körperlichkeit keine Eigentumsrechte an Daten bestehen.[498] Daher wurden zahlreiche andere Lösungsvorschläge für die Zuordnung von Daten vorgebracht.[499] Für die Bestimmung von anderen Rechten an Daten muss zunächst differenziert werden, welche Position zugeordnet werden soll. Wie bei anderen immateriellen Gütern sind auch bei Daten der Inhalt und die „Verkörperung" auseinanderzuhalten. Die Prüfung von Eigentumsrechten an Daten erfolgte über ihre Codierung. Diese Datenzeichen werden auch als syntaktische Informationen bezeichnet. Diese zeichnen sich dadurch aus, dass sie unabhängig von ihrem Bedeutungsgehalt oder

---

496 BGH GRUR 2016, 109 – Kanzler Kohls Tonbänder. Siehe auch *Specht*, CR 2016, 288, 292; *Härting*, CR 2016, 646, 647; siehe auch *Specht/Rohmer*, PinG 2016, 127, 128 f. zur Fragestellung, ob Ausschließlichkeitsrechte nur an Daten bestehen sollen, die nicht personenbezogen sind.

497 Vgl. dazu OLG Brandenburg, Urteil v. 06.11.2019, Az. 4 U 123/19.

498 *Fritsche* in BeckOK, § 90 BGB Rn. 25; *Stresemann* in MüKo, § 90 BGB Rn. 25; *Berberich/Golla*, PinG 2016, S. 166; *Bock*, AcP 217 (2017), 370, 380.

499 Siehe nur *Bartsch*, CR 2010, 553, *Berberich/Golla*, PinG 2016, 165; *Boehm*, ZEuP 2016, 358, 379 f.; *Grützmacher*, CR 2016, 485; *Härting*, CR 2016, 646; *Heun/Assion*, CR 2015, 812; *Heymann*, CR 2016, 650; *Hoeren*, MMR 2013, 486. Eine Bewertung der unterschiedlichen Vorschläge für die Zuordnung von Daten im Rahmen dieser Arbeit ist nicht möglich. Der Schwerpunkt soll auf Zuordnungskriterien gelegt werden, die auch für die erbrechtliche Zuordnungsfrage fruchtbar gemacht werden können. Am Beispiel der Vererblichkeit des allgemeinen Persönlichkeitsrechts lässt sich erkennen, dass auch Positionen, die noch keiner allgemeinen subjektiv-rechtlichen Zuordnung unterworfen sind, in erbrechtlicher Hinsicht dennoch bewertet werden können.

ihrer Verkörperung bestimmbar sind.[500] Davon abzugrenzen ist der „immaterielle Anteil" dieser Daten.[501] Die Informationen, die in den Daten enthalten sind, auch als semantische Informationen bezeichnet, können ebenfalls als Bezugspunkt von Ansprüchen in Betracht kommen.[502] Für die Zuordnung ist es daher erforderlich, diese beiden Positionen zu trennen.[503]

Ob am immateriellen Anteil der Daten, also an den Informationen, Rechte bestehen, ist davon abhängig, welche Informationen vorliegen. Aus diesem Grund kann auch der „Wert" der Daten nicht als Zuordnungskriterium gesehen werden.[504] Wertbildend sind nicht die Daten als Zeichenmenge, sondern die Informationen, die in diesen Daten enthalten sind.[505] Daher sind Daten trotz des wirtschaftlichen Wertes bisher nicht als eine vermögensrechtliche Position klassifiziert[506] – hauptsächlich, weil die Frage ungeklärt ist, wem das Verfügungsrecht über Daten vermögensrechtlich zuzuordnen ist.[507] In Betracht kommt eine Zuordnung an den Betroffenen, aber auch an den wirtschaftlich Verantwortlichen.[508]

Eine Zuordnung der Daten auf der Zeichenebene ist somit nicht möglich. Es kann nur im Einzelfall betrachtet werden, welche Informationen in den Daten enthalten sind und ob diese einer rechtlichen Zuordnung zugänglich sind.

---

500 *Zech*, S. 309.

501 *Härting*, CR 2016, 646, 647.

502 *Zech*, S. 309.

503 *Zech*, S. 35 f.; *ders.*, GRUR 2015, 1151, 1153 für eine Trennung der syntaktischen und der semantischen Informationen; *Härting*, CR 2016, 646, 647, der die Information als immateriellen Anteil von Daten bezeichnet, *Berberich/Golla*, PinG 05.16, 165, 167.

504 Der Wert der Daten soll ihre Vererblichkeit begründen, siehe dazu *Bock*, AcP 217 (2017), 370, 382.

505 Zum Warencharakter persönlicher Daten siehe *Wandkte*, MMR 2017, 6, 7, mit Beispielen dazu, warum sich der Wert der Daten nicht in den personenbezogenen Daten erschöpft.

506 *Kilian* in GS Steinmüller, S. 206; *Specht*, CR 2016, 288, 290.

507 *Kilian* in GS Steinmüller, S. 206. Für mögliche Zuordnungskriterien siehe auch *Grützmacher*, CR 2016, 485, 487.

508 *Zech*, CR 2015, 137 f.; *ders.*, GRUR 2015, 1151 f.; *Specht/Rohmer*, PinG 2016, 127, 131.

c) Rechte an Informationen

Die Bestimmung des Wertes der Daten kann nur unter Berücksichtigung der in ihnen enthaltenen Informationen erfolgen.[509] Die Information ist grundsätzlich weder Sache noch bestehen an ihr Rechte.[510] Sie kann meist von mehreren Personen gleichzeitig und auch an verschiedenen Orten genutzt werden. Wie beim geistigen Eigentum handelt es sich auch hier um einen nichtrivalisierenden Konsum.[511] Die Veräußerung oder Bekanntgabe der Information führt außerdem nicht automatisch zu deren Verlust. Aufgrund dieser Ubiquität und der natürlichen Abgrenzungsschwierigkeiten werden Informationen grundsätzlich als Gemeingut angesehen.[512] Für Ausschließlichkeitsrechte ist es zudem erforderlich, dass diese einen eingrenzbaren Schutzgegenstand haben. Der Bedeutungsgehalt eignet sich daher in der Regel nicht dafür.[513]

Eine Ausnahme davon sind Immaterialgüterrechte. Darüber hinaus unterliegen Informationen in Ausnahmefällen auch als Wissensinhalt einer rechtlichen Zuordnung. Beispiele davon sind das Patentrecht, Leistungsschutzrechte, Knowhow oder Geheimnisschutz.[514]

Bei den Informationen muss dann weiter differenziert werden: Es gibt zwar die personenbezogenen Daten, die einen eigenständigen Wert aufweisen, sofern man sie verwenden darf, zum Beispiel, um gezielt Werbung zu schalten. Die eigentlich wertvollen Informationen sind aber diejenigen, die der Diensteanbieter durch das Nutzerverhalten gewinnt. Diese können wiederum in Verbindung mit den Bestandsdaten des Nutzers wertvoll eingesetzt oder aber anonymisiert verwendet werden, um Nutzerinteressen nach bestimmten Kriterien zu bestimmen. Beispielsweise können die Interessen eines Nutzers an Produkten oder Veranstaltungen dazu führen, dass diese Informationen über ihn für

509 Einen Wert haben die Daten auch unabhängig von der konkreten Information. Big Data zielt gerade darauf ab, massenweise Daten anzusammeln, um potenzielle Informationen daraus zu gewinnen.

510 *Spindler/Klöhn*, CR 2003, 81, 82.

511 *Mehrings*, NJW 1993, 3102, 3102.

512 *Mehrings*, NJW 1993, 3102, 3103.

513 *Zech*, S. 80.

514 *Heymann*, CR 2016, 650, 650.

Werbezwecke verwendet werden, oder aber es wird aus dem Verhalten geschlossen, dass sich eine Person bestimmten Alters und bestimmter sozialer Herkunft für gewisse Arten von Produkten oder Veranstaltungen interessiert. Der Wert entsteht somit erst durch die systematische Anordnung der Informationen.[515]

Ein Ansatz begründet ausschließliche Vermögensrechte an personenbezogenen Daten aufgrund der umfassenden Befugnisse, die das Datenschutzrecht bereits de lege lata gewährt.[516] Die Verfügungsmöglichkeit über die marktfähigen Daten sei insgesamt eine Rechtsstellung, die sich zu einer vermögenswerten Position verfestigt habe. Daraus folge bereits eine eigentumsähnliche Stellung.[517] Dadurch werden aber Integritäts- und Verfügbarkeitsinteressen vermengt. Das Bundesverfassungsgericht (BVerfG) stellte im Volkszählungsurteil klar, dass das informationelle Selbstbestimmungsrecht nicht dazu diene, die ausschließliche Zuordnung von Informationen zu ermöglichen.[518] Für das Datenschutzrecht als einfachgesetzliche Ausformung dieses Rechts kann nichts anderes gelten.[519] Entscheidend für diese vermögensrechtliche Position ist aber, dass sie dem datenschutzrechtlich Betroffenen im Sinne des Art. 4 Nr. 1 DS-GVO zustehen soll.[520] Die Betroffenheit des Nutzers reicht allein nicht aus, um ihm den wirtschaftlichen Wert der Informationen vermögensrechtlich zuzuordnen.[521] Eine Übertragbarkeit, auch post mortem, wäre somit ausgeschlossen.

Nur durch und aufgrund der Nutzung von Internetdiensten entstehen Big Data und Datenprofile in dem auf dem Markt wertvollen Format.

515 So ähnlich *Unseld*, S. 103.

516 *Kilian* in GS Steinmüller, S. 207; ähnlich *Weichert*, NJW 2001, 1463, 1467; *Ladeur*, DuD 2000, 12, 18.

517 *Kilian* in GS Steinmüller, S. 207.

518 BVerGE 65, 1.

519 *Berberich/Golla*, PinG 2016, 165, 167; a. A. *Specht*, CR 2016, 288, 293.

520 Ablehnend auch *Dorner*, CR 2014, 617, 624, die datenschutzrechtlichen Befugnisse, die dem Einzelnen zustehen, sind eher als Rechtsreflex der gesetzlichen Pflichten der jeweiligen Stelle zu begreifen. Aus ihnen lässt sich keine Verfügungsmacht des Betroffenen ableiten. Gegen eine Herrschaftszuordnung zugunsten des Betroffenen siehe auch *Hoeren*, MMR 2013, 486, 486; *Zech*, CR 2015, 137, 141.

521 So ähnlich *Härting*, CR 2016, 646, 648, *Specht/Rohmer*, PinG 2016, 127, 131; *Zech*, CR 2015, 137, 141.

Selbstverständlich haben Daten auch unabhängig von den Internetdiensten einen gewissen Wert: Eine Adresse soll zum Beispiel im Schnitt etwa 5 Euro wert sein[522] – es käme aber niemand auf die Idee, diese zumindest aktiv zu verkaufen. Nutzt man sie jedoch innerhalb der Dienste, wie zum Beispiel bei Google Maps oder Facebook, können durch die Verknüpfung mit anderen Daten, die über eine Person bekannt sind, wertvolle Informationen zu Bewohnern von Stadtvierteln gewonnen werden.[523]

Es ist aber nicht nur die Vielzahl der eigenen Daten, die eine genaue Wertbemessung und auch eine Zuordnung erschwert, sondern es sind ferner die Informationen, die über andere Nutzer ebenfalls durch die Daten gewonnen werden können. Gerade bei Kommunikationsdaten ist es selten, dass es sich nur um die personenbezogenen Daten einer Person handelt. Diese sogenannte „Mehrrelationalität personenbezogener Daten" wird als entscheidendes Kriterium gegen eine Zuweisung der Daten vorgebracht.[524] Ein Recht an den Informationen ist daher abzulehnen.[525]

522 *Kilian* in GS Steinmüller, S. 199.

523 Gegen eine vermögensrechtliche Zuordnung dieser Daten an den Betroffenen spricht auch, dass sie nicht auf seiner Leistung beruhen, sondern kraft seiner Existenz bestehen, *Klüber*, S. 222. Daher wird in Anlehnung an die §§ 202a, 303a StGB eine Zuweisung an den wirtschaftlich Verantwortlichen vertreten. Dabei soll es sich um denjenigen handeln, der die Daten durch Eingabe oder Ausführung eines Programms selbst erstellt, siehe dazu *Hoeren*, MMR 2013, 486, 487; so ähnlich auch *Zech*, GRUR 2015, 1151, 1159.

524 Vgl. *Buchner*, S. 221 f.; *Roßnagel/Pfitzmann/Garstka*, Modernisierung des Datenschutzrechts, Gutachten im Auftrag des Bundesministeriums des Inneren, S. 37 f., abrufbar unter: https://www.maroki.de/pub/dphistory/2001_GarskaPfitzmannRossnagel_Modernisierung_des_Datenschutzrechts.pdf; *Specht*, CR 2016, 288, 294, dort mit dem Beispiel personenbezogener Daten der Mitfahrer eines Autos, deren Daten gesammelt werden. Die Autorin befürwortet dennoch die Anerkennung eines Ausschließlichkeitsrecht nach dem Vorbild des Miteigentums; a. A. *Funke*, S. 57, der auch bei anderen Persönlichkeitsrechten Mehrrelationalität sieht, wie beispielsweise das Bildnis- oder Urheberrecht. Der Vorstoß zur Anerkennung des Dateneigentums soll aber gerade zu Exklusivität und Verfügungsmacht führen. Kritisch auch *Zech*, GRUR 2015, 1051, 1055.

525 Für ein Recht an Verfügungsrecht an der Information zugunsten der Erben, *Naczinsky*, ZEV 2021, 227, 227.

d) Urheberrechte

aa) Bilder, Videos und Texte

Bilder, Videos und Texte sind wesentliche Bestandteile der meisten Accounts. Es werden sowohl Fotos für die Gestaltung des Profils hochgeladen wie zum Beispiel ein Profilbild, das der Widererkennung des Profilinhabers dient, als auch diverse andere Bilder und Videos. Daneben werden von den Nutzern im Zusammenhang mit unterschiedlichen Funktionen auch Texte verfasst und geteilt. Sofern diese Inhalte urheberrechtlich geschützt sind, sind diese Rechte vererblich (§ 28 UrhG).

bb) Umfang der Nutzungsrechteeinräumung an die Diensteanbieter in AGB

Grundsätzlich stehen den Nutzern an den Inhalten, die sie bei den Online-Community-Plattformen hochladen oder dort erstellt haben, Urheberrechte zu, sofern die für ein Werk erforderliche Schöpfungshöhe erreicht wurde.[526] Die an Texten, Bildern sowie Audio- und Videodateien bestehenden Urheberrechte gehen mit dem Tod des Erblassers auf die Erben über (§ 28 UrhG). Diese sind auch technisch problemlos von der Plattform zu trennen und können dem Nutzer herausgegeben werden. Ein Herausgabeanspruch ergibt sich zwar nicht direkt aus dem Urheberrecht, da die Erben keinen Anspruch auf das Werkstück haben. Gemäß § 25 UrhG haben die Erben aber den Anspruch auf Zugang zum Werk und das Recht, dieses zu vervielfältigen. Dieser Rechtsgedanke kann für beliebig reproduzierbare digitale Inhalte auch als Herausgabeanspruch verstanden werden.[527] Unter Zuordnungsgesichtspunkten wäre nur die Frage zu beantworten, ob die Inhalte auch gelöscht werden dürfen.

Ob die Inhalte, die bei Content-Community-Plattformen hochgeladen wurden, gelöscht werden können, hängt auch davon ab, welche Rechte der Erblasser den Plattformen in Bezug auf die Nutzung dieser

526 Zu den Anforderungen der Schöpfungshöhe: *Obergfell* in Büscher/Dittmer/Schiwy, Kapitel 8, § 2 Rn. 7; *Bullinger* in Wandtke/Bullinger § 2 Rn. 25.

527 Ablehnend, *Kutscher*, S. 38f; *Thiesen*. S. 153.

Inhalte eingeräumt hat. Insbesondere bei einer dauerhaften und unwiderruflichen Nutzungsüberlassung wäre ein Löschungsrecht der Erben fraglich.

Als Bestandteil der AGB kann die Nutzungsrechteeinräumung an den §§ 307 ff. BGB gemessen werden. Zudem kommt eine Überprüfung anhand der Zweckübertragungslehre gemäß § 31 V UrhG in Betracht.[528] Ob die Zweckübertragungslehre selbst als gesetzliches Leitbild im Sinne des § 307 Abs. 2 Nr. 1 BGB zu sehen ist, wird indes nicht einheitlich beantwortet. Gegen die Anerkennung einer Leitbildfunktion wird das Argument vorgebracht, dass es sich bei der Zweckübertragungslehre nur um eine Auslegungsregel handele.[529] Dennoch wird vielfach auch die Berücksichtigung der Zweckübertragungslehre im Rahmen der Inhaltskontrolle gefordert, da § 31 V UrhG einen eigenständigen Regelungsgehalt hat, dem Leitbildcharakter zukommt.[530] Zudem würde bei detailliert geregelten AGB, die für eine Auslegung keinen Raum mehr lassen, die Zweckübertragungslehre leerlaufen, wenn ihr im Urhebervertragsrecht keine Leitbildfunktion zukäme.[531]

Erkennt man die Zweckübertragungslehre als Leitbild einer gesetzlichen Regelung an, können Nutzungsrechte in den AGB nur in dem Umfang übertragen werden, wie sie für den jeweiligen Vertragszweck erforderlich sind. Davon sind die Rechte umfasst, die für die Nutzung der Funktion der Plattformen erforderlich sind; dazu gehören das Recht zur Veröffentlichung, das Vervielfältigungsrecht (§ 16 UrhG) sowie das Recht zur öffentlichen Zugänglichmachung (§ 19a UrhG). Ein Bearbeitungsrecht (§ 23 UrhG) kann ebenfalls aufgrund technischer Besonderheiten erforderlich sein.[532] Eine Rechteeinräumung, die zeitlich über die Vertragsdauer hinausgeht, hält einer AGB-Kontrolle nicht

528 Vgl. dazu *Acker/Thum*, GRUR 2008, 671, 674; *Solmecke/Dam*, MMR 2012, 71, 72.
529 BGH GRUR 1984, 45, 48 f.; *Castendyk*, ZUM 2007, 169, 174; *Nordemann*, NJW 2012, 3121, 3122.
530 OLG Hamburg, GRUR-RR 2011, 293; *Berberich*, MMR 2010, 736, 739; *Solmecke/Dam*, MMR 2012, 71, 72.
531 *Berberich*, MMR 2010, 736, 738.
532 *Berberich*, MMR 2010, 736, 738.

stand. Die Erben können folglich grundsätzlich Inhalte, denen ein urheberrechtlicher Schutz zukommt, löschen.

2. Vererblichkeit von Nachrichten in Analogie zu Briefen

Wie bereits oben festgestellt, bestehen an Daten keine originären Rechte, an Informationen mit der Ausnahme von Urheberrechten, sofern die relevante Schöpfungshöhe erreicht wurde, bestehen ebenfalls keine Rechte. Die Vererblichkeit von Nachrichten wird in der Literatur aber mit dem Argument bejaht, dass es keinen Unterschied zu Briefen geben könne, die vererblich sind. Daher ist zu prüfen, ob Nachrichten in Analogie zu Briefen ebenfalls vermögensrechtlich dem Erben zugeordnet werden müssen. Wie bereits festgestellt, können vermögenswerte Güter aber auch immaterielle Rechte, die bestimmungsgemäß vermögensbezogen sind, vererblich sein. Scheidet eine Vererblichkeit aus, muss geprüft werden, ob deren Unvererblichkeit zur Folge hat und damit eine Zuordnung zu den nächsten Angehörigen erfordert.

a) Rechte an Briefen

An Briefen bestehen mehrere subjektive Rechte unterschiedlicher Träger. In Konkurrenz stehen das Eigentums-, das Urheber- sowie das Persönlichkeitsrecht.[533] Als Unterfall des Persönlichkeitsrechts ist das Recht des Verfassers auf Diskretion in Bezug auf die Briefinhalte zu berücksichtigen.[534] Der Inhalt eines Briefes besteht aus schriftlichen Mitteilungen, die einen „halben Dialog" beinhalten;[535] sie können aus wenigen Worten, umfangreichen, auch literarischen Texten, Auskünften, Urteilen sowie Meinungen bestehen[536] und dienen als Ersatz für eine mündliche Aussprache, durch die Leben, Denken, Fühlen und Handeln eines Menschen zum Ausdruck gebracht werden.[537] „Der Brief ist ein vertrauliches Kommunikationsmittel der Gedanken und

533 *Koumantos* in FS Hubmann, 193, 199.
534 *Flechsing* in FS Kreile, 181, 181.
535 Vgl. *Bergemann*, S. 15.
536 *Koumantos* in FS Hubmann, 193, 193.
537 Vgl. *Bergemann*, S. 15.

Gefühle, welcher für den Lebens- und Weltverkehr unentbehrlich und für den individuellen Lebensverkehr fast so notwendig ist, wie das gesprochene Wort."[538] Daher kann das Recht an den Briefen nicht in dem Recht am Verkörperungsmittel aufgehen. Das „Recht an Briefen ist eine der wichtigsten Seiten des Personenrechts".[539]

Das Papier der Briefe als Sache zählt zum Eigentum zunächst des Absenders und dann des Empfängers. Der Übergang der Eigentümerstellung erfolgt durch eine Eigentumsofferte, die in dem Absenden des Briefes zu sehen ist und mit der Akzeptanz des Briefes durch den Empfänger als angenommen gilt (§ 151 S. 1 BGB).[540] Als Eigentümer des Briefes hat der Empfänger auch das Recht, den Brief zu zerstören. Wird der Brief ohne Vorbehalt verschickt, so kann er auch nicht mehr zurückverlangt werden.[541] Urheberrechtschutz als Schriftwerk gemäß § 2 Abs. 1 Nr. 1 UrhG besteht nur, wenn die Voraussetzungen für eine persönliche geistige Schöpfung vorliegen. Dafür muss der Inhalt des Briefes über alltägliche Allerweltsmitteilungen hinausgehen.[542] Beschränkt sich der Inhalt der Briefe auf die „Mitteilung persönlicher Nachrichten, die Besprechung von geschäftlichen Angelegenheiten oder dergleichen", handelt es sich in der Regel nicht um Schriftwerke.[543] Der Brief muss sich in Form und Inhalt von den Briefen der Gesellschaftsschicht des Verfassers abheben.[544] Ob das der Fall ist, muss nach objektiven Merkmalen bestimmt werden. Dabei ist unerheblich, ob der Brief mit Veröffentlichungsabsicht verfasst wurde und daher von Anfang an die Verkehrsfähigkeit, und damit ein literarischer Wert vorlag.[545] Liegt ein urheberrechtlich geschütztes Werk vor, so stehen dem Verfasser des Briefes alle Rechte zu, die ein Urheber hat.[546] Es wird zwar diskutiert, ob der Empfänger durch Beteiligung oder

538 *Kohler*, ArchBürgR 7 (1893), 94. 94; *Wiechert*, S. 7
539 *Kohler*, ArchBürgR 7 (1893), 94, 94.
540 *Kohler*, ArchBürgR 7 (1893), 94, 95.
541 *Kohler*, ArchBürgR 7 (1893), 94, 95.
542 *Flechsing* in FS Kreile, 181, 181.
543 Vgl. RGZ 41, 43, 49.
544 BGHZ 31, 308, 311 = NJW 1960, 476.
545 *Flechsing* in FS Kreile, 181, 182.
546 *Koumantos* in FS Hubmann, 193, 194.

Anregung oder sonstige Veranlassung ebenfalls Rechte am Briefinhalt erwirbt, diese Auffassung wird aber überwiegend abgelehnt.[547]

Der persönlichkeitsrechtliche Schutz besteht sowohl zugunsten des Verfassers als auch zugunsten des Empfängers, da die Inhalte auch die persönliche Sphäre des Empfängers betreffen können.[548] „Jede sprachliche Festlegung eines bestimmten Gedankeninhaltes ist, und zwar auch dann, wenn der Festlegungsform eine Urheberschutzfähigkeit nicht zugebilligt werden kann, Ausfluss der Persönlichkeit des Verfassers."[549]

In Abwägung zu den anderen Rechten hat das Persönlichkeitsrecht bei Briefen eine privilegierte Stellung inne; insbesondere im Vergleich zum Eigentumsrecht ist der ethische Wert des Persönlichkeitsrechts höher.[550] Auch das urheberrechtliche Nutzungsrecht muss hinter dem persönlichkeitsrechtlichen Diskretionsschutz zurücktreten, wenn die Befugnisse, wie beispielsweise im Erbfall, auseinanderfallen.[551] Der „ethische und menschliche Wert des ihm entsprechenden Rechtsguts rechtfertigt diese Behandlung".[552] In den Briefen schlägt sich das Wesen der Persönlichkeit des Verfassers nieder. Daraus entsteht ein Geheimhaltungswunsch des Verfassers, der ohne anderweitige Hinweise regelmäßig zu vermuten ist.[553] „Die Wahrung des Seelenlebens, (...) ist eine heilige Pflicht des Rechts."[554] Die besondere Stellung dieses Schutzes hat auch im Verfassungsrecht ihren Niederschlag gefunden (Art. 10 Abs. 1 GG). Das Briefgeheimnis ist auch in Art. 8 der Europäischen Konvention der Menschenrechte und Grundfreiheiten sowie in Art. 12 der Menschenrechtscharta verankert.

Zu einer Kollision dieser Rechte kommt es vor allem, wenn der Empfänger den Brief veröffentlichen will. Eine Veröffentlichung in diesem

547 Vgl. dazu *Bergemann*, S. 7.
548 BGHZ 36, 77, 84; *Bergemann*, S. 80; *Hirsch Ballin* UFITA Bd. 19, 1995, 129, 134.
549 BGHZ 13, 334, 338.
550 *Koumantos* in FS Hubmann, 193, 194; *Baston-Vogt*, S. 286.
551 Vgl. BGH GRUR 1955, 201 ff. Cosima Wagner; *Flechsing* in FS Kreile, 181, 184.
552 *Koumantos* in FS Hubmann, 193, 199.
553 *Flechsing* in FS Kreile, 181, 182.
554 *Kohler*, ArchBürgR 7 (1893), 94, 105.

Sinne liegt dann vor, wenn der Brief in die öffentliche Sphäre hineingetragen wird.[555] Ob bereits die Kenntnisnahme Dritter ausreicht, um die Persönlichkeitsbelange des Briefverfassers zu verletzten, ist nach den Gesamtumständen zu bewerten,[556] vor allem auch danach, welche berechtigten Erwartungen der Versender an den Diskretionsschutz hatte.[557]

b) Vererblichkeit von Briefen

Die Vererblichkeit von Briefen unterliegt keinen rechtlichen Besonderheiten. Das Briefpapier wird als Sache vererbt. Sachen gehören (unabhängig von ihrem Inhalt) aufgrund ihrer dinglichen Existenz zu den Vermögensrechten, da ihnen eine zuordnende Funktion zukommt. Eventuell bestehende Urheberrechte bleiben bestehen. Verstirbt der Verfasser der Briefe, gehen zwar grundsätzlich die Urheberrechte auf seine Erben über, da die Erben aber in der Regel keine Kenntnis von den Inhalten haben, können sie auch keine urheberrechtlichen Ansprüche geltend machen. Ihnen steht auch nicht das Recht auf Zugang zum Werk zu (§ 25 UrhG), da noch keine Werkeigenschaft feststeht und Art. 25 UrhG nicht dazu dient, Urheberrechte zu finden. Ein Anspruch auf Zugang zu den Briefen besteht auch dann nicht, wenn die Erben vermögensrechtliche Interessen verfolgen.[558] Einen Anspruch auf Herausgabe der Briefe würde das Urheberrecht ohnehin nicht gewähren, da dem Urheber das Recht an den Werkstücken nicht zusteht.[559]

c) Übertragbarkeit auf Nachrichten

Die Vererblichkeit der Briefe entscheidet sich nach der sachenrechtlichen Zuordnung. Da Nachrichten jedoch keine Sachen sind und weder an den Daten noch an den Informationen absolute Rechte bestehen,

---

555 *Kohler*, Urheberrecht an Schriftwerken, S. 16.
556 Siehe dazu auch *Wiechert*, S. 16.
557 *Flechsing* in FS Kreile, 181, 185.
558 *Flechsing* in FS Kreile, 181, 182.
559 BGH NJW 1952, 661, 662.

kann die Rechtsgrundlage für die Vererblichkeit von Briefen nicht gleichermaßen bei Nachrichten herangezogen werden. Vorgeschlagen wird daher, dem Vertrag als Trägermedium die gleiche Funktion zuzuweisen wie dem Briefpapier.[560] Durch diese Gleichstellung wäre lediglich die „Art und Weise der Vererbbarkeit" anders als bei Briefen.[561] In diesem Fall müsste dem Vertragsverhältnis die gleiche zuordnende Funktion zukommen wie den Sachen; denn allein in dieser Funktion liegt die Begründung für die Vererblichkeit von Briefen. Die real-gegenständliche Existenz erfordert die Zuordnung der Briefe zu Lebzeiten und in gleichem Maße auch nach dem Tod. Ein Erlöschen dieser Rechtsposition ist nicht möglich. Ihrer Natur nach begründen Verträge aber relative Rechte, sie sind nicht gegenständlich existent. Ein Vertrag kann unwirksam oder nichtig sein. Der Bestand des Vertrages kann durch eine Kündigung beendet werden. Diese nur abhängige Existenz ist nicht vergleichbar mit dem Eigentum, das einem das Recht einräumt, die Herrschaft über eine Sache auszuüben. Es ist weder erforderlich noch möglich, dass ein Vertragsverhältnis die gleichen Rechte begründet. Der Unterschied ist vor allem dann relevant, wenn die unterschiedlichen Rechte gegeneinander abgewogen werden. Die gegenständliche Existenz von Sachen erfordert ihre Zuordnung, die sodann gegen andere Rechte und Bedürfnisse an den Sachen beziehungsweise ihren Inhalten abgewogen werden muss. Bei Vertragsverhältnissen besteht kein vergleichbares Dilemma. Der Vertrag dient auch aus einem weiteren Grund nicht als Trägermedium: Durch die Vererblichkeit des Vertrages wird keine Zuordnung der Inhalte erreicht, der Zugang zu einem Account ermöglicht den Nutzern zunächst nur den faktischen Zugriff auf die Informationen in den Nachrichten. Für eine Zuordnung ist aber die reine Kenntnisnahme nicht ausreichend. Das Recht muss die Verfügbarkeit dieser Inhalte auch in technischer Hinsicht umfassen. Der Zugangsanspruch allein ist daher nicht geeignet, klare Zuordnungsverhältnisse zu schaffen. Die Anbieter hätten nicht die auch vollstreckbare Pflicht, die Übertragbarkeit der Inhalte

560 BGH NJW 2018, 3178, 3182; *Gloser*, DNotZ 2018, 286, 308; *Herzog/Pruns*, § 4 Rn. 10.

561 BGH NJW 2018, 3178, 3182.

zu gewährleisten, sodass die Erben mit diesen eigentumsähnlich nach Belieben verfahren können. Dabei ist unerheblich, ob die Interessen der Erben nur darauf gerichtet sind, an die Informationen zu gelangen.

Dem BGH ist bei der Prämisse beizupflichten, dass grundsätzlich eine rechtliche Zuordnung nicht aufgrund des Speicherortes oder der Verkörperungsform unterschiedlich ausfallen sollte. Da digitale Inhalte, die sich auf den Speichermedien des Erblassers befinden, mit dem Übergang des Eigentums an den Datenträgern gleichfalls zumindest in den Besitz des Erben wechseln, sollen Account-Inhalte nach Auffassung des BGH das gleiche rechtliche Schicksal haben.[562] Das setzt bei Nachrichten und auch bei Briefinhalten voraus, dass das Recht an ihnen über das Trägermedium bestimmt wird.[563] Das ist aber bereits bei Briefen nicht der Fall, obwohl diese definitorisch verkörpert sein müssen. Auch unterhalb eines urheberrechtlichen Schutzes können geistige Inhalte nicht nach ihrer Verkörperungsform rechtlich bewertet werden – diese Ansicht vertreten der BGH und weite Teile der Literatur, überdies auch nicht in Bezug auf sonstige digitale Inhalte. Nach der Verkehrsauffassung wird die Zuordnung von Daten und Informationen vom Datenträger unterschieden.[564] „Vom Eigentum am Trägermaterial sind die darauf gespeicherten Daten und ihr Verwendungszusammenhang nicht umfasst."[565] „Die Berechtigung an den Inhalten folgt anderen Regeln als das Eigentum an den Speichermedien."[566] Gerade mit Blick auf die Speicherung von Inhalten in virtuellen Speichern könne die Berechtigung an Inhalten nicht danach bewertet werden, wo diese sich befinden.[567] Probleme würden auch dann entstehen, wenn eine Mehrfachspeicherung auf Datenträgern stattfindet, die im Eigentum von unterschiedlichen Personen stehen. Der BGH spricht auch Tonbändern eine Zuordnungsfunktion ab, die ihnen nur aufgrund des Zuganges zu den Inhalten zukommen würde. Das Eigentumsrecht an

562 BGH NJW 2018, 3178, 3182.
563 BGH NJW 2018, 3178, 3182.
564 Vgl. *Fritsche* in BeckOK, § 1922 Rn. 25.
565 *Kilian*, NJW 1992, 2313, 2314.
566 BGHZ 206, 211 = BGH NJW 2016, 317, 319.
567 BGHZ 206, 211 = BGH NJW 2016, 317, 319.

den Tonbändern entscheide sich nicht danach, zu welchen Inhalten sie Zugang gewähren.[568] Der vertragliche Anspruch auf Zugang zu einem Account kann nach diesen Grundsätzen auch kein Trägermedium sein, anhand dessen die Zuordnung der Inhalte erfolgt.

Dann ist es aber auch unerheblich, ob die Nachrichten auf den Servern des Anbieters oder auf dem heimischen Rechner gespeichert sind.[569] Eine andere Auffassung wäre auch mit möglichen urheberrechtlichen Ansprüchen an digitalen Inhalten nicht vereinbar. Liegen nunmehr Inhalte vor, die keinem immaterialgüterrechtlichen Schutz unterfallen, kann ihre Zuordnung nicht allein anhand des Trägermediums erfolgen.

Der Vertrag ist darüber hinaus als Trägermedium auch nicht erforderlich. Die digitalen Inhalte, in diesem Fall Nachrichten, bestehen auch ohne den Vertrag. Ihre virtuelle Existenz ist nicht vom Vertragsverhältnis abhängig, auch wenn jenes den Zugriff auf diese mittelt. Die Bewertung der Zuordnung kann ohne Berücksichtigung des Vertrages erfolgen. Dieser wäre entweder über einen (nachvertraglichen) Herausgabeanspruch oder über einen direkten Herausgabeanspruch aufgrund einer originären oder einer vermögensrechtlichen Zuordnung möglich.

Wird der Vertrag aber als Trägermedium gesehen, stellt sich die Folgefrage, ob wie beim Eigentum die Höchstpersönlichkeit der Inhalte keine Auswirkung auf die Vererblichkeit des Vertrages haben kann oder ob wie bei höchstpersönlichen Rechten grundsätzlich von einer Unvererblichkeit auszugehen ist. Vor einer abschließenden Bewertung muss aber zunächst untersucht werden, wie die gesetzgeberische Wertung in Bezug auf die Vererblichkeit von Rechtspositionen mit höchstpersönlichen Positionen ist, die nicht verkörpert sind.

d) Zwischenergebnis

Die vermögensrechtliche Zuordnung von Nachrichten kann nicht in einer Analogie zu Briefen vorgenommen werden. Briefe unterliegen

568 BGHZ 206, 211 = BGH NJW 2016, 317, 319.
569 Vgl. dazu auch *Gomille*, ZUM 2018, 660, 661f.

ausschließlich aufgrund der Sacheigenschaft des Briefpapieres einer vermögensrechtlichen Zuordnung.[570] Nachrichten können nur über die in ihnen verkörperten Informationen zugeordnet werden, falls an diesen Informationen Rechte bestehen. Die Nutzungsvereinbarung ist auch kein Trägermedium für die Nachrichten, da die Nachrichten faktisch unabhängig von dieser Nutzungsvereinbarung existieren und bei Vorliegen entsprechender Rechte auch unabhängig von der Nutzungsvereinbarung an unterschiedliche Rechtssubjekte übertragen werden können. Eine Zuordnung muss im Gegensatz zu Sachen daher nicht aus dem Grund erfolgen, damit sie nicht herrenlos werden. Sowohl die Verträge als potenzielle Trägermedien als auch die Nachrichten können erlöschen. Daher kann bei der Abwägung der Rechte der Beteiligten an einer Kommunikation kein Vergleich zwischen Briefen und Nachrichten gezogen werden.

3. Vererblichkeit als nichtvermögenswerte (höchstpersönliche) Position

Aufgrund der fehlenden Sacheigenschaft von Nachrichten kann deren Vererblichkeit in rechtlicher Hinsicht nicht wie bei Briefen über die Sacheigenschaft begründet werden. Eine zumindest aber wertungsmäßige Gleichstellung folgern der BGH und weite Teile der Literatur aus §§ 2047 Abs. 2, 2373 S. 2 BGB.[571] Diese Normen ließen die Wertung des Gesetzgebers erkennen, dass „Rechtspositionen mit höchstpersönlichen Inhalten unabhängig von einem Vermögenswert auf die Erben" übergehen.[572] Zwar könne den Normen nicht direkt entnommen werden, dass höchstpersönliche Inhalte vererblich sind; da sie aber die Verteilung beziehungsweise den Verbleib dieser Sachen regeln, muss der Gesetzgeber von einer grundsätzlichen Vererblichkeit ausgehen, da andernfalls eine Verteilung nicht möglich wäre. Eine wertungsmäßige Gleichstellung wird teilweise auch im Vergleich mit der Vererblichkeit von anderen immateriellen Rechten mit höchstper-

570 So wohl auch KG Berlin, ZUM-RD 2017, 524, 531.
571 Vgl. *Ludyga*, ZEV 2018, 4.
572 BGH NJW 2018, 3178, 3182.

sönlichem Inhalt angenommen, wie zum Beispiel §§ 28 Abs. 1 UrhG, 15 Abs. 1 PatG, 22 Abs. 1 GebrMG, 29 GeschMG, 28 Abs. 1 MarkG.[573]

Nach Ansicht des BGH ist die Höchstpersönlichkeit bei analogen und digitalen Inhalten gleichermaßen betroffen,[574] sodass es auch keine sachliche Rechtfertigung für eine unterschiedliche Behandlung gebe.[575] Darüber hinaus sei eine Trennung der Inhalte auch praktisch nicht möglich. Die Grenzen zwischen vermögens- und persönlichkeitsrechtlichen Inhalten seien unscharf, sodass kein eindeutiges Abgrenzungskriterium gefunden werden kann. Zudem seien auch höchstpersönliche Inhalte beim Erbgang unter Umständen von vermögensrechtlicher Relevanz.[576]

a) Gesetzliche Wertung für die Vererblichkeit höchstpersönlicher Rechte

Für Account-Inhalte wird vertreten, dass es nicht darauf ankomme, ob diese vermögensrechtlich oder höchstpersönlich sind. Der Inhalt eines Rechts entscheide nicht darüber, ob es vererblich sei. Diese Ansicht wurde bereits als unzutreffend befunden, sofern damit vom Merkmal des Vermögenswertes Abstand genommen wird.[577] Es ist auch insoweit unzutreffend, als es sich auf unkörperliche höchstpersönliche Rechte bezieht. Die Unvererblichkeit höchstpersönlicher Rechte war noch nie bestritten.[578] In den Motiven zum BGB ist ausdrücklich geregelt, dass „höchstpersönliche Rechte (…) (selbstverständlich) nicht überge-

573 Vgl. dazu *Herzog* in NK-Nachfolgerecht, Kap. 9 Rn. 39.

574 BGH NJW 2018, 3178, 3178.

575 *Herzog*, NJW 2013, 3748, 3750; *dies.* in Kroiß/Horn/Solomon, Kap. 9 Rn. 39; *dies.*, ZErb 2017, 205, 206; *dies./Pruns*, § 2 Rn. 43 ff.; *Pruns*, NWB 2013, 3161, 3166; *Steiner/Holzer*, ZEV 2015, 262 263; *Ludyga*, jM 2016, 442, 444.

576 BGH NJW 2018, 3178, 3183.

577 Unplausibel, daher *Litzenburger*, FD-ErbR 2017, 392155 mit der Behauptung, auf die Verkörperung käme es nicht an, da außerhalb des Sachenrechts die Unvererblichkeit von höchstpersönlichen Rechten nicht bestritten wird.

578 Siehe nur BGHZ 143, 214 = BGH NJW 2000, 2195, 2197, Marlene Dietrich; *Jakobs/Schubert*, Beratungen Erbrecht, S. 45: „Höchstpersönliche Rechte scheiden von selbst aus.“ Siehe dazu auch Teil II F. V. 1. Siehe auch *Klüber*, S. 64; daher unplausibel *Litzenburger*, FD-ErbR 2017, 392155 mit der Behauptung, auf die Verkörperung käme es nicht an

hen".[579] Die Aussonderung von höchstpersönlichen Rechten soll die gesetzgeberische Entscheidung widerspiegeln, dass die Universalsukzession eine Vermögens- und keine Persönlichkeitsnachfolge ist.[580] Die Höchstpersönlichkeit eines Rechts führt sogar dann zur Unvererblichkeit, wenn es sich um ein Vermögensrecht handelt.[581] Daher wird dieses Merkmal teilweise als alleinentscheidend gesehen.[582]

Bei Account-Inhalten, insbesondere bei Nachrichten, handelt es sich zwar nicht um höchstpersönliche Rechte, aber um höchstpersönliche Inhalte.[583] Obwohl ein höchstpersönliches Recht also unvererblich wäre, soll das Gleiche nicht für ein Recht mit einem höchstpersönlichen Inhalt gelten. Das sei aus den §§ 2047 Abs. 2, 2373 S. 2 BGB zu folgern.[584]

§ 2373 S. 2 BGB regelt, dass im Zweifel Familienpapiere und Familienbilder von einem Erbschaftskauf nicht umfasst sein sollen. Die Norm wird weit ausgelegt, sodass auch Korrespondenzen, Briefschaften, Tagebücher und Familiennotizen darunterfallen sollen.[585] Um überhaupt Teil des Erbschaftskaufs sein zu können, müssen diese Gegenstände dem Erben im Wege der Universalsukzession zugefallen sein; daher müssen auch höchstpersönliche (ideelle) Inhalte Teil der Universalsukzession sein.[586]

Dieser Regelungswunsch kann der Norm aber nur entnommen werden, wenn es aus Sicht des historischen Gesetzgebers zu einer Entscheidung diesbezüglich überhaupt gekommen ist. Eine Entscheidung setzt zunächst voraus, dass es eine alternative Regelungsmöglichkeit überhaupt gab, diese berücksichtigt, dann aber wieder verworfen wurde. Eine mögliche Alternative wäre beispielsweise, wie in der heutigen

579 Motive V, S. 2 = Mugdan V, S. 2.

580 Siehe dazu auch *Seidel*, S; 33 ff.; *Kunz* in Staudinger, § 1922 Rn. 11, sowie zur bipolaren Struktur der Rechte Rn. 76.

581 Siehe dazu Teil I. B. II.

582 Vgl. auch *Seidler*, 34 ff.

583 BGH NJW 2018, 3178, 3180, die Inhalte sind „persönlichkeitsrelevant".

584 BGH NJW 2018, 3178, 3180.

585 *Musilak* in Müko § 2373 Rn. 5; Zimmermann in Soergel, § 2372 Rn. 2.

586 *Herzog*, NJW 2013, 3748, 3745; *dies.* in NK-Nachfolgerecht, Kap. 9 Rn. 39; *Gloser*, MittBayNot 2016, 12, 16.

Literatur vorgeschlagen, dass nicht Erben, sondern die nächsten Angehörigen die ideellen Inhalte bekommen sollen. Das setzt einerseits voraus, dass der Gesetzgeber bereits damals die Problematik der Universalsukzession in Bezug auf höchstpersönliche Inhalte erkannt hätte und andererseits, dass eine Regelungsmöglichkeit diesbezüglich nicht ausgeschöpft wurde. Es fehlte aber bereits an den Möglichkeiten, von der Universalsukzession abzuweichen. Der historische Gesetzgeber wollte gerade keine Sondererbfolge.[587] Mit der Universalsukzession wollte man die Erbeinsetzung auf bestimmte Gegenstände abschaffen.[588] Man entschied sich gegen das im alten deutschen Recht verankerte Prinzip von Sondervermögen, das verschiedenen Personen zufiel.[589] Eine die Universalsukzession durchbrechende Sonderrechtsnachfolge wurde mit § 563 BGB erst im Jahr 1964 in das BGB aufgenommen. Die gewählte Systematik des Erbrechts ließ demnach gar nicht zu, dass gewisse Positionen nicht im Wege der Universalsukzession übergingen.

Daher kann man dem Kammergericht Berlin auch nicht zustimmen, wenn es anmerkt, dass es das Gesetz offensichtlich hinnimmt, dass über die Verkörperung auch höchstpersönliche Inhalte den Erben zufallen können und nicht den Angehörigen als Hüter des postmortalen Persönlichkeitsrechts.[590] Das ist auch deshalb nicht zutreffend, weil der Schutz der Persönlichkeit ohnehin zur Zeit des Erlasses des BGB nicht als Rechtsprinzip anerkannt war.[591] Das Persönlichkeitsrecht tauchte in den Beratungen zum BGB kaum auf.[592] Dort, wo es zur Sprache kam, wurde die Anerkennung eines Persönlichkeitsrechts durch den Gesetzgeber abgelehnt.[593] Immaterielle Interessen standen auch im Übrigen kaum im Fokus des Gesetzgebers; in erster Linie ging es um die Rege-

587 *Raddatz*, S. 71; *Peukert*, Güterzuordnung, S. 644.

588 *Lange*, Erbrecht, § 8 Rn. 21.

589 *v. Lübtow*, Bd. 2, S. 663.

590 KG Berlin, ZUM-RD 2017, 524, 531.

591 *Martin*, S. 158 ff.; so auch *Bock*, AcP 207 (2017), 371, 384.

592 *Martin*, S. 171; zur Entwicklung des Persönlichkeitsrechts im deutschen Recht siehe *Klüber*, S. 11 ff.; *Heldrich* in FS Lange, S. 163, 165.

593 *Gottwald*, S. 11.

lung der Vermögensverhältnisse.[594] Die Zuordnung von immateriellen Positionen ist vielmehr eine Entscheidung, die der Gesetzgeber heute zu treffen hat.[595] Daher erlaubte nicht nur die Systematik des Erbrechts keine Sonderbehandlung der höchstpersönlichen Inhalte, es gab auch keinen Anlass dazu, diese Systematik zu überdenken, da man den Persönlichkeitsrechten keine Bedeutung zugemessen hatte.

Die Gesetzesmaterialien zeigen aber, dass dem Gesetzgeber die Persönlichkeitsinteressen dennoch nicht unwichtig waren. § 2373 S. 2 BGB bringt gerade diesen Aspekt zum Ausdruck. Die ideellen Inhalte des Erblassers sollen nicht das Schicksal des restlichen Nachlasses teilen, auch wenn ihnen ein Vermögenswert zukommt. Die Norm will die Pietätsinteressen des Verkäufers schützen.[596] Der Fall, dass die Erbschaft von einem Miterben gekauft werde, sei „verhältnismäßig selten". Wird aber die Erbschaft an einen Dritten verkauft, werde der Verkäufer nicht daran denken, sich einen Vorbehalt einzuräumen; vor dem formalen Recht des Erwerbers an den Urkunden müsse er daher geschützt werden.[597] § 2373 S. 2 BGB stellt daher sicher, dass die ideellen Interessen des Verkäufers (Erben) Vorrang vor den Vermögensinteressen des Käufers haben. Um das zu gewährleisten, soll es nicht darauf ankommen, ob die Dokumente einen Vermögenswert haben, sondern darauf, welcher Art sie sind.[598] Daher wird § 2373 S. 2 BGB auch weit ausgelegt. Er soll die Interessen des Verkäufers umfassend gewährleisten. Da der Gesetzgeber mit dieser Ausnahme die Pietätsinteressen des Verkäufers (Erben) schützen wollte, ging er offensichtlich davon aus, dass dieser in der Regel, selbst als gewillkürter Erbe, ein Familienangehöriger sein würde; andernfalls müsste man auf seine Pietätsinteressen keine Rücksicht nehmen. Der Fall, dass ein Familienfremder erbt, woraus erst ein Schutzbedürfnis in Bezug auf höchstpersönliche Inhalte entsteht, wird dann aber durch den Erbschaftskauf fingiert. Durch diesen tritt der Erbschaftskäufer an die Stelle des Ver-

594 *Heldrich* in FS Lange, S. 163, 164.
595 So auch das KG Berlin ZUM-RD 2017, 524, 531 f.
596 Protokolle II, S. 114; *Olshausen* in Staudinger BGB, § 2374 Rn. 4.
597 Protokolle II, S. 114.
598 Motive II, S. 354 ff. = Mugdan II, S. 197.

käufers und wird neuer Erbe.[599] Für diesen Fall kann § 2373 S. 2 BGB daher nur entnommen werden, dass die Vermögensinteressen von Erben (Erbschaftskäufer) hinter ideellen Interessen anderer Personen zurücktreten müssen.

§ 2047 Abs. 2 BGB regelt, dass Schriftstücke, die sich auf den Nachlass oder auf die persönlichen Verhältnisse des Erblassers oder auf dessen Familie beziehen, gemeinschaftlich bleiben. Schriftstücke, die von der Norm umfasst sind, sind „sind va Unterlagen über die Verwaltung des Nachlasses und über seine Auseinandersetzung, ferner Urkunden über Verfügungen von Todes wegen sowie gemeinschaftliche Erbausweise".[600] Andere Erinnerungsstücke sowie Familienbilder sind nicht umfasst.[601] Es ist kein Zufall, dass die Norm nicht die gleichen Ausnahmen enthält wie § 2373 Abs. 2 BGB. Die gemeinschaftliche Verwaltung dieser Dokumente sollte die Interessen der Erben voreinander schützen.[602] Das mit der Norm behandelte Problem gibt es im digitalen Bereich gar nicht, da die Dokumente beliebig reproduzierbar sind und jeder Erbe eine Kopie erhalten kann. Teilweise wird sogar vertreten, dass mit Gemeinschaft im Sinne der Norm gar nicht die Erbengemeinschaft gemeint ist, da die Dokumente gerade nicht in den Nachlass fallen.[603] Die inhaltliche Relevanz der Dokumente veranlasste aber auch in diesem Zusammenhang den Gesetzgeber dazu, sich ein System für den Schutz der Interessen der Beteiligten zu überlegen. In den Gesetzesmaterialien werden unterschiedliche Möglichkeiten erörtert, wie diese wichtigen, aber teilweise nur ideellen Dokumente unter mehreren Erben aufgeteilt werden können. So wird vorgeschlagen, dass Dokumente ohne Vermögenswert dem Erben mit dem größten Anteil zufallen sollen; ein anderer Vorschlag befürwortet ein Losverfahren, wonach über den Verbleib auch der ideellen Dokumente entschieden wird. Die Entscheidung für eine gemeinschaftliche Verwaltung erfolgte schließlich aus den Erwägungen, dass diese Schriftstücke bei einer zufälligen Verteilung auch „in den

599 *Dernburg/Engelmann*, Bd. V, § 191 II Nr. 4 (S. 558).

600 *Kregel* in RGRK, § 1922 Rn. 5

601 *Finger* GRUR 1919, 24, 25; *Ann* in MüKo § 2047 Rn. 7; *Wolff* in Soegerl, § 2047 Rn. 5.

602 *Finger* GRUR 1919, 24, 25.

603 *Meinecke*, S. 72 (Fn. 35).

Weiberstamm“ fallen könnten.[604] Die letztendliche Gleichstellung der vermögenswerten und nichtvermögenswerten Dokumente ist somit neben der begrenzten Möglichkeit ihrer Aufteilung und einem fehlenden System der Sondererbfolge auch auf die Besonderheit dieser Dokumente und ihrer Relevanz für den Familienstamm zurückzuführen.[605]

Im Ergebnis kann den §§ 2047 Abs. 2, 2373 S. 2 BGB daher nur entnommen werden, dass der Gesetzgeber bestrebt war, unterschiedliche ideelle Inhalte nicht wie den restlichen Nachlass zu behandeln, obwohl vom Grundsatz der Universalsukzession nicht abgewichen wurde.[606] Da die Regelungen zudem darauf hindeuten, dass der Gesetzgeber davon ausging, dass die Erben auch die nächsten Angehörigen sein würden und diesen damals auch die Wahrung der postmortalen Persönlichkeit gar nicht zugestanden hätte, wäre eine andere Regelung gar nicht denkbar. Daher kann die Gleichbehandlung von Nachrichten mit Briefen nicht allein mit dem Vergleich dieser Normen begründet werden. Eine Unerheblichkeit der Trennung in ideelle und vermögenswerte Inhalte ergibt sich auch nicht, da der Gesetzgeber bestrebt war, den Vermögenswert von manchen Dokumenten bei den Regelungen zu berücksichtigen.[607]

Zu einem anderen Ergebnis kommt es auch nicht beim Vergleich mit anderen immateriellen Rechten. Die Vererblichkeit von Immaterialgütern, die ideelle und materielle Interessen verbinden, wird am Grad ihrer Verkehrsfähigkeit und Veräußerlichkeit festgemacht.[608] Ein Persönlichkeitsrecht wird nur dann zu einem Immaterialgüterrecht, wenn es sich so

604 Vgl. *Mugdan* V, S. 507.

605 A. A. zum Beispiel *Lange/Holtwiesche*, ZerB 2016, 125, 126; *Gloser*, MittBayNot 2016, 101, 102.

606 So ähnlich auch KG Berlin ZUM RD 2017, 524, 531: „Höchstpersönliche Inhalte regeln den Verbleib nach einem stattgefundenen Erbgang, nicht dessen Vererblichkeit.“

607 Vgl. *Mugdan* V, S. 507.

608 *Kroiß* in NK-BGB, § 1922 Rn. 17; *Peukert*, ZUM 2000, 710, 713 f. Allgemein zu einem Doppelcharakter bei Immaterialgütern *Endemann*, Bd. 3, S. 51; *Binder*, Rechtsstellung des Erben, S. 30, zur Ablehnung der Vermögensrechtlichkeit bei Warenzeichen und Firmenrecht; *Götting*, S. 4 ff., zum Mischcharakter beim Firmen- und Urheberrecht sowie S. 10, 122 zur Entwicklung des Warenzeichenrechts sowie *ders.* in FS Beier, S. 233 ff., zur Entwicklung des Markenrechts.

weit von der Person löst, dass es zu einem verkehrsfähigen Gut wird.[609] Dabei handelt es sich um Faktoren, die den Gesetzgeber dazu veranlasst haben, aufgrund eines überwiegenden materiellen Interesses ein übertragbares Recht anzuerkennen.[610] Erforderlich ist ein Recht, das, auch wenn es von der Persönlichkeit abgeleitet ist, soweit von der Person losgelöst ist, dass „das wirtschaftliche Interesse an der Verwertung und der Verkehrsfähigkeit überwiegt".[611] Bei den Immaterialgüterrechten handelt es sich daher um „spezielle Persönlichkeitsrechte, die mit den vermögenswerten Interessen auf das Engste verbunden sind".[612] Das Konzept der Immaterialgüter basiert auf der Lehre vom geistigen Eigentum und möchte in Abgrenzung zu der körperlichen Erscheinungsform von Sachen, die naturgemäß eine Zuweisungs- und Ausschlussfunktion gewähren (§ 903 BGB), den geistigen Schutzgegenstand als selbstständiges Verkehrsgut herausheben.[613] So ist beispielsweise das Urheberrecht zwar als Ganzes vererblich (§ 28 UrhG), obwohl es neben dem vermögens- auch einen höchstpersönlichen Teil hat. Es wird dabei auch nicht unterschieden, ob die urheberrechtlichen Inhalte online oder offline vorhanden sind. Die Gründe für die Vererblichkeit des Urheberrechts liegen aber an dem bereits zu Lebzeiten vorhandenen und im Todesfall überwiegenden vermögensrechtlichen Bezug des Rechts als Immaterialgut.[614] Als Immaterialgut lässt es sich von der Person trennen und in den Verkehr bringen. Die Möglichkeit, gegen Geld Nutzungsrechte an einem urheberrechtlich geschützten Werk einzuräumen, ist ein nach generell-abstrakten Kriterien bestehendes Vermögensrecht. Damit haben die Immaterialgüter mit den verkehrsfähigen Gütern gemein, dass sie eben-

609 *Forkel*, GRUR 1988, 491, 498.

610 *Peukert*, ZUM 2000, 710, 713; *Schmidt* in jurisPK BGB, § 1922 Rn. 58, Immaterialgüterrechte sind höchstpersönliche Rechte und daher nicht vererblich. Sie können nur kraft gesetzlicher Anordnung vererblich sein.

611 *Klippel*, S. 497. Nach *Kohler*, Urheberrecht an Schriftwerken, S. 5, sind diese Rechte nicht mehr Teil der Persönlichkeitssphäre, weil sie als Werk nach außen getragen wurden.

612 *Lehmann*, S. 45.

613 Vgl. *Lehmann*, S. 45; *Freitag*, S. 35.

614 Vgl. *Clément*, S. 15 ff., zur Geschichte der Vererblichkeit des Urheberrechts und den Gründen der Vererblichkeit des Urheberpersönlichkeitsrechts; *Gregoritza*, S. 32 ff.

falls auf einen potenziellen Geldwert zurückzuführen sind. Eine Übertragbarkeit dieser Grundsätze auf private Nachrichten ist nicht denkbar.

Es ist zwar mittlerweile anerkannt, dass auch Persönlichkeitsrechte, obwohl sie keine Vermögensrechte sind, vererblich sein können, da sie im Einzelfall einen vermögensrechtlichen Inhalt in sich aufnehmen.[615] Nur in diesen Fällen tritt aber deren Vermögenswert in den Vordergrund, sodass eine vermögensrechtliche Zuordnung erforderlich ist.[616] Die Einteilung in eine bestimmte Gruppe von Rechten schließt nicht automatisch eine kommerzielle Nutzung oder daran bestehende materielle Interessen aus.[617] Dennoch werden diese Rechte nicht zu Immaterialgüterrechten oder Vermögensrechten, da sie nicht nach generell-abstrakten Erwägungen einer vermögensrechtlichen Zuordnung unterliegen.[618]

b) Fehlender sachlicher Grund für eine unterschiedliche Behandlung

Ein weiteres Argument für die Gleichbehandlung von Briefen und Nachrichten ist, dass es keinen sachlichen Grund gebe, um diese anders zu behandeln. Es könne schließlich nicht maßgeblich sein, ob der Briefinhalt online verfügbar sei oder sich ausgedruckt in der Schreibtischschublade befinde.[619] Auch Tagebücher, die einen „besonderen Personenbezug" haben, sind vererblich.[620] Die Höchstpersönlichkeit sei daher bei digitalen Inhalten nicht anders betroffen als bei analogen.[621] Obwohl der rechtliche Rahmen nicht derselbe sei, sei es auch nicht geboten, diese Inhalte, die bisher postmortal unbedenklich den

615 *Lehmann*, S. 46.
616 Ähnlich auch *Lehmann*, S. 46; *Koch*, JurPC-Web-Dok. 0057/2006, Abs. 28.
617 *Klüber*, S. 17; *Peukert*, ZUM 2000, 710, 714.
618 *Peukert*, ZUM 2000, 710, 714.
619 *Wunderlin/Bielajew*, IPRB 2014, 223, 225; *Ludyga*, jM 2016, 442, 444; *Brisch/Müller-ter Jung*, CR 2013, 447; *Herzog*, NJW 2013, 3747; *Solmecke/Köbrich/Schmitt*, MMR 2015, 291; *Salomon*, NotBZ 2016, 324, 326; *Raude*, RNotZ 2017, 17, 19; *Raude*, ZEV 2017, 433, 436; *Gloser*, DnotZ 2016, 536, 546; *Knoop*, NZFam 2016, 966, 969.
620 *Raude*, ZEV 2017, 433, 436; *Steiner/Holzer*, ZEV 2015, 262, 263.
621 BGH NJW 2018, 3178, 3182.

Erben zufielen, nur aufgrund einer unterschiedlichen Verkörperungsform nunmehr anders zu behandeln.[622]

Diesem Ergebnis ist aber nur dann zuzustimmen, wenn bei der digitalen im Vergleich mit der analogen Kommunikation tatsächlich die Höchstpersönlichkeit gleichermaßen betroffen ist. Das ist nicht nur danach zu entscheiden, ob es sich um höchstpersönliche Inhalte handelt, sondern auch danach, wie stark der Persönlichkeitsbezug ist. Diese Erwägungen liegen auch der Gesetzgebung in den USA zugrunde, die eine Vererblichkeit der Kommunikationsinhalte ablehnt.[623] Eines der Hauptargumente für die fehlende Analogie zwischen (schriftlicher) Online- und Offlinekommunikation ist, dass bei Accounts eine unbegrenzte Anzahl an Nachrichten gespeichert werden kann, da man nahezu bei allen Anbietern über einen kostenlosen unbegrenzten Speicherplatz verfügt, wodurch sich eine hohe Dichte an persönlichen Informationen ansammelt (a). Darüber hinaus werden die Nachrichten automatisch, meist für eine unbegrenzte Zeit, gespeichert, ohne dass der Account-Inhaber eine bewusste Entscheidung darüber trifft, ob er diese Nachrichten behalten möchte oder nicht (b).

aa) Die Menge an persönlichen Informationen

Im weiter oben beschriebenen Fall des verstorbenen US-Soldaten, dessen Eltern erfolgreich einen Anspruch auf dessen E-Mails gerichtlich geltend gemacht hatten, wurden der Familie drei Kartons mit über 10.000 gedruckten Seiten an E-Mail-Kommunikation übergeben. In diesen E-Mails befinden sich eine Vielzahl an unterschiedlichen Informationen, die vor allem in der Gesamtbetrachtung weit über das hinausgehen, was man lediglich anhand der Briefkommunikation über das Leben einer Person erfahren kann. Niemand würde so viele Briefe schreiben – und selbst für den Fall, dass man so viele Briefe schriebe,

---

622 *Wellenhofer*, JuS 2016, 653, 654; *Griziwotz*, FamRB 2017, 311, 313, insbesondere in Bezug auf den Datenschutz.

623 *Banta*, 94 N. C. L. Rev. 927, 930 (2016); *Darrow/Ferrera*, 10 N. Y. U. J. Legis. & Pub. Pol'y 281, 314 (2007); *Holland Capel*, 30 Berkeley Tech. L. J. 1211, 1233 (2015).

wäre es äußerst unwahrscheinlich, dass diese aufgehoben würden, da dafür viel Platz erforderlich wäre. Die Masse an Kommunikationsinhalten hat daher auch unmittelbare Auswirkungen auf ihren Charakter.

Bereits die Inhalte der privaten Kommunikation sind nicht mit Briefen vergleichbar. Während man bei Briefen immer nur den Teil im Nachlass des Erblassers findet, der ihm zugesendet wurde, werden in dem meisten Accounts auch die gesendeten Nachrichten gespeichert. Vielfach sind ferner die gesamten Kommunikationsverläufe bei Nachrichten insbesondere im Chat einsehbar. Zwar kann man auch bei einem empfangenen Brief teilweise Informationen über die Briefe des Erblassers gewinnen, wenn es sich um einen Briefwechsel handelt; das ist aber nicht vergleichbar mit dem Zugriff auf den gesamten Verlauf einer Kommunikation. Im Gegensatz zu Briefen, die möglicherweise selbst bei einer Aufbewahrung nicht vollständig und chronologisch vorhanden sind oder sogar durch die Qualität der Tinte oder aus sonstigen Gründen nicht für immer lesbar sein werden, sind Nachrichten chronologisch, vollständig und für immer abrufbar, sofern sie nicht gelöscht werden.

Der hohe Anteil an persönlichen Informationen entsteht auch dadurch, dass die Kommunikation gerade bei sozialen Netzwerken beinahe beiläufig stattfindet, wodurch ihr eine gewisse Leichtigkeit verliehen wird.[624] Vielfach wird dadurch nicht nur die Briefkommunikation ersetzt, sondern in vielen Bereichen auch Telefonate. Nachrichten werden flüchtiger geschrieben, bestehen oft nur aus einzelnen Sätzen oder Wörtern und enthalten auch nicht immer eine Anrede und eine Grußformel. Der Versand erfolgt innerhalb von Sekunden durch die Betätigung einer Schaltfläche. Die Dichte der Informationen ist wie bei einer Echtzeitkonversation. Daher sind Nachrichten in einem Account sind daher inhaltlich nicht mit einem Brief vergleichbar, sondern eher mit der Abschrift eines Telefongesprächs.[625]

624 *Bräutigam/Sonnleithner* in Hornung/Müller-Terpitz, S. 37.
625 *Panepinto*, Telematics and Informatics, Vol. 12, No. 2, 125, 127.

bb) Der Regelfall der Aufbewahrung der Nachrichten

Die Menge an Informationen, die sich in einem Account sammeln, wird auch dadurch begünstigt, dass die Speicherung der Nachrichten automatisch erfolgt. Die Nutzer erhalten im Laufe ihrer Account-Nutzung zahlreiche Nachrichten. Diese können für eine unbegrenzte Zeit gespeichert werden. Gerade im Bereich der sozialen Netzwerke machen sich die Nutzer keine Gedanken darüber, ob sie die Nachrichten aufbewahren wollen, da es keine Speicherbegrenzung gibt.

Erhält man aber einen Brief in der physischen Welt, entscheidet man sich doch regelmäßig bewusst dafür, ob man diesen aufbewahren möchte oder nicht. Handelt es sich um einen Brief mit sensiblen Informationen, von denen der Empfänger nicht möchte, dass sie in die Hände Dritter gelangen, wird er diesen in der Regel vernichten. Man könnte sogar so weit gehen, zu behaupten, dass, selbst wenn es einen Safe oder eine ähnliche Möglichkeit gäbe, den Brief zunächst vor dem Zugriff Dritter zu schützen, die Briefempfänger diesen dennoch entsorgen würden, da die Aufbewahrung immer das Risiko birgt, dass der Brief insbesondere in die Hände derjenigen Personen fallen könnte, die in einer häuslichen Gemeinschaft zusammenleben.

4. Zwischenergebnis

Die Vererblichkeit von Nachrichten ist weder in Analogie zu Briefen oder zu immateriellen Rechten noch aufgrund einer originären Betrachtung als vererbliche Position möglich. Anders als Briefe sind Nachrichten keine Sachen, sodass ihre Zuordnung nicht abstrakt wie bei Briefen unabhängig von ihrem Inhalt erfolgen kann. Eine Wertung des Gesetzgebers, höchstpersönliche Inhalte anders als höchstpersönliche Rechte selbst vererblich zu stellen, kann weder dem Gesetz noch den Gesetzesmaterialien entnommen werden. Die in den §§ 2047 Abs. 2, 2373 S. 2 BGB festgeschriebenen Regelungen enthalten in ersten Linie Überlegungen zum Schutz höchstpersönlicher Inhalte, eine Vererblichkeitsentscheidung kann diesen Normen nicht entnommen werden. Sie sind so spezifisch auf die Systematik und die Wertung aus der Zeit der Entstehung des BGB ausgerichtet, dass sie eine Vererblichstellung von Nachrichten nicht rechtfertigen können. Ein Vergleich mit Briefen ist auch aufgrund der Menge und der damit verbundenen Informationsdichte von Nachrichten nicht möglich.

Betrachtet man Nachrichten als eigenständige Position für die Erbmasse, kann eine Vererblichkeit ebenfalls nicht begründet werden, sofern es sich um private Nachrichten handelt. Diese sind weder als Zeichenmenge vermögensrechtlich zuzuordnen, noch ist der Inhalt der Nachrichten nach objektiv-abstrakten Kriterien bestimmungsgemäß vermögensbezogen. Eine Einzelfallentscheidung ist im Erbrecht nicht vorgesehen und reicht daher für die Begründung der Vererblichkeit nicht aus.

In sozialen Netzwerken sind nicht nur die an einzelne Nutzer geschickten Nachrichten als unvererblich zu werten, sondern auch Nachrichten, die in geschlossenen Gruppen oder anderweitig nur einem begrenzten Nutzerkreis verfügbar gemacht wurden. Lediglich öffentliche Postings sind nicht als Nachrichten zu charakterisieren.

Fraglich ist, ob auch die im Rahmen von Nachrichten ausgetauschten Bilder, an denen Urheberrechte bestehen, die auf den Erben übergehen oder ob eine Bewertung aufgrund der Art und Weise der Nutzung erforderlich ist. Manche Bilder werden einzeln oder als Alben hochgeladen; es besteht die Möglichkeit, diese einem ausgewählten Personenkreis zu zeigen oder auch für jedermann sichtbar öffentlich zu stellen. Daneben gibt es Fotos, die nur einzelnen Personen oder einer Gruppe an Personen gesendet werden und somit nur diesen Personen zur Verfügung stehen. In diesen Fällen sind die Bilder ein Teil der Konversation und technisch betrachtet im Chatverlauf abrufbar oder durch das Programm archiviert. Sie werden aber vom Nutzer nicht mit der Absicht hochgeladen, diese zu speichern oder öffentlich zu teilen. Für Bilder gilt zwar auch, dass nicht nur das Geheimhaltungsinteresse des Erblassers über deren Zuordnung entscheiden kann, die Besonderheit ist aber, dass diese sich nur „zufällig“ noch in dem Account befinden. Die bildgebundene Kommunikation ist sogar als eigenständiges Geschäftsmodell bei sozialen Medien zu finden. So werden beispielsweise bei der Applikation Snapchat dem Kommunikationspartner Bilder zugeschickt, die erlöschen, sobald er diese betrachtet hat. Fotos werden als Kommunikationselement genutzt. Auch andere Plattformen ermöglichen zunehmend den direkten Versand von Bildern an die Kommunikationspartner. Betrachtet man nunmehr die Bilder als Teil der Kommunikation, müssten genauso wie bei schriftlicher Kommunikation die urheberrechtlichen Ansprüche zurücktreten. Bilder sind dann ebenso wie Nachrichten nicht vererblich, wenn sie ausschließlich über die Kommunikationskanäle ausgetauscht wurden. Die Erben können daher nur die Bilder herausverlangen, die vom Erben zumindest für eine Teilöffentlichkeit freigegeben wurden.

5. Zugang zugunsten der (nächsten) Angehörigen

Der Vorschlag einer Trennung der Inhalte wurde von weiten Teilen der Literatur vor allem aus Praktikabilitätsgründen abgelehnt. Eigene rechtliche Begründungen für die Vererblichkeit höchstpersönlicher Inhalte sind in der Literatur zum „digitalen Nachlass" erst später aufgekommen. Neben der Trennbarkeit der Inhalte war daher umstritten, wer im Falle der Trennung oder der Untrennbarkeit aufgrund der „Infektion" des Accounts Zugang zu den Inhalten erhalten sollte. Gerade im Falle der Unvererblichkeit der Inhalte wurde befürwortet, dass die nächsten Angehörigen den Zugang zu den Inhalten bekommen.[626]

Die nächsten Angehörigen haben eine Reihe von Rechten, die sie als Wahrnehmungsberechtigte nach dem Tod des Erblassers ausüben.[627] Dabei handelt es sich vor allem um Rechte, die die persönlichkeitsrechtlichen Belange des Erblassers berühren, so beispielsweise das Recht der Totenfürsorge, der Bildnisschutz oder der Schutz der ideellen postmortalen Persönlichkeit.[628] Diese Rechte dienen aber insbesondere dazu, die Pietätsinteressen zu schützen. Es handelt sich

626 Oftmals handelt es sich dabei um dieselben Personen. Siehe auch *Solmecke/Schmitt*, ZD 2016, 182, 187, die Beschränkung des Umgangs der Rechte der Erben mit den höchstpersönlichen Daten durch die nächsten Angehörigen ist möglich.

627 Siehe dazu Teil I D.

628 Siehe dazu Teil I D.

überwiegend um Abwehrrechte, die von den Angehörigen als Wahrnehmungsberichtigte ausgeübt werden – sie werden nicht selbst Rechtsinhaber. Die entsprechenden Rechte des Erblassers können und sollen nicht als eigene ausgeübt werden.

Betrachtet man die Gründe für die Sonderbehandlung der höchstpersönlichen Inhalte, die der Gesetzgebungsgeschichte entnommen werden kann, erscheint es naheliegend, bei Nachrichten wie auch bei Familienbildern die Vermögens- von den Pietätsinteressen zu trennen und die unvererblichen Inhalte den Angehörigen zuzuordnen. Ein Auseinanderfallen der nächsten Angehörigen und der Erben ist aber grundsätzlich das Ergebnis einer gewillkürten Erbfolge. Das heißt, wenn der Erblasser sich dafür entscheidet, dass sein Nachlass nicht seinen nächsten Angehörigen, die meist die gesetzlichen Erben sind, zufallen soll, so hat er auch in der Regel ein gesteigertes Vertrauen zu denjenigen Personen, die er an ihrer Stelle als Erben einsetzt. Es wäre den Interessen des Erblassers damit nicht gedient, die höchstpersönlichen Inhalte seinen Angehörigen zu überlassen. Darüber hinaus würde das Recht der nächsten Angehörigen nicht die Kenntnisnahme der Inhalte umfassen, da es sich, wie beim postmortalen Persönlichkeitsrecht, nur um ein Abwehrrecht handeln kann.[629] Ohne gesetzliche Regelung müssten diese Positionen, wie andere unvererbliche Rechte auch, folglich erlöschen.[630]

6. Datenportabilität

a) Recht auf Datenportabiliät, Art. 20 DS-GVO

Mit Inkrafttreten der DS-GVO haben die Nutzer nunmehr die Möglichkeit, die Daten, die sie bei einem Dienst angesammelt haben, zu einem anderen Dienst zu übertragen. Darin ist nunmehr ein gesetzlicher Herausgabeanspruch in Bezug auf Account-Inhalte zu sehen. Die verantwortlichen Stellen müssen die Daten in einem „strukturierten, gängigen und maschinenlesbaren“ Zustand herausgeben beziehungs-

629 KG Berlin ZUM-RD 2017, 524, 536.
630 So auch das KG Berlin ZUM-RD 2017, 524, 536.

weise diese direkt an einen anderen Anbieter weiterleiten, sofern dies technisch möglich ist.[631] Bei den herauszugebenden Daten handelt es sich um diejenigen, die der Nutzer selbst bereitgestellt hat. Welche Daten als bereitgestellt gelten, geht aus dem Gesetz allerdings nicht hervor.[632] Die Frage stellt sich insbesondere in Bezug auf Nachrichten Dritter, insbesondere auch E-Mails.[633] Vor allem bei E-Mails würde die Regelung nahezu leerlaufen, wenn man diese als nicht erfasst betrachtet. Dennoch wird aufgrund des Rechts auf informationelle Selbstbestimmung Dritter angenommen, dass deren Daten nicht erfasst sind.[634] Das ist auch konsequent, denn das Recht auf Datenportabilität beruht auf wettbewerbsrechtlichen Erwägungen.[635] Daraus ergibt sich zwar ein Recht, seine eigenen Daten bei einem Wettbewerber weiter zu verwenden – das kann aber nicht dazu führen, dass man einen unbeteiligten Dritten, der die Einwilligung in Bezug auf seine personenbezogenen Daten dem Wettbewerber nicht überlassen möchte, damit umgeht.

Unklar ist die Regelung auch in Bezug auf die Daten, die anhand des Nutzerverhaltens gesammelt und generiert werden. Anhand dieser Daten ist es den Diensten möglich, die Präferenzen des Nutzers zu speichern und ihm Inhalte anzubieten, die ihn interessieren. Die Daten, die das Nutzerverhalten wiedergeben, sollen ebenfalls von Art. 20 DS-GVO erfasst sein, da sie mittelbar vom Nutzer zur Verfügung gestellt wurden.[636] Ein aktives Tun als Bereitstellungshandlung wird nicht verlangt.[637] Wohingegen die Leistung des Anbieters, anhand von Algorithmen die Präferenzen des Nutzers herauszuarbeiten, nicht umfasst ist. Bei einem Streaming-Dienst müsste der Diensteanbieter beispiels-

631 *Schantz* in Schantz/Wolff, Rn. 1237.

632 Siehe dazu *v. Lewinski* in BeckOk Datenschutzrecht, DS-GVO, Art. 20 Rn. 37 f.; *Strubel*, ZD 2017, 255, 357.

633 *Schantz* in Schantz/Wolff, Rn. 1239.

634 *Jülicher/Röttgen/v. Schönfeld*, ZD 2016, 358, 359; *v. Lewinski* in BeckOk Datenschutzrecht, DS-GVO, Art. 20 Rn. 44, 94

635 *Paal* in Paal/Pauly, DS-GVO, Art. 20 Rn. 3; *Jülicher/Röttgen/v. Schönfeld, ZD* 2016, 358, 358.

636 *Schantz* in Schantz/Wolff, Rn. 1239.

637 *Jülicher/Röttgen/v. Schönfeld*, ZD 2016, 358, 359.

weise die Daten herausgeben, aus denen hervorgeht, welche Filme wie oft und zu welcher Zeit von den Nutzern angesehen wurden. Was sie nicht herausgeben müssen, sind die daraus gewonnenen Erkenntnisse, dass der Nutzer beispielsweise Science-Fiction-Filme bevorzugt, oder ähnliche Informationen. Die Löschung dieser Daten kann der Nutzer verlangen, solange es sich um personenbezogene Daten handelt (Art. 17 DS-GVO). Einen Personenbezug enthalten die Daten aber nur, soweit sie auf die Person des Nutzers zurückzuführen sind. Sofern der Anbieter diese Koppelung löscht, kann er dennoch die gewonnenen Informationen behalten, so zum Beispiel die Präferenz von Filmen in einer bestimmten Altersklasse oder ähnliche Informationen, die für die Analyse des allgemeinen Nutzerverhaltens herangezogen werden können.

b) Vererblichkeit des Rechts auf Datenportabilität

Die gesamten Inhalte eines Accounts könnten den Erben dann zustehen, wenn sie das Recht auf Datenportabilität erben. Dabei handelt es sich um einen gesetzlichen Anspruch, der in Art. 20 DS-GVGO geregelt ist. Dem Nutzer einer Plattform steht das Recht zu, die personenbezogenen Daten in einem strukturierten, gängigen und maschinenlesbaren Format zu erhalten. Das Ziel der Norm ist es, mehr Wettbewerb zu ermöglichen. Die übertragbaren Daten sollen bei einem anderen Anbieter nutzbar sein.[638] Als Rechtsnachfolger hat der Erbe grundsätzlich die gleichen Rechte und Pflichten wie der Erblasser. Nach der Auffassung des BGH stehen diesem auch die Inhalte des Accounts vollumfänglich zu – dann müsste er konsequenterweise auch berechtigt sein, den Anspruch auf Datenportabilität geltend zu machen. Nach dem Wortlaut der Norm soll dieser Anspruch aber nur dem Betroffenen zustehen, der seine eigenen personenbezogenen Daten herausverlangen kann. Der Erbe wird auch dann nicht zum Betroffenen, wenn er Rechtsnachfolger ist. Selbst wenn die Daten ihm nach dem Tod des Erblassers zugeordnet werden, beziehen sie sich immer

638 *Piltz* in Gola, Art. 95 Rn. 2.

noch auf den Erblasser. Das Recht auf Datenportabilität soll zudem ermöglichen, dass die Daten auf einer anderen Plattform genutzt werden können. Das Recht des Erben in Bezug auf die personenbezogenen Daten sollte aber dort seine Grenzen finden, wo es ihm die Möglichkeit eröffnet, diese zu nutzen. Zwar sieht das Erbrecht vor, dass die vererblichen Positionen dem Erben zur freien Verfügung überlassen werden, diese Befugnis wurde aber bereits bei der Vererblichkeit der vermögenswerten Bestandteile des allgemeinen Persönlichkeitsrechts eingeschränkt.[639]

7. Schutz der (audio)visuellen Darstellung

Die Anordnung der einzelnen Elemente in einem Account, die auf der Browseroberfläche für Dritte sichtbar sind, könnte urheberrechtlich geschützt sein.[640] Nach allgemeiner Auffassung kann beispielsweise der Gestaltung einer Webseite Urheberrechtsschutz zukommen.[641] Da die Accounts aber Teil der Betriebssoftware sind, die dem Schutz des § 69a UrhG unterliegen,[642] können sie nur dann eigenständigen Schutz genießen, wenn der Schwerpunkt der audiovisuellen Erscheinung den klassischen Werkarten entspricht und nicht der ihnen zugrunde liegenden Software.[643] Ist die Darstellung der Benutzeroberfläche einer Werkkategorie zuzuordnen, liegt ein getrenntes Werk vor; der Schutz von § 69a UrhG erstreckt sich dann nicht auf die Darstellung.[644]

Die Diskussion um den urheberrechtlichen Schutz von Webseiten beziehungsweise Benutzeroberflächen wird schon länger geführt.[645] Für die audiovisuelle Darstellung von Computerspielen wird dieser über-

639 Siehe dazu Teil I. A. II. 1. a).

640 Umfassend dazu *Gräber*, S. 61 ff.; *Psczolla*, S. 15 ff.; *Kreutzer*, CR 2007, 1.

641 OLG Rostock MMR 2008, 116; OLG Frankfurt/M, MMR 2005, 707 m. w. N.; vgl. auch *Koch* in Loewenheim, Urheberrecht, § 78 Rn. 3 ff.

642 Webseiten hingegen sind keine Computerprogramme, vgl. OLG Rostock MMR 2008, 116.

643 *Kreutzer*, CR 2007, 1, 6 ff.

644 *Grützmacher* in Wandkte/Bullinger, § 69g Rn. 4 f.

645 LG München ZUM-RD 2005, 81; *Koch*, GRUR 1991, 180.

wiegend anerkannt.[646] Meistens wird eine Einordnung als Filmwerk (§ 2 I Nr. 6 UrhG) bevorzugt,[647] wobei gelegentlich eine Abgrenzung zu Laufbildern (§ 95) aufgrund der gleichen Rechtsfolge (§ 88 UrhG) nicht vorgenommen wird.[648] Bei Computerspielen erfolgt häufig der Einwand, dass der Geschehensablauf nicht wie bei einem Film feststehe, sondern durch die Spieler fortwährend gestaltet werde. Ein Filmwerk unterliegt aber nicht dem Erfordernis, eine festgeschriebene Abfolge zu haben.[649] Onlinespiele sind in ihrer audiovisuellen Darstellung den herkömmlichen Computerspielen sehr ähnlich, mit dem Unterschied, dass der Geschehensablauf noch vielfältiger durch den Nutzer mitgestaltet werden kann. Es stellt sich die Frage, ob diese Mitgestaltung des Nutzers ausreicht, um einen eigenschöpferischen Beitrag gemäß §§ 7, 8 UrhG zu begründen.

Eine persönliche Schöpfung des Nutzers setzt zunächst voraus, dass die für Dritte wahrnehmbare Erscheinung des Accounts durch menschengestalterische Tätigkeit entstanden ist.[650] Die Gestaltung mittels eines Computers ist nicht schädlich, solange diese aufgrund eindeu-

---

646 *Nordemann*, GRUR 1981, 891; *Czychowski* in Fromm/Nordemann, § 69a Rn. 10; *Bullinger* in *Wandtke/Bullinger*, § 2 Rn. 129; *Loewenheim* in *Schricker/Loewenheim*, § 2 Rn. 217; *Bullinger/Czychowski*, GRUR 2011, 19, 22; *Preuß*, S. 59; *Poll/Brauneck*, GRUR 2001, 389, 390. Computerspiele bestehen aus mehreren urheberrechtlich geschützten Elementen. Da aber die anderen Teile offensichtlich nicht vom Nutzer geschaffen wurden, ist für diese Untersuchung nur die audiovisuelle Darstellung relevant. Zur Abgrenzung der einzelnen Elemente und für eine Gesamtbetrachtung vgl. *Kreutzer*, CR 2007, 1.

647 *Loewenheim* in Schricker/Loewenheim, § 2 Rn. 217; *Bullinger* in Wandtke/Bullinger, § 2 Rn. 129.

648 *Wiebe* in Spindler/Schuster, § 95 UrhG Rn. 1 f. Am ehesten werden noch die älteren zweidimensionalen Spiele, bei denen sich nicht der Hintergrund, sondern die Spieler bewegen, als Laufbilder eingefordert. Bei vielen neueren Spielen ist ein dreidimensionales Handeln möglich, es werden teilweise Bewegungsabläufe von Menschen digitalisiert, um einen hohen Realitätsbezug herzustellen, vgl. dazu *Trump/Wedemeyer*, K&R 2006, 397, 400.

649 Vgl. *Loewenheim* in Schricker, § 2 Rn. 217; *Bullinger* in Wandtke/Bullinger § 2 Rn. 129.

650 *Loewenheim* in Schricker/Loewenheim, § 2 Rn. 38, das gilt natürlich nur für Accounts, die auch von Dritten wahrgenommen werden können, und ist somit bei allen Accounts ausgeschlossen, die keine für Dritte sichtbare Oberfläche haben.

tiger menschlicher Anweisungen entsteht.[651] Wird zum Beispiel per Computerprogramm ein Bildausschnitt festgelegt oder werden andere das Werk prägende Parameter bestimmt, liegt eine persönliche Schöpfung vor.[652] Bei den Onlinespielen sind aber die Einsatzmöglichkeiten des Nutzers begrenzt; diese werden ihm zudem durch den Diensteanbieter vorgegeben. Aus diesen Varianten wählt der Nutzer aus und fügt diese in das Gesamtprogramm ein – es entsteht keine eigene geistige Schöpfung an der Gesamterscheinung der visuellen Darstellung des Spiels. Eine (Mit-)Urheberschaft des Nutzers ist daher abzulehnen.

Für andere Accounts gilt im Wesentlichen dasselbe. Die Nutzer können immer nur in den vorgegebenen Strukturen agieren; das reicht für eine eigene geistige Schöpfung nicht aus. Dies gilt insbesondere für Accounts wie Instagram oder Pinterest. Die Nutzer können einzelne Bilder hochladen und diese thematisch beschriften. Die Anordnung der Bilder innerhalb des Accounts ist aber vom Programm vorgegeben beziehungsweise nur begrenzt variabel. So kann zwar das einzelne Bild urheberrechtlich geschützt sein, grundsätzlich aber nicht die gesamte Darstellung, da sie keinen eigenständigen Gedanken- und Gefühlsinhalt des Nutzers wiedergibt. Erfolgt aber die Auswahl und Anordnung der Bilder im Einzelfall derart, dass die einzelnen Bilder ein Gesamtbild mit schöpferischer Eigenleistung ergeben, so kann die Darstellung auch urheberrechtlich oder als Laufbild geschützt sein.

Nichts anderes gilt für die Einordnung des Accounts als Multimediawerk. Die Verbindung einzelner urheberrechtlich geschützter Elemente ist noch kein Multimediawerk, sofern in der Verbindung selbst keine geistige Schöpfung zu sehen ist.[653] Die persönliche geistige Schöpfung ist auch dann nicht gegeben, wenn man die einzelnen Elemente in manchen Accounts als Multimediawerk einordnen möchte. Über den Urheberrechtsschutz für die jeweils einzelnen Elemente ist damit noch nichts gesagt.

---

651 *Loewenheim* in Schricker/Loewenheim, § 2 Rn. 40; *Bullinger* in Wandtke/Bullinger, § 2 Rn. 16.

652 *Bullinger* in Wandtke/Bullinger, § 2 Rn. 16.

653 *Bullinger* in Wandtke/Bullinger, § 2 Rn. 16.

III. Ergebnis

Die Nutzungsvereinbarung für einen Online-Community-Account ist unvererblich. Eine Vererblichkeit kommt nur dann in Betracht, wenn es sich um einen kommerziell genutzten Account handelt. Besteht bei kommerziell genutzten Accounts der Inhalt im Wesentlichen aus der persönlichen Leistung und den Bildern des Erblassers, ist der Account trotz des Vermögenswertes unvererblich. In diesem Fall überwiegt der Personenbezug des Accounts, da die Vermarktung der eigenen Persönlichkeit den Vermögenswert bildet. Im Unterschied zum allgemeinen Persönlichkeitsrecht, dessen vermögenswerte Bestandteile auch vererblich sind, handelt es sich bei einem Influencer-Account nicht um eine Position, die der Kommerzialisierung durch Dritte offensteht. Der Schwerpunkt bei Accounts liegt nicht in der Kommerzialisierung von Persönlichkeitsmerkmalen, sondern von persönlichen Handlungen; diese können nur durch die Account-Inhaber selbst erfolgen.

B. Content-Communities

Soziale Netzwerke und Content-Communities sind Beispiele für Online-Communities. Unter dem Oberbegriff Online-Community werden Plattformen zusammengefasst, die auf unterschiedliche Art und Weise die Kommunikation ihrer Nutzer untereinander ermöglichen. Content-Communities unterscheiden sich von sozialen Netzwerken dadurch, dass die Verknüpfung der Nutzer nicht über bereits bestehende Beziehungen erfolgt, sondern über den Austausch von Inhalten. Die Nutzer lernen sich in der Regel erst innerhalb von Content-Communities kennen. Nach dieser Unterscheidung müsste man beispielsweise Instagram sowohl als soziales Netzwerk als auch als Content-Community klassifizieren, weil man dort sowohl anhand bestehender Bekanntschaften als auch über den Austausch zu Themen Kontakte knüpft. YouTube hingegen ist, obwohl es allgemein als soziales Netzwerk bezeichnet wird, lediglich eine Content-Community, da man sich üblicherweise nicht mit bereits bestehenden Bekanntschaften verbindet.

Abzugrenzen sind Content-Communities auch gegenüber Blogs. Ein Blog[654], auch Weblog genannt, ist ein Journal oder ein Tagebuch, das auf einer Webseite öffentlich geführt wird. Der Betreiber dieses Blogs, meist als Blogger bezeichnet, veröffentlicht auf seinem Blog Erfahrungen, Ratschläge oder ganz allgemeine Gedanken. Dritte können oft Kommentare zu den Veröffentlichungen hinterlassen. Im Gegensatz zu Content-Communities braucht man dafür aber keinen Account. Eine spezielle Blogform ist der Microblog.[655] In einem solchen können die Nutzer kurze Nachrichten veröffentlichen, die sowohl an die Öffentlichkeit als auch exklusiv an die Personen, die einem folgen, gerichtet sein können. Die Nachrichten werden chronologisch dargestellt und können von anderen Nutzern geteilt oder kommentiert werden. Ein Microblog ist aber keine Content-Community, da die Bildung von Gruppen oder der themenorientierte Austausch mit anderen nicht möglich ist. Die Interaktion der Nutzer untereinander erfolgt nur über die Nachrichten. Dennoch können die Nutzer durch den Einsatz von Hashtags ihren Newsfeed themenorientiert gestalten.

Die Nutzung einer Content-Community setzt neben der Registrierung ebenfalls die Erstellung eines Profils voraus. Im Gegensatz zu sozialen Netzwerken enthalten die Profile wenige Angaben über die wahre Identität der Nutzer, da diese keine Verknüpfung mit bereits bestehenden Bekanntschaften anstreben. Die Nutzung erfolgt daher in den meisten Fällen unter Angabe eines Pseudonyms. Das Profil dient dem Nutzer aber dennoch dazu, seine Persönlichkeit auf der Plattform zu präsentieren, da hier die Handlungen, insbesondere die Aussagen, einer Person zugeordnet werden sollen. Dass nicht bekannt ist, wer

654 Der Begriff Weblog ist eine Zusammensetzung aus den englischen Begriffen Web und Log. Web ist mit Netz zu übersetzen und der Begriff Log ist die Abkürzung für Logbuch. Ein Logbuch ist „ein Tagebuch auf Seeschiffen, in das alle für die Seefahrt wichtigen Beobachtungen eingetragen werden“ (Duden).

655 Das bekannteste Beispiel ist Twitter.

diese Person außerhalb der Community ist, ist unerheblich. Innerhalb des Teilnehmerkreises ist das Profil der „Platzhalter“ für die Person.[656]

Die Dienste bestehen fast ausschließlich aus den Inhalten der Nutzer, sei es in Form von einfachen Kommentaren, literarischen Publikationen, Bild- oder Musikdateien. Die Betreiber der Plattformen stellen die Infrastruktur bereit, um diesen Austausch zu ermöglichen. Eine Kategorisierung dieser Plattformen ist aufgrund der Vielzahl an unterschiedlichen Angeboten nicht möglich. Dennoch lassen sich zwei Teilnahmeformen grob voneinander trennen: der aktive oder passive kommunikative Austausch zu unterschiedlichen Themen, wie er zum Beispiel in Foren und Bewertungsportalen zu finden ist, im Unterschied zu dem bewussten und wahrnehmbaren Generieren von Inhalten für die Öffentlichkeit, wie es bei YouTube, Instagram, MySpace, SoundCloud und ähnlichen Plattformen der Fall ist.

Foren sind meistens themenorientiert aufgebaut und dienen dazu, Meinungen, Erfahrungen und Gedanken zu einem Thema auszutauschen. Die meisten Beiträge in Foren können nur von den angemeldeten Nutzern gelesen werden, teilweise auch von Internetnutzern, die nicht angemeldet sind – diese können sich dann aber selbst nicht an der Kommunikation beteiligen. Bewertungsportale sind ähnlich aufgebaut wie Foren, sind allerdings nicht nach Themen sortiert, sondern nach den Sachen, Dienstleistungen oder Personen, die bewertet werden sollen.

Davon abzugrenzen sind Plattformen, die nutzergenerierte Inhalte (User Generated Content)[657] als Teil des Dienstes anbieten. Diese Dienste werden genutzt, um Text-, Bild-, Audio- oder Videobeiträge zu unterschiedlichen Themen zu teilen. Die Themen können dabei je nach Plattform vorgegeben oder von den Nutzern selbst gewählt werden. So gibt es beispielsweise Plattformen, die das Publizieren von

656 *Meyer*, S. 35.

657 Vgl. ausführlich zu den Voraussetzungen von User Generated Content (UGC): *Bauer* in Große Ruse-Khan/Klass/v. Lewinski, S. 1, S. 24 f., *Conrad/Hausen* in Auer-Reinsdorff/Conrad, IT- und Datenschutzrecht, Rn. 207–209; *Große Ruse-Khan/Klass/v. Lewinski* in Große Ruse-Khan/Klass/v. Lewinski, Nutzergenerierte Inhalte, Vorwort V.

literarischen, journalistischen oder ähnlichen Werken ermöglichen.[658] Von einem Blog unterscheiden sie sich dadurch, dass es mehrere Autoren gibt und die Darstellung der Beiträge nicht chronologisch, sondern themenorientiert ist. Im Gegensatz zu einem Forum geht es aber nicht darum, Meinungen, Erfahrungen und Gedanken zu einem Thema auszutauschen, sondern literarische Werke oder journalistische Beiträge zu veröffentlichen.

Neben Textbeiträgen gehören Bildbeiträge zu den häufigsten geteilten und veröffentlichten Inhalten.[659] Die Nutzer können die Bilder, ähnlich wie ein Fotoalbum, aufarbeiten und einem bestimmten Nutzerkreis zur Verfügung[660] stellen oder einzelne Fotos themenorientiert publizieren.

Audiobeiträge sind eine weitere Möglichkeit, Inhalte bei Diensten zu teilen. Hierunter fallen sowohl Podcasts[661] als auch Musikstücke. Ein durchschnittlicher Nutzer erstellt aber selten Podcasts, wohingegen es viele Plattformen gibt, die das Teilen von selbst komponierter oder anderweitig kreierter Musik ermöglichen.[662] Musik wird aber auch im Rahmen von selbst gedrehten Videos geteilt. Darüber hinaus sind Videos ein beliebtes Format, um Beiträge zu verschiedenen Themen zu veröffentlichen.[663] Großer Beliebtheit erfreuen sich Videos, die Tipps und Tricks zu unterschiedlichen Lebenssachverhalten enthalten (Influencer-Content).

658 Beispiele sind Fanfiction.de, GobalVoices.com.

659 *Bauer* in Große Ruse-Khan/Klass/v. Lewinski, S. 1, 7.

660 Zum Beispiel Picasa, Flickr und Instagram, wobei letzteres auch zu den sozialen Netzwerken zählt.

661 Podcasts sind meist redaktionell aufbereitete Audio- oder Videobeiträge, die man herunterladen kann.

662 SoundCloud, muziboo, MySpace.

663 Zum Beispiel YouTube.

I. Rechtsnachfolge in die Nutzungsvereinbarung

1. Vermögensrechtliche Zuordnung

Die Inhaberschaft eines Content-Community-Accounts ist vergleichbar mit sozialen Netzwerk-Accounts. Die Nutzungsvereinbarung gewährt die Inhaberschaft an dem Nutzerprofil; dieses hat grundsätzlich keinen Tausch- oder Nutzwert. Unabhängig von der Eigenart der Plattform können die Accounts in aller Regel kostenlos eingerichtet werden. Die Profile weisen darüber hinaus keine Besonderheiten auf, die ein vermögensrechtliches Interesse an der Weiternutzung begründen würden. Die Funktion dieser Nutzungsvereinbarung liegt im ideellen Bereich der Lebensgestaltung: Die Nutzer wollen sich mit anderen über Themen austauschen oder selbst Beiträge erarbeiten, mit denen sie Themen besprechen oder zu einer Diskussion anstoßen. Sofern kein kommerzielles Interesse verfolgt wird, wie es bei Influencer-Accounts der Fall ist, erfassen diese Handlungen den Kernbereich der Persönlichkeitsentfaltung und sind ausschließlich immaterieller Natur.

2. Ausschluss der Vererblichkeit

Im Gegensatz zu sozialen Netzwerken sind die Profile bei den Content-Communities weniger personalisiert; da man sich oftmals gerade mit unbekannten Personen verbindet, werden viele Accounts pseudonym oder anonym genutzt. Ob ein Account gänzlich anonym, also ohne jeglichen Rückschluss auf die Person des Nutzers, verwendet werden kann, hängt davon ab, ob dieser gegenüber dem Diensteanbieter verpflichtet ist, seine wahre Identität preiszugeben. Unabhängig von der Bekanntheit seiner Person beim Diensteanbieter kann der Nutzer aber bei den meisten Content-Community-Plattformen einen Nutzernamen wählen, der nicht mit seinem bürgerlichen Namen identisch sein muss. Daher ist der Nutzer gegenüber Dritten oftmals nicht erkennbar, sofern er seine wahre Identität nicht selbst preisgibt. Diese fehlende tatsächliche Verbindung der Person mit dem Nutzerprofil spricht dafür, dass dieses auch von einer anderen Person fortgeführt werden kann – das Profil lässt sich vom ursprünglichen Berechtigten lösen, da es nicht an dessen wahre Identität geknüpft ist. Dabei bleibt aber unberücksichtigt, dass ein Nutzerprofil auch dann, wenn es anonym genutzt wird, ebenso wie bei sozialen Netzwerken den Nutzer repräsentiert. Über den Account werden Onlineidentitäten geschaffen, die sodann über dieses Profil zu ihren neu gewonnenen Kontakten Beziehungen aufbauen und pflegen. Ein Austausch der Person des Rechtsinhabers ist daher gerade in Bezug auf den Nutzungszweck problematisch; das gilt zumindest für die Nutzerprofile, die auf Dauer angelegt sind und konsistent genutzt werden.[664] Der User ist über sein Profil für andere Nutzer erkennbar, da sie mit diesem im Austausch stehen.[665] Dadurch entstehen Onlineverbindungen, die mit der Errichtung von Content-Community-Accounts bezweckt werden. Die Nutzer kennen zwar nicht die wahre Identität der mit ihnen interagierenden User; darauf kommt es ihnen aber auch nicht an, da sie mit der Person kommunizieren, deren virtuelle Identität sie kennen. Daher sind auch anonyme Accounts, sofern sie für eine längere Zeit in Communities genutzt werden, personenbezogen, da sich Elemente der Persönlichkeit des Nutzers insofern auch in der virtuellen Identität wiederfinden lassen. Dadurch ist eine Weiterführung des Accounts durch Dritte grundsätzlich ausgeschlossen. Das gilt vor allem dann, wenn diese Accounts auch keine vermögensrechtliche Relevanz aufweisen.

II. Vererblichkeit der Inhalte

Die Rechte an Inhalten in Content-Communities unterscheiden sich dem Grunde nach nicht von den sozialen Netzwerken. An Bildern, Videos und Texten können Urheberrechte bestehen, die auf den Erben übergehen, § 28 UrhG. Im Gegensatz zu sozialen Netzwerken steht bei Content-Communities auch das Teilen der Inhalte für die Öffentlichkeit im Vordergrund. Die Vererblichkeit von Nachrichten ist aber auch bei Content-Communities ausgeschlossen.

664 Vgl. dazu *Meyer*, S. 133, zu den Voraussetzungen einer virtuellen Identität.
665 *Meyer*, S. 133.

C. E-Mail- und andere Kommunikationsdienste

Die Funktion der Kommunikationsdienste besteht darin, den Informationsaustausch zu ermöglichen. Es gibt zwei wesentliche Kommunikationsformen, die sich in den Diensten wiederfinden lassen: Die asynchrone Kommunikation sowie die Echtzeitkommunikation. E-Mail-Dienste dienen beispielsweise der schriftlichen, asynchronen Kommunikation; diese ermöglicht den Teilnehmern im Internet eine der traditionellen Briefpost vergleichbare Kommunikation.[666] Neben dem Nachrichtentext können einer E-Mail beliebige Dateien beigefügt werden (sogenannter Anhang). Dienste, die Echtzeitkommunikation anbieten, sind häufig nicht nur für die schriftliche Kommunikation nutzbar, sondern auch für sprach- oder videobasierte Kommunikation.[667] Neben den reinen E-Mail-Diensten bieten viele Dienste zusätzlich zu ihrem üblichen Angebot auch die Echtzeitkommunikation an.[668]

Die Errichtung eines E-Mail-Accounts erfolgt über das webbasierte Angebot des Diensteanbieters. Der Nutzer erhält den Zugang zu einem virtuellen Postfach, das die eingehenden und teilweise auch die ausgehenden Nachrichten speichert. Diesem Postfach ist eine E-Mail-Adresse zugewiesen, die den Inhaber des Postfachs bezeichnet und die Zustellung der Nachrichten an diesen ermöglichen soll. Die E-Mail-Adresse setzt sich aus einem individuell gewählten Namen und dem Hostnamen zusammen.[669] In dieser Kombination ist die E-Mail-Adresse einmalig.

Der Versand der E-Mails zwischen den Nutzern wird durch den Diensteanbieter vorgenommen. Zu diesem Zweck muss dieser über ständig erreichbare Mailserver verfügen. Die ankommenden Nachrichten werden in elektronischen Postfächern der Teilnehmer zum Abruf für diese bereitgehalten. Der Nutzer kann einstellen, ob die E-Mails

666 *Sieber* in Hoeren/Sieber/Holznagel, Teil 1 Rn. 112.
667 Zum Beispiel Skype, Windows live Messenger.
668 Zum Beispiel die meisten sozialen Netzwerke wie Facebook, Instagram usw., die eine Nachrichten- und Chatfunktion haben.
669 Zum Beispiel Mustermann@internet.de.

nach Abruf auf seinem PC durch ein Übertragungsprotokoll[670] auf dem Mailserver belassen oder aber gelöscht werden sollen.

Die E-Mail-Accounts enthalten ein Verzeichnis über die Nachrichten, die sich in dem Postfach befinden. Das Verzeichnis ist meistens unterteilt in empfangene, gesendete und gelöschte Nachrichten. Neben dem Nachrichtenverzeichnis gibt es zudem ein Adressverzeichnis für die Verwaltung der Kontakte.

Die Kommunikation innerhalb eines Dienstes ist eine Mischform aus Echtzeit- und asynchroner Kommunikation. Obwohl ein gleichzeitiges Senden und Empfangen der Nachrichten möglich ist, bieten die Dienste vor allem auch die Speicherung dieser Nachrichten für die Nutzer an. Obwohl Versand und Empfang in Echtzeit erfolgen, ist das Ergebnis der Kommunikation ähnlich wie bei der E-Mail-Kommunikation. Die in Postfächern abgespeicherten Informationen können über längere bis unbestimmte Zeit abgerufen werden. Im Gegensatz zu E-Mail-Accounts sind die Anbieter aber innerhalb ihrer eigenen Netzwerke für den Versand und den Empfang der Nachrichten zuständig. Je nach Dienst besteht die Möglichkeit, die innerhalb des Accounts erhaltenen Nachrichten mittels E-Mail an die eigene E-Mail-Adresse schicken zu lassen. Während bei manchen Plattformen (wie zum Beispiel Facebook) diese Weiterleitung nur der Benachrichtigung dient, bieten andere Accounts auch eine automatische Antwortfunktion über die E-Mail an.[671] Der Vorteil der automatischen Antwortfunktion ist, dass man sich nicht erst wieder bei dem jeweiligen Dienst einloggen muss, um die Nachricht zu beantworten, sondern dies direkt über den E-Mail-Account erledigen kann.

---

670 Ein Übertragungsprotokoll dient dazu, E-Mails von einem Server auf den eigenen Rechner zu laden, ohne sich dafür im Account einloggen zu müssen. Für E-Mail-Dienste gibt es zwei unterschiedliche Übertragungsprotokolle, POP3 und IMAP. Der wesentliche Unterschied ist, dass IMAP auf allen verbundenen Geräten das Account-Verhalten synchronisiert, während POP3 alle Geräte so behandelt, als würden sie unabhängig voneinander auf den Account zugreifen, siehe dazu *Sieber* in Hoeren/Sieber/Holznagel, Teil 1 Rn. 112.

671 So zum Beispiel Airbnb, Immoscout, eBay und ähnliche Dienste.

I. Rechtsnachfolge in die Nutzungsvereinbarung

Die Prüfung der Vererblichkeit der Nutzungsvereinbarung orientiert sich am Regelfall der privaten Nutzung eines E-Mail-Accounts mit einer E-Mail-Adresse, die entweder aus dem Namen oder den Namensbestandteilen einer natürlichen Person oder aus einem Pseudonym besteht. Davon zu unterscheiden ist die geschäftliche Nutzung eines E-Mail-Accounts. Als geschäftliche Nutzung ist sowohl die Nutzung eines Accounts im Rahmen eines Anstellungsverhältnisses als auch im Rahmen einer selbstständigen gewerblichen Tätigkeit zu verstehen.

Die Vererblichkeit einer Nutzungsvereinbarung, die einem E-Mail-Account zugrunde liegt, hat zur Folge, dass der Erbe grundsätzlich mit allen Rechten und Pflichten in dieses Vertragsverhältnis eintritt. Das Vertragsverhältnis berechtigt den Nutzer zum Zugriff auf den Account sowie dazu, E-Mails zu verschicken und zu empfangen.[672] Die versandten und empfangenen E-Mails werden im Postfach des Nutzers gespeichert und können automatisch oder manuell auf den Rechner heruntergeladen werden. Neben der Nutzung der E-Mail-Funktion gewährt die Account-Inhaberschaft daher auch die faktische Inhaberschaft über die E-Mails.

1. Vermögensrechtliche Zuordnung

a) Tauschwert

Der Anspruch auf die Vornahme der Dienstleistung ist das Gut, das Gegenstand des Rechtsverkehrs ist.[673] Diese Leistung des Diensteanbieters besteht in der Bereitstellung des E-Mail-Dienstes mit einer E-Mail-Adresse, die zu einem Account mit Speicherplatz gehört. Mithilfe dieser E-Mail-Adresse und des Accounts werden Nachrichten versandt und empfangen. Diese Leistung hat für einen Dritten grundsätzlich keinen objektiven Wert. Jede Person kann sich einen E-Mail-Account

672 *Härting*, ITRB 2007, 242, 243; *Spindler* in Spindler, Teil IV Rn. 145.
673 *Zech*, S. 1.

einrichten. Die meisten webbasierten E-Mail-Dienste sind kostenlos. Es ist auch möglich, denselben Namen bei unterschiedlichen Anbietern zu nutzen. Im Gegensatz zur Domain gibt es keine zentrale Ausgabestelle, sodass es grundsätzlich auch nicht zu einer wertbeeinflussenden Verknappung kommt.[674] Aus diesem Grund vertritt *Bräutigam*[675] mit Verweis auf die Rechtsprechung des BGH zu Girokonten die Ansicht, dass der Account-Inhaberschaft kein gesonderter Vermögenswert zukommt, weshalb diese nicht vererblich sein soll.[676] In der Entscheidung zu Girokonten hatte der BGH den Anspruch eines Nacherben auf die Inhaberschaft am Girokonto abgelehnt, weil der Inhaberschaft am Girokonto kein gesonderter Vermögenswert zukomme, da sich jede in geordneten Verhältnissen lebende Person ein Girokonto einrichten könne.[677] Dieser Vergleich wurde in der Folgezeit aus mehreren Gesichtspunkten kritisiert und für ungeeignet erachtet.[678] Dabei wurde insbesondere vorgebracht, dass der Girovertrag zunächst auf den Erben übergehe und erst mit der Weiternutzung eine neue Rechtsbeziehung zur Bank entstehe. Daraus lasse sich ableiten, dass der fehlende Vermögenswert keine Auswirkungen auf die Vererblichkeit habe; auf den Vermögenswert käme es daher nicht an.[679] Warum der Vermögenswert dann beim Nacherben zu einem Ausschluss der Vererblichkeit des Girovertrages führt, wird indes nicht begründet. Es wird übersehen, dass die grundsätzlich anzunehmende Rechtsnachfolge in den Girovertrag nicht über den Vermögenswert entschieden wird, sondern

674 Es gibt zwar unterschiedliche Domain-Endungen, sodass auch Domain-Namen mehrfach vergeben werden können, doch bestehen beliebte Top-Level-Domains wie .com oder .de, die ein höheres Ansehen und damit einen hohen Marktwert haben. Bei der E-Mail-Adresse existiert dieses Phänomen (noch) nicht. Zur abstrakten Verkehrsfähigkeit von Domains siehe BFH MMR 2007, 310, 310.

675 *Bräutigam* in DAV Stellungnahme Nr. 34/2013, S. 17 ff.; *ders.* in Burandt/Rojahn, § 1922 Anhang, Rn. 5.

676 Mit dieser Argumentation ist *Bräutigam* weitgehend allein geblieben.

677 BGHZ 131, 60 ff.

678 *Gloser*, MittBaynot 2016, 12, 14; *Herzog* in NK-Nachfolgerecht, Kap. 9 Rn. 27; *dies.*, NJW 2013, 3745, 3747; *dies.* in Deutscher Anwaltverein, Stellungnahme zum Digitalen Nachlass, 2013, S. 36 f.; *Kutscher*, S. 101; *Pruns*, NWB 2013, 3161, 3164 f. m. w. N.; *ders.*, AnwZert ErbR 11/2015 Anm. 2.

679 *Gloser*, MittBayNot 2016, 12, 14; *Holzer* in Groll, Teil 9 Rn. 23–25.

nach dessen Funktion.[680] Der Girovertrag muss auf die Erben übergehen, damit diese die wirtschaftlichen Angelegenheiten des Erblassers regeln können. Damit dient der Girovertrag als nichtvermögensrechtliche Position bestimmungsgemäß dazu, materielle Angelegenheiten zu regeln. Die wirtschaftliche Relevanz eines Girokontos kann nicht bezweifelt werden. Der Untergang dieses Vertrages wäre undenkbar. Er kann auch durch die Erben fortgesetzt werden, da es möglich ist, die Konto-Inhaberschaft auf eine andere Person umzuschreiben. Ist das Girokonto über die Nachlassabwicklung hinaus noch in Verwendung, so entsteht eine neue Rechtsbeziehung; durch diese erlischt folglich aber die alte, zur Erbschaft gehörende Rechtsbeziehung. Diese hat außer der Nachlassabwicklung keine vermögensrechtliche Funktion, sodass der Nacherbe keinen Anspruch geltend machen kann.[681]

Hinsichtlich des Vermögenswertes lässt sich diese Rechtsprechung also durchaus auf E-Mail-Accounts übertragen.[682] Der Rechtsprechung des BGH lässt sich weder entnehmen, dass es bei Verträgen nicht darauf ankommt, ob diese vermögensrechtlich sind, noch, dass es für die Vererblichkeit nicht auf den Inhalt des Vertrages ankommt. Der BGH ist hier lediglich ungenau beim Herausarbeiten des Grundes für die Rechtsnachfolge des Erben in den Girovertrag. Wie einem Girokonto ist auch der Inhaberschaft an einem E-Mail-Account grundsätzlich kein Vermögenswert beizumessen; der Nutzungsvertrag ist entsprechend als nichtvermögenswerte Position einzustufen.

Anders gestaltet sich dies bei E-Mail-Accounts, die im Rahmen einer selbstständigen Tätigkeit geschäftlich genutzt werden. Diese können im Zusammenhang mit einem Unternehmen aber auch eigenständig geldwert sein; das gilt auch dann, wenn die E-Mail-Adresse aus dem Namen des Erblassers besteht. Entsprechend den Wertungen der §§ 27, 25, 23 HGB muss eine geschäftlich genutzte E-Mail-Adresse, sofern der Erbe das Geschäft ebenfalls übernimmt, auf diesen übertragbar

680 So ähnlich *Kunz* in Staudinger, § 1922 Rn. 515, 517a.

681 BGHZ 131, 60 ff.

682 Die Relevanz eines E-Mail-Accounts bei der Nachlassabwicklung wird gesondert geprüft. Eine getrennte Betrachtung ist deshalb wichtig, weil nur die vermögensrechtliche Zuordnung unter den Schutz von Art. 14 GG fällt.

sein. Obwohl das Namensrecht ein Persönlichkeitsrecht und damit grundsätzlich nicht übertragbar ist, führt die Verknüpfung des Namens mit dem Unternehmen nach außen dazu, dass es sich von der Person ablöst und als Vermögensrecht verkehrsfähig wird.[683] Diese Grundsätze lassen sich auf E-Mail-Adressen übertragen – allerdings nur, sofern sie im Rahmen einer selbstständigen geschäftlichen Tätigkeit des Erblassers genutzt wurden. E-Mail-Accounts, die im Rahmen eines Arbeitsverhältnisses überlassen werden, stehen dem Arbeitgeber zu. Die E-Mail-Adresse erlischt in diesen Fällen mit dem Tod des Arbeitnehmers, da dann auch sein Arbeitsverhältnis endet.

b) Nutzwert

Ein Recht hat dann einen Nutzwert, wenn es einen in Geld ausdrückbaren wirtschaftlichen Nutzen gewährt oder für die Leistung sonst Geld geopfert wird.[684] Die Nutzung des E-Mail-Accounts zum Versand und Empfang der Nachrichten ist für den jeweiligen Account-Inhaber wertvoll; dadurch kann er teilweise Telefonate und Briefe ersetzen. Das heißt, selbst wenn er den Account nicht veräußern kann, ist die Leistung für ihn selbst nicht wertlos. Da allerdings die E-Mail-Accounts kostenlos eingerichtet werden können und die meisten Nutzer auch mehr als einen Account haben, ist es nicht möglich, den Verkehrswert dieser Leistung zu bestimmen – es gibt keinen durch den Verkehr bestimmten objektiven Vergleichsmaßstab. Ein anderes Ergebnis folgt ebenfalls nicht daraus, dass es auch kostenpflichtige E-Mail-Accounts gibt. Für den Dienst zu bezahlen, ist in diesen Fällen eine individuelle Einzelfallentscheidung, um Werbeanzeigen zu vermeiden. Die Leistung kann insgesamt nicht als eine objektiv für jedermann gleichermaßen wertvolle angesehen werden, da sie auch ohne Gegenleistung erhältlich ist. Es handelt sich dann nach der Verkehrsanschauung nicht um eine andere Art von Leistung, sondern um einen subjektiven Wert, der vom Nutzer für eine Leistung ohne Werbeeinblendung gezahlt

683 *Klippel*, S. 114 ff.; *Lange/Kuchinke*, § 5 III Nr. 7 a) (S. 110).
684 Teil I. A. I. 1. a).

wird. Die objektive Wertermittlung muss losgelöst von persönlichen Vorlieben erfolgen.[685]

Der Nutzwert lässt sich entgegen *Seidler*[686] auch nicht dadurch begründen, dass die E-Mail-Adresse für den Zugang zu anderen Diensten genutzt werden kann, wodurch ihr eine Legitimationsfunktion zukommt, die einen Vermögenswert hat.[687] Die Möglichkeit, die E-Mail-Adresse zur Legitimation auf anderen Plattformen zu nutzen, kommt nur dem Inhaber der E-Mail-Adresse zugute. Daraus lässt sich kein objektiver Nutzwert ableiten. Ob die jeweiligen Accounts, auf die anhand der E-Mail-Adresse zugegriffen werden kann, vererblich sind, entscheidet sich wiederum danach, ob es sich um eine vererbbare Account-Inhaberschaft handelt; deshalb kann die Zugangsmöglichkeit zu ihnen selbst noch kein Vermögensrecht sein. Damit nimmt man die Frage vorweg, ob die jeweilige Account-Inhaberschaft überhaupt eine vermögenswerte Position ist. Selbst für den Fall, dass die Identifikation für einen vererblichen Account ermöglicht wird, kann darin kein Nutzwert begründet werden. In diesen Fällen entsteht der Anspruch auf Zugriff zum Account originär beim Erben, und die Identifikationsfunktion ist gar nicht erforderlich. Zudem ist eine E-Mail-Adresse oftmals allein nicht ausreichend, um Zugang zu einem Account zu erhalten, dessen Zugangsdaten einem nicht zur Verfügung stehen. Aufgrund der Missbrauchsgefahr verlangen die meisten Anbieter mittlerweile zusätzliche Authentifizierungsschritte, wie beispielsweise die Beantwortung von persönlichen Fragen oder eine zusätzliche Bestätigung durch eine SMS (Zwei-Faktor-Authentisierung).[688] Es ist auch nicht möglich, anhand der E-Mail-Adresse ausfindig zu machen, welche anderen Accounts der Erblasser hinterlassen hat – dazu müsste

685 *Scholz*, S. 79 f.

686 *Seidler* unterscheidet in ihrer Prüfung nicht zwischen Tausch- und Nutzwert, S. 85 ff. Die Legitimations- und Identifikationsfunktionen, die sie einem E-Mail-Account zuschreibt, sollen den „Mehrwert" gegenüber der Inhaberschaft eines Girokontos begründen.

687 *Seidler*, S. 87; so ähnlich auch *Gloser*, MittbayNot 2016, 12, 14, wobei *Gloser* nicht die vermögensrechtliche Zuordnung damit begründet, sondern nur das Zugriffsinteresse der Erben.

688 *Pruns*, NWB 2013, 3161, 3162.

er irgendwelche E-Mails über die Anmeldung zu anderen Diensten noch im Account gespeichert haben. Darüber kann aber nur spekuliert werden. Bei jedem Dienst testweise eine Anmeldung mit der E-Mail-Adresse zu versuchen, kann wohl nicht damit gemeint sein.[689]

c) Die Funktion des Accounts

Eine Einordnung der Nutzungsvereinbarung als klassisches Vermögensrecht ist nicht möglich, daher muss ergänzend die Funktion dieses Schuldverhältnisses für den Gläubiger untersucht werden.[690] Zu prüfen ist, ob das Schuldverhältnis ideellen oder materiellen beziehungsweise wirtschaftlichen Bedürfnissen dient.[691] Das Schuldverhältnis begründet die Account-Inhaberschaft, sodass es auf den Nutzungszweck des Accounts ankommt.

E-Mail-Accounts dienen vorranging der Kommunikation.[692] Ob es sich dabei um private oder geschäftliche Kommunikation handelt, hängt grundsätzlich vom individuellen Nutzerverhalten ab.[693] Da dieses aber bei der Festlegung von Vererblichkeitskriterien nicht berücksichtigt werden kann, muss unabhängig von der individuellen Nutzung festgestellt werden, ob der Nutzungszweck des E-Mail-Accounts auch bestimmungsgemäß vermögensbezogen ist. Die Nutzung der Accounts für kommerzielle Zwecke ist in den AGB mancher Anbieter von kostenlosen E-Mail-Diensten ausgeschlossen.[694]Kommerzielle Nutzung in diesem Sinne bedeutet die Nutzung des Accounts im

689 Unklar bei *Pruns*, NWB 2013, 3161, 3162, wenn er meint, man könne anhand der E-Mail-Adresse herausfinden, welche anderen Accounts ein Erblasser habe. Er relativiert im Folgenden sein Argument wieder selbst. Vielen Anbietern genügt die Eingabe der E-Mail-Adresse nicht, um ein Passwort zurückzusetzen. Es werden darüber hinaus noch Sicherheitsfragen gestellt und teilweise auch eine Bestätigung über SMS-Pins gefordert. So wohl aber *Gloser*, MittBayNot 2016, 12, 14.

690 Siehe hierzu Teil I A. II. 2.

691 *Boehmer* in Staudinger[11] BGB, § 1922 Rn. 197.

692 *Sieber* in Hoeren/Sieber/Holznagel, Teil 1 Rn. 112.

693 Nach einer Statistik von Statista lesen die Nutzer zu 93 Prozent nur private Nachrichten: https://de.statista.com/statistik/daten/studie/223877/umfrage/welche-typen-von-e-mails-gelesen-werden/.

694 *Strömer*, S. 24, zum Beispiel Web.de.

geschäftlichen Verkehr. Es muss eine Teilnahme am Erwerbsleben beabsichtigt sein. Dazu muss der Nutzer zwar nicht Inhaber eines Unternehmens sein, aber zumindest Geschäftsinteressen verfolgen.[695] Damit wollen die Diensteanbieter berechtigterweise ihre Haftbarkeit für finanzielle Schäden ausschließen, die bei Zustellproblemen entstehen könnten. Davon zu trennen ist die private Nutzung für materielle Bedürfnisse. Dazu gehört beispielsweise die Bestellung von Waren- und Dienstleistungen im Internet. Beim Vertragsschluss im Internet hat die E-Mail-Adresse aber nur eine dienende Funktion; das hat vor allem rechtliche Gründe. Obwohl die E-Mail sicherlich in vielen Fällen den Standardbrief ersetzt hat, erlangt sie im privaten Rechtsverkehr nicht dieselbe Bedeutung: Der Beweiswert der E-Mail ist nicht der gleiche wie bei einem herkömmlichen Brief.[696] Die meisten durchschnittlichen privaten Nutzer haben keine qualifizierte elektronische Signatur, sodass gerade Rechtsgeschäfte, die zu ihrer Wirksamkeit die Schriftform voraussetzen, nicht per E-Mail abgeschlossen werden können. Es ist zwar erforderlich, eine E-Mail-Adresse anzugeben, damit eine Bestätigung über abgeschlossene Verträge verschickt und andere Informationspflichten erfüllt werden können, in nahezu allen Fällen werden aber gerade die Rechnungen zusätzlich mit der Ware postalisch versandt. Handelt es sich um eine Dienstleistung, die auch im Internet erbracht wird, wie zum Beispiel Streaming-Dienste, dient die E-Mail-Adresse dazu, die Bestellbestätigung und gegebenenfalls die Rechnung zu erhalten.[697] Es gibt aber kaum kostenpflichte Dienste, die eine E-Mail-Adresse bei der Vertragsabwicklung ausreichen lassen und nicht zusätzlich die Angabe eines Zahlungsmittels voraussetzen. Daher dürften wiederkehrende, nur per E-Mail versandte und fällige Onlinerechnungen, die eine Vererblichkeit des E-Mails-Accounts erfor-

695 Wann eine Teilnahme am Erwerbsleben vorliegt, wurde insbesondere bei der Nutzung von Domain-Namen erörtert. Auf diese Grundsätze wird verwiesen. Vgl. dazu *Ruff*, S. 73; *Schmitz*, S. 34, 132.

696 Vgl. zum Beweiswert der E-Mail allgemein *Roßnagel/Pfitzmann*, MMR 2003, 1209 ff. Für den Anscheinsbeweis bei Vorliegen einer Eingangsbestätigung AG Hamburg, MMR 2018, 551 ff.

697 Vgl. zu der Möglichkeit der elektronischen Rechnungsstellung § 14 Abs. 1 S. 5 UStG.

dern, die Ausnahme darstellen. Die meisten Dauernutzungsverträge über unkörperliche Leistungen werden automatisch per Lastschrift oder Kreditkarte bezahlt. Das häufig vorgebrachte Argument, man könne ohne einen Einblick in einen E-Mail-Account die laufenden Verbindlichkeiten des Erblassers nicht erkennen, ist realitätsfern und bleibt konkrete Beispiele schuldig.[698] Um über die wirtschaftlichen Verhältnisse des Erblassers Informationen zu gewinnen, ist dessen Bankkonto aussagekräftiger als sein E-Mail-Account; zumal es bei einer Vermutung bleibt, dass der Erblasser diese E-Mails aufbewahrt. Verschafft man sich hingegen einen Überblick über die Abbuchungen vom Girokonto, erhält man eine genaue Übersicht darüber, welche laufenden Verbindlichkeiten der Erblasser hinterlassen hat.

Geht man dennoch davon aus, dass ein E-Mail-Account eine „Doppelfunktion" hat, also sowohl zur Befriedigung materieller als auch ideeller Bedürfnisse genutzt wird, folgt daraus für die Vererblichkeit, dass man sich an der einen oder der anderen Funktion orientieren muss, da eine Trennung nicht möglich ist. Bei Rechten oder Rechtsverhältnissen, die charakteristisch sowohl eine ideelle als auch eine materielle Komponente aufweisen, die untrennbar sind, wird die Vererblichkeit grundsätzlich danach bestimmt, welches Kriterium im Rahmen einer Schwerpunktbildung überwiegt.[699] Bei E-Mail-Accounts ist aber eine Schwerpunktbildung nicht möglich, da man das Nutzerverhalten nicht kennt, ohne Einblick in den Account zu erhalten. Das ist aber auch nicht erforderlich, da durch die Nutzung des Accounts für materielle Bedürfnisse die Nutzungsvereinbarung nicht funktionell in den Kreis der Rechtsverhältnisse einordnen lässt, die dem wirtschaftlichen Verkehr dienen.

Denn der jeweilige E-Mail-Account dient in erster Linie nicht dazu, durch die Kommunikationsfunktion ideelle oder materielle Bedürfnis-

698 So begründet aber zum Beispiel *Gloser*, MittBayNot 2016, 12, 14, das Erfordernis eines Zugriffsrechts. Die dort genannten Beispiele wie Spotify und Apple-Music buchen laufende Verbindlichkeiten automatisch ab.

699 *Boehmer* in Staudinger § 1922 Rn. 149; *Brox/Walker*, Erbrecht, Rn. 11; *Lehmann*, S. 43 f., *Ebenroth*, Rn. 22; vgl. auch *Windel*, S. 105 zu den Problemen unterschiedlicher Nachfolgemodi.

se zu befriedigen, sondern dazu, im Rahmen dieser Kommunikation als Person bestimm- und erreichbar zu sein. Die wesentliche Funktion des E-Mail-Accounts ist daher dessen Adress- und Identifikationsfunktion, die durch die individuelle E-Mail-Adresse ermöglicht wird.[700] Die E-Mail-Adresse dient dazu, die Kommunikation unabhängig von ihrer Art dem jeweiligen Postfach zuzuordnen. Der gewählte Name für die E-Mail-Adresse ist das Identitätsdatum. Welche Daten für die Identifikation geeignet sind, ist abhängig vom Kontext ihrer Nutzung und den Kommunikationspartnern.[701] Sobald die E-Mail-Adresse im Rechtsverkehr eingesetzt wird, dient sie in ihrem Anwendungsbereich zur Identifikation.[702] Die Handlungen können aus Sicht der Kommunikationspartner dem Inhaber des Accounts zugeordnet werden. Dabei ist es unerheblich, ob sich aus der E-Mail-Adresse auch die wahre Identität erkennen lässt, denn es hängt vom Kommunikationspartner ab, welche Identitätsdaten er voraussetzt. Diesen Zusammenhang zwischen der E-Mail-Adresse und dem Account des Berechtigten herzustellen, ist die wesentliche Funktion einer E-Mail-Adresse; diese Funktion ist mit einer Adresse oder Telefonnummer in der physischen Welt vergleichbar. Der gewählte Name für die E-Mail-Adresse erweitert diese Zuordnungsfunktion um personale Interessen der Identifikation, wie auch bei Namen, Titeln oder Wappen.[703] Sie ist ein Teil der Onlinepersönlichkeit.[704] Während die E-Mail-Adresse technisch den E-Mail-Account kennzeichnet, beschreibt sie zudem die Person als jeweiligen Inhaber. Diese Identifikationsfunktion erstreckt sich auch auf Pseudonyme, da sie sich nach der Verkehrsanschauung auf den Inhaber des Accounts bezieht, der mit dieser Adresse im Rechtsverkehr teilgenommen hat. Daher ist die Account-Inhaberschaft bei einer privaten Nutzung des Accounts als zumindest immateriell einzustufen, da sie personalen und damit ideellen und nicht materiellen Interessen

700 KG Berlin ZUM-RD 2017, 524, 531: „Die Personifizierung des Accounts dient (…) der Ordnung der Verhältnisse."

701 Vgl. *Meyer*, S. 26.

702 So ähnlich *Seidler*, S. 87, allerdings zur Begründung der Vermögensrechtlichkeit geschäftlicher E-Mail-Adressen.

703 *Dernburg*, Pandekten I, § 22 S. 49; *Schönfeld*, RG-FG Bd. II (1929), 191, 246, 258 ff.

704 *Kutler*, 26 Berkeley Tech. L. J. 1641, 1645 (2011).

dient. Ob die Account-Inhaberschaft darüber hinaus auch einen die Vererblichkeit ausschließenden Personenzug aufweist, muss gesondert festgestellt werden. Eine vermögensrechtliche Zuordnung aufgrund der Funktion des Rechtsverhältnisses ist nicht möglich.

d) Kontinuitätsinteresse

Ein nichtvermögenswertes Recht muss auch dann vererblich sein, wenn dessen Zuordnung an einen neuen Rechtsträger aus Gründen der Rechtssicherheit und des Verkehrsschutzes erforderlich ist.[705] Insbesondere bei vertraglichen Schuldverhältnissen, die zwar nichtvermögenswert sind, aber nicht aufgrund anderer Merkmale unvererblich wären, ist die Vererblichkeit zu befürworten. Der Regelfall der Unvererblichkeit nichtvermögensrechtlicher Positionen ist unter Berücksichtigung des Kontinuitätsgedankens ins Gegenteil zu verkehren. Das gilt aber nur insoweit, als auch tatsächlich ein Kontinuitätsinteresse besteht. Dieses ist dann gegeben, wenn durch das Erlöschen der Rechtsbeziehung für die Vertragsparteien oder aber Dritte Nachteile entstehen oder der Zweck des Vertrages vereitelt wird. Ein Kontinuitätsinteresse der Erben ist hinsichtlich der Weiternutzung des Accounts nicht zu erkennen. Die E-Mail-Adressen haben, wie beschrieben, eine Adress- und Identifikationsfunktion. Dadurch kann der Wechsel des Vertragspartners zu mehr Rechtsunsicherheit führen. Das gilt insbesondere dann, wenn sich die E-Mail-Adresse aus dem Namen des Erblassers zusammensetzt. Handelt jemand mit der E-Mail-Adresse eines Dritten, der mit dieser E-Mail-Adresse bereits im Rechtsverkehr bekannt ist, führt das zu einer Irreführung Dritter.

Ein Interesse der Diensteanbieter am Fortbestand der Rechtsbeziehung ist ebenfalls nicht erkennbar – zumindest für den Fall, dass für die Nutzung kein Entgelt vereinbart wurde. Allerdings können der Fortbestand der Rechtsbeziehung und damit die Erreichbarkeit der Erben über die E-Mail-Adresse für den Rechtsverkehr relevant sein. Mahnungen können beispielsweise per E-Mail verschickt werden, da sie

705 Vgl. *Kunz* in Staudinger, § 1922 Rn. 64 ff., „elastischer Vermögensbegriff".

keinem besonderen Formerfordernis unterliegen (§ 125 BGB). Allerdings muss der Absender den Zugang der Mahnung beweisen, weshalb es ein Risiko des Versenders bleibt, wenn die Zahlung dann nicht erfolgt. Gemäß § 286 Abs. 3 BGB kommt der Schuldner jedoch spätestens dreißig Tage nach Rechnungsstellung ebenfalls ohne Mahnung in Zahlungsverzug. Aber auch in diesen Fällen müssen der Zugang der Rechnung sowie der Hinweis auf diese Rechtsfolge bewiesen werden (§ 286 Abs. 3 BGB).

Dennoch sollte den Erben die Möglichkeit eingeräumt werden, die Verbindlichkeiten des Erblassers zu begleichen und dadurch die mit der Rechtsnachfolge beabsichtigte Rechtssicherheit zu gewährleisten. Ein Eintritt in die Vertragsbeziehung ist dafür nicht erforderlich. Das Erfordernis, die Angelegenheiten des Erblassers zu regeln, ohne selbst Rechtsinhaber zu werden, ähnelt dem Abwicklungsverhältnis bei Personengesellschaften.[706] Trotz Unvererblichkeit der Gesellschafterstellung können den Erben in der Abwicklungsphase einige Pflichten treffen, wie beispielsweise die Pflicht zur Geschäftsführung gemäß § 727 Abs. 2 S. 1 Hs. 2 BGB.

Bei E-Mail-Accounts liegt zwar rechtlich eine andere Konstruktion vor, aber technisch betrachtet ist es möglich, einen E-Mail-Account nur für Abwicklungszwecke fortzuführen; hierzu muss lediglich für eingehende Nachrichten eine Auto-Reply-Funktion eingerichtet werden. Damit können die Absender von E-Mails an die E-Mail-Adresse des Erblassers benachrichtigt werden, dass nunmehr der Erbe für die rechtlichen Angelegenheiten zuständig ist. Der Vorteil gegenüber einer automatischen Weiterleitung wäre, dass die Absender selbst entscheiden können, ob sie die E-Mail an die Erben schicken wollen. Problematisch ist aber, dass auch die technische Umsetzung eine rechtliche Grundlage benötigt, um für alle Beteiligten Rechtssicherheit zu gewährleisten. Eine entsprechende Regelung des Gesetzgebers wäre daher wünschenswert.

706 Siehe dazu Teil I. B. II. 1. sowie *Boehmer* in Staudinger[11], § 1922 Rn. 98; *Windel*, S. 2, 7.

e) Zusammenfassung

Die Nutzungsvereinbarung für einen privaten E-Mail-Account ist kein Vermögensrecht im erbrechtlichen Sinne.[707] Es handelt sich weder um geldwerte Rechte, noch liegt eine materielle Funktion vor. Als immaterielles Recht wäre die Nutzungsvereinbarung ausnahmsweise dennoch vererblich, wenn besondere Gründe den Fortbestand der Rechtsbeziehung durch einen neuen Rechtsinhaber durch den Eintritt in die gesamte Vertragsbeziehung erforderlich machen.

Dieses Kontinuitätsinteresse liegt bei privaten Accounts nicht vor; ein der privaten Kommunikation dienender Account muss nicht durch die Erben als eigener fortgeführt werden. Ob die Vererblichkeit unabhängig von der Nutzung nur aufgrund des Zugangsanspruchs begründet werden kann, hängt davon ob, ob dieser Anspruch separat vererblich ist und die vermögensrechtliche Zuordnung zugunsten der Erben zu erfolgen hat. Anders verhält es sich bei gewerblich, das heißt erwerbswirtschaftlich genutzten Accounts: Diese haben aufgrund ihrer Relevanz im Rechtsverkehr einen Vermögenswert.

Demgemäß ist der einzige Grund für die Zuordnung der Nutzungsvereinbarung an die Erben deren Erreichbarkeit über einen gewissen Zeitraum nach dem Erbfall. Darüber hinaus könnte der Anspruch auf Zugang zu den Inhalten die Vererblichkeit der Nutzungsvereinbarung begründen, sofern die Inhalte vererblich sind. In beiden Fällen handelt es sich nicht um ein Fortsetzungsinteresse an den Nutzungsrechten am Account.

Die Nutzungsvereinbarung für geschäftlich genutzte E-Mail-Accounts sind allerdings vererblich, soweit es sich um ein Geschäft des Erblassers handelt und nicht um einen im Rahmen eines Anstellungsverhältnisses genutzten E-Mail-Account.

707 Im Übrigen auch nicht, da die erbrechtliche Auffassung eines Vermögensrechts „weiter“ ist als beim allgemeinen Vermögensbegriff.

2. Ausschluss der Vererblichkeit

a) Höchstpersönlichkeit der Rechtsbeziehung

In der Literatur zum „digitalen Nachlass“ wird die Vererblichkeit der Nutzungsvereinbarung beziehungsweise der Accounts insgesamt sowohl unter dem Stichpunkt der Höchstpersönlichkeit als auch unter dem Gesichtspunkt der Personenbezogenheit diskutiert. Wie bereits dargestellt, ist insbesondere das Charakteristikum der Höchstpersönlichkeit als Aussonderungsmerkmal problematisch, da es keine allgemeingültige Definition für dieses Merkmal gibt.[708] Dass aber die Inhalte – im Falle des E-Mail-Accounts die privaten Nachrichten – höchstpersönlich sind, ist soweit unstreitig.[709] Neu ist aber in der Diskussion, welche Wirkung die Höchstpersönlichkeit der Inhalte auf das Vertragsverhältnis hat. An dieser Stelle soll jedoch zunächst unabhängig von den Inhalten der Eintritt der Erben in die Vertragsbeziehung als fortsetzbare Rechtsposition geprüft werden.

Der Ausschluss der Vererblichkeit kann für das Vertragsverhältnis nur dann mit der Höchstpersönlichkeit begründet werden, wenn die zu erbringende Leistung persönlich erbracht werden muss.[710] In erster Linie wird dabei aber auf die (Gegen-)Leistungspflicht des Erblassers abgestellt, da diese vom Erben zu erfüllen wäre. Aber auch die höchstpersönliche Leistungspflicht des Schuldners kann zur Unvererblichkeit führen.[711] Da der Diensteanbieter als Schuldner aber keine persönliche Leistung erbringt, ist zumindest der Anspruch des Erben nicht aufgrund der Höchstpersönlichkeit der Leistung ausgeschlossen. Die Leistung des Erben ist ebenfalls nicht höchstpersönlich. In der Regel handelt es sich um eine Geldzahlungspflicht. Wie bereits oben dargestellt, würde eine Einwilligung in die Datenverarbeitung keine Leistungspflicht begründen, so dass auch in diesen Fällen keine höchstpersönliche Leistung vorliegt.[712]

708 Teil I B. II.
709 Siehe dazu auch BGH NJW 2018, 3178, 3180.
710 Vgl. Teil I B.
711 Siehe Teil I B.
712 Siehe Teil II A. I. 4. c).

b) Personenbezogenheit (Wesensveränderung)

Die Vererblichkeit eines vertraglichen Schuldverhältnisses wird in der Literatur zum „digitalen Nachlass" überwiegend daran gemessen, ob „der Inhalt des Rechts in einem solchen Maße auf die Person des Berechtigten oder des Verpflichteten zugeschnitten ist, dass bei einem Subjektswechsel die Leistung in ihrem Wesen verändert würde".[713]

Der wesentliche Inhalt der Leistung des Diensteanbieters besteht darin, dass Nachrichten verschickt und empfangen werden können. Grundsätzlich kann er diese Leistung auch dem Erben gegenüber erbringen; die Leistungshandlung bleibt für den Leistenden gleich. Daraus wird gefolgert, dass die Leistungserbringung für den Diensteanbieter auch den Erben gegenüber zumutbar ist.

Ob es zu einer Veränderung der Leistung kommt, ist aber keine Frage der Logik, sondern eine Frage der Wertung. Nur weil die Handlung logisch betrachtet die gleiche ist, kann eine Wertungsentscheidung, die eine Leistung als Teil des vertraglichen Versprechens bewertet, dennoch zu einem anderen Ergebnis führen.[714] Ob hierdurch eine Veränderung der Leistung bedingt wird, kann daher nur durch Auslegung ermittelt werden. Die Leistungshandlung besteht schließlich nicht um ihrer selbst willen – sie muss nicht nur möglich, sondern auch sinnvoll sein.[715] Ob die Leistung durch den Subjektwechsel ihren Sinn verliert, entscheidet sich nach dem Inhalt des Schuldverhältnisses.[716] Ist die Person des Gläubigers für die Leistungshandlung derart bedeutsam, dass ein anderer das Schuldverhältnis nicht fortsetzen kann, ist von einem Personenbezug auszugehen.[717]

Bei einem privat genutzten E-Mail-Account, der der persönlichen Kommunikation dient, ist der Zweck des Vertrages, für den Account-Inhaber Nachrichten zu befördern. Nur diesem gegenüber ergibt die Leistungshandlung Sinn; es geht nicht darum, die Leistung gegenüber

713 *Leipold* in MüKo, § 1922 Rn. 21.
714 *Forkel* in FS Paulick, S. 110.
715 Vgl. Teil I B. II. 2
716 Teil I B. II. 2.
717 Teil I B. II. 2.

irgendjemandem zu erbringen. Mit dem Tod des Nutzers fällt das Bezugsobjekt für die Leistung weg, und der Vertrag verliert seinen Zweck. Die Personenbezogenheit des Vertrages ist auch an der fehlenden Fortsetzbarkeit erkennbar. Ein fortsetzbares und damit verkehrsfähiges Recht lässt sich daran erkennen, dass es sich nach Inhalt, Wirkung und Funktion durch einen anderen ausüben lässt. So wurde lange Zeit das Recht an der Firma als nicht verkehrsfähig eingeordnet. Mit dem Recht an der Firma sei so stark das Interesse verbunden, im Geschäftsverkehr den Kaufmann zu identifizieren, dass eine Übertragung diese Funktion aushebeln würde.[718] Die Fortsetzbarkeit eines Rechts, die wie die Verkehrsfähigkeit voraussetzt, dass sich das Recht von der Person trennen lässt, ist daher auch ein wesentliches Kriterium bei der Unterscheidung zwischen Immaterialgütern und Persönlichkeitsrechten.[719] Nur ein verkehrsfähiges Recht, das von einer Person lösbar ist, kann zu einem Marktwert gelangen und damit überhaupt als ein Gut qualifiziert werden.

Die meisten Immaterialgüter hatten wie die Firma ihren Ursprung im Persönlichkeitsrecht, mit der Zeit haben sie sich aber verobjektiviert. Die Identifizierungsfunktion einer Firma ist es nicht mehr nur, den Kaufmann zu identifizieren, sondern vielmehr das Gewerbe an sich. Bei privaten E-Mail-Adressen bezieht sich die Identifizierungsfunktion aber noch auf die Person des Kommunikationspartners. Sowohl im privaten als auch im geschäftlichen Verkehr wird die E-Mail-Adresse mit einer bestimmten Person in Verbindung gebracht. Für die meisten Internetplattformen dient die E-Mail-Adresse sogar als „Unique Identifier“, das heißt, man kann sich mit demselben Namen zweimal anmelden, gegebenenfalls auch mit der gleichen Adresse, aber nicht mit derselben E-Mail-Adresse.

Der relevante Anknüpfungspunkt für die Fortsetzbarkeit ist daher, dass der bereits bestehende und für die Kommunikationsteilnehmer bekannte Account nicht durch jemand anderes fortgeführt werden

718 *Forkel* in FS Paulick, S. 109.

719 *Kohler*, AcP 82 (1894), 141 f.; vgl. zur Verkehrsfähigkeit auch *Ullmann*, WRP 2000, 1049, 1051.

kann. Es ist dafür unerheblich, dass ohne großen Aufwand und Identitätsprüfung jeder einen E-Mail-Account einrichten kann. Darin liegt auch der Unterschied zu einem Girokonto: Wird dieses weiterhin durch die Erben genutzt, entsteht ein neues Vertragsverhältnis zwischen den Erben und der Bank, weil ein Girokonto grundsätzlich weitergenutzt werden kann. Mittels eines Girokontos werden Zahlungsaufträge verschickt oder empfangen, um damit Verbindlichkeiten zu begleichen oder Ansprüche zu erfüllen. Auch wenn im Weiteren das Girokonto unter dem Namen des Erblassers fortbesteht, ergeben sich keine Probleme, solange die Parteien die jeweiligen Zahlungen als Erfüllung annehmen.[720] Bei einem E-Mail-Account, wo es um persönliche Kommunikation und Identifikation geht, ist das nicht möglich.

In diese Richtung geht nunmehr wohl auch der BGH. „Das Vertragsverhältnis (ist) insoweit auf den Kontoberechtigten zugeschnitten und damit personenbezogen (…), als nur dieser unter seinem Konto Inhalte veröffentlichen (‚posten') und Nachrichten schreiben darf."[721] Diese Entscheidung bezieht sich zwar auf den Facebook-Account, die Überlegungen lassen sich aber ohne Weiteres auch auf E-Mail-Accounts übertragen. Das Recht, die E-Mail-Adresse für die private Kommunikation zu nutzen, steht nur dem jeweiligen Account-Inhaber zu. Das Rechtsverhältnis ist diesbezüglich auf diesen zugeschnitten und kann nicht von einer anderen Person fortgesetzt werden.

3. Zwischenergebnis für die Vererblichkeit der Account-Inhaberschaft

Die Nutzungsvereinbarung, aus der primär die Account-Inhaberschaft folgt, ist bei privat genutzten E-Mail-Accounts nicht vererblich. Eine vermögensrechtliche Zuordnung des Accounts scheidet aus. Darüber hinaus handelt es sich um eine personenbezogene Leistung, sodass der Eintritt in die Rechtsposition, um diese fortzuführen, ausscheidet. Auf-

720 Wie die Weiternutzung durch die Erben tatsächlich geschieht, ist unklar, da auch in diesem Zusammenhang eine gewisse Rechtsunsicherheit besteht, wenn Zahlungsaufträge durch ein Girokonto erfolgen, das einer verstorbenen Person zugewiesen ist.

721 BGH NJW 2018, 3178, 3181.

grund der Unvererblichkeit der Account-Inhaberschaft erlischt diese Rechtsposition. Die Diensteanbieter sind verpflichtet, den Account zu sperren; so kann man auch den Gefahren begegnen, die ein Account ohne Inhaber im Rechtsverkehr mit sich bringen würde. Anders verhält es sich bei geschäftlich genutzten E-Mail-Accounts, diese gehen aufgrund ihrer Vermögensrechtlichkeit auf die Erben über.

II. Vererblichkeit der E-Mails

Für die Vererblichkeit der E-Mails gelten im Wesentlichen die gleichen Grundsätze wie für die Vererblichkeit von Nachrichten in sozialen Netzwerken. In E-Mail-Accounts können darüber hinaus noch mehr Informationen zum Leben des Erblassers gesammelt werden, da die E-Mail-Adresse für diverse Webaktivitäten genutzt wird, beispielsweise bei der Buchung von Hotels, der Vereinbarung von Arztterminen oder dem Kauf von Kino- und Theaterkarten. Im Laufe des Tages bekommen Nutzer mehrere E-Mails; diese werden zunächst alle im Account gespeichert. Nach den Standardeinstellungen der meisten Diensteanbieter bleiben die E-Mails, auch nachdem sie gelesen oder über einen Client-Server abgerufen wurden, immer noch im Account gespeichert. Ein Nutzer wird in der Regel die E-Mails nicht aus dem Grund löschen, weil er befürchtet, dass diese in fremde Hände gelangen könnten. Diese Informationen beziehen sich auf das gesamte Leben des Erblassers und sammeln sich in einem E-Mail-Account. Ein derart umfassender Einblick in das Leben des Erblassers wäre in der physischen Welt undenkbar.

Im Unterschied zu sozialen Netzwerken befinden sich in E-Mail-Accounts aber auch diverse E-Mails, die im Rahmen von Geschäften des täglichen Lebens des Erblassers anfallen. Diese könnten eine vermögensrechtliche Relevanz haben, wodurch sie für Erben wichtig sein könnten.[722] Ein Übergang dieser E-Mails auf die Erben setzt voraus, dass man diese entweder von den anderen E-Mails unterscheiden kann

722 Für eine Vererblichkeit aus diesem Grund, siehe *Ludyga*, ZEV 2018,

oder dass aufgrund der faktischen Unmöglichkeit diese E-Mails zu unterscheiden, alle E-Mails auf den Erben übergehen. Dieser praktische Ansatz wird auch als „Infektion"[723] bezeichnet und soll die Vererblichkeit aller E-Mails rechtfertigen.

1. Praktische Probleme der Unterscheidung von vermögensrechtlichen und privaten E-Mails

Neben der gesetzlichen Wertung und dem fehlenden sachlichen Grund für eine unterschiedliche Behandlung der Account-Inhalte, wie bereits bei sozialen Netzwerk-Accounts dargestellt[724], wird vorgebracht, dass es praktisch nicht umsetzbar sei, die E-Mails danach zu trennen, ob sie privat oder geschäftlich sind;[725] es sei schwierig, ein eindeutiges Abgrenzungskriterium zu definieren.[726] Auch höchstpersönliche Inhalte könnten beim Erbgang vermögensrechtlich relevant sein.[727] Neben der Schwierigkeit der inhaltlichen Trennung stelle sich zudem die Frage, wer diese Trennung vornehmen soll. Der Vorschlag *Martinis*[728], die Trennung solle vom Diensteanbieter vorgenommen werden, stieß überwiegend auf Ablehnung.[729] Teilweise wird befürwortet, dass die E-Mails aufgrund ihrer Höchstpersönlichkeit nicht den Erben, sondern den nächsten Angehörigen zufallen sollen; diese seien schließlich auch beim postmortalen Persönlichkeitsrecht die Wahrnehmungsberechtigten. Ob aber auch die Trennung von ihnen vorgenommen werden soll, sodass sie die geschäftlichen E-Mails aussondern können, wird ebenfalls uneinheitlich bewertet.[730] Nach dem KG Berlin kann das Praktikabilitätsargument der Bedeutung der betroffenen Rechtsgüter

---

723 Vgl. *Bräutigam* in DAV, Stellungnahme Nr. 34/2013, S. 17 ff.

724 Teil I. A. II 2.

725 *Brinkert/Stolze/Heidrich*, ZD 2013, 154; *Klas/Möhrke-Sobolewski*, NJW 2015, 3474, 3475 f.; *Herzog*, NJW 2013, 3749.

726 BGH NJW 2018, 3178, 3183.

727 BGH NJW 2018, 3178, 3183.

728 *Martini*, JZ 2012, 1145, 1152.

729 *Steiner/Holzer*, ZEV 2015, 262, 263, der Vermieter müsse auch nicht die Gegenstände in einer Wohnung nach privaten und geschäftlichen trennen, bevor die Erben Zugriff erhalten.

730 Siehe dazu *Bräutigam* in Burandt/Rojahn, § 1922 Anhang Rn. 19 f.

nicht gerecht werden. Das Erlöschen nichtvermögenswerter Positionen sei Ausdruck des Persönlichkeitsrechts des Erblassers; dieses nur deshalb außer Acht zu lassen, weil sich eine Trennung der Inhalte in der Praxis nicht realisieren lasse, sei nicht sachgerecht.[731] Andererseits wird dagegen vorgebracht, dass es ein prägender Grundsatz des Erbrechts sei, dass der Erbe den gesamten Nachlass sichte.[732] Woraus sich dieser Grundsatz genau ableiten soll und warum auch unvererbliche Positionen vom Erben gesichtet werden sollten, wird indes nicht weiter vertieft, da nicht hinterfragt wird, ob ohne Durchsicht der Inhalte auch eine interessengerechte Unterscheidung möglich wäre.

Bei der Frage nach der Trennbarkeit der Inhalte muss danach differenziert werden, ob eine Abgrenzung innerhalb eines Accounts, das heißt zwischen den einzelnen Nachrichten oder nach dem Inhalt der jeweiligen Nachricht, stattfindet. Es wird sich zeigen, dass eine Trennung in beiden Fällen denkbar und möglich ist. Die zu entscheidende Frage ist daher im Ergebnis nur, zulasten welcher Rechte mögliche Unsicherheiten bei dieser Vorgehensweise gehen.

a) Trennbarkeit der Nachrichten nach privat und geschäftlich

Es wurde bereits festgestellt, dass es kaum Nachrichten gibt, die aus Haftungsgründen für den Erben problematisch werden können, solange es sich um einen privaten Account handelt, den der Nutzer nur zu eigenwirtschaftlichen Zwecken nutzt. Dennoch sollte der Erbe die Möglichkeit haben, das Wirtschaftsleben des Erblassers zu ordnen, dessen Rechnungen zu begleichen sowie andere Geschäfte abzuwickeln, sollten diese tatsächlich nur im E-Mail-Account vorhanden sein. Diese E-Mails lassen sich aber sehr gut von anderen E-Mails unterscheiden. Dabei ist es nicht erforderlich, den Inhalt der E-Mail durchzugehen, um festzustellen, welche Nachrichten von wem stammen: Bereits anhand des Absenders oder des Betreffs lässt sich ableiten, ob es sich um eine E-Mail handelt, die den wirtschaftlichen Verkehr

731 KG Berlin ZUM-RD 2017, 524, 431.
732 *Ludyga*, jM 2017, 414, 414.

des Erblassers betrifft. Für das Auffinden einer Nachricht für die Nachlassabwicklung ist es zudem auch nicht erforderlich, alle E-Mails des Erblassers einzusehen. Offene oder wiederkehrende Verbindlichkeiten können aus dem E-Mail-Verkehr der letzten Monate, maximal aus dem letzten Jahr, vor dem Tod des Erblassers ermittelt werden; ein Zugriff, der den Einblick in eine über die Verjährungsfrist hinausgehende Zeit gewährt, lässt sich mit Nachlassinteressen somit nicht mehr rechtfertigen.

Bezüglich der praktischen Trennbarkeit bietet sich auch ein Vergleich mit der gesetzlichen Regelung in den USA an. Nach dem Musterentwurf (RUFADAA) der Uniform Law Commission, der von beinahe allen US-amerikanischen Bundesstaaten umgesetzt wurde, bekommen die jeweiligen Treuhänder nicht die Kommunikationsinhalte, dafür aber die Details zum Kommunikationsvorgang; dazu gehören die E-Mail-Adresse des Absenders sowie Datum und Uhrzeit der empfangenen E-Mails.[733] Nur bei entsprechenden Anhaltspunkten für eine Relevanz für den Nachlass, die sich aus diesen Angaben ergeben, können die Treuhänder dann zusätzlich Einsicht in die Inhalte der E-Mail beantragen.[734] Dieser Regelung veranschaulicht, dass eine Trennung der E-Mails grundsätzlich möglich ist. Eine „Infektion“ des Accounts, die zulasten der persönlichkeitsrechtlichen Belange ausfällt, ist nicht erforderlich. Die Abwägung nach den Rechten der Beteiligten kann unter Berücksichtigung dieser Gestaltungsmöglichkeit erfolgen. In den USA erfolgte diese Trennung ebenfalls aufgrund der Befürchtung, dass vor allem die Rechte Dritter in der Abwägung unberücksichtigt bleiben. Die Entscheidung im Einzelfall ermöglicht eine Herausgabe der Kommunikationsinhalte für den Fall, dass sie wirklich Relevanz haben. Dies rührt daher, dass nach dem ersten Entwurf der ULC, der eine Herausgabe aller Inhalte vorsah, eine Debatte darüber entstand, ob

733 Section 2(4), 4,5, 7 und 8 RUFDAA, abrufbar unter: https://www.uniformlaws.org/committees/community-home?CommunityKey=f7237fc4-74c2-4728-81c6-b39a91ecdf22.

734 Section 7(5)(c)(iv) RUFDAA, abrufbar unter: https://www.uniformlaws.org/committees/community-home?CommunityKey=f7237fc4-74c2-4728-81c6-b39a91ecdf22.

tatsächlich als Regelfall davon ausgegangen werden kann, dass die persönlichkeitsrechtlichen Belange der Kommunikationsteilnehmer hinter den Belangen der Erben zurücktreten würden. Die Gefahr, die durch die Herausgabe der Kommunikationsinhalte für die persönlichkeitsrechtlichen Belange Dritter entstehen würde, wurde als besonders hochgeschätzt. Ein wesentliches Argument war unter anderem auch, dass Informationen über Familienangehörige bekannt gemacht werden, welche diese mit den Erben andernfalls nie geteilt hätten.[735]

b) Trennbarkeit bei vermögensrechtlicher Relevanz einzelner Nachrichten

Obwohl der BGH eine vermögensrechtliche Zuordnung der Nachrichten für nicht erforderlich hält, um die Vererblichkeit anzunehmen, wird die Problematik der Trennbarkeit der Inhalte unter anderem damit entschärft, dass auch höchstpersönliche Inhalte im Erbgang eine vermögensrechtliche Relevanz aufweisen können.[736] Diese Begründung des BGH ist aber inkonsistent, da bisher in ständiger Rechtsprechung die vermögensrechtliche Relevanz immaterieller Rechte für die Vererblichstellung als maßgebliches Argument diente.[737] Insbesondere für die Vererblichkeit des allgemeinen Persönlichkeitsrechts sah der BGH den wirtschaftlichen Wert, der auf der Bekanntheit des Erblassers beruhte, als entscheidend an.[738] Dieser Widerspruch entsteht, weil der BGH die Wertung des Gesetzgebers in Bezug auf die Vererblichkeit von Sachen (Sachenrechte sind aufgrund ihrer Zuordnungsfunktion immer Vermögensrechte[739]) nicht von der allgemeinen Wertung des Gesetzgebers in Bezug auf die Vererblichkeit nichtvermögensbezogener Positionen trennt. Der BGH folgt bei dieser Vorgehensweise den Literaturmeinungen zum „digitalen Nachlass“, die überwiegend eine E-Mail mit vermögensrechtlichem Inhalt als vererblich betrachten und

735 Großes Gewicht in der Debatte hatte insbesondere die Stellungnahme der ACLU, abrufbar unter: https://cdt.org/files/2015/01/Joint-Letter-re-ULC-Bill-general-statement-2-FINAL.pdf.

736 *Hoeren*, NJW 2005, 2113, 2114.

737 Siehe dazu Teil I A. II. 3.

738 BGH NJW 2000, 2195, 2191, Marlene Dietrich.

739 Vgl. dazu Teil II E. 1. b).

zumindest aufgrund der Schwierigkeit der Bestimmung eines Vermögenswertes im Einzelfall eine Vererblichkeit für alle Inhalte befürworten.[740] Worauf bei der Bestimmung des Vermögenswertes genau abgestellt wird und wie dieser bestimmt werden soll, wird aber nicht näher erläutert. Meist erfolgt ein pauschaler Hinweis darauf, dass sich auch geschäftliche E-Mails in den Accounts befänden, die vermögensrechtlich und folglich auch vererblich seien.

Bei einer originären Bewertung der Vererblichkeit der E-Mails kommen für die vermögensrechtliche Zuordnung zwei Bezugspunkte in Betracht: entweder die Daten selbst als Zeichenmenge (syntaktische Ebene), da eine E-Mail technisch gesehen eine Zusammensetzung von Daten ist,[741] oder der Inhalt der E-Mail (semantische Ebene).[742] Inhaltlich handelt es sich bei E-Mails um Nachrichten, also um Texte beziehungsweise um Informationen.[743] An den Daten als Zeichenmenge bestehen, wie bereits gezeigt, de lege lata keine Ausschließlichkeitsrechte, sodass eine Zuordnung als Datenmenge ausscheidet.[744] Die Daten können ebenfalls ohne die Berücksichtigung des Inhaltes vermögensrechtlich nicht zugeordnet werden.[745]

Für die vermögensrechtliche Zuordnung kann es demnach nur auf den Inhalt der E-Mails ankommen. Argumente dafür, wann der Inhalt einer privaten Nachricht vermögensrechtlich relevant ist, bleiben die meisten Autoren schuldig. Das beinahe einzige Argument, dass die meisten Befürworter der Vererblichkeit von privaten Nachrich-

---

740 *Pruns*, NWB 2013, 3161, 3165 f.; *Herzog*, NJW 2013, 3745, 3748.

741 Daten sind wiederum physikalisch betrachtet eine elektrische Spannung, vgl. dazu LG Konstanz NJW 1996, 2662, 2662 allgemein in Bezug auf Daten; OLG Dresden NJW-RR 2013, 27, 28.

742 Die semantische Bedeutung von Daten liegt auch dem Datenschutzrecht zugrunde. Für die Einteilung von Daten in die verschiedenen Ebenen ihrer Bedeutung und Existenz siehe *Zech*, Information als Schutzgegenstand, sowie *ders.*, CR 2015, 137,138; GRUR, 2015, 1151, 1153; so auch *Specht*, CR 2016, 288, 290.

743 Bei E-Mails handelt es sich in der Regel um syntaktische Informationen mit semantischem Inhalt, da die Zeichenmenge, aus der die E-Mail besteht, einen Sinngehalt enthält. Für eine ausführliche Beschreibung der Informationsbegriffe siehe *Zech*, 52 f.

744 Siehe Teil II. A. II. 1–3.

745 Siehe Teil II. A. II. 3.

ten vorbringen, ist, dass diese für die Testamentsauslegung relevant sein könnten.[746] Noch unspezifischer spricht der BGH von vermögensrechtlicher Relevanz höchstpersönlicher Inhalte, ohne dies weiter zu konkretisieren.[747] Um festzustellen, ob diese Nachrichten tatsächlich Informationen enthalten, die für vermögensrechtliche Belange dienstbar gemacht werden können, müssen diese Nachrichten nicht nur gelesen, sondern vor allem ausgelegt werden. Darin liegt aber kein erbrechtlich geschütztes vermögensrechtliches Interesse. Die vermögensrechtliche Zuordnung von Positionen erfolgt im Erbrecht unabhängig davon, ob eine Interpretation, die als rein menschlicher Verständnisvorgang zu betrachten ist, aus einem Text einen Nachlassgegenstand macht.[748] Vermögensgüter haben aber eine absolute und keine relative Qualität;[749] sie müssen bereits zum Zeitpunkt des Erbfalls zum Vermögen zählen und dürfen nicht erst durch die Auslegung ihres Sinngehalts als vererblich eingestuft werden.[750] Die Frage, welche Rechte übergehen, muss also unabhängig vom konkreten Erbfall beantwortet werden. Ob Erben Rechte an den E-Mails haben, kann sich nicht erst am Inhalt der E-Mail nach dem Todesfall entschieden und schon gar nicht anhand einer Vermutung über deren Inhalt. Welche Rechte vererbt werden, muss bereits für den Zeitpunkt des Erbfalls bestimmbar sein.[751] Die vermögensrechtliche Zuordnung kann keine Einzelfallentscheidung sein – egal, welche Kriterien für die Vererblichkeit maßgeblich sind. Es bedarf objektiver Vergleichsmomente, um das Vermögensinteresse zu erkennen.[752] Daher ist es unerheblich, ob der Inhalt möglicherweise im Einzelfall für vermögenswerte Zwecke genutzt werden kann. Voraussetzung ist vielmehr, dass zumindest nach objektiven Gesichtspunkten eine bestimmungsgemäß vermögensrechtliche Verwendung vorliegt. Das ist aber bei privater Kommunikation

746 So zum Beispiel *Ludyga*, jM 2017, 414, 414.
747 BGH NJW 2018.
748 Ähnlich *Specht*, CR 2016, 288, 290, in Bezug auf die Zuordnung von Informationen.
749 *Bender*, S. 195.
750 BAG 12.03.2013 - 9 AzR 532/11.
751 Vgl. dazu auch *Richter*, S. 41.
752 *Fischer* in FS Rosenthal, S. 11.

nicht der Fall: Diese fällt immer in den ideellen Bereich, da die darin enthaltenen Informationen höchstpersönlich sind.[753] Aufgrund dessen steht dem Erben bei Briefen, die der Erblasser versandt hat, nicht das Recht zu, diese einzusehen, nur weil möglicherweise Urheberrechte an diesen bestehen, die auf den Erben übergehen würden.

Folglich können E-Mails nur nach der Art (geschäftlich oder privat) ihrer Nutzung aufgeteilt werden, sofern nach objektiven Kriterien festgestellt werden kann, ob es sich um geschäftliche oder private E-Mails handelt, nicht aber nach ihrem Inhalt. Handelt es sich um private E-Mails, können diese nicht als vermögenswerte Positionen eingeordnet werden. Eine Auslegung des Inhalts von privaten E-Mails ist nicht geeignet, um deren Vererblichkeit festzustellen.

2. Zusammenfassung

E-Mails können sowohl einzeln als auch innerhalb eines Accounts danach unterschieden werden, ob sie nach objektiven Kriterien bestimmungsgemäß vermögensbezogen sind oder nicht. Eine „Infektion"[754] des gesamten Accounts zugunsten einer vermögensrechtlichen Zuordnung ist daher nicht gerechtfertigt. Es besteht kein erbrechtliches Interesse daran, den Inhalt privater Nachrichten zu kennen. E-Mails, die dem wirtschaftlichen Verkehr des Erblassers unterliegen, lassen sich anhand von Absender und Betreff erkennen. Dass diese Vorgehensweise keine hundertprozentige Sicherheit gewährt, dass die Erben alle geschäftlichen E-Mails des Erblassers ausfindig machen können, kann nicht allein als Argument ausreichen, um den gesamten Inhalt eines E-Mail-Accounts den Erben verfügbar zu machen.

---

753 KG Berlin ZUM-RD 2017, 524, 532; *Ullmann* in Beuthien, S. 17, 20; *Peukert*, ZUM 2000, 710, 720.

754 Zur Infektionstheorie vgl. *Bräutigam* in DAV, Stellungnahme Nr. 34/2013, S. 17 ff.

III. Ergebnis

Die Account-Inhaberschaft bei E-Mail-Accounts ist eine immaterielle Position, die darüber hinaus personenbezogen ist. Ein Kontinuitätsinteresse besteht nur für die Zwecke der Nachlassabwicklung. Daraus folgt nicht die Vererblichkeit der Nutzungsvereinbarung, da eine Fortsetzbarkeit ausgeschlossen ist. Es bedarf einer gesetzlichen Regelung für die rechtssichere Abwicklung der E-Mail-Accounts. Das gilt auch dann, wenn man entsprechend der Entscheidung des BGH einen Zugangsanspruch für die Vererblichkeit des Vertrages ausreichen lässt. In diesem Fall muss geregelt werden, was nach dem Zugang mit dem Account geschieht, da auch der BGH die Möglichkeit einer Weiternutzung ausschließt.

Es ist möglich, die E-Mails der Art nach danach zu unterscheiden, ob es sich um ideelle oder materielle E-Mails handelt. Eine Unterscheidung ist auch erforderlich, da die meisten E-Mails als immaterielle Position nicht vererblich sind. Sofern die E-Mails selbst vererblich sind, hat der Erbe einen Anspruch auf Herausgabe der jeweiligen E-Mail.

D. Online-Dateiverwaltungsdienste (Cloud-Dienste)

Online-Dateiverwaltungsdienste, die auch als Cloud-Dienste bezeichnet werden, bieten das Ablegen und Speichern von Dateien auf den Servern der Diensteanbieter an.[755] Zugriff und Nutzung der Inhalte erfolgen über den Zugang zum Account. Die Inhalte können auch geteilt oder auf der Plattform bearbeitet oder erstellt werden.[756] Dabei handelt es sich aber um eine Annexleistung. Die Hauptfunktion des Dienstes ist das Speichern der Inhalte. Einige dieser Dienste sind kostenpflichtig. Es gibt aber auch Dienste, die eine begrenzte Kapazität kostenlos zur Verfügung stellen. Vielfach wird eine Cloud auch als Zusatzfunktion der Hardwarebetreiber angeboten. So hat beispielswei-

---

755 Beispielsweise Dropbox, Amazon S3, iCloud.
756 So zum Beispiel bei Google Docs, Scribd oder sideshare.

se Apple eine Cloud-Funktion, die es ermöglicht, Daten vom eigenen PC direkt in der Cloud zu speichern. Aufgrund der unterschiedlichen Ausgestaltung der Dienste und der uneinheitlichen Kostenregelungen ist es schwierig, festzustellen, ob es einen objektiven Verkehrswert gibt.

I. Rechtsnachfolge in die Nutzungsvereinbarung

1. Vermögensrechtliche Zuordnung

Das Bereitstellung von Speicherplatz ist als eine wertvolle Leistung zu betrachten. Es kann aber nicht ausgeschlossen werden, dass der Wert oftmals nur subjektiv besteht. Ähnlich wie auch bei anderen Diensten ist die alternative unentgeltliche Verfügbarkeit der Leistung ein Indiz dafür, dass die Nutzer nur aus subjektiven Interessen heraus bereit sind, ein Entgelt zu bezahlten. Jedoch sind die Alternativen nicht qualitativer Natur, wie zum Beispiel die Nutzung ohne Werbeeinblendung wie bei E-Mail-Diensten, sondern quantitativer Art, da man in der Regel dafür bezahlt, dass man mehr Speicherplatz erhält. Sofern es sich zumindest um einen entgeltlich genutzten Dienst handelt, ist die Nutzungsvereinbarung vermögensrechtlich einzuordnen.

2. Ausschluss der Vererblichkeit

Das Vertragsverhältnis bei Online-Dateiverwaltungsdiensten weist keine personenbezogenen Merkmale auf. Die Nutzer erstellen keine Profile und interagieren auch über den Account nicht mit Dritten.[757] Unabhängig von einer vermögensrechtlichen Zuordnung der Nutzungsvereinbarung stehen einer Rechtsnachfolge zumindest keine Unvererblichkeitsgründe entgegen. Sofern eine vermögensrechtliche Zuordnung abgelehnt wird, hätte man eine „Pattsituation", in der weder Zuordnungs- noch Aussonderungsgründe vorliegen. In diesen Fällen ist eine

757 So ähnlich *Rott/Rott*, NWB-EV 2013, 160, 166.

Rechtsnachfolge zu befürworten. Das gebietet die Funktion der Rechtsnachfolge, für Rechtssicherheit und Verkehrsschutz zu sorgen.[758]

II. Vererblichkeit der Inhalte

Die Inhalte, die in Online-Dateiverwaltungsdiensten hochgeladen werden, sind vielseitig und variieren je nach Dienst und Nutzerverhalten diesbezüglich, ob es sich um höchstpersönliche Inhalte handelt oder ob andere Dokumente gespeichert sind, die vermögensrechtliche Relevanz haben. Es ist nicht möglich, objektive Kriterien zu bestimmen, die eine Zuordnung dieser Inhalte zulassen, ohne dass man die Inhalte kennt. Daher stellst sich die Frage, ob die Inhalte als immateriell oder materiell einzustufen sind beziehungsweise, ob im Zweifel Vererblichkeit oder Unvererblichkeit angenommen werden sollte. Das vielfach bei E-Mail-Accounts vorgebrachte Argument der Infektion eines Accounts aufgrund der Untrennbarkeit der Inhalte wäre bei Online-Dateiverwaltungsdiensten tatsächlich von Relevanz. Die Infektion führt dazu, dass die Inhalte entweder insgesamt vererblich oder insgesamt unvererblich sind, je nachdem, welches Recht als überwiegend gewichtet wird. Eine solche Gewichtung gelingt aber nicht, da man auch nicht abstrakt feststellen kann, welche Inhalte gespeichert werden.

Einer der wesentlichen Unterschiede zu E-Mails und auch zu anderen Account-Inhalten ist, dass die Inhalte in den Online-Dateiverwaltungsdiensten von dem Erblasser mit Aufbewahrungsabsicht hochgeladen wurden. Das bedeutet, dass dieser bereits eine Selektierung vorgenommen hat. Üblicherweise speichert ein Nutzer auch keine Nachrichten in den Online-Dateiverwaltungsdiensten – Chatnachrichten ohnehin nicht, da man diese meist nicht von der Plattform herunterladen kann. Auch E-Mails werden in der Regel nicht in Online-Dateiverwaltungsdiensten gespeichert. Eine Ausnahme besteht nur für Clouds, die alle Inhalte eines Computers automatsch synchronisieren; in diesen Fällen findet keine Selektion statt. Bei diesen Diensten wäre aber

758 Vgl. dazu Teil A. II. 1.

eine Trennbarkeit möglich: Da die Inhalte vom Computer synchronisiert werden, werden sie in der Cloud in entsprechenden Kategorien (spiegelbildlich zur Festplatte des Rechners) gespeichert. Da man feststellen kann, bei welchen Inhalten es sich beispielsweise um E-Mails handelt, könnte eine Herausgabe abgelehnt werden. Sofern es sich bei der Cloud aber um die Spiegelung der Festplatte des Laptops handelt, wäre in diesem Fall eine unterschiedliche Behandlung der Online- und Offlineinhalte nicht gerechtfertigt. Ähnlich wie bei den anderen Online-Dateiverwaltungsdiensten ist von einer Aufbewahrungsabsicht des Erblassers auszugehen, wodurch die Weitergabe durch die Rechtsnachfolge gerechtfertigt ist.

III. Ergebnis

Online-Dateiverwaltungsdienste sind vererblich – sowohl die Account-Inhaberschaft als auch die Inhalte gehen auf die Erben über. Mögliche höchstpersönliche Inhalte fallen aufgrund ihrer Untrennbarkeit und der bewussten Aufbewahrung durch den Erblasser ebenfalls dem Erben zu.

E. Content-Dienste

Content-Dienste stellen den Nutzern eigene Inhalte bereit. Dabei werden der Kauf beziehungsweise Besitz sowie auch nur der Konsum von Inhalten (zum Beispiel Streaming) angeboten.[759] Die unterschiedlichen Angebotsformen bieten den Nutzern eine große Vielfalt an unterschiedlichen Inhalten. Neben der inhaltlichen Vielfalt ist für die Nutzer auch reizvoll, dass sie die Inhalte nicht jeweils erwerben müs-

759 Zum Beispiel Netflix, Amazon Video, Sky On Demand, Spotify, SoundCloud, iTunes. Teilweise haben diese Dienste die Besonderheit, dass sie anhand einer Applikation, die man zuvor auf den Rechner oder das Telefon laden muss, funktionieren. Es gibt aber auch Dienste wie Beck-Online oder Juris, die Informationen rechtlicher Art anbieten, oder ähnliche Dienste, die Informationen technischer oder wirtschaftlicher Art bereitstellen.

sen – das ermöglicht den Konsum von mehr Inhalten. Zudem kann von diversen Geräten und Orten auf die meisten Dienste zugegriffen werden.

Die Nutzung der Dienste setzt die Einrichtung eines Accounts voraus. Die Nutzer müssen häufig zusätzlich zu ihren Personalien Zahlungsdaten in dem Account hinterlegen, damit die Diensteanbieter anfallende oder laufende Entgelte einziehen können. Die Nutzung des Dienstes ist in der Regel kostenpflichtig mit jeweils unterschiedlichen Vertragslaufzeiten. Dauerhafte Downloads sind meist im Einzelnen ebenfalls kostenpflichtig (Download to Own), während es sich bei den Streaming- oder vorübergehenden Download-Angeboten (Download to Rent) um sogenannte Flatrate-Angebote handelt. Bei diesen ist entweder ein monatliches Entgelt zu entrichten, oder es handelt sich um werbefinanzierte Plattformen beziehungsweise eine Mischform aus beidem.[760] Bei diesen Diensttypen besteht die Besonderheit, dass die Nutzung meist auf eine bestimmte Anzahl von Personen oder Geräten beschränkt ist.

Neben dem Abspielen der angebotenen Inhalte werden unterschiedliche Funktionen angeboten, die speziell auf den jeweiligen Nutzer abgestimmt sind. So kann man beispielsweise Favoriten speichern oder Listen erstellen, und es werden dem Nutzer aufgrund seines Nutzungsverhaltens Vorschläge für ähnliche Inhalte gemacht, die ihm gemäß den Erfahrungswerten der Plattform gefallen könnten.

Beim Download von digitalen Inhalten wird die Datenmenge entweder dauerhaft oder für eine begrenzte Zeit, aber in jedem Fall vollständig und regelmäßig mit der Möglichkeit der Offlinewiedergabe heruntergeladen.[761] Die meisten Anbieter halten sich an allgemeine technische Standards für die Dateien. Musikdateien werden beispielsweise überwiegend im MP3-Format bereitgestellt.

---

760 Sogenannte Freemium-Dienste, siehe auch Teil III. A. V.

761 Der dauerhafte Download wird auch als „Download to Own" bezeichnet; im Gegensatz dazu steht der Download to Rent, vgl. *Bäcker/Höfinger*, ZUM 2013, 623, 624 f.

Die Nutzungsmöglichkeiten sind davon abhängig, welche rechtlichen oder technischen Bestimmungen vom Diensteanbieter vorgegeben sind. Die auch als Digital Rights Management bekannten Maßnahmen zum Schutz des geistigen Eigentums regeln den Umfang der Nutzung im Einzelnen. Überwiegend bezieht sich diese Bezeichnung aber nur auf die technischen Maßnahmen, die zur faktischen Sicherung der Immaterialgüter genutzt werden, und nicht auf die rechtlichen Vorgaben.[762]

Die Streaming-Dienste werden überwiegend webbasiert angeboten und sind über die Errichtung eines Accounts nutzbar. Beim Streaming werden kleine Pakete an Daten über das Internet auf das Endgerät übertragen.[763] Es erfolgt zu keiner Zeit ein vollständiger Download der Werke, die im Rahmen der Dienste genutzt werden. Lediglich kleine Werkteile werden heruntergeladen, die aber auch während des Abspielens wieder gelöscht werden, sodass in den meisten Fällen am Ende der Wiedergabe das Werk nicht im Ganzen als Kopie auf dem Nutzerserver liegt.[764] Für das Streamen von Musik ist teilweise der Download einer Applikation für den Computer erforderlich. Der Zugang erfolgt aber auch in diesen Fällen über einen persönlichen Login mit Namen und Passwort.[765] Bei manchen Diensten kann mittels der Applikation dann auch das ganze Werk für eine vorübergehende Offlinenutzung heruntergeladen werden. Mit dem Ende der Vertragsbeziehung ist ein Nutzen der Offlineinhalte auch nicht mehr möglich.

762 Vgl. *Arlt,* GRUR 2004, 548, 548 f. Im Folgenden wird der Begriff ebenfalls nur für die technischen Schutzmaßnahmen verwendet, da damit eine bessere Abgrenzung zu den rechtlichen Einschränkungen erreicht werden kann.

763 *Bäcker/Höfinger,* ZUM 2013, 623, 623.

764 Zu den technischen Besonderheiten des Streamings: *Wandtke/v. Gerlach,* GRUR, 2013, 676 ff., sowie *v. Gerlach,* S. 104 ff.

765 So beispielsweise bei iTunes oder Spotify.

I. Rechtsnachfolge in die Nutzungsvereinbarung

1. Vermögensrechtliche Zuordnung

Plattformen, die ihren eigenen Content anbieten, sind in der Regel kostenpflichtig. Teilweise ist zwar eine kostenlose Nutzung für eine kurze Dauer möglich, dabei handelt es sich aber oftmals lediglich um Kennlernangebote. Nur wenige Dienste bieten eine dauerhafte kostenlose Nutzung an; typischerweise kann ein kostenloser Account dann auch nur beschränkt genutzt werden. Der Musik-Streaming-Dienst Spotify beispielsweise kann zwar kostenlos genutzt werden, dafür wird dem Nutzer nach jedem dritten Lied Werbung eingespielt, die er auch nicht ausschalten kann. Vor Ablauf der Werbung ist das Hören weiterer Titel nicht möglich.

Sofern die Dienste nur gegen Geld genutzt werden können, liegt eine vermögensrechtliche Leistung vor; die Leistung hat in diesen Fällen einen objektiven Verkehrswert. Im Zusammenhang mit E-Mail-Accounts konnte bereits beschrieben werden, dass kein objektiver Verkehrswert besteht, wenn die Leistung bei einem anderen Anbieter auch unentgeltlich in Anspruch genommen werden kann. Die Wahl der entgeltlichen Nutzung, die nur den Vorteil bringt, keine Werbung zu erhalten, ist als persönliches Interesse bei der Bestimmung des Verkehrswertes der Leistung nicht zu berücksichtigen. Die Nutzung des Dienstes ohne Werbung ist in diesem Fall nur ein subjektiver Wert für den Nutzer, da die Leistung sich nicht verändert. Bei Content-Diensten ist die Leistung aber nicht im gleichen Umfang verfügbar, sofern durch die Werbung die Leistung nicht in gleichem Maße in Anspruch genommen werden kann. Es handelt sich dann nicht allein um ein subjektives Interesse des Nutzers, sondern auch um eine qualitativ andere Leistung, da diese nur eingeschränkt verfügbar ist. Die unbeschränkte Nutzung des Dienstes, die kostenpflichtig ist, hat daher ebenfalls einen objektiven Verkehrswert.

Die Nutzung von Content-Diensten zum privaten Gebrauch hat eine ideelle Funktion, da primär der Genuss von Inhalten im Vordergrund steht. Die Funktion ist hier aber nur nachrangig zu berücksichtigen, da bereits eine vermögenswerte Leistung vorliegt und wird nur der Vollständigkeit halber erwähnt, um aufzuzeigen, dass auch vermögenswerte Leistungen eine idelle Funktion haben können.

2. Ausschluss der Vererblichkeit

a) Personenbezogenheit der Accounts

Im Unterschied zu Online-Communities erstellen die User für die Nutzung von Content-Diensten keine Profile. Für die Einrichtung des Accounts werden meist nur Bestandsdaten angegeben. Dennoch findet auch bei Content-Diensten ein gewisser Grad an Personalisierung statt. Dem Account des Nutzers werden die Informationen zu seinem Nutzerverhalten zugeordnet. Diese Funktion soll dazu dienen, den Nutzern entsprechend ihren Interessen andere Inhalte zu präsentieren und Vorschläge zu machen. Hat der Nutzer also eine Vorliebe für eine bestimmte Art von Filmen oder Musikrichtungen, werden diese Information vom Dienst gespeichert. Der Inhalt der Leistung ist somit bei einer ganzheitlichen Betrachtung des Dienstes auch auf die Person des Nutzers ausgerichtet. Diese Personenbezogenheit ist aber nicht derart eng, dass eine Fortsetzbarkeit durch einen anderen Nutzer ausgeschlossen wäre. Gerade bei Diensten, die der Erblasser bereits bezahlt hat, überwiegt das vermögensrechtliche Interesse des Erben an der Nutzung des Accounts.

b) Unübertragbarkeit als Indiz der Unvererblichkeit

Die fehlende Übertragbarkeit von Rechten wird als Indiz für deren Unvererblichkeit gesehen.[766] Dies wird unter anderem damit begründet, dass die fehlende Übertragbarkeit zur Folge habe, dass kein Marktwert für diese Position entstehen könne, da sie nicht verkehrsfähig sei. Ohne Marktfähigkeit kann auch kein Geldwert angenommen

766 *v. Tuhr*, AT, Bd. I, § 18 I, S. 315.

werden, der zumindest objektiv betrachtet die Vermögensrechtlichkeit eines Rechts begründet.[767]

Die Nutzungsvereinbarungen enthalten in vielen Fällen Klauseln, die eine Übertragbarkeit des Accounts beziehungsweise konkret des Nutzungsvertrages ausschließen. Der Ausschluss der Übertragbarkeit von Ansprüchen (§ 399 Alt. 2 BGB) wird auch in AGB für zulässig erachtet.[768] Die Übertragung des Accounts ist aber bereits als eine durch den Schuldner – den Diensteanbieter – zustimmungsbedürftige Vertragsübernahme zu behandeln,[769] sodass es auf den Ausschluss in den AGB nicht ankommt.

Sofern aber ein Nutzwert besteht, ist die Unübertragbarkeit für die Annahme eines Vermögensrechts, wie es beim Nießbrauch der Fall ist, kein Hindernis. Dafür muss die Nutzung aber einen pekuniären Vorteil bringen.[770] Dies ist jedoch nicht der Fall, da die Nutzung der Dienste dem Genuss dient.

Allerdings ist bei vertraglichen Ansprüchen beziehungsweise bei vertraglichen Schuldverhältnissen ein Rückschluss von der Unübertragbarkeit auf die Unvererblichkeit nicht möglich. Ob ein Marktwert vorliegt, kann nicht danach entschieden werden, ob der Anspruch beliebig übertragbar ist, sondern danach, ob die Leistung selbst einen objektiven Verkehrswert aufweist. Gerade bei Verträgen ist die Übertragbarkeit aus unterschiedlichen Gründen ausgeschlossen; daraus lässt sich aber nicht schließen, dass es sich insgesamt um eine nichtvermögenswerte Leistung handelt. Ein vertraglicher Ausschluss der Übertragbarkeit steht der Vererblichkeit daher nicht im Wege.

---

767 Vgl. dazu Teil I. A. I. 1. a).

768 https://support.google.com/youtube/answer/94522?hl=de.

769 Die Nutzungsvereinbarung kann als vertragliches Schuldverhältnis im Rahmen eines Rechtskaufes § 453 I Fall I. V. m. § 433 BGB veräußert werden. Die Übertragung erfolgt im Wege der Vertragsübernahme, zu der die Zustimmung des Diensteanbieters erforderlich ist, *Druschel*, S. 18; *Pszcolla*, S. 76; *Striezel*, S. 250; *Völzmann-Stickelbrock* in FS Eisenhardt, 327, 334.

770 *v. Tuhr*, AT, Bd. I, § 18 I, S. 314 (Fn. 3); siehe auch Teil II E. I. 1. a).

II. Vererblichkeit der Inhalte

1. Vermögensrechtliche Zuordnung

Bei den Inhalten in einem Content-Provider-Account handelt es sich um digitale Werke. Dazu gehören Artikel, E-Books, Bilder, Musik und Videos, die insgesamt als digitale Inhalte bezeichnet werden. Allerdings sind die Rechte der Nutzer an diesen Inhalten nicht immer gleich. Ob eine vermögensrechtliche Zuordnung erfolgen kann, hängt davon ab, welche Positionen rechtlich und tatsächlich dem Erblasser zustanden und ob diese auf den Erben übergehen.

Beispielsweise wird auch dann, wenn sich diese Inhalte auf den Speichermedien des Nutzers befinden, keine automatische rechtliche Zuordnung an diesen über das Speichermedium vertreten.[771] Die Zuordnung von Inhalten über das Speichermedium ist aber ein gewichtiges Argument der Literatur für die Vererblichkeit von Nachrichten.[772] Ein weiteres für die Vererblichkeit von Nachrichten vorgebrachtes Argument ist der Vergleich mit den Rechten an den Gegenständen der physischen Welt, die äquivalent zu den digitalen Inhalten sind. Daraus wird gefolgert, dass Nachrichten wie Briefe vererblich sein müssen. Wird diese Argumentationsweise zugrunde gelegt, so müssten E-Books wie Bücher, Musikdateien wie CDs und Videodateien wie Filme vererblich sein. Spätestens bei diesem Vergleich ist aber ersichtlich, dass nicht immer eine wertungsmäßige Gleichstellung der Rechte aus analogen und digitalen Sachverhalten möglich ist. An Büchern, CDs und Filmen bestehen sachenrechtliche Ansprüche, die ohne Probleme auf den Erben übergehen. Anders stellt sich dies aber bei den digitalen Äquivalenten dar: Digitale Inhalte werden den Nutzern häufig nur in Verbindung mit einer beschränkten Lizenz übertragen. Enden die Rechte aus der Lizenz mit dem Tod des Erblassers oder mit Ablauf der Vertragslaufzeit, können diese auch nicht auf die Erben übertragen werden. Neben der rechtlichen Einschränkung der Nutzung kommt

771 *Holzer* in Groll, Teil 9 Rn. 69.
772 Teil II A. II 2.

aber in vielen Fällen auch eine technische Einschränkung in Betracht, die eine Übertragbarkeit faktisch unmöglich macht.

Bevor aber die einzelnen Rechte an den digitalen Inhalten untersucht werden, muss auch bei Content-Diensten zwischen der Account-Inhaberschaft und den Inhalten, die nicht Teil der Dienstleistung sind, unterschieden werden. Wie auch bei anderen Accounts muss zunächst danach unterschieden werden, welche Inhalte nur über den Account genutzt werden können und welche auch isoliert nutzbar sind. Handelt es sich beispielsweise um Plattformen, die Streaming-Dienste anbieten, erhält der Nutzer in Bezug auf die Inhalte weder eine rechtliche noch eine faktische Position; er kann lediglich durch die Nutzung des Accounts auf die Inhalte zugreifen. Daneben gibt es Dienste, die das Herunterladen von Inhalten ermöglichen. Der sogenannte Download kann entweder für die dauerhafte oder nur die vorübergehende Nutzung eines Inhaltes gedacht sein und sowohl lediglich im Account als auch unabhängig vom Account möglich sein. Unabhängig von der konkreten Ausgestaltung der Nutzung ist in vielen Fällen allerdings geregelt, dass die Inhalte nicht an Dritte weitergegeben werden dürfen. Ähnlich wie bereits beim Ausschluss der Vererblichkeit der Accounts selbst stellt sich auch bei den Inhalten zunächst die Frage, ob Weitergabeverbote bereits die Entstehung eines Vermögenswertes verhindern.

2. Unübertragbarkeit als Indiz für die Unvererblichkeit

Die fehlende Verkehrsfähigkeit ist grundsätzlich die Folge einer rechtlichen oder technischen Beschränkung der Weitergabe der digitalen Inhalte an Dritte. Ein Gut ist erst dann verkehrsfähig, „wenn es nach einmal erfolgtem Inverkehrbringen ohne die Zustimmung des ursprünglichen Rechtsinhabers weitergereicht werden kann".[773] Abtretungsverbote unter Lebenden sind auch in AGB wirksam.[774] Die Unübertragbarkeit von Rechten ist ein Indiz dafür, dass diese auch unvererblich sind. Im Unterschied zu den Nutzungsverträgen erhält der

773 *Specht*, ZGE 2016, 289, 289.
774 Siehe dazu bereits Teil II E. 2. b).

Nutzer bei den digitalen Inhalten oftmals auch eine faktische Position, nämlich die Datenmenge, die das digitale Werk darstellt.

a) Weitergabeverbote in den Verträgen

In der Regel handelt es sich bei Lizenzverträgen, mit denen die Nutzung von digitalen Inhalten geregelt wird, um AGB, da es um Massengeschäfte geht und die Bestimmungen für eine Vielzahl von Verwendungen vorgesehen sind (§§ 305 II, 310 BGB). Die Rechtmäßigkeit dieser Weitergabeverbote wurde von der Rechtsprechung mehrfach bestätigt.[775] Das Verbot der Weitergabe verstößt nicht gegen die §§ 308, 309 BGB, da keine der dort geregelten Untergruppen einschlägig ist.[776] Eine unangemessene Benachteiligung im Sinne von § 307 Abs. 2 Nr. 1 BGB liegt nicht vor, weil das Verbot der Weitergabe/Veräußerung nicht gegen gesetzliche Wertungen verstoße. Ein Verstoß gegen den Vertragszweck § 307 Abs. 2 Nr. 2 BGB ist in der Regel ebenfalls nicht anzunehmen.[777] Eine Beschränkung der Nutzungsbefugnisse auf den persönlichen Gebrauch sei kein Verstoß gegen gesetzliche Wertungen.[778] Hat der Nutzer die Erwartung, die digitalen Inhalte weiterzugeben oder zu verschenken, sei dies eine „einseitige Erwartungshaltung (…), (die) mangels Konsenses schon nicht Vertragsinhalt wird und daher nicht den Vertragszweck bestimmen kann“.[779] Somit ist wie bei den Nutzungsverträgen für die Accounts auch bei Lizenzverträgen davon auszugehen, dass grundsätzlich die Übertragbarkeit unter Lebenden ausgeschlossen werden kann. In Bezug auf die Vererblichkeit von Lizenzvereinbarungen kann aber nichts anderes gelten als bei den Nutzungsvereinbarungen. Der Ausschluss der Übertragbarkeit hat

775 OLG Stuttgart MMR 2012, 834; LG Bielefeld, U. 5.3.2013 - 4 O 191/11; OLG Hamm NJW 2014, 3661; LG Hamburg Urteil vom 20.09.2011 - 312 O 414/10; BGH GRUR-Prax 2010, 394 zu Computerspielen.

776 *Graef*, Rn. 247.

777 OLG Hamburg MMR 2015, 740, 741. Das OLG betonte insbesondere, dass die Weitergabe des E-Books eine Vervielfältigung sei, da eine Kopie der Daten angefertigt werde. Dieses Recht sei aber vom Nutzungsvertrag nicht umfasst.

778 OLG Hamburg MMR 2015, 740, 741 f.

779 OLG Hamburg MMR 2015, 740, 741.

keine Auswirkungen auf die Vererblichkeit, da der Erbe insoweit auch kein „anderer" ist, an den weitergegeben wird: Er tritt an die Stelle des Erblassers. Probleme bestehen aber dann, wenn der Erbe zwar Rechtsnachfolger der Lizenzvereinbarung wird, ihm aber die Nutzung der digitalen Inhalte faktisch nicht möglich ist, da diese durch technische Schutzmaßnahmen geschützt werden.

b) Digital-Rights-Management-Systeme

Zusätzlich zu den Beschränkungen durch Lizenzvereinbarungen kann auch dann, wenn die Überlassung von digitalen Inhalten nicht auf einer lizenzvertraglichen Regelung beruht beziehungsweise die entsprechenden Regelungen nicht wirksam in AGB vereinbart wurden, die Weitergabe der digitalen Inhalte in faktischer Hinsicht aufgrund technischer Schutzmaßnahmen beschränkt sein. Diese technischen Schutzmaßnahmen werden als Digital Rights Management (DRM) bezeichnet.[780] Als DRM-Systeme sind diejenigen technischen Werkzeuge zu verstehen, „welche der Verwaltung von Rechten an digitalen Werken dienen und einer unrechtmäßigen Nutzung vorzubeugen bestimmt sind".[781] Der technische Schutz ist daher in erster Linie ein Mittel, das den ausschließlichkeitsrechtlichen Schutz eines Rechts in tatsächlicher Hinsicht bewirkt.[782] Die Verschlüsselungstechniken können sicherstellen, dass die Nutzung eines digitalen Werkes nur durch den Lizenznehmer möglich ist und nur in dem lizenzierten Umfang erfolgt.[783] Anders als die vertragliche Vereinbarung ist die Wirkung des technischen Mittels erga omnes.[784]Die Möglichkeit, technische Schutzmaßnahmen zur Sicherung von Rechten einzurichten, ist in

780 Zur Rechtsnatur technischer Mittel siehe BGH GRUR 2011, 56 ff.

781 *Arlt*, GRUR 2004, 548, 548; *Schultz*, GRUR 2006, 470, 471. Eine Übersicht zu den unterschiedlichen Formen des technischen Schutzes findet sich bei *Schippel*, MMR 2016, 802, 807.

782 *Ohly* in Dreier/Hilty, FS 50 Jahre UrhG, 2015, 395; *Specht*, ZGE 2016, 289, 295; technische Mittel sind mit dem Gartenzaun vergleichbar, der ein Grundstück schützt.

783 *Schippan*, ZUM 2004, 188, 189 f.

784 *Mackenrodt*, S. 24.

§ 95a UrhG geregelt. In § 95a UrhG ist festgelegt, dass diese technischen Maßnahmen nicht umgangen werden dürfen.

Bestehen indes keine lizenzvertraglichen Regelungen, weil die digitalen Inhalte in einmaligem Austauschgeschäft überlassen wurden, kann dennoch aus dem Ausschließlichkeitsrecht des Berechtigten die Befugnis abgeleitet werden, technische Schutzmaßnahmen zu ergreifen.[785] Diese technischen Schutzmaßnahmen hätten dann zur Folge, dass der Erbe die digitalen Inhalte nicht auf seinen Endgeräten nutzen kann. Eine andere Beurteilung wäre aber möglich, wenn die technischen Schutzmaßnahmen einen Verstoß gegen den Erschöpfungsgrundsatz darstellen.

c) Auswirkungen der UsedSoft-Entscheidung auf die Vererblichkeit digitaler Inhalte

Bei urheberrechtlich geschützten Werken in der physischen Welt gilt der Erschöpfungsgrundsatz (§ 17 Abs. 2 UrhG). Dieser besagt, dass Werke oder deren Vervielfältigungsstücke, die mit der Zustimmung des Urhebers in den Verkehr gebracht wurden, keinen Einschränkungen bezüglich des Weitervertriebs unterliegen. Der Erschöpfungsgrundsatz ist ein Ausgleichsinstrument; dieses schränkt das Verbreitungsrecht des Rechteinhabers zugunsten der Interessen des Erwerbers und des Marktes an der Verkehrsfähigkeit des Werkstücks ein.[786] Der Urheber ist bereits bei der ersten Veräußerung hinreichend entlohnt worden, sodass das Interesse an der Verkehrsfähigkeit von Sachen die Rechte des Urhebers verdrängt.[787] Geschützt sind aber nach wie vor andere Verwertungshandlungen, nur nicht die Weiterveräußerung.[788]

In der UsedSoft-Entscheidung hat der Europäische Gerichtshof diese Wertung auch auf Software übertragen und hat diese für verkehrsfähig

785 BGH GRUR 2011, 56.

786 Ausführlich zur ausgleichenden Funktion der Erschöpfung *de la Durantaye/Kuschel*, ZGE 2016, 195, 209 ff.; *Haberstumpft*, ZGE 2014, 470, 48; *Hauck*, NJW 2014, 3616, 3617.

787 Verkürzt dargestellt vgl. *Hauck/Hofmann/Zech*, ZGE 2016, 141, 142.

788 *Hauck/Hofmann/Zech*, ZGE 2016, 141, 142.

erklärt.[789] Unter der Voraussetzung, dass die eigene Kopie der Software unbrauchbar gemacht wird, darf der Erwerber die Programmkopie weiterverkaufen.[790] Die Anbieter können dies mittels entsprechender technischer Vorrichtungen sicherstellen.[791]

Eine Anwendung dieser Rechtsprechung auf andere digitale Güter als Software wird aber überwiegend abgelehnt.[792] Eines der zentralen Argumente des EuGH betrifft den Wortlaut der Computerprogramm-Richtlinie,[793] weshalb die Entscheidung nicht auf andere digitale Güter, die zum Anwendungsbereich der InfoSoc-Richtlinie[794] gehören, übertragbar sei.[795] Nach dem Wortlaut von Art. 4 Abs. 2 der Computerprogramm-Richtlinie differenziert die Norm nicht danach, wie das Programm verkauft wurde. Dort heißt es lediglich „Erstverkauf einer Programmkopie", wovon der körperliche und der unkörperliche Verkauf des Programmes gleichermaßen umfasst sind. Der Erschöpfungsgrundsatz muss dann aber für beide Fälle gelten.[796]

789 EuGH, Urteil vom 03.07.2012, Rs. C-128/11= NJW 2012, 2565.

790 EuGH, Urteil vom 03.07.2012, Rs. C-128/11= NJW 2012, 2565, 2567f.

791 EuGH, Urteil vom 03.07.2012, Rs. C-128/11= NJW 2012, 2565, 2569.

792 LG Bielefeld GRUR-Prax 2013, 345575 verneint die Anwendbarkeit der UsedSoft-Entscheidung auf E-Books. OLG Stuttgart ZUM 2012, 811 und OLG Hamm GRUR 2014, 853 ablehnend für Onlinehörbücher; *Bäcker*, ZUM 2014, 333, 335; *Hartmann*, GRUR int. 2012, 980; *Hauck*, NJW 2014, 3616; *Schulze* in Dreier/Schulze, § 17 UrhG Rn. 30; *Stieper*, ZUM 2012, 668, 670 mit der Begründung, dass die funktionale Betrachtungsweise des EuGH interessengerechter sei, vgl. *Kloth*, GRUR-Prax 2013, 239, 240, *Krüger/Biehler/Apel*, MMR 2013, 760, 763 mit Verweis auf die Gesetzesmaterialien der InfoSoc-Richtlinie, die gegen eine digitale Erschöpfung spreche. A. A. *Hoeren/Foesterling*, MMR 2012, 642; *Hoeren/Jakopp*, MMR 2014, 646, 648; *Redeker*, CR 2014, 73, 77.

793 Richtlinie 2009/24/EG des Europäischen Parlamentes und des Rates vom 23. April 2009 über den Rechtsschutz von Computerprogrammen, ABl. L 111/16 vom 05.05.2009.

794 Richtlinie 2001/29/EG des Europäischen Parlamentes und des Rates vom 22. Mai 2001 zur Harmonisierung bestimmter Aspekte des Urheberrechts und der verwandten Schutzrechte in der Informationsgesellschaft, ABl. L 167/10 vom 22.06.2001.

795 OLG Hamm GRUR 2014, 853; vgl. dazu auch *Kloth*, GRUR-Prax 2013, 239, 240; *Rauer/Ettig*, GRUR-Prax 2015, 202, 202.

796 Vgl. *de la Durantaye/Kuschel*, ZGE 2016, 195, 197.

Die Unanwendbarkeit der UsedSoft-Rechtsprechung auf andere digitale Güter bedeutet, dass diese nicht ohne Weiteres weiterveräußert werden dürfen, beziehungsweise können. Für die Vererblichkeit von digitalen Gütern muss aber dennoch nicht das Gleiche gelten. Im Falle der Rechtsnachfolge würden die digitalen Güter an die Erben übergehen. Dabei handelt es sich um keine Veräußerung, sondern einen kraft Gesetzes eintretenden Subjektwechsel. Die Interessen des Urhebers werden nicht tangiert. Die Gegenleistung, die für die digitalen Werke entrichtet wird, entspricht in den meisten Fällen dem physischen Äquivalent, da die dauerhafte unbeschränkte Nutzung im Vordergrund steht. Die Überlegungen des EuGH zur Onlineerschöpfung von Software sind auf die Rechtsnachfolge übertragbar. Durch den Subjektwechsel kommt es nicht zu einer doppelten Nutzung. Anstatt dass die Kopie der Software beim ursprünglichen Nutzer gelöscht wird, entfällt in diesen Fällen der ursprüngliche Nutzer selbst, sodass die doppelte Nutzung ausgeschlossen ist. Unabhängig davon, ob DRM-Systeme dem Erben gegenüber wirksam wären, sollte der Rechtsgedanke der UsedSoft-Entscheidung zu einer digitalen Onlineerschöpfung zugunsten des Erben führen.

d) Zusammenfassung

Digitale Inhalte, die der Erblasser im Rahmen eines einmaligen Austauschgeschäftes erworben hat, stehen vermögensrechtlich dem Erben zu. Vertragliche Weitergabeverbote und technische Schutzmaßnahmen sind dem Erben gegenüber unwirksam; er hat ein Recht darauf, dass die technischen Schutzmaßnahmen aufgeboben werden. Obwohl die Weitergabe von digitalen Inhalten grundsätzlich ausgeschlossen werden kann, ist der Rechtsgedanke der digitalen Onlineerschöpfung auf die Rechtsnachfolge übertragbar, da an die Stelle eines Nutzers vollständig ein Dritter tritt. Das erbrechtliche Leitbild, das Eigentum den Erben hinterlassen zu können, wäre ansonsten ausgehöhlt, nur weil an digitalen Inhalten keine Eigentumsrechte bestehen. Bei nur auf Zeit überlassenen Inhalten, die als Miete oder Leihe zu qualifizieren sind, kann der Erbe die Inhalte gemäß der vertraglichen Regelung nutzen, da er insoweit Vertragspartner wird.

III. Ergebnis

Die Accounts für Content-Dienste sind vererblich. Sowohl die unentgeltlichen als auch die entgeltlichen Nutzungsverträge gehen auf die Erben über. Unvererblichkeitsmerkmale liegen nicht vor, sodass es im Ergebnis auf die vermögensrechtliche Zuordnung nicht ankommt. Bei den entgeltlichen Verträgen ist diese aber anzunehmen, da die konkrete Leistung auf dem Markt nur gegen Entgelt zur Verfügung steht. Sofern digitale Inhalte vom Erblasser im Rahmen eines einmaligen Austauschgeschäftes auf Dauer erworben wurden, sind diese ebenfalls vererblich. Etwaige technische Schutzmaßnahmen müssen zugunsten der Erben aufgehoben werden.

F. Onlinespiele

Onlinespiele sind eine erweiterte Form herkömmlicher Computerspiele. Die klassischen Computerspiele sind softwarebasierte Spiele, die man durch den Kauf einer entsprechenden Spiele-CD oder durch das Herunterladen auf den eigenen PC erhält und offline spielt. Eine erweiterte Form dieser Spiele ermöglicht die Verbindung mit dem Internet bei unverändertem Erfordernis, das Spiel zunächst zu speichern. Diese Zusatzfunktion ermöglicht den Nutzern, in Echtzeit gegen andere Spieler zu spielen und auch zusätzliche Funktionen über den Browser zu nutzen. Daneben gibt es die einfachen Onlinespiele.[797] Diese unterscheiden sich von den herkömmlichen Computerspielen dadurch, dass sie nur webbasiert gespielt werden. Das heißt, der Nutzer meldet sich bei einer Plattform mit einem Account an, um das Spiel zu spielen. Der Vorteil softwarebasierter Spiele ist, dass häufig durch das Installieren der Soft-

797 Zum Beispiel World of Warcraft.

ware bereits eine Spieleumgebung geschaffen wird, wodurch die Grafik für die Darstellung der Spiele besser ist. Die Spiele können so auch schneller ausgeführt werden, da diese nicht erst im Browser geladen werden müssen. Die Onlinespiele haben dagegen den Vorteil, dass man sie ohne größeren Aufwand direkt spielen kann.[798] Je nach Spiel besteht die Möglichkeit, gegen andere Nutzer der Plattform oder gegen das System selbst zu spielen.

Eine weitere Form der Onlinespiele sind virtuelle Welten.[799] Als solche werden überwiegend die sogenannten Multiplayer Online Roleplay Games (MMORPGs)[800] bezeichnet.[801] Unter den Begriff virtuelle Welten fallen auch Plattformen für Kommunikation, Handel, Unternehmensführung oder Sport.[802] Im Unterscheid zu sozialen Netzwerken werden diese Plattformen als Abbild der realen Welt verstanden und auch so genutzt. In virtuellen Welten interagieren die Menschen häufig durch Avatare. Ein Avatar ist eine Figur oder Person, die im virtuellen Raum als Spielfigur eingesetzt wird.[803]

Die Nutzer haben meist die Möglichkeit, ihren Avatar individuell zu gestalten. In vielen Fällen werden Lebenssachverhalte beziehungsweise das reale Leben selbst „nachgespielt". Ein Treffen in einer virtuellen Bar ist zwar auch eine Form des Netzwerkens, wird aber über das Kommunizieren hinaus genutzt, um eine reelle Begegnung zu simulieren. Eine der bekanntesten virtuellen Welten ist „Second Life" (zu Deutsch: zweites Leben). Die Plattform ermöglicht den Nutzern, ein „zweites", virtuelles Leben aufbauen. Der Spieler kann nach seinen Wünschen das Leben seines Charakters ausgestalten. Das kann sowohl das Eingehen einer Partnerschaft beinhalten als auch den Erwerb von Mobiliar- und Immobiliarsachen.

798 Vgl. *Preuß*, S. 36, mit einer ausführlichen Beschreibung der technischen Besonderheiten.
799 Second Life, seit 2010 kann man testweise einen nur webbasierten Account nutzen.
800 Beispiele sind Word of Warecraft oder Everquest.
801 *Berberich*, S. 167.
802 *Berberich*, S. 167 f. mit zahlreichen Beispielen.
803 *Ernst*, NJW 2009, 1320, 1320.

Die Nutzer melden sich in der Regel, wie bei den anderen Accounts auch, mit ihrem eigenen Namen und ihrer E-Mail-Adresse an. Für ihre Spielfigur bevorzugen sie aber Spielernamen (auch Nickname beziehungsweise Nick genannt). Neben Gründen der Anonymität führt dies auch zu einer höheren Sicherheit, da man nicht weiß, unter welchem Namen der Spieler angemeldet ist.[804] In der Datenbank, die zum Account des Nutzers gehört, werden neben diesen Informationen auch der jeweils erreichte Spielstand, die erworbenen oder erspielten Gegenstände sowie – falls angeboten – die Nachrichtendatenbank der Spieler gespeichert.[805] Die Software läuft im Wesentlichen auf den Servern des Diensteanbieters. Nutzt der Spieler diese über einen Client, werden kleine Softwarestücke auf diesem installiert.

Die meisten Onlinespiele werden gegen Entgelt angeboten. Neben grundsätzlichen monatlichen Zahlungen für die Nutzung der Plattform müssen die Nutzer häufig auch Gegenstände kaufen oder virtuelle Währungen mit gängiger[806] Währung bezahlen, damit sie diese im Spiel einsetzten können. Daher müssen die Nutzer bei der Registrierung auch eine Bezahlfunktion auswählen.[807]

I. Rechtsnachfolge in die Nutzungsvereinbarung

1. Vermögensrechtliche Zuordnung

Für den Handel mit Spiele-Accounts besteht ein Markt.[808] Es gibt Webseiten, die sich darauf spezialisiert haben, den Verkauf von Spiele-Ac-

804 *Gräber*, S. 38. Das Hacken (unbefugter Zugriff) von Onlinespiele-Accounts ist sehr verbreitet, da die erreichten Leistungen einen bestimmten Ruhm mit sich bringen und deshalb von anderen Spielern sehr begehrt sind. Das kann sich auf den ganzen Account sowie auch auf einzelne virtuelle Gegenstände beziehen.

805 Vgl. die umfangreichen Ausführungen zu Spiele-Accounts bei *Gräber*, S. 38.

806 Zur Abgrenzung von virtueller Währung wird der Begriff „gängig" angefügt, da es sich dabei nicht nur um Offlinewährung handelt.

807 Vgl. *Kutscher*, S. 49.

808 Zum wirksamen Vertragsschluss und der Klarnamenpflicht gilt das unter Teil II A. I. 1 und 2 gesagte entsprechend.

counts zu ermöglichen.[809] Die Verkäufe finden aber auch über allgemeine Verkaufsplattformen wie eBay statt. Es gibt unterschiedliche Faktoren, die einen Tauschwert bedingen. In den meisten Fällen bemisst sich der Wert an den Eigenschaften und Fähigkeiten eines Avatars oder einer anderen Spielfigur sowie der Leistung und den virtuellen Gegenständen, die mit dieser Figur erspielt wurden. Der virtuelle Funktionswert[810] einer Spielfigur ist auf die spielerische Leistung des Account-Inhabers zurückzuführen. Daher ist es auch unerheblich, ob das Spiel entgeltlich oder unentgeltlich gespielt werden kann. Der Wert des Accounts entsteht, wie auch bereits bei den Influencer-Accounts, nicht über die Leistung des Diensteanbieters, sondern durch die Gestaltung durch den jeweiligen Nutzer.

Im Gegensatz zu virtuellen Gegenständen können Avatare und andere Spielfiguren lediglich mit der gesamten Account-Inhaberschaft übertragen werden. Jedem Account ist nur eine Spielfigur zugeordnet. Das gilt für Onlinespiele gleichermaßen wie für virtuelle Welten.

2. Ausschluss der Vererblichkeit

Sowohl Onlinespiele als auch virtuelle Welten werden fast ausschließlich mit einem Pseudonym genutzt. Die pseudonyme Nutzung führt aber nicht automatisch zu einer Entkoppelung des Accounts von dessen Inhaber. Bei Content-Communities beispielsweise ist trotz der pseudonymen Nutzung die Lösbarkeit des Accounts von der Person abzulehnen, weil das Nutzerprofil die Person und deren virtuelle Identität repräsentiert. Bei Onlinespielen und virtuellen Welten werden die Nutzer über Spielfiguren beziehungsweise Avatare repräsentiert. Gerade bei virtuellen Welten wie Second Life sind die Spielfiguren und die Spieleumgebung nach den persönlichen Interessen des Nutzers ausgestaltet. Die online geknüpften Freundschaften und Bekanntschaften haben durch ihre Verknüpfung mit den Spielfiguren eine gewisse Beständigkeit, auf die solche Plattformen aufbauen. Der Wechsel des Account-Inhabers

809 Zum Beispiel https://www.accountverkauf.com/.
810 Vgl. dazu *Preuß*, S. 41.

ist auch hier nicht unbemerkt möglich, das heißt, dass die Fortsetzbarkeit durch die Erben nicht ohne Weiteres angenommen werden kann. Der Zweck des Vertrages besteht auch bei Onlinespielen nicht darin, „irgendeiner Person die Teilnahme an dem Spiel zu ermöglichen; vielmehr sollen die Rechte und Pflichten aus dem Vertragsverhältnis allein zwischen den Vertragsparteien begründet werden.“[811]

Dennoch besteht ein wesentlicher Unterschied zu den Content-Community-Accounts: Der spielerische Charakter steht stets im Vordergrund, die Fiktion ist ein wesentlicher Teil dieser Welten, die Kommunikation steht nicht im Mittelpunkt. Zudem wäre in einer Gesamtbetrachtung den vermögensrechtlichen Interessen, die bei Onlinespielen in der Regel deutlich überwiegen, der Vorrang einzuräumen. Lediglich bei virtuellen Welten, die wie Second Life stark an eine virtuelle Identität anknüpfen, ist eine Unvererblichkeit des Accounts denkbar. Vielfach bestehen bei diesen Spielen soziale Kontakte und Beziehungsgeflechte, die stark an den persönlichen Interessen des Nutzers ausgerichtet sind und seiner Persönlichkeitsentfaltung dienen. Eine Fortsetzbarkeit dieser „Onlinepersönlichkeit“ durch eine andere Person ist abzulehnen.

II. Vererblichkeit der Inhalte

Innerhalb von virtuellen Welten kommt insbesondere virtuellen Objekten eine große Bedeutung zu. Für virtuelle Objekte hat sich noch keine allgemeine Begrifflichkeit etabliert. Neben der Bezeichnung als virtuelle Objekte werden sie teilweise virtuelle Gegenstände[812] oder virtuelle Güter[813] genannt. Synonym ist ebenfalls der Begriff virtuelle Sache zu finden.[814]

Der Gegenstandsbegriff, der in § 90 BGB vorkommt, umfasst als Oberbegriff einerseits Rechte, Forderungen sowie Immaterialgüter und andererseits Sachen. Der Begriff ist darüber hinaus aber nicht näher

811 BGH NJW 2010, 2661, 2664.

812 *Schneider*, Virtuelle Werte, S. 41, *Psczolla*, S. 9.

813 *Büchner*, S. 24; *Preuß*, S. 36.

814 *Büchner*, S. 28.

definiert. Teilweise wird dann von einem Gegenstand gesprochen, wenn es sich um ein individualisierbares vermögenswertes Objekt handelt.[815] Ob ein Vermögenswert zwingendes Merkmal eines Gegenstandes ist, wird nicht einheitlich betrachtet.[816] Richtigerweise sollte für einen Gegenstand ausreichend sein, dass es ein individualisierbares Objekt ist, auf das sich ein Recht beziehen kann.[817] Von einem Gut spricht man, wenn eine zunächst außerrechtliche Erscheinung in einem Wirtschaftssystem unabhängig von der Rechtsordnung besteht.[818] Ein Gut kann alles sein, was nützlich ist und als Mittel zur Interessenbefriedigung eingesetzt werden kann, ein Vermögenswert ist nicht zwingend erforderlich.[819]

Nach diesem Verständnis kann ein virtuelles Objekt als gestalterisches Element, das in einer computergenerierten virtuellen Umgebung als dreidimensionales digitales Objekt wahrnehmbar und abgrenzbar ist und in seiner „Wirkung einer real existierenden Sache gleichartig“[820] ist, ein virtueller Gegenstand sowie ein virtuelles Gut sein.

„Als virtuelle Gegenstände sind beispielsweise virtuelle Spielfiguren (Avatare), Waffen, Ausrüstungen, Goldstücke, besondere Eigenschaften und Fähigkeiten vermittelnde Objekte (Zaubertrunk, Schutzschild) etc. anzusehen, die in Onlinespielen vom Nutzer erworben[821] oder erspielt werden können. In der Umgebung einer Entwicklungsplattform wie

815 *Marly* in Soergel, vor § 90 Rn. 2; *Holch* in MüKo, § 90 Rn. 1; *Schneider*, S. 89. Die Definition des Gegenstandes ist nicht ganz einheitlich. *Sohm*, Gegenstand, S. 7, bezeichnet einen Gegenstand als das Objekt eines verfügbaren Rechts, wodurch es im vorrechtlichen Bereich keinen Gegenstand geben würde.

816 Nach *Zech*, S. 95 f., sind die vermögenswerten Gegenstände nur eine Untergruppe aller Gegenstände, sodass es auch wertlose Gegenstände geben muss.

817 *Psczolla*, S. 58.

818 *Zech*, S. 46.

819 *Striezel*, S. 91; *Zech*, S. 46 f., 95: „Bei einem Gut geht es nicht darum, was es ist, sondern wozu man es einsetzen kann.“ Nach *Peukert*, Güterzuordnung, S. 38, ist ein Gut eine wahrnehmbare körperliche oder immaterielle Erscheinung der empirisch fassbaren Welt, „deren Genuss angestrebt wird und geeignet ist, menschlichen Interessen zu dienen und Nutzen zu stiften“.

820 *Psczolla*, S. 9.

821 Unter Erwerb ist die Zahlung eines Entgelts zu verstehen. Als Entgelt kommen sowohl eine Geldgegenleistung als auch Spielgeld in Betracht. Das Spielgeld muss aber durch den Einsatz von „echtem“ Geld erworben worden sein. Sofern auch das Spielgeld gewonnen wurde, ist keine Entgeltlichkeit gegeben.

Second Life existieren typischerweise virtuelle Güter, welche ihre Entsprechung in der realen Welt finden. Dazu gehören etwa virtuelle Bedarfsgegenstände wie Kleidung für Avatare, Modeaccessoires, Möbel, (...) virtuelle Autos oder Häuser."[822]

1. Vertragliche Ansprüche an virtuellen Gegenständen

Bei virtuellen Gegenständen, die ein Nutzer erspielt, ist es umstritten, ob diesem ein eigenständiges vertragliches Nutzungsrecht zusteht. Ein Nutzungsrecht, das sich auf den jeweiligen Gegenstand bezieht, käme in Form einer Lizenzvereinbarung in Betracht;[823] als virtuelle immaterielle Güter könnten sie auch Gegenstand eines Lizenzvertrages sein.[824] Es ist nicht erforderlich, dass den virtuellen Gegenständen auch ein immaterialgüterrechtlicher Schutz zukommt, da der Abschluss eines Lizenzvertrages keinen entsprechenden Schutz voraussetzt. Es gibt auch andere Immaterialgüter, die lizenziert werden können, ohne dass an ihnen immaterialgüterrechtlicher Schutz besteht, wie beispielsweise Know-how.[825] Jedoch kann man den Willen des Betreibers, für jeden virtuellen Gegenstand ein Nutzungsrecht einräumen zu wollen, nicht annehmen.[826] Diese Objekte werden während des Spieles zum Teil auch in Konkurrenz zu anderen Spielern ohne direktes Zutun des Diensteanbieters erworben und wieder verloren. Eine eigenständige Vereinbarung in Bezug auf die jeweiligen Gegenstände anzunehmen, ist daher nicht möglich. Den Nutzungsvertrag in kleinste Einzelansprüche zu teilen, um

822 *Psczolla*, Jur-PC, JurPC Web-Dok. 17/2009, Abs. 1.

823 *Büchner*, S. 93, die Bezeichnung als unechter Lizenzvertrag soll den Umstand erfassen, dass die Lizenz nicht an einem absolut geschützten Immaterialgut eingeräumt wird. Im Ergebnis auch *Schneider*, Virtuelle Werte, S. 143; *Wemmer/Bodensiek*, K&R 2004, 432, 436. A. A *Lober/Weber*, CR 2006, 837, 839.

824 *Büchner*, S. 93 f.

825 *Büchner*, S. 93 f.

826 *Preuß*, S. 113, 136. A. A. *Büchner*, S. 78 f.: „Überspitzte Anforderungen sind an die Genauigkeit der Angabe des Vertragsgegenstandes nicht zu stellen." *Spindler* in Leible/Lehmann/Zech, S. 277 f., nimmt ein Nutzungsrecht an virtuellen Gütern an, sofern dies in den AGB der Anbieter so geregelt ist. *Striezel*, S. 205, sieht die Datensicherung als wesentliche Leistungspflicht.

die virtuellen Gegenstände einzeln zu erfassen, ist ebenfalls verfehlt.[827] Dagegen spricht aber vor allem der primär spielerische Charakter des Dienstes. Der Nutzer hat zwar ein Interesse an einer funktionierenden Spieleumgebung, daraus lassen sich aber keine Einzelansprüche in Bezug auf virtuelle Gegenstände ableiten.[828] Daher sind die erspielten virtuellen Gegenstände als Teil der Dienstleistung zu sehen, ohne dass an ihnen eigene vertragliche Ansprüche bestehen. Die virtuellen Gegenstände werden als Spielstand gespeichert, wann immer der Nutzer sie seinem Account hinzufügt. Diese Speichermöglichkeit ist Teil des Vertragswerkes von Onlinespielen und darf vom Diensteanbieter nicht durch Veränderung des Account-Inhaltes vereitelt werden.[829]

Eine rein faktische Inhaberschaft liegt im Gegensatz zu anderen gespeicherten Inhalten bei virtuellen Gegenständen nicht vor, weil der Betreiber nicht nur den Speicherplatz zur Verfügung stellt, sondern die virtuellen Gegenstände selbst herausgibt.[830] Ihnen liegt ein Code zugrunde, den der Anbieter erschaffen hat und der auch nur in dieser Umgebung funktioniert. Daher kann man virtuelle Gegenstände auch nicht herausverlangen.[831]

827 Ausführlich mit der Frage der Teilbarkeit des Anspruchs beschäftigt sich *Schneider*, Virtuelle Werte, S. 146, 158 f., 167.

828 AG Regensburg Urteil vom 27.04.2006 – Az. 9 C 3694/05. A. A. *Nänni*, S. 205 ff., 222; *Wemmer/Bodensiek* K&R 2004, 432, 436, diese leiten ein Nutzungsrecht aus Art. 14 GG ab. Davon umfasst seien nach dem BVerfGE 58, 300 ff. „alle vermögenswerten Rechte, die einem Berechtigten in der Form zugewiesen sind, dass er die damit verbundenen Befugnisse nach eigenverantwortlicher Entscheidung zu seinem privaten Nutzen ausüben darf".

829 *Preuß*, S. 136 f.

830 So auch *Striezel*, S. 205, dort jedoch mit dem Ergebnis, dass diese als Teil der Software vermietet werden.

831 Davon zu unterscheiden ist aber der Charakter des virtuellen Objektes innerhalb der jeweiligen virtuellen Welt. Als wertvolle, real existente Erscheinungen können sie Gegenstand eines Kaufvertrages (§ 453 BGB) sein. Ob das ausreicht, um ein Immaterialgut anzunehmen, kann man bezweifeln (befürwortend *Schneider*, Virtuelle Werte, S. 140). Für die Vererblichkeit kommt es aber nur darauf an, ob der Wert der virtuellen Objekte eigenständig realisiert werden kann.

2. Eigentumsrechte an virtuellen Gegenständen

Eine umfassende Untersuchung hat auch die Frage erfahren, ob an virtuellen Gegenständen absolute Rechte, insbesondere Eigentums- oder Immaterialgüterrechte, bestehen.[832]

Für die Bestimmung der Rechte an virtuellen Gegenständen wird teilweise zwischen der technischen und der abstrakten Abgrenzbarkeit unterschieden.[833] Die technische Abgrenzung erfolgt danach, dass die Daten, die den virtuellen Gegenständen zugrunde liegen, als Codierung von der Software trennbar sind. Sie führen keine Befehle aus und enthalten auch keine Algorithmen. Es handelt sich vielmehr um das Ergebnis der Berechnung der Spielesoftware.[834] Diese Datenmenge, die als Grundlage für die Darstellung der virtuellen Gegenstände dient, wird als Bezugspunkt von Rechten in Betracht gezogen.[835] Hierbei ergeben sich aber keine zusätzlichen Erkenntnisse, die nicht bereits im Rahmen der Rechte an Daten erörtert wurden. Daher wird auch in der Literatur die abstrakte Abgrenzbarkeit der virtuellen Gegenstände als Bezugspunkt für die rechtliche Zuordnung bevorzugt.[836]

---

832 *Berberich*, Virtuelles Eigentum; *Büchner*, Die rechtlichen Grundlagen der Übertragung virtueller Güter; *Gössl*, Internetspezifisches Kollisionsrecht, *Preuß*, Rechtlich geschützte Interessen an virtuellen Gütern; *Psczolla*, Onlinespielrecht; *Schneider*, Virtuelle Werte; *Striezel*, Der Handel mit virtuellen Gegenständen; zu Teilen auch *Peukert*, Güterzuordnung als Rechtsprinzip.

833 *Psczolla*, S. 53 f.; *Striezel*, S. 69.

834 *Striezel*, S. 74.

835 *Preuß*, S. 46: „Virtuelle Güter sind informationstechnisch ausschließlich angelegt und unterliegen einer künstlichen Verknappung und sind faktisch übertragbar. Die Handelbarkeit bedingt es nun, dass dem Gut ein messbarer Geldwert zukommt. Dadurch wird es notwendigerweise individualisierbar, es gewinnt an Gegenständlichkeit und wird zu einem außersubjektiven Vermögen und außerrechtlichem Vermögensgegenstand." Nach *Psczolla*, S. 55 sieht der Verkehr ein Computerprogramm, inklusive der virtuellen Objekte, technisch betrachtet als eine einheitliche Sache.

836 *Lober/Weber*, MMR 2005, 653, 655; *Psczolla* S. 56; *ders.* JurPC Web-Dok, 17/2009, Abs. 9 f., und *Hindenberger*, S. 51, sprechen von einer abstrakten Betrachtungsweise, da die Daten an sich innerhalb der Software nicht abgrenzbar sind; a. A. *Rippert/Weimar*, ZUM 2007, 272, 274; *Berberich*, S. 133, *Wemmer/Bodensiek*, K&R 2004, 432, 435, die diese Einordnung nur innerhalb der Onlinewelt für möglich halten.

Die abstrakte Abgrenzung erfolgt durch die audiovisuelle Darstellung der Objekte. Sie sind (optisch) abgrenzbar und können in technischer Hinsicht alleine oder mit dem Account übertragen werden.[837] Die virtuellen Gegenstände ähneln auch in ihrem virtuellen Funktionswert einem physischen Gegenstand. Sie können von den Nutzern beherrscht und wirtschaftlich verwertet werden. Dabei handelt es sich auch um Eigenschaften von Sachen. Dennoch kann die fehlende Materialisierung im Rahmen von § 90 BGB nicht überwunden werden. Eine nur virtuelle, körperliche Abgrenzbarkeit reicht nicht aus.[838] Daher können keine Eigentumsrechte an den virtuellen Gegenständen bestehen.

Aufgrund dieser Engfassung des Sachbegriffes im deutschen Recht gibt es für die Bestimmung der Rechtsnatur von virtuellen Gegenständen eine Vielzahl verschiedener Lösungsmodelle. Befürwortet wird beispielsweise, dass die virtuellen Gegenstände in Anbetracht ihrer wirtschaftlichen Bedeutung und der Verkehrsanschauung in Analogie zu § 90 BGB wie Sachen behandelt werden sollen.[839] Dort, wo die Anwendung des Sachenrechts aufgrund der fehlenden Körperlichkeit gänzlich auf Ablehnung stößt, wird die Einordnung als Immaterialgut bevorzugt.[840] Sofern kein kodifizierter Schutz für dieses Immaterialgut einschlägig ist, soll ein Immaterialgut sui generis vorliegen.[841] Das Problem des fehlenden speziellen Immaterialgüterrechtsschutzes nehmen andere als Begründung, um ein sonstiges absolutes Recht (sui generis) anzunehmen beziehungsweise das Regelungssystem der §§ 929 ff. BGB ana-

837 *Lober/Weber*, MMR 2005, 653, 655, lehnen im Ergebnis die Sacheigenschaft von virtuellen Gegenständen ebenfalls ab. Bei virtuellen Gegenständen wird auch die Beherrschbarkeit gefordert, die nicht vorliegt, so unter anderem *Gräber*, S. 52.

838 *Berberich*, S. 91, 103; *Gräber*, S. 60; *Klickermann*, MMR 2007, 766, 767; *Koch*, JurPC Web-Dok. 57/2006, Abs. 21; *Lober/Weber*, ZUM 2007, 272, 274 f.; *Psczolla*, S. 56; *Striezel*, S. 70 f.; *Heghmanns/Kusnik*, CR 2011, 248, 249.

839 *Büchner*, S. 42; *Lober/Weber*, MMR 2005, 635, 655; *Völzmann-Stickelbrock* in FS Eisenhardt, S. 327, 337; *Wemmer/Bodensiek*, K&R 2004, 432, 435.

840 *Koch*, Jur-PC Abs. 21 f., 29, 41 ff.; *Lober/Weber*, MMR 2005, 635, 655; *Krasemann*, MMR 2006, 351, 352; *Ripper/Weimer*, ZUM 2007, 272, 275.

841 *Koch*, JurPC Web-Dok. 57/2006 Abs. 21 f., 29, 41 ff.

log anzuwenden.[842] Teilweise wird diese Rechtsposition aus dem in § 823 BGB aufgeführten „sonstigen Recht" hergeleitet.[843]

3. Urheberrechte an virtuellen Gegenständen

An virtuellen Gegenständen können urheberrechtliche Ansprüche bestehen.[844]Soweit vorhanden, wird zudem die Urheberrechtsfähigkeit von Avataren oder anderen virtuellen Gegenständen, die von den Nutzern selbst erstellt oder nach ihren Vorstellungen individualisiert werden, angenommen.[845] In Betracht kommt dabei eine Einordnung als Werk der bildenden oder der angewandten Kunst (§ 2 I Nr. 4 UrhG); sogar Werke der Baukunst sind denkbar, wenn virtuelle Gebäude erstellt werden.[846] Der urheberrechtliche Schutz greift selbstverständlich nur dann, wenn der Nutzer einen eigenen Gestaltungsfreiraum hatte. Bei bloß erworbenen virtuellen Gegenständen besteht kein Urheberrechtsschutz zugunsten des Nutzers. Der immaterialgüterrechtliche Schutz führt aber nicht dazu, dass der Nutzer frei über die Gegenstände verfügen kann. Die Interessen des Diensteanbieters müssen ebenfalls berücksichtigt werden.[847]

---

842 *Lober/Weber*, MMR 2005, 653, 655; *Dorner*, CR 2014, 617, 620; für ein Immaterialgut sui generis wohl auch *Koch*, JurPC Web-Dok. 57/2006, Abs. 29, 41 ff.; a. A. *Wemmer/Bodensiek*, K&R 2004, 432, 435, befürworten die Einordnung als immaterielle Sachen; *Trump/Wedemeyer*, 2006, 397, 401, wollen eine Analogie zu § 19a UrhG, da der Gegenstand vom Server aus öffentlich zugänglich gemacht wird. Kritisch zu der Vermengung der Begriffe Immaterialgut und Immaterialgüterrechte siehe *Koos*, GRUR, 2004, 808, 810 f.

843 *Büchner*, S. 72; *Lober/Weber*, CR 2006, 837, 843.

844 LG Köln MMR 2008, 556, Virtueller Dom in Second Life, *Berberich* in Große Ruse-Khan/Klass/v. Lewinski, Nutzergenerierte Inhalte, S. 165, 176.

845 *Klickermann*, MMR 2007, 766, 768; siehe auch *Bullinger/Czychowski*, GRUR 2011, 19, 23, die urheberrechtlichen Ansprüche des Diensteanbieters in Bezug auf die Avatare prüfen.

846 LG Köln MMR 2008, 556 – Virtueller Dom in Second Life; *Berberich*, S. 84 f.

847 *Koch*, JurPC-Web-Dok. 0057/2006 Abs. 49 ff.

4. Vermögenswert virtueller Gegenstände

Technisch gesehen handelt es sich bei virtuellen Gegenständen um Informationen, die sich innerhalb der Spielesoftware digital darstellen lassen.[848] Die Funktionsfähigkeit der virtuellen Gegenstände ist an ihre Existenz innerhalb des Programmes, in dem sie entstanden sind, gebunden. Sie haben keine eigene Befehlsfolge und sind daher informationstechnisch nicht selbstständig wie Software oder andere Dateien, deren Informationen sich unabhängig vom Account darstellen lassen. Nur die entsprechende Spielesoftware kann die Daten derart lesen, dass die virtuellen Güter grafisch dargestellt werden.[849] Der Wert der Güter lässt sich daher nur innerhalb der Spieleumgebung realisieren. Aus diesem Grund stellt sich die Frage, ob diese Objekte überhaupt einen Vermögenswert haben, da nicht jeder, sondern nur eine sehr begrenzte Personenzahl bereit ist, dafür einen Gegenwert zu leisten. Der Vermögenswert eines Objektes muss im erbrechtlichen Zusammenhang absolut sein und nicht nur relativ;[850] es kann nicht das persönliche Interesse beziehungsweise der individuelle Nutzen für die Charakterisierung im Allgemeinen ausschlaggebend sein. Die Sachlage ist aber bei virtuellen Gegenständen eine andere. Der Vermögenswert besteht zwar nur für einen begrenzten Personenkreis, für diesen ist er aber objektiv und absolut vorhanden. Jeder, der sich in dieser Spieleumgebung aufhält, kann den Wert der Gegenstände realisieren. Vergleichbar sind virtuelle Gegenstände daher mit Sammlerstücken, die auch nur für einen bestimmten Personenkreis

---

848 *Preuß*, S. 37.
849 *Preuß*, S. 37.
850 Siehe dazu Teil I. A. I. 1. a.

einen Wert haben.[851] Die virtuellen Gegenstände sind zwar immer nur innerhalb der Spieleumgebung zu erlangen, der Zugang zu dieser Spieleumgebung steht aber jedermann zu, der sich registriert. Daher handelt es sich bei virtuellen Gegenständen, die innerhalb des Spieles gegen Geld an einen anderen Spieler übertragen werden können, um vermögenswerte Güter.

5. Isolierter Herausgabeanspruch

Die Vererblichkeit virtueller Güter kann aber nur dann angenommen werden, wenn die Erben diese herausverlangen können. Eine Spielfigur beziehungsweise ein Avatar kann in der Regel nicht isoliert herausgegeben werden, da dies nur im Zusammenhang mit der Account-Inhaberschaft möglich ist. Für alle Eigenschaften, Werkzeuge, Waffen und Ähnliches, die nur durch den Avatar genutzt werden können, gilt das Gleiche, sofern sie nur im Zusammenhang mit der jeweiligen Spielfigur genutzt werden können. Eine isolierte Vererblichkeit kommt nur für virtuelle Gegenstände in Betracht, die unabhängig von der Account-Inhaberschaft übertragen werden können.

Für den Fall, dass die Erben selbst einen Account haben oder einen solchen einrichten wollen, können die virtuellen Gegenstände übertragen werden. Andernfalls kann der Wert der virtuellen Gegenstände durch die Erben nicht realisiert werden, da sie keinen Zugang zum Account haben. Eine isolierte Vererblichkeit der virtuellen Gegenstände ist folglich ausgeschlossen. Eine denkbare Alternative wäre in diesem

851 Vgl. *Striezel*, S. 94, *Striezel* geht auch auf die Problematik ein, dass viele Diensteanbieter den Handel mit virtuellen Gegenständen regeln und teilweise nur den Ingame-Handel erlauben. Dieser reicht aber aus, um einen Vermögenswert zu begründen. Es muss kein Verkauf außerhalb der Plattform möglich sein, sofern die Objekte ohnehin nur innerhalb der Plattform genutzt werden können. Liegt ein gänzliches Verbot des Handels mit virtuellen Objekten vor, so wäre es naheliegend, anzunehmen, dass eine Übertragung in diesen Fällen auch technisch nicht möglich ist. Möglich ist aber die Übertragung der Spielfiguren, da dazu die Herausgabe der Zugangsdaten für den Account ausreicht. Der Diensteanbieter hat aber ein schützenswertes Interesse daran, den Austausch der Vertragspartner zu verhindern. Ein entsprechendes Verbot stellt deshalb auch keinen Verstoß gegen das AGB-Recht dar. Vgl. dazu LG Regensburg, Urteil vom 17.10.2006 – 2 S. 153/06 (3) – BeckRS 2011, 12694.

Zusammenhang aber, dass die Diensteanbieter den Erben den Wert der virtuellen Gegenstände erstatten, sofern es sich um Gegenstände handelt, die der Account-Inhaber auch hätte verkaufen können.

III. Ergebnis

Bei Onlinespielen ist grundsätzlich der gesamte Account vererblich. Obwohl die Spielwelten teilweise ebenfalls zur Persönlichkeitsentfaltung der Nutzer beitragen, überwiegen in der Regel Vermögensinteressen. Eine andere Betrachtung ist nur bei virtuellen Welten geboten, bei denen die Nutzer eine „Onlineidentität" erstellen. Für diesen Umstand zur Unvererblichkeit der Account-Inhaberschaft muss der Diensteanbieter den Erben die vermögenswerten virtuellen Gegenstände zur Verfügung stellen oder einen entsprechenden Gegenwert ausbezahlen.

G. Finanzdienste

Neben klassischen Online-Banking-Accounts, die häufig als Zusatzleistung der Bank angeboten werden, sind Onlinedienste vorzufinden, die sich auf das Bezahlen im Internet spezialisiert haben.[852] Die Online-Banking-Accounts sind eine Annexleistung der Banken und somit vom regulären Girovertragsverhältnis umfasst; sie sind nicht Teil dieser Untersuchung. Zu den Besonderheiten der internetspezifischen Bezahldienste gehört, dass man häufig nicht die Kontodaten des regulären Bankkontos im Netz einsetzen muss, sondern diese nur bei dem Bezahldienst hinterlegt – dieser ermöglicht dann die Bezahlung auf eine andere Weise.[853] Im Gegensatz zu den normalen Bezahlmethoden bietet beispielsweise der Bezahldienst PayPal auch Sicherheitsleistungen für den Einkauf an. Eine eigens für die Konflikte ihrer Kunden

852 Beispielsweise PayPal oder Entropay.

853 Beim Kauf über PayPal wird man auf diese Seite weitergeleitet. Entropay vergibt eine eigene Kreditkartennummer.

eingerichtete Konfliktstelle entscheidet im Streitfall, ob der Käufer oder der Verkäufer im Unrecht ist.

Für die Nutzung eines E-Geld-Accounts muss der Nutzer, wie bei anderen webbasierten Diensten, einen Account eröffnen. Bei PayPal können sowohl geschäftliche als auch private Finanztransaktionen getätigt werden, wodurch man ohne Gebühren Geld an seine Freunde oder Verwandte schicken kann. Die Nutzer haben die Möglichkeit, dem Bezahldienst eine Einzugsermächtigung für ihr Bankkonto einzuräumen oder eine Abbuchung über ihre Kreditkarte zu ermöglichen. Als Bezahlquelle kommen auch Einzahlungen in Betracht, die man auf den PayPal-Account überweist. Umgekehrt besteht die Option, Geld, das sich auf dem Account befindet, dort zu belassen, um es später anderweitig einzusetzen oder zurück auf das eigene Bankkonto zu überweisen. Will man anschließend mit PayPal bezahlen, so wird man beim Einkaufsvorgang auf die Seite von PayPal weitergeleitet und muss dort die Zahlung autorisieren. Es ist auch möglich, durch die Eingabe einer E-Mail-Adresse Geld an eine andere Person zu schicken, die ebenfalls über einen PayPal-Account verfügt. Der Anbieter Entropay bietet hingegen eine eigene Kreditkartennummer an, die wie eine digitale Kreditkarte durch die Eingabe der Kreditkartennummer beim Bezahlvorgang eingesetzt wird. Die Abbuchung erfolgt dann durch die eigene Kreditkarte, die mit dem Account verknüpft wurde. Der Zahlungsdienst SOFORT handelt dagegen im Namen des Nutzers, indem er mittels der Online-Banking-Daten (mit Pin und Tan) die Abbuchung vom Konto des Nutzers vornimmt.

Die Untersuchung der Finanzdienste beschränkt sich auf diejenigen Dienste, die spezifisch nur online angeboten werden. Nicht umfasst sind Accounts für Onlinebanking, die als Zusatzleistung zu einem Bankkonto angeboten werden.[854] In diesen Fällen sind bankrechtliche Besonderheiten vorrangig zu berücksichtigen.

854 Dazu gehören auch diejenigen Accounts, die zu einem nur online geführten Bankkonto führen.

I. Rechtsnachfolge in die Nutzungsvereinbarung

1. Vermögensrechtliche Zuordnung

Ein Onlinefinanzdienst kann in Bezug auf die vermögensrechtliche Zuordnung ebenfalls mit einem Girokonto verglichen werden. Die Inhaberschaft hat keinen eigenständigen Vermögenswert, da jeder die Möglichkeit hat, einen Account zu eröffnen. Die Leistung hat auch keinen objektiven Verkehrswert, da sie in den meisten Fällen kostenlos angeboten wird. Die Frage ist allerdings, ob vergleichbar mit Girokonten auch den Accounts für Finanzdienste eine nachlassregelnde Funktion zukommt. Die Finanzdienste werden zwar grundsätzlich nur für einzelne Transaktionen genutzt, das heißt, in der Regel finden keine regelmäßig wiederkehrenden Abbuchungen statt; dennoch können sie für die Realisierung von Ansprüchen oder die Begleichung von noch offenen Verbindlichkeiten relevant sein. Daher ist die Funktion dieser Nutzungsvereinbarungen in den Bereich der materiellen Rechtsverhältnisse des Erblassers einzuordnen.

2. Ausschluss der Vererblichkeit

Die Nutzung der Accounts für Zahlungsdienste erfolgt nicht personalisiert; die Nutzer richten keine Profile ein. In den meisten Fällen werden nur die Adressdaten sowie Zahlungsmittel angegeben, die der Nutzer mit dem Account verknüpft. Dabei handelt es sich im Wesentlichen um Informationen, die auch beim regulären Girokonto verfügbar sind. Problematisch ist allerdings, dass die Verknüpfung zu diesen Diensten teilweise über die E-Mail-Adresse des Erblassers funktioniert. Eine Weiternutzung durch die Erben wäre daher nur dann möglich, wenn diese ihre eigene E-Mail-Adresse mit dem Account verknüpfen.

II. Vererblichkeit der Inhalte

Bei den Inhalten der Finanzdienste handelt es sich überwiegend um Transaktionsinformationen. Diese stehen im unmittelbaren Zusammenhang mit der Nutzung des Accounts und setzen eine Account-Inhaberschaft voraus. Eine isolierte Herausgabe ist weder sinnvoll noch erforderlich, da auch nicht die Zuordnung dieser Daten beabsichtigt wird, sondern deren Nutzung für die Abwicklung von möglicherweise noch offenen Transaktionen. Darüber hinaus kann der Dienst eine eigene Guthabenfunktion anbieten, wie es beispielsweise beim Onlinebezahldienst PayPal der Fall ist. Das Guthaben ergibt sich durch Überweisungen der Nutzer oder durch Rückzahlungen von Verkäufern. Da das Guthaben einen Geldwert darstellt, haben die Erben einen vermögensrechtlichen Anspruch auf Auszahlung an das Girokonto des Erblassers oder an das eigene Girokonto.

III. Ergebnis

Accounts für Finanzdienste sind vererblich. Die Erben können diese weiternutzen und vollumfänglich auf die Inhalte zugreifen.

H. Einkaufs- und Verkaufsplattformen

Onlineshops sind sowohl als Zusatzleistung als auch nur internetspezifisch vorzufinden. Über diese stellt der Anbieter eigene Waren- oder Dienstleistungen zur Verfügung.[855] Von den Onlineshops sind die Marktplätze, auch Vermittlungsportale genannt, zu unterscheiden. Sie zeichnen sich dadurch aus, dass nicht der Plattformbetreiber der Verkäufer ist: Die Nutzer selbst können Waren oder Dienstleistungen anbieten, die von anderen Nutzern erworben werden.[856] Dazu zäh-

855 Zum Beispiel Amazon oder Zalando als nur im Internet vorhandene Einkaufsplattformen. Es gibt aber auch Onlineangebote von nahezu allen größeren Offlinehändlern, so zum Beispiel H&M oder Ikea. Zu den Dienstleistungsangeboten zählen insbesondere die Booking-Portale.

856 Amazon ist eine Mischform, da es eigene Waren anbietet, aber den Nutzern zudem einen Marktplatz bietet. Es gibt auch andere Onlineshops, die zu ihrem regulären Shop-Betrieb zusätzlich eine Marktplatzfunktion anbieten, wie zum Beispiel Zalando.

len Auktionsplattformen[857], Tauschbörsen[858] und andere elektronische Marktplätze[859]. Die bekannteste Form dieser Dienste sind die Auktionsplattformen.[860] Es gibt aber auch andere Plattformen, die Waren oder Dienstleistungen der eigenen Nutzer oder von anderen Anbietern bereitstellen.[861] Die Beteiligten bewerten sich auf diesen Plattformen gegenseitig; dadurch wird die Zuverlässigkeit und Vertraulichkeit der Teilnehmer für andere sichtbar und einschätzbar.[862] Je besser die Bewertungen eines Nutzers sind, desto höher sind beispielsweise seine Verkaufschancen. Teilweise gibt es auch Bewertungen für die Käufer. Sind diese schlecht, kann ein Verkäufer den Verkauf an diese Person ablehnen.

Eine Anmeldung ist bei Onlineshops nicht immer erforderlich. Bevorzugen die Nutzer eine Anmeldung, werden die für den Vertragsabschluss relevanten Daten eines Nutzers gespeichert. Dieser muss sich bei einem erneuten Einkauf nur noch einloggen und nicht alle Informationen, die für den Bestellvorgang erforderlich sind, erneut eingeben. Die Einkaufsportale funktionieren weitgehend nach dem gleichen Muster: Nach der Auswahl der zu erwerbenden Waren oder Dienstleistungen werden diese in einen virtuellen Warenkorb gelegt. Hat der Nutzer einen Account, sind seine Daten gespeichert und er kann dann meist direkt den Einkauf bestätigen. Die Zahlung erfolgt anhand einer Bezahlmethode, die entweder bereits im Account voreingestellt wurde oder während des Bestellprozesses erneut eingegeben wird. Darüber hinaus hat der Account bei einem Onlineshop eine geringe Bedeutung. Manche Accounts bieten aber beispielsweise die Möglichkeit, Favoriten zu speichern oder eine E-Mail-Benachrichtigung einzurichten, falls gewünschte Artikel nicht verfügbar sind. Im Falle ihres Eintreffens wird der Nutzer dann benachrichtigt. Neben diesen aktiv nutzbaren Zusatzfunktionen gibt es auch passive Funktionen. Die

857 Zum Beispiel eBay.
858 Zum Beispiel Kleiderkreisel.
859 Zum Beispiel DaWanda.
860 Zum Beispiel eBay.
861 Zum Beispiel MyHammer, Helpling, Kleiderkreisel.
862 *Cichon* in Spindler, Teil XII Rn. 6.

Funktionen sind passiv, weil der Nutzer sie zwar nicht im Rahmen des Leistungsangebotes des Dienstes nutzen kann, sie ihm aber dennoch zugutekommen, beispielsweise der nutzerspezifische Algorithmus, der anhand der bisherigen Such- und Kaufaktivitäten dem Nutzer gezielte Vorschläge macht. Manche Onlineshops ermöglichen ihren Kunden auch, Punkte zu sammeln, die wiederum als Vergünstigung bei Einkäufen genutzt werden können.

Im Gegensatz zu einem Onlineshop sind eine Anmeldung und die Errichtung eines Accounts bei einem Marktplatz die Regel. Da die Transaktionen zwischen den Nutzern stattfinden, hat der Anbieter ein Interesse daran, eine zuverlässige Plattform zu schaffen, weshalb die Anmeldung regelmäßig unter Angabe der wahren Identität erfolgen muss. Die Verträge werden ohne Beteiligung des Diensteanbieters unter den Nutzern geschlossen. Der Diensteanbieter bestimmt aber als Plattformbetreiber die Regeln, die für den Erwerbsvorgang gelten, und erhält meistens auch eine Provision. Der gesamte Verkaufsvorgang – von der Kommunikation bis zum Vertragsabschluss – läuft über die Plattform ab.[863]

I. Rechtsnachfolge in die Nutzungsvereinbarung

1. Vermögensrechtliche Zuordnung

Die Account-Inhaberschaft bei Einkaufsplattformen hat keinen Vermögenswert. Sie dient allerdings der Befriedigung materieller Interessen und ist daher bestimmungsgemäß vermögensbezogen.

Ein Account, der dem Verkauf von Waren oder Dienstleistungen dient, ist mit einem geschäftlichen E-Mail-Account vergleichbar. Gerade auf Plattformen wie eBay ist der Verkaufserfolg maßgeblich davon abhängig, wie die Bewertungen des Accounts sind.[864] Dieser Eigenwert des

863 Vgl. *Schneider* in Redeker, IT-Verträge, Teil 3.14 Rn. 14.

864 Vgl. zu eBay-Bewertungen *Krüger/Peintinger* in Martinek/Semler/Flohr, § 36 Rn. 171 ff.

Accounts ist vergleichbar mit dem Goodwill von Unternehmen.[865] Es handelt sich um den Wert, der über den Ertrags- und den Sachwert hinausgeht und auf das „Ansehen" des Inhabers zurückzuführen ist. Diese Accounts haben folglich einen Vermögenswert, da Dritte bereit wären, für die Inhaberschaft ein Entgelt zu entrichten.

2. Ausschluss der Vererblichkeit

Für die Nutzung der Einkaufs- und Verkaufsplattformen werden keine Profile erstellt. Die Nutzer hinterlassen zwar viele persönliche Daten, die für die Kaufabwicklung erforderlich sind, und der Account ermöglicht meist auch eine Übersicht über Ein- und Verkäufe, die in der Vergangenheit getätigt wurden; daraus lässt sich aber keine Unvererblichkeit der Accounts begründen. Obwohl sicherlich einige Erblasser nicht ihre gesamte Einkaufshistorie offenlegen würden, werden damit nur geringe persönliche Interessen des Erblassers berührt.

Problematisch ist allerdings, dass durch das Einkaufsverhalten ein sogenanntes „Scoring" stattfindet. Das heißt, der Nutzer wird – für ihn nicht sichtbar – danach bewertet, was er kauft und wie sein Bezahlverhalten ist.[866]Das Scoring dient dazu, anhand des bisherigen Verhaltens eines Käufers dessen Eignung als Kunde zu bewerten. Dem Kunden werden anhand seines Kaufverhaltens dann spezielle Angebote gemacht.[867] Die Kaufentscheidung bleibt aber im Ergebnis frei. Es ist nicht zu befürchten, dass den Erben durch die Nutzung der Accounts des Erblassers gewisse Produkte oder Dienstleistungen verwehrt bleiben. Ein durchschnittlicher Internetnutzer sucht auf mehreren Seiten, bevor er eine Kaufentscheidung trifft. Es bleibt allerdings zu beobachten, wie sehr die Nutzung dieser Accounts in der Zukunft speziell auf

---

865 Zu den unterschiedlichen Methoden, um den Goodwill von Unternehmen zu bestimmen, siehe *Antonakopoulos/Weidenfeller*, IRZ 2018, 339 ff.; *Bömelburg/Landgraf/Pühl*, IRZ 2017, 119 ff.

866 BGH BKR 2014, 193 zur Zulässigkeit des Scoring nach dem BDSG a. F., *Taeger*, ZRP 2016, 72 ff. zur datenschutzrechtlichen Zulässigkeit des Scoring nach der DS-GVO.

867 Vgl. *Ebers*, MMR 2018, 423 ff. zur Zulässigkeit des Behavioral Microtargeting als Folge des Scorings.

die Interessen des jeweiligen Nutzers ausgerichtet ist und ob daraus eine Unvererblichkeit folgen muss.

II. Ergebnis

Accounts, die dem Ein- oder Verkauf dienen, sind vererblich. Sie sind entweder bestimmungsgemäß vermögensbezogen oder haben einen Tauschwert, der eine vermögensrechtliche Zuordnung erlaubt. Aufgrund der Vererblichkeit der Accounts kann offenbleiben, ob es in diesen Accounts Inhalte gibt, die auch isoliert vererblich wären. In Betracht kommen möglicherweise durch Bonusprogramme oder Ähnliches gesammeltes Guthaben oder Punkte, die teilweise eine Vergünstigung oder das Einlösen gegen andere Waren oder Dienstleistungen ermöglichen; diese Inhalte wären ebenfalls aufgrund ihres Vermögensbezuges vererblich.

Ergebnis für Teil II

I. Vererblichkeit von Account-Inhaberschaften

1. Kriterien für eine vermögensrechtliche Zuordnung

Es gibt im Wesentlichen drei verschiedene Account-Inhaberschaften, die aufgrund ihrer vermögensrechtlichen Zuordnung vererblich sind. Dazu zählen Accounts, die einen Tauschwert haben, weil die Account-Inhaberschaft selbst für einen Dritten objektiv wertvoll ist. In der Regel haben diese Accounts neben dem Tauschwert auch einen Nutzwert, weil der Account dazu dient, durch die Inhalte Einnahmen zu generieren. Zum anderen sind die Account-Inhaberschaften auch dann vererblich, wenn der Leistung, die durch die Nutzung des Accounts in Anspruch genommen wird, ein objektiver Verkehrswert zukommt. Schließlich sind auch diejenigen Accounts vererblich, die nur bestimmungsgemäß vermögensbezogen sind. Ein Account ist dann bestimmungsgemäß vermögensbezogen, wenn er, ohne einen eigenen Tausch-

oder Nutzwert zu haben, für die Befriedigung materieller Bedürfnisse eingesetzt wird.

2. Unvererblichkeitskriterien

Eine Nutzungsvereinbarung und die damit verbundenen Account-Inhaberschaften sind dann nicht vererblich, wenn der Erblasser für die Nutzung des Dienstes ein Nutzerprofil erstellt hat. Das gilt für Profile mit Klarnamen genauso wie für Profile, die mit Pseudonymen genutzt werden, sofern der Erblasser damit seine Persönlichkeit repräsentiert hat, wenn auch nicht seine Person. Etwas anderes gilt nur dann, wenn ein Nutzerprofil eindeutig nicht den Account-Inhaber repräsentiert, sondern ein Thema (zum Beispiel Profile mit Reisefotos) oder eine andere Person, wie es etwa bei Fanseiten der Fall ist, die nur Informationen über berühmte Personen wiedergeben, die erkennbar nicht selbst Account-Inhaber sind.

3. Gesamtbetrachtung

In den meisten Fällen sind die Accounts, die vermögensrechtlich zugeordnet wurden, nicht personenbezogen. Nur in wenigen Fällen, wie beispielsweise bei Influencer-Accounts oder Accounts für virtuelle Welten, muss eine Abwägung zwischen dem Personen- und dem Vermögensbezug vorgenommen werden.

II. Vererblichkeit von Account-Inhalte

Account-Inhalte sind nur dann vererblich, wenn sie ebenfalls vermögensrechtlich zugeordnet werden können; in der Regel ist das nicht der Fall. Vererblich sind die Inhalte, an denen eigene Rechte bestehen, die auf den Erben übergehen. Neben Urheberrechten gehören auch Lizenzverträge und ähnliche Vereinbarungen zur Nutzung von digitalen Inhalten dazu.

Teil III. Bewertung der Ergebnisse im Kontext der Rechtsordnung

A. Datenschutz- und Telekommunikationsrecht

Der digitale Nachlass bringt die Besonderheit mit sich, dass die erbrechtliche Prüfung allein nicht ausreicht, um die Frage des Übergangs der Account-Inhaberschaften und der Account-Inhalte zu beantworten. Da diese Positionen nur online verfügbar sind und während der Nutzung der Accounts in den meisten Fällen zudem auch eine Interaktion mit Dritten stattfindet, muss die Rechtmäßigkeit der Übertragung der Account-Inhaberschaften auch nach dem Datenschutz- und Telekommunikationsrecht bewertet werden.

I. Datenschutzrecht

Das Datenschutzrecht gilt als Konkretisierung und Aktualisierung des Rechts auf informationelle Selbstbestimmung.[868] Es ist wiederum eine spezielle Ausprägung des allgemeinen Persönlichkeitsrechts und gilt, wie dieses als ein Grundrecht, das aus Art. 2 Abs. 1. und Art. 1 Abs. 1 GG abgeleitet wird. Als eigenes Grundrecht ist der Schutz personenbezogener Daten darüber hinaus in der EU-Charta der Grundrechte enthalten (Art. 8 EU-GRCh). Er gilt als lex secialias zum Schutz des Privat- und Familienlebens (Art. 7 EU-GRCh).[869]

Aufgrund dessen wird vor der Prüfung verfassungsrechtlicher Hindernisse oder Kollisionen mit dem erbrechtlichen Ergebnis zunächst ein Entgegenstehen datenschutzrechtlicher Bestimmungen geprüft.

868 *Simitis* in Simitis, § 1 Rn. 28.

869 Gersdrof in BeckOK InfoMedienR, Art. 8 Rn. 5 f.

Vor Inkrafttreten der DS-GVO am 25.05.2018 galten spezielle Vorschriften zum Schutz personenbezogener Daten vorrangig vor den allgemeinen Bestimmungen des BDSG, § 1 Abs. 3 S. 1 BDSG a. F. So waren beispielsweise die §§ 91 TKG, 11 TMG bei Telemedien oder Telekommunikationsdiensten vorrangig zu prüfen.[870]

Das Verhältnis der DS-GVO zur e-Privacy-Richtlinie[871] (e-PrivacyRL), die für elektronische Kommunikation maßgeblich ist, wird nunmehr in Art. 95 DS-GVO geregelt. Dort heißt es, „natürlichen oder juristischen Personen (werden) in Bezug auf die Verarbeitung in Verbindung mit der Bereitstellung öffentlich zugänglicher elektronischer Kommunikationsdienste in öffentlichen Kommunikationsnetzen in der Union keine zusätzlichen Pflichten auf(erlegt), soweit sie besonderen, in der Richtlinie 2002/58/EG festgelegten Pflichten unterliegen, die dasselbe Ziel verfolgen".[872] Die e-PrivacyRL soll demnach vorrangig gelten, da durch die DS-GVO keine zusätzlichen Pflichten entstehen sollen.[873] Das TMG gilt hingegen nur, insoweit die Vorschriften die e-Priva-

870 *Braun* in BeckOK TKG, § 91 Rn. 7; *Dix* in Simitis, § 1 Rn. 170. *Gusy/Eichendorfer*, BeckOK Datenschutz (2017), § 1 Rn. 77 f.; zum Verhältnis des TMG zur DS-GVO siehe *Keppler*, MMR 2015, 779 ff.

871 Richtlinie 2002/58/EG des Europäischen Parlamentes und des Rates vom 12. Juli 2002 über die Verarbeitung personenbezogener Daten und den Schutz der Privatsphäre in der elektronischen Kommunikation (Datenschutzrichtlinie für elektronische Kommunikation), ABl. EG 2002, L 201 vom 31.07.2002, S. 37–47, zuletzt geändert durch Richtlinie 2009/136/EG des Europäischen Parlamentes und des Rates vom 25. November 2009, zur Änderung der Richtlinie 2002/22/EG über den Universaldienst und Nutzerrechte bei elektronischen Kommunikationsnetzen und -diensten, zur Richtlinie 2002/58/EG über die Verarbeitung personenbezogener Daten und den Schutz der Privatsphäre in der elektronischen Kommunikation und der Verordnung (EG) Nr. 2006/2004 über die Zusammenarbeit im Verbraucherschutz, ABl. Nr. L 337/11 vom 18.12.2009.

872 § 1 Abs. 2 der Neufassung des BDSG enthält auch eine Subsidiaritätsklausel gegenüber bereichsspezifischen Spezialgesetzen. Nur wenn diese nicht abschließend sind, soll das BDSG anwendbar sein. § 91 TKG regelt die Erhebung, Verarbeitung und Nutzung personenbezogener Daten, die in einem sachlichen Zusammenhang mit einem Telekommunikationsdienst stehen. Insoweit ist die Regelung als abschließend zu betrachten und wäre wohl auch vorranging vor den Regelungen des neugefassten BDSG anwendbar.

873 *Piltz* in Gola, Art. 95 Rn. 4.

cyRL umsetzen; soweit das TMG die Datenschutzrichtlinie[874] berücksichtigt, sind insbesondere die Normen nicht mehr anwendbar.[875]

Das TKG ist eine Umsetzung der e-PrivacyRL, geht aber über deren Regelungsgehalt hinaus;[876] es gilt beispielsweise auch für Angebote, die nicht an die Öffentlichkeit gerichtet sind.[877] Diese überschießende Umsetzung selbst hat daher keinen Vorrang vor der DS-GVO.[878] Die §§ 91 ff. TKG wären somit nicht auf Daten anwendbar, die sich bei nicht-öffentlich zugänglichen Telekommunikationsdiensten befinden.[879] Im Übrigen sind die §§ 91 ff. TKG vorrangig vor der DS-GVO zu prüfen.[880] Die §§ 91 ff. TKG beziehen sich jedoch nur auf die Daten, die aus der Nachrichtenfunktion stammen,[881] nicht aber auf die Inhalte der Kommunikation – diese sind eigenständig in § 88 TKG geregelt.[882] Daher wären die §§ 91 ff. TKG nur auf Bestands- und Verkehrsdaten anwendbar. Andere Account-Inhalte unterfallen nicht dem Anwendungsbereich des Telekommunikationsdienstes.[883]

Die DS-GVO ist neben den §§ 88, 91 TKG anwendbar, wenn es sich um Daten handelt, die nicht aus der Nachrichtenfunktion stammen und auch keine Bestands- und Verkehrsdaten sind. Das können alle anderen Daten sein, die personenbezogen sind und damit in den Anwendungsbereich der DS-GVO fallen. In Art 4. Nr. 1 DS-GVO sind personenbezogene Daten legal definiert als „alle Informationen, die sich auf eine identifizierte oder identifizierbare natürliche Person

874 Richtlinie 95/46/EG des Europäischen Parlamentes und des Rates vom 24. Oktober 1995 zum Schutz natürlicher Personen bei der Verarbeitung personenbezogener Daten und zum freien Datenverkehr.

875 Orientierungshilfe der Aufsichtsbehörden für Anbieter von Telemedien, S. 2 ff., abrufbar unter: https://www.datenschutzkonferenz-online.de/media/oh/20190405_oh_tmg.pdf.

876 *Kiparski/Sassenberg*, CR 2018, 324, 324; die ePrivacyRL (2002/58/EG) ist mindestharmonisierend.

877 *Jenny* in Plath, Art. 95 Rn. 2; *Kühling/Raab* in Kühling/Buchner, Art. 95 Rn. 11.

878 *Heun/Assion* in Auerhammer, Art. 95 Rn. 6.

879 *Heun/Assion* in Auerhammer, Art. 95 Rn. 11; *Kiparski/Sassenberg*, CR 2018, 324, 326.

880 *Sydow* in Sydow, Art. 95 Rn. 10.

881 Vgl. dazu auch *Bock*, AcP 207 (2017), 371, 398.

882 *Bock* in BeckOK TKG, § 88 Rn. 11.

883 *Scheurle/Kaienburg* in Scheurle/Mayen, § 1 Rn. 77.

(…) beziehen". Dazu zählen neben dem Namen, der Adresse und dem Familienstand auch Meinungsäußerungen, Beurteilungen und Werturteile.[884] Damit wäre der Anwendungsbereich der DS-GVO in Bezug auf Account-Inhalte grundsätzlich eröffnet. Die Offenlegung der Daten an die Erben wäre auch eine Verarbeitung dieser Daten im Sinne von Art. 4 Nr. 2 DS-GVO, sodass diese nur unter den in Art. 6 DS-GVO genannten Voraussetzungen zulässig wäre.[885]

1. Daten des Erblassers

Die Verletzung datenschutzrechtlicher Regelungen durch die Übermittlung der Daten des Erblassers wurde vor Inkrafttreten der DS-GVO überwiegend mit dem Argument abgelehnt, dass diese auf den Verstorbenen nicht anwendbar seien.[886] Obwohl die DS-GVO mit dem Recht auf Vergessenwerden in Art. 17 DS-GVO durchaus das Erfordernis erkannt und umgesetzt hat, dass Daten ohne gesetzliche Regelung für eine unbestimmte Zeit über alle Grenzen hinweg erreichbar und beliebig reproduzierbar sind, wurden diese Grundsätze folglich bewusst nicht auf die Daten Verstorbener übertragen. In den Erwägungsgründen Nr. 27 und 158 der DS-GVO wird die Regelung der Daten Verstorbener den Mitgliedsstaaten überlassen. In der Neufassung des BDSG wurde keine Regelung zu den Daten Verstorbener aufgenommen.[887] Daher ist zu davon auszugehen, dass die Daten Verstorbener nicht vom Schutzzweck des BDSG umfasst sind.[888]

---

884 *Braun* in BeckOK TKG, § 91 Rn. 15.

885 Mit Inkrafttreten der geplanten ePrivacy-Verordnung (e-PrivacyVO E) sollen diese Vorschriften ebenfalls als lex specialis Vorrang vor den DS-GVO-Vorschriften haben (Art. 1 Abs. 3 e-PrivacyVO E), abrufbar unter: https://eur-lex.europa.eu/legal-content/DE/TXT/PDF/?uri=CELEX:52017PC0010.

886 *Gola/Schomerus*, § 3 Rn. 12; *Schreiber* in Plath, § 3 Rn. 10; *Dammann* in Simitis, § 3 Rn. 17; *Brisch/Müller-ter Jung* CR 2013, 446, 450; *Klas/Möhrke-Sobolewski*, NJW 2015, 3475, 3476; Lange/Holtwiesche, ZErb 2016, 157, 157; a. A. Bergmann/Möhrle/Herb, § 3 Rn. 6 f.; *Martini*, JZ 2012, 1145, 1148 f.; *Clumsee*, Tagungsband DSRI 2013, 413 ff.; *Heinemann/Heinemann*, Postmortaler Datenschutz, DuD 2013, 242 f.

887 Siehe dazu *Alexander*, K&R 2016, 301, 307.

888 Der BGH NJW 2018, 3178, 3184, lehnt die Anwendbarkeit ebenfalls mit Verweis auf den Erwägungsgrund 27 ab.

2. Daten Dritter

Personenbezogene Daten Dritter können in Nachrichten enthalten sein oder innerhalb von sozialen Netzwerken auch in geteilten Inhalten (Postings), Gruppenbeiträgen beziehungsweise ganz allgemein in den meisten Nutzeraktivitäten, wie beispielsweise bei der Teilnahme an Veranstaltungen, der Zugehörigkeit zu Gruppen, den Likes und Kommentaren unter Beiträgen.

Nach Art. 6 Abs. 1 (b) Var. 1 DS-GVO ist die Verarbeitung personenbezogener Daten rechtmäßig, wenn sie für die Erfüllung einer Vertragspflicht erforderlich ist. Als Erfüllung gilt dabei die Herbeiführung des geschuldeten Leistungserfolges;[889] davon umfasst ist auch die Erfüllung von Nebenpflichten.[890] Die Verarbeitung ist dann erforderlich, wenn ein unmittelbarer Zusammenhang zwischen dem konkreten Zweck des Vertrages und der beabsichtigten Datenverarbeitung besteht.[891] Damit ist aber nicht die reine zivilrechtliche Erfüllungshandlung gemeint, sondern die Umsetzung des gesamten Vertrages.[892]

Für die Nutzung der meisten Dienste, innerhalb derer mit Dritten agiert wird, ist die Übermittlung und Zugänglichmachung der Daten erforderlich, um die Funktionsfähigkeit des Dienstes zu gewährleisten. Das gilt für soziale Netzwerke ebenso wie für Meinungsforen oder Onlinespiele. Letztere werden aber auch häufig anonym beziehungsweise pseudonym genutzt, und solange der Erbe dann keinen Rückschluss auf die natürliche Person ziehen kann, handelt es sich nicht um personenbezogene Daten, die in den Schutzbereich der DS-GVO fallen.

Ist der Vertrag vererblich, tritt der Erbe in die gesamte Parteistellung des Erblassers aus dem Vertrag ein. Der Diensteanbieter muss die Leistung ihm gegenüber erbringen, sodass er mit der Übertragung der personenbezogenen Daten an die Erben nur seine Vertragspflicht

889 *Buchner/Petri* in Kühling/Buchner Art. 6 Rn. 33.

890 *Albers* in BeckOK Datenschutzrecht, Art. 6 Rn. 31; *Wolff* in Schantz/Wolff, Rn. 553.

891 *Buchner/Petri* in Kühling/Buchner Art. 6 Rn. 39.

892 *Schwartmann/Klein* in Schwartmann/Jaspers/Thüsing/Kugelmann, Art. 6 Rn. 150.

erfüllt.[893] Ist hingegen die Nutzungsvereinbarung unvererblich, kann diese Rechtsgrundlage nicht herangezogen werden.

Einen weiteren Grund für die Zulässigkeit der Datenverarbeitung sieht der BGH darin, dass die Erben ein berechtigtes Interesse im Sinne von Art. 6 Abs. 1 (f) DS-GVO haben.[894] Das berechtigte Interesse kann nur im Einzelfall festgestellt werden; als berechtigtes Interesse können alle tatsächlichen wirtschaftlichen und ideellen Interessen geltend gemacht werden.[895] Die berechtigten Interessen der Kläger sieht der BGH darin, dass diesen ein aufgrund von Art. 14 GG bestehendes berechtigtes Interesse an den vermögensrechtlichen und höchstpersönlichen digitalen Inhalten zustünde. Art. 14 GG schützt aber lediglich das Eigentum und in erbrechtlicher Hinsicht nur den Vermögensübergang.[896] Der BGH lässt offen, welche vermögensrechtlichen Positionen dieses berechtigte Interesse begründen. Da die Erben nicht wissen, welche Inhalte sich im Account befinden, sei es ihnen auch nicht möglich, ihr berechtigtes Interesse dezidiert zu begründen; daher seien keine hohen Anforderungen an das berechtigte Interesse zu stellen. Der BGH versäumt es allerdings, zumindest auf mögliche vermögensrechtliche Interessen einzugehen. Innerhalb von sozialen Netzwerken, die der Kommunikation und Selbstdarstellung dienen, sind vermögensrelevante Handlungen nicht selbstverständlich. Ein allgemeines berechtigtes Interesse der Erben an der Prüfung der Inhalte auf vermögensrechtliche Relevanz ist daher begründungsbedürftig. Überzeugender wäre die Begründung eines ideellen Interesses, das im Rahmen von Art. 6 Abs. 1 (f) DS-GVO ebenfalls ausreicht; mit diesem könnte man auch eine Herausgabe höchstpersönlicher Inhalte rechtfertigen. Art. 6 Abs. 1 (f) DS-GVO verlangt neben dem berechtigten Interesse, dass dieses bei einer Abwägung widerstreitenden Interessen des Betroffenen überwiegt. Eine Begründung, warum die Interessen der Kommunikationsteilnehmer, hinter denen der Erben zurücktreten sollen, liefert der BGH nicht. Der

893 So BGH NJW 2018, 3178, 3185.

894 BGH NJW 2018, 3178, 3185; zustimmend u.a. *Preuß*, NJW 2018, 3146, 3147; *Pruns*, Fischer/Hoppen/Wimmers, III. 3 c) cc).

895 *Buchner/Petri* in Kühling/Buchner, Art. 6 Rn. 146 f.

896 BVerfGE 112, 332, 348 = NJW 2005, 1561, 1562.

eher pauschal gehaltene Verweis auf die fehlende Schutzwürdigkeit der Nutzer aufgrund der Unzuverlässigkeit sozialer Netzwerke und des Wissens der Nutzer um die Austauschbarkeit eines Account-Inhabers ist realitätsfern: Jeder Nutzer schätzt die Zuverlässigkeit seines Kommunikationspartners individuell ein, ein allgemeines Misstrauen kann nicht angenommen werden. Viele Nutzer kommunizieren regelmäßig mit ihren Kontakten fast ausschließlich über soziale Netzwerke. Gerade in Fällen des Rufnummernwechsels aufgrund von Auslandsaufenthalten oder Ähnlichem ist die zuverlässige Erreichbarkeit eines Kontaktes über soziale Medien stärker gewährleistet als über herkömmliche Telekommunikation. Man käme auch nicht auf die Idee, den Telekommunikationsdatenschutz (§§ 91 ff. TKG) auszuhebeln, nur weil die Rufnummer ihren Inhaber wechseln kann. Das Misstrauen, das die Nutzer gegenüber der Plattform haben, kann darüber hinaus auch nicht mit einem Misstrauen gegenüber den Kommunikationspartnern gleichgestellt werden.

Die Herausgabe der personenbezogenen Daten Dritter an die Erben ist daher als eine unzulässige Verarbeitung von personenbezogenen Daten zu sehen, sofern keine Rechtsnachfolge in die Nutzungsvereinbarung erfolgt. Das berechtigte Interesse der Erben allein würde es zudem nicht rechtfertigen, dass die Diensteanbieter die personenbezogenen Daten Dritter durch die Herausgabe an die Erben verarbeiten.

3. Zwischenergebnis

Die Daten Verstorbener sind explizit nicht durch die DS-GVO geregelt, sodass geprüft werden muss, ob ein postmortaler Datenschutz de lege lata über das postmortale Persönlichkeitsrecht begründet werden kann.[897] Die Herausgabe der Account-Inhalte an die Erben stellt allerdings eine unzulässige Verarbeitung der Daten Dritter dar.

897 Die überzeugende Begründung von *Seidler*, S. 114 ff., das Datenschutzrecht müsse als Ausfluss der informationellen Selbstbestimmung, die selbst eine Erscheinungsform des allgemeinen Persönlichkeitsrechts sei, wie dieses auch postmortal noch Schutzwirkung entfalten, kann mit der Gesetzeslage aktuell nicht mehr vertreten werden.

II. Telekommunikationsrecht

1. Anwendbarkeit des TKG

Ein wesentlicher Streitpunkt bei der Frage nach der Vererblichkeit der Account-Inhalte, insbesondere der Kommunikation innerhalb der Accounts, ist, ob das Fernmeldegeheimnis durch die Herausgabe der Inhalte an die Erben verletzt wird oder nicht. Das Fernmeldegeheimnis ist in Art. 10 Abs. 1 GG niedergelegt; in § 88 TKG ist das Fernmeldegeheimnis einfachgesetzlich geregelt.[898] § 88 TKG richtet sich in erster Linie an private Diensteanbieter, während Art. 10 GG als Grundrecht unmittelbar nur den Staat bindet.[899] Der Schutzumfang ist aber der gleiche, da auch das TKG das Fernmeldegeheimnis wahren soll.[900]

§ 88 TKG schützt den Inhalt und die näheren Umstände der Telekommunikation.[901]Telekommunikation ist in § 3 Nr. 22 TKG beschrieben als der technische Vorgang des Aussendens, Übermittelns und Empfangens von Signalen mittels Telekommunikationsanlagen. Telekommunikationsanlagen sind in § 3 Nr. 23 TKG definiert als technische Einrichtungen oder Systeme, die als Nachrichten identifizierbare elektromagnetische oder optische Signale senden, übertragen, vermitteln, empfangen, steuern oder kontrollieren können. Davon sind folglich E-Mails sowie auch andere Nachrichten umfasst.[902] Die Anwendbarkeit von § 88 TKG setzt voraus, dass es sich bei den Diensteanbietern um Anbieter von TK-Diensten handelt. Die Anwendbarkeit des TKG kommt dann in Betracht, wenn die Diensteanbieter „Telekommunikationsdienste“ zur Verfügung stellen.[903] Dabei handelt es sich um „in der Regel gegen Entgelt erbrachte Dienste, die ganz oder überwiegend

898 *Klesczewski* in Säcker, § 88 Rn. 1.

899 Siehe dazu Teil III C. I. 1.

900 *Meister/Laun* in Wiesmann, Kap. 14 Rn. 3 (S. 775); *Eckhardt* in Heun, § 88 Rn. 2 ff.

901 Der Schutzbereich deckt sich mit Art. 10 GG, weshalb häufig auf diesen verwiesen wird. Ausführlich zum Schutzbereich siehe Teil III C. I. 1.

902 *Klesczewski* in Säcker, § 88 Rn. 11; *Meister/Laun* in Wiesmann, Kap. 14 Rn. 6 (S. 776).

903 Bei dem Dienst kann es sich auch gleichzeitig um einen Telemediendienst handeln, § 7 Abs. 2 S. 3 TMG.

in der Übertragung von Signalen über Telekommunikationsnetze bestehen, einschließlich Übertragungsdienste in Rundfunknetzen“ (§ 3 Rn. 24 TKG). Ob diese Regeln auf die Diensteanbieter anwendbar sind, ist umstritten, da sie selbst keine technische Signalübertragung vornehmen.[904] Es wird aber die Ansicht vertreten, dass sie sich die Signalübertragung Dritter zurechnen lassen müssen. Die wohl überwiegende Auffassung ging daher von einer Anwendbarkeit aus.[905] Mit Urteil vom 13.06.2019 entschied der EuGH, dass Webmaildienste keine Telekommunikationsdienste seien.[906] Da allerdings die e-Privacy-Verordnung § 88 TKG ablösen wird, inhaltlich jedoch gleichbleiben soll und auch auf sogenannte OTT Dienste[907] und damit auch auf E-Mail-Diensteanbieter und soziale Netzwerke anwendbar sein wird, bleibt das Thema des Verstoßes gegen das Fernmeldegeheimnis auch einfachrechtlich nach wie vor relevant.

Das Fernmeldegeheimnis schützt grundsätzlich nur den Kommunikationsvorgang. Daher wurde lange Zeit die Ansicht vertreten, dass beispielsweise E-Mails, die sich in der Mailbox befinden, nicht mehr vom Schutz des Fernmeldegeheimnisses umfasst seien.[908] Das BVerfG hat aber entschieden, dass „die spezifische Gefährdungslage und der Zweck der Freiheitsverbürgung von Art. 10 Abs. 1 GG auch dann weiter (bestehen), wenn die E-Mails nach Kenntnisnahme beim Provider gespeichert bleiben“.[909] Der Schutz endet erst, wenn sich die Nachricht

904 Siehe dazu *Wüsthoff*, ErbR 2016, 229, 230 Fn. 19; für eine Anwendbarkeit VG Köln MMR 2016, 141 ff.; *Kühling/Schall*, CR 2016, 185 ff.; *Grünwald/Nüßing*, MMR 2016, 91 ff.; *Schneider*, ZD 2014, 231, 235.

905 Offengelassen vom BGH NJW 2018, 3178, 31183; KG Berlin ZUM-RD 2017, 524, 534; *Mayen* in DAV Stellungnahme Nr. 34/2013, S. 81; *Deusch*, ZEV 2014, 2, 6; a. A. *Martini*, JZ 2012, 1145, 1153.

906 EuGH 13.06.2019 – C-193/18.

907 Als OTT-Dienste (Over-the-top-Dienste) werden Dienste bezeichnet, die Inhalte über das offene Internet übermitteln.

908 So vertrat *Hoeren*, NJW 2005, 2114, 2115, noch die Ansicht, dass das Telekommunikationsrecht bei E-Mails nicht einschlägig sei, da sich diese in der Mailbox befänden. Ähnlich auch BGH NJW 2009, 1828; *Palm/Roy*, NJW 1996, 1791, 1793; ausführlich zu der Problematik *Krüger*, MMR 2009, 673, 680 f.; siehe auch *Mayen* in DAV Stellungnahme Nr. 34/2013, S. 72.

909 BVerfGE 124, 43.

ausschließlich im Herrschaftsbereich des Empfängers befindet und keine Kopie auf den Servern der Diensteanbieter verbleibt.[910] Nur in diesem Fall entfällt das Schutzbedürfnis vor dem Zugriff Dritter.[911] Das gilt aufgrund des gleichen Schutzumfanges auch bei § 88 TKG.

Der Schutz setzt aber voraus, dass es sich um Nachrichten an individuelle Empfänger handelt.[912] Innerhalb sozialer Netzwerke sind diese von anderen, öffentlich geteilten Nachrichten abzugrenzen;[913] öffentlich geteilte Nachrichten in sozialen Netzwerken unterliegen nicht dem Fernmeldegeheimnis.[914]

Nach § 88 Abs. 3 TKG ist es den Diensteanbietern nicht gestattet, sich oder anderen Personen Kenntnis vom Inhalt oder von den näheren Umständen der Kommunikation zu verschaffen, sofern dies nicht für die geschäftsmäßige Erbringung der Telekommunikationsdienste erforderlich ist. Ein Verstoß gegen die Norm ist strafbewehrt (§ 206 StGB).

2. Fälle der erlaubten Übermittlung von Inhalten

Die Herausgabe der Nachrichten an die Erben könnte dann zulässig sein, wenn eine der Ausnahmen des § 88 Abs. 3 TKG einschlägig wäre. Eine Ausnahme besteht dann, wenn es sich bei der Herausgabe der Kommunikationsinhalte um eine geschäftsmäßige Erbringung handelt und das erforderliche Maß nicht überschritten wird (a) oder wenn der Erbe nicht als „anderer" im Sinne des § 88 Abs. 3 S. 1 TKG zu werten ist (b).

910 BVerfGE 115, 166, 184; siehe auch ausführlich am Beispiel der in Accounts gespeicherten Nachrichten KG Berlin ZUM-RD 2017, 524, 532 f.

911 *Mayen* in DAV Stellungnahme Nr. 34/2013, S. 72.

912 *Gusy* in v. Mangoldt/Klein/Stark, Art. 10 Rn. 59 f.; *Wolff* in Hömig/Wolff, Art. 10 Rn. 6.

913 *Deusch*, ZEV 2014, 2, 6.

914 Vgl. *Leeb*, K&R 2014, 693, 697.

a) „Geschäftsmäßige Erbringung" der Dienste

Nach Auffassung des Landgerichts ist bei der Herausgabe der Kommunikationsinhalte das erforderliche Maß der geschäftsmäßigen Erbringung des Telekommunikationsdienstes gewahrt.[915] Da die Diensteanbieter nach Auffassung des Landgerichts gemäß den erbrechtlichen Grundsätzen dazu verpflichtet sind, den Erben als Rechtsnachfolger den Zugriff zum Account zu gewähren, handelt es sich um das erforderliche Maß der geschäftsmäßigen Erbringung des Dienstes.[916]

Das Problematische bei dieser Auffassung ist aber nicht nur, dass die Vererblichkeit des Vertrages als zirkuläres Argument dient, sondern auch, dass bereits keine geschäftsmäßige Handlung im Sinne der Norm vorliegt. Mit der Ausnahme soll vor allem erreicht werden, dass die technische Ermöglichung und Aufrechterhaltung des Dienstes keinen Verstoß gegen das Telekommunikationsrecht darstellt, wenn hierdurch eine Kenntnisnahme erforderlich wird.[917] Wann diese Grenze der Erforderlichkeit erreicht ist, um den Telekommunikationsdienst zu erbringen, ist indes eine Frage des Einzelfalls.[918] Bei E-Mails wird beispielsweise diskutiert, ob die Kenntnisnahme zum Zwecke der Virenfilterung erforderlich ist.[919] Als geschäftsmäßige Erbringung kann aber nicht die Erfüllung jeder gesetzlichen Pflicht verstanden werden; andernfalls würde das Verbot an Schärfe und Klarheit verlieren. Dass die Ausnahmeregelung eng auszulegen ist, lässt sich auch daran erkennen, dass die Kenntnisverschaffung im Übrigen nur dann zulässig ist, wenn dies durch ein Gesetz oder eine andere Vorschrift erlaubt wird, die sich ausdrücklich auf Kommunikationsvorgänge bezieht (§ 88 Abs. 3 S. 3 TKG). Dem Gesetzgeber war bekannt, dass es gesetzliche Pflichten der Diensteanbieter geben könnte, die von dieser Ausnahmeregelung nicht umfasst sein würden. Daher ist beispielsweise zusätzlich geregelt, dass die Anzeigepflicht nach 138 StGB vorrangig gilt.[920] Wäre die

915 LG Berlin DNotZ 2016, 537, 541 f.; so auch *Kutscher*, S. 137.
916 LG Berlin DNotZ 2016, 537, 541 f.; so auch *Pruns*, NWB 2014, 2175, 2178.
917 KG Berlin ZUM-RD 2017, 524, 533.
918 *Mayen* in Scheuerle/Mayen, § 88 Rn. 73.
919 *Eckhardt* in Spindler/Schuster, § 88 Rn. 34.
920 KG Berlin ZUM-RD 2017, 524, 534.

Erfüllung gesetzlicher Pflichten als Ausnahmeregelung selbstverständlich, wäre diese Ergänzung überflüssig. Daher kann die Erfüllung der Pflichten, die sich aus dem Erbrecht ergeben, auch nicht als Ausnahmevorschrift verstanden werden.

b) Der Erbe als „anderer" im Sinne des § 88 Abs. 3 S. 1 TKG

Ein Eingriff in das Fernmeldegeheimnis würde auch dann nicht vorliegen, wenn der Erbe kein „anderer" im Sinne des § 88 Abs. 3 S. 1 TKG ist. Der Erbe wird teilweise deshalb nicht als „anderer" im Sinne von § 88 Abs. 3 S. 1 TKG gesehen, da das Fernmeldegeheimnis vor Dritten schützen soll und die Erben selbst keine Dritten seien, weil sie bereits aus Haftungsgründen die Pflicht hätten, die Korrespondenz des Erblassers zu sichten.[921]

Sofern man von der Vererblichkeit der Nutzungsvereinbarung ausgeht, ist diese Auffassung treffender, als eine geschäftsmäßige Erbringung als Ausnahme anzunehmen. Die Leistung des Diensteanbieters erfordert keine zusätzliche Kenntnisverschaffung, nur weil sie dem Erben gegenüber erbracht wird. Der Zugangsanspruch aus dem Vertrag – sofern er vererblich ist – ermöglicht dem Erben die eigene Kenntnisbeschaffung.[922]

Aus ähnlichen Erwägungen sieht der BGH den Erben nicht als „anderen" im Sinne dieser Norm an. Nach Eintritt in die Vertragsstellung des Erblassers werden die Inhalte dem Erben bereitgestellt; das sei ebenso wenig ein Verstoß wie das Bereitstellen der Inhalte für den ursprünglichen Kontoinhaber. Teilnehmer des noch fortlaufenden Kommunikationsvorganges sei dann der Erbe.[923]

Das Kammergericht lehnte aber eine entsprechende Gleichstellung mit dem Hinweis ab, dass der Erbe nicht am Kommunikationsvorgang beteiligt gewesen sei und daher auch durch den Eintritt in die Ver-

---

921 *Steiner/Holzer*, ZEV 2015, 262, 264.

922 In diese Richtung argumentiert auch *Kutscher*, S. 138, er sieht darin aber ein geschäftsmäßiges Handeln des Diensteanbieters gegenüber den Erben, anstatt zu hinterfragen, ob dann überhaupt ein anderer im Sinne der Norm vorliegt.

923 BGH NJW 2018, 3178, 3183 f; zustimmend: *Apel*, ZD 2018, 477, 487

tragsbeziehung ein „anderer“ bleibe.[924] Man müsste unstreitig davon ausgehen, dass die Erben zu Lebzeiten des Erblassers „andere“ im Sinne dieser Norm sind. Mit dem Tod des Erblassers wären sie dann kein anderer, wenn sie einerseits die entsprechende (Rechts-)Position des Erblassers übernehmen und andererseits der Schutzzweck der Norm einem Personenwechsel nicht entgegensteht.

Die Position, deren Nachfolger der Erblasser wird, ist aber die Nutzungsvereinbarung, sofern man deren Vererblichkeit annimmt. In Bezug auf die Nachrichten erlangt der Erbe nur den durch die Account-Inhaberschaft gemittelten Besitz. Die zumindest privaten Nachrichten sind, wie oben festgestellt, keine Wertträger, die zur Vermögensmasse gehören und somit dem Erben zugeordnet werden.[925]

Es ist aber auch problematisch, über die Rechtsnachfolge in die Nutzungsvereinbarung den Erben als „die gleiche Person“ zu sehen wie den Erblasser, was die Konsequenz daraus wäre, wenn er nicht als ein „anderer“ gesehen würde. Der Erbe gilt gerade nicht als jemand, der die Person des Erblassers, sondern lediglich dessen Vermögen weiterführt. Die Regelung in § 1922 BGB wollte unzweifelhaft eine Nachfolge in die Persönlichkeit des Erblassers ausschließen. Erben nunmehr mit der Person des Erblassers gleichzustellen, ist eine Rückkehr zum Institut der Persönlichkeitsnachfolge. Es war aber der Wunsch des Gesetzgebers, mit der Vermögensnachfolge von einer Rechtsnachfolge auch in die persönliche Stellung des Erblassers Abstand zu nehmen. Solange ein Gesetz von einem „anderen“ spricht, kann daher der Erbe die Rechte nicht genauso innehaben wie der Erblasser.

Zudem wird damit auch der Schutz des Fernmeldegeheimnisses zugunsten der Kommunikationsteilnehmer ausgehöhlt; dieser ist nicht deshalb weniger schutzwürdig, weil er die Verfügungsbefugnis über die Nachrichten nach dem Versand verliert.[926] Diese Auffassung mag zwar bei Briefen in manchen Fällen zum Ausschluss des Straftatbestandes der Verletzung des Post- und Briefgeheimnisses führen, bei

924 KG Berlin ZUM-RD 2017, 524, 536; so ähnlich *Bock*, AcP 207 (2017), 371, 406.
925 Siehe dazu Teil II A. II. 2.
926 So wohl *Kutscher*, S. 142.

Telekommunikation, wozu die E-Mails zählen, ist dieses Argument jedoch nicht einschlägig. Der Schutz des Telekommunikationsteilnehmers entfällt nicht einmal dann, wenn der andere Telekommunikationsteilnehmer in eine Kenntnisnahme Dritter einwilligt – dann kann die fehlende Verfügungsbefugnis über die Inhalte zu keinem anderen Ergebnis führen. In diesem Zusammenhang wird erneut deutlich, dass der Vergleich der Eingriffsintensität durch die Kenntnisnahme der Inhalte bei Telekommunikation und bei Briefen nicht gleich ist.

c) Gesetzliche Ausnahmeregelung

Eine weitere Ausnahme besteht für den Fall, dass es eine gesetzliche Ausnahmeregelung gibt (§ 88 Abs. 3 S. 3 TKG). Diese Ausnahmeregelung muss sich aber ausdrücklich auf Telekommunikationsvorgänge beziehen (§ 88 Abs. 3 S. 3 TKG); diese Anforderung wird als kleines Zitiergebot bezeichnet.[927] § 1922 BGB ist somit als Ausnahmeregelung nicht geeignet.[928] Mit der Beschränkung der Ausnahme auf Regelungen, die sich auf Telekommunikationsvorgänge beziehen, wollte der Gesetzgeber sicherstellen, dass eine Einschränkung des Fernmeldegeheimnisses nur dann erfolgen kann, wenn der Gesetzgeber dies beabsichtigt.[929]

In der Literatur zum „digitalen Nachlass“ wurde diskutiert, ob der Gesetzesvorbehalt bei einer vergleichenden Betrachtung des postmortalen Schicksals von Briefen möglicherweise doch unberücksichtigt bleiben kann. Im PostG ist eine Ausnahme in § 39 Abs. 4 S. 2 PostG enthalten, der die Ersatzzustellung von Briefen regelt. Im TKG fehlt es indes an einer entsprechenden Regelung, weshalb die Annahme naheliegt, dass eine „Ersatzzustellung“ nicht erfolgen soll.[930] Dagegen wird jedoch eingewandt, dass die Zustellung an die Erben gerade keine Ersatzzustellung im Sinne dieser Ausnahme sei, weshalb es nicht

927 *Bock* in BeckOK TKG, § 88 Rn. 28.
928 KG Berlin ZUM-RD 2017, 524, 535.
929 *Bock* in BeckOK TKG, § 88 Rn. 28.
930 *Deusch,* ZEV 2014, 2, 5.

darauf ankommen könne, ob es im TKG eine solche Ausnahme gibt.[931] Mangels einer physisch existenten Sache, die man übergeben kann, wäre diese Regelung für das TKG auch nicht sinnvoll.[932] Dagegen wandte das KG Berlin aber richtigerweise ein, dass es nicht überzeugend sei, die fehlerhafte Handhabung von Ausnahmeregeln durch die Post als Begründung dafür heranzuziehen, dass eine entsprechende Ausnahmeregelung für das TKG schon gar nicht erforderlich ist.[933] Der Vergleich sei zudem auch in der Sache nicht geeignet, da die besondere Gefahr eines Verstoßes gegen das Telekommunikationsrecht gerade darin zu sehen sei, dass man wiederholt die Kommunikationsinhalte abrufen kann. Eine entsprechende Gefahr besteht bei analogen Briefen nicht, da diese nur einmal zugestellt werden.[934] Dieser Argumentation ist zuzustimmen. Bei einem solchen Vergleich müsste man sich zudem fragen, ob gerade aufgrund des Onlinesachverhaltes eine Ausnahmeregelung entbehrlich ist, weil im Gegensatz zu Briefen, an denen Eigentumsrechte bestehen, durch eine unterlassene Ersatzzustellung von E-Mails und anderen Nachrichten nicht in subjektive Rechte eingegriffen wird, wenn es keine Regelung über ihren Verbleib gibt.

III. Ergebnis

Die Herausgabe der Account-Inhalte und die Ermöglichung des Zugriffes auf diese stellen einen Verstoß gegen das Datenschutz- und Telekommunikationsrecht dar. Die Herausgabe der Daten Dritter ist nicht durch ein überwiegendes Interesse der Erben gerechtfertigt, sofern nicht zumindest abstrakt dargelegt werden kann, welche vermögensrechtlichen Interessen die Erben am Zugang zum Account des Erblassers haben.

931 *Pruns*, NWB 2014, 2175, 2181; *Kutscher*, S. 140 f.
932 *Seidler*, S. 114.
933 KG Berlin ZUM-RD 2017, 524, 536.
934 KG Berlin ZUM-RD 2017, 524, 536.

Der Zugriff auf oder die Herausgabe von Nachrichten verstößt auch gegen das Telekommunikationsrecht. Die Nachrichten fallen, solange sie sich im Account befinden, in den Schutzbereich des Telekommunikationsrechts. Die Herausgabe der Nachrichten ist keine geschäftsmäßige Handlung, die als Ausnahme eine Herausgabe ermöglicht. Nicht jede gesetzliche Pflicht kann als geschäftsmäßige Handlung interpretiert werden. Der Erbe bleibt auch dann ein „anderer" im Sinne von § 88 Abs. 3 S. 1 TKG, wenn er Rechtsnachfolger der Nutzungsvereinbarung ist. Die privaten Nachrichten des Erblassers sind ihm vermögensrechtlich nicht zuzuordnen. Da der Erbe nicht die Rechtspersönlichkeit des Erblassers fortsetzt, bleibt er ein anderer in Bezug auf den Kommunikationsvorgang. Somit liegt unabhängig von der Vererblichkeit der Nutzungsvereinbarung ein Verstoß gegen das Telekommunikationsrecht vor.

B. Verfassungsrechtliche Bewertung der Ergebnisse

Die einfachgesetzlich gewonnenen Ergebnisse werden im Folgenden ebenfalls in verfassungsrechtlicher Hinsicht überprüft. Sowohl das Erbrecht als auch das Datenschutz- und Telekommunikationsrecht sind einfachgesetzliche Ausprägungen von Grundrechten.

Die erbrechtliche Relevanz des „digitalen Nachlasses" wird für den Regelfall bejaht, wohingegen die Beeinträchtigung der Persönlichkeitssphäre[935] für den Regelfall ausgeschlossen wird.[936] „Das Konkordanz-Argument stellt sich damit lediglich als Vehikel für eine rein vom Ergebnis her orientierte Betrachtung dar."[937] Es wird pauschal die Vererblichkeit angenommen, ohne Sinn und Zweck der Rechtsnachfolge

935 Dazu gehören das Recht auf informationelle Selbstbestimmung, das Fernmeldegeheimnis, das allgemeine und das postmortale Persönlichkeitsrecht.

936 So zum Beispiel *Ludyga*, jM 2017, 414, 414: „das Fernmeldegeheimnis darf das Erbrecht nicht aushöhlen."

937 *Kuntz*, jM 2016, 190, 191; *Willems*, ZfPW 2016, 494, 511. So ähnlich *Deusch*, ZEV 2014, 2, 8, der das grundrechtliche Spannungsfeld zwischen Fernmeldegeheimnis (Art. 10 GG) und Erbrecht (Art. 14 GG) als ungelöst sieht.

zu hinterfragen oder die Vererblichkeit mit dieser zu begründen.[938] In den wenigsten Fällen werden konkrete Interessen der Erben dargelegt, die tatsächlich auf die Nachlassabwicklung gerichtet sind.[939] Beispielsweise erfordert das Interesse der Erben, die Daten zu löschen beziehungsweise zu deaktivieren, keine Rechtsnachfolge in die Vertragsstellung.[940] Insbesondere fehlt ein nach erbrechtlichen Grundsätzen geschütztes objektives Interesse daran, private Accounts weiterzuführen und in die damit verbundene Rechts- und Pflichtenstellung einzutreten.[941] Die erbrechtliche Beurteilung darf aus Gründen der Rechtssicherheit nicht von konkreten Verwendungsabsichten abhängig gemacht werden.[942]

Das Erbrecht regelt eine Vermögensnachfolge und ist in erster Linie auch nur als solche verfassungsrechtlich geschützt.[943] Diese unzureichend begründeten erbrechtlichen Interessen werden nur durch einen weit gefassten Vermögensbegriff begriffsjuristisch eingekleidet. Im Ergebnis ist der einzige Grund, warum die Erben derart umfassend alle digitalen Inhalte, die aus einer Gemengelage disparater Daten[944] bestehen, erhalten sollen, weil sie im Rahmen eines Vertragsverhältnisses zugänglich sind. Auf der anderen Seite sind aber immer die Interessen des Erblassers berührt und die Rechte der Kommunikationsteilnehmer betroffen. Damit wird einem Ausforschungsinteresse als erbrechtlich geschützter Position der Vorrang eingeräumt.

Es ist verwunderlich, dass dieses Ergebnis einer rechtlichen Prüfung durch den BGH standhielt. Der BGH hat in zahlreichen Entscheidun-

938 Vgl. *Herzog*, NJW 2013, 3745, 3747 f.

939 Während bei den sozialen Netzwerken gar keine konkreten Nachlassinteressen geltend gemacht werden, die nicht gerade auf einem Sonderfall beruhen, wird bei E-Mail-Accounts auf mögliche Verbindlichkeiten des Erblassers hingewiesen, so zum Beispiel *Dopotka*, NJW-aktuell, 2010, 14.

940 Vgl. dazu *Scherer* in Scherer (2014), § 1922 Rn. 31.

941 Dieses Interesse wird meistens bei geschäftlichen Accounts geltend gemacht, vgl. *Scherer* in Scherer (2014), § 1922 Rn. 31, kann aber nicht auf alle Accounts gleichermaßen übertragen werden.

942 *Leeb*, K&R 2014, 693, 694.

943 So ähnlich *Strauß*, GRUR-Prax 2017, 313: „den Erben drohen keine Vermögensschäden."

944 Siehe zu Begriff und Bedeutung *Martini* in Hill/Martini, S. 80.

gen selbst die Relevanz des Vermögenswertes für die Vererblichkeit hervorgehoben.[945] Insbesondere im Bereich immaterieller, unkörperlicher Rechte hat der BGH stets eine an den Vermögensinteressen orientierte Prüfung vorgenommen.[946] Vor allem aber hat der BGH immer auch die Interessen aller Beteiligten berücksichtigt. Es ist jedoch bedauerlich, dass der BGH nun eine Grundsatzentscheidung getroffen hat, deren Konsequenzen nicht absehbar sind.[947]

Nicht einmal die Vererblichkeit der vermögenswerten Bestandteile des allgemeinen Persönlichkeitsrechts hat so viel Zuspruch erhalten wie die Vererblichkeit eines Facebook-Accounts. Selbst für den Fall, dass Vermögensinteressen vorliegen, wird die Entscheidung der Komplexität der Materie durch eine „einseitig erbrechtlich-vermögensrechtliche Perspektive“ nicht gerecht.[948]

Es wird nicht berücksichtigt, dass diese vorgebrachten und nicht näher untersuchten Nachlassinteressen nicht nur dazu führen, dass das digitale Abbild des Erblassers und damit auch teilweise die intimste Persönlichkeitssphäre vollständig einsehbar ist, sondern auch private Details über Dritte offenbart werden.[949] Der Zugriff ermöglicht einen Einblick in die Privatsphäre einer Person, was es so zuvor nicht gegeben hat. Der Mensch wird in seiner digitalen Identität unvergänglich.[950] Jegliche Nutzung des Internets muss ab jetzt mit dem Bewusstsein erfolgen, dass die Daten, die man in den Accounts hinterlässt, für immer den Erben überlassen werden, wenn man nicht selbst rechtzeitig Vorkehrungen trifft.

---

945 BGH NJW 1962, 911; NJW 1960, 1715.

946 BGHZ 50, 133;

947 So auch *Willems*, ZfPW 2016, 494, 509 zur Entscheidung des LG Berlin, das auch auf grundlegende Fragen einging.

948 *Ohly*, Tagung der Forschungsstelle für Notarrecht 19.11.2014, wiedergegeben von *Barth*, MittBayNot 2015, 208.

949 In diese Richtung lediglich *Martini*, JZ 2012, 1151 f., der einen Zugriff auf den Account aufgrund des postmortalen Persönlichkeitsrechts ablehnt, sowie *Rott/Rott*, NWB-EV 2013, 160, 163 f., der die Unvererblichkeit der Nutzungsvereinbarung im Hinblick auf Art. 10 GG als gerechtfertigt ansieht; *Haase*, Tagungsband DSRI 2013, 379, 381.

950 *Martini* in Hill/Martini, S. 28 ff.

I. Erbrecht

Das Erbrecht ist verfassungsrechtlich gewährleistet (Art. 14 GG). Als Korrelat der Eigentumsfreiheit zu Lebzeiten genießt das Erbrecht den gleichen verfassungsrechtlichen Stellenwert wie das Eigentum.[951] Das Erbrecht erhöht den Anreiz zum Erwerb des Eigentums und fördert die solidarischen Beziehungen zwischen den Generationen.[952] Zu den Grundprinzipien des Erbrechts gehören die Privaterbfolge und die Testierfreiheit, deren Wesen deshalb unantastbar ist (Art. 19 Abs. 2 GG).[953] Träger des Grundrechts sind neben dem Erblasser mit Eintritt des Erbfalls auch die Erben.[954] Der Schutz des Erblassers umfasst das Recht, das Vermögen weiterzugeben, das Recht des Erben erstreckt sich darauf, das Vermögen durch Erbfolge zu erwerben.[955]

Das nach Art. 14 Grundgesetz geschützte Eigentum geht weiter als das zivilrechtliche Eigentum nach § 903 BGB. Es umfasst jedes vermögenswerte Recht, das dem Inhaber ausschließlich zugewiesen und einem Rechtssubjekt zur privaten Nutzung zugeordnet ist.[956] Daher sind nicht nur körperliche Sachen, sondern auch geldwerte Forderungen geschützt, die dem Rechtsträger ausschließlich zugeordnet sind.[957] „Die Gleichwertigkeit von Sach- und Geldeigentum ist auch eine der Funktionsgrundlagen des Art. 14 GG. Geld ist geprägte Freiheit; es kann frei in Gegenstände eingetauscht werden."[958] Ob das Vermögen als solches geschützt ist, ist umstritten und wird vom BVerfG bisher abgelehnt.[959]

Das Erbrecht kann wie das Eigentumsrecht eingeschränkt werden (Art. 14 Abs. 1 S. 2 GG). Die Anforderungen sind beim Eigentums-

951 *Ebenroth*, Erbrecht, Rn. 46.

952 *Muscheler*, Erbrecht, § 1 Rn. 7.

953 *Ebenroth*, Erbrecht, Rn. 44; *Tanck* in Damrau/Tanck, § 1922 Rn. 7; *Schmidt* in jurisPK-BGB, § 1922 Rn. 1.

954 BVerfG NJW 2005, 1561; *Axer* in BeckOK GG, Art. 14 Rn. 146.

955 BVerfGE 99, 341, 341; *Tanck* in Damrau/Tanck, § 1922 Rn. 7.

956 BVerfGE 123, 186; BVerfGE 83, 201, 209.

957 BVerfG NJW 2005, 589.

958 BVerfGE 97, 350, 371= NJW 1998, 1934, 1937.

959 *Axer* in BeckOK GG, Art. 14 GG Rn. 55

recht aber höher als beim Erbrecht, da das Erbrecht nur an den Vermögensübergang anknüpft. Der Eigentumsbestand wird nicht von Todes wegen auf Dritte übertragen. Es handelt sich um einen Vermögensübergang. Nicht jede verfassungsrechtliche Eigentumsposition wird Teil dieses Vermögensübergangs.[960] Unter Berücksichtigung der Anknüpfung des Erbrechts an das Vermögen hat der Gesetzgeber weitergehende Einschränkungsmöglichkeiten im Vergleich zum Eigentum.

II. Fernmeldegeheimnis

1. Der Schutzbereich des Fernmeldegeheimnisses aus Art. 10 GG

In den Schutzbereich des Fernmeldegeheimnisses fällt die „unkörperliche Übermittlung von Informationen an individuelle Empfänger mit Hilfe des Telekommunikationsverkehrs".[961] Dazu gehören alle technisch verfügbaren Mittel der unkörperlichen Kommunikation, wozu neben E-Mails auch andere Formen der Bildschirmkommunikation zählen.[962] Art. 10 GG gilt unabhängig von irgendwelcher Übertragungstechnik, solange eine Fernmeldeeinrichtung für die Nachrichtenübermittlung genutzt wird.[963]

Neben Texten sind auch andere Ausdrucksformen geschützt, die für die Fernkommunikation genutzt werden, so zum Beispiel Bilder, Töne und sonstige Daten.[964] Dabei ist es unerheblich, ob es sich um private oder geschäftliche Kommunikation handelt. Da gerade die Kenntnis

---

960 BVerfGE 112, 332, 348 = NJW 2005, 1561, 1562: „Wenngleich die Gewährleistung von Eigentum und Erbrecht in einem Zusammenhang stehen, garantiert die Erbrechtsgarantie nicht das (unbedingte) Recht, den gegebenen Eigentumsbestand von Todes wegen ungemindert auf Dritte zu übertragen; die Möglichkeiten des Gesetzgebers zur Einschränkung des Erbrechts sind – weil sie an einen Vermögensübergang anknüpfen – weitergehend als die zur Einschränkung des Eigentums."

961 *Durner* in Maunz/Dürig, Art. 10 Rn. 81.

962 *Durner* in Maunz/Dürig, Art. 10 Rn. 81; *Gusy* in v. Mangoldt/Klein/Stark, Art. 10 Rn. 59 f.; zum Schutz der E-Mail unter Art. 10 siehe BverfGE 113, 348 (383).

963 *Pagenkopf* in Sachs, Art. 10 Rn. 15.

964 *Durner* in Maunz/Dürig, Art. 10 Rn. 81.

der Inhalte geschützt werden soll, kann eine entsprechende Differenzierung auch nicht vorgenommen werden.[965] Der Schutz bezieht sich auf die Kenntnisnahme, die Aufzeichnung oder die Verwertung des Inhaltes und der Umstände der Telekommunikation.[966]

Grundrechte sind subjektive Abwehrrechte gegen den Staat, daher verpflichtet Art. 10 GG in erster Linie staatliche Stellen zum Schutz des Fernmeldegeheimnisses. Private Grundrechtsträger werden durch die Grundrechte grundsätzlich berechtigt und nicht unmittelbar verpflichtet; im Horizontalverhältnis zwischen zwei Privaten wird die unmittelbare Drittwirkung von Grundrechten prinzipiell abgelehnt.[967] Im Verhältnis der Privaten zueinander sollen die Grundrechte im Rahmen der mittelbaren Drittwirkung bei der Auslegung von unbestimmten Rechtsbegriffen oder von Generalklauseln zur Anwendung kommen.[968] Bei Art. 10 GG wird eine mittelbare Drittwirkung angenommen, da das Bedürfnis, die Kommunikation zu schützen, nicht nur gegenüber dem Staat besteht, sondern auch gegenüber privaten Dritten, wie zum Beispiel Arbeitgeber, Nachbarn oder auch Familienangehörigen.[969]

Die mittelbare Grundrechtsbindung Privater kann aber einer „Grundrechtsbindung des Staates nahe oder auch gleich kommen"[970] – dem *BVerfG* zufolge insbesondere dann, wenn durch diese Privaten Aufgaben wahrgenommen werden, die wie die Telekommunikationsdienstleistungen früher dem Staat als Aufgabe der Daseinsvorsorge zugewiesen waren.[971] Nach *Mayen* unterliegen aus diesem Grund auch die Internet-Provider einer gesteigerten Grundrechtsbindung, die in

965 *Gusy* in v. Mangoldt/Klein/Stark, Art. 10 Rn. 60, 62; *Pagenkopf* in Sachs, Art. 10 Rn. 14.

966 Vgl. BVerfGE 110, 33, 52 f; 106, 28, 37; 100, 313, 358 ff.; 85, 386, 396; *Durner* in Maunz/Dürig, Art. 10 Rn. 81.

967 Vgl. *Mayen* in DAV Stellungnahme Nr. 34/2013, S. 67. Für Art. 10 GG wurde von Teilen der Literatur auch eine unmittelbare Drittwirkung gefordert, siehe dazu *Löwer* in Münch/Kunig, Art. 10 Rn. 5, 8 „objektives Rechtsprinzip".

968 *Ogorek* in BeckOk GG Art. 10 Rn. 76.

969 *Ogorek* in BeckOk GG, Art. 10 Rn. 76.

970 *BVerfGE*, 128, 226, 244 f.

971 *BVerfGE*, 128, 226, 244 f.

ihrer Intensität der unmittelbaren Grundrechtsbindung des Staates nahekommt. Das gebiete schon die spezifische Gefährdungslage, der Rechnung getragen werden solle.[972] Diese Gefahr geht vor allem davon aus, dass es sich um technisch übermittelte Informationen handelt, unabhängig davon, wer der Betreiber dieser Kommunikationseinrichtung ist.[973] Aus diesem Grund ist auch § 88 TKG nicht als einfachgesetzliche Ausprägung des Fernmeldegeheimnisses zu betrachten, sondern als eine Konkretisierung des Schutzauftrages aus Art. 10 Abs. 1 GG.[974]

2. Eingriff in den Schutzbereich

In den Schutzbereich des Fernmeldegeheimnisses wird eingegriffen, wenn ohne Einwilligung der Kommunikationsteilnehmer der Schutzbereich dadurch verletzt wird, dass die Inhalte oder Umstände der Kommunikation an Dritte herausgegeben werden. Die Einwilligung ist bereits tatbestandsausschließend, da es sich um ein verzichtbares Grundrecht handelt.[975] Das Gleiche gilt entsprechend auch für § 88 TKG.[976] Jedoch ist in beiden Fällen die Einwilligung des anderen Kommunikationsteilnehmers erforderlich, sofern auch dessen Informationen preisgegeben werden.[977]

a) Einwilligung durch den Erblasser

Eine Einwilligung durch den Erblasser ist in den Fällen der Weitergabe der Zugangsdaten für den Account denkbar. Eröffnet der Account-Inhaber einem Dritten die Möglichkeit, auf den Account zuzugreifen, geht er zumindest konkludent davon aus, dass dieser auch seine Nach-

972 *Mayen* in DAV Stellungnahme Nr. 34/2013, S. 70.

973 *Mayen* in DAV Stellungnahme Nr. 34/2013, S. 70; so auch, ohne weiter zu problematisieren, *Hermes* in Dreier, Art. 10 Rn. 37; *Gusy* in v. Mangoldt/Klein/Stark, Art. 10 Rn. 61; *Jarass* in Jarass/Pieroth, Art. 10 Rn. 5.

974 *Mayen* in DAV Stellungnahme Nr. 34/2013, S. 70; a. A. *Graulich* in Arndt/Fetzer/Scherer/Graulich, § 88 Rn. 18, der Schutz gegen private Anbieter besteht ausschließlich über § 88 TKG.

975 *Durner* in Maunz/Dürig, Art. 10 Rn. 126.

976 So wohl *Bock* in BeckOK TKG, § 88 Rn. 44; a. A. *Kutscher*, S. 144 f. m. W. n.

977 *Bock* in BeckOK TKG, § 88 Rn. 44.

richten lesen wird – darin kann entsprechend eine Einwilligung gesehen werden. Das führt zu der Frage, welcher Eingriffstatbestand durch die Einwilligung des Erblassers entfallen kann. Damit der Erblasser auf den eigenen grundrechtlichen Schutz verzichten kann, muss er überhaupt noch Träger des Grundrechts sein. Der maßgebliche Zeitpunkt wäre nicht der Zeitpunkt der Einwilligung, sondern der Zeitpunkt des Zugriffes auf die Inhalte. Erfolgt dieser erst nach dem Tod des Erblassers, müsste der Schutz des Fernmeldegeheimnisses überhaupt erst auf Verstorbene anwendbar sein; das Fernmeldegeheimnis ist eine besondere Ausprägung des Rechts auf informationelle Selbstbestimmung, das wiederum aus dem allgemeinen Persönlichkeitsrecht abgeleitet wird.[978] Die Fortwirkung des allgemeinen Persönlichkeitsrechts nach dem Tod einer Person wird grundsätzlich abgelehnt. Der Schutz der „Persönlichkeit" Verstorbener wird über das modifizierte postmortale Persönlichkeitsrecht nur für bestimmte Fälle anerkannt. Diese Fälle beziehen sich vor allem auf den Wert- und Achtungsanspruch der Persönlichkeit, der auch nach dem Tod noch zu wahren ist.[979]

Als besondere Erscheinungsform des Persönlichkeitsschutzes und in Anbetracht von Sinn und Zweck des Grundrechts, die Privatsphäre zu schützen, erlischt auch der Schutz des Fernmeldegeheimnisses mit dem Tod. Sofern ebenfalls in Bezug auf das Fernmeldegeheimnis der Wert- und Achtungsanspruch einer verstorbenen Person angegriffen wird, ist auch für diese Fälle das postmortale Persönlichkeitsrecht einschlägig.

Unabhängig davon kann der Erblasser durch eine einseitige Einwilligung nicht auch mit Wirkung für die anderen Kommunikationsteilnehmer auf die Wahrung des Fernmeldegeheimnisses verzichten:[980] Der Schutzbereich erstreckt sich, wie bereits dargestellt, auf alle an der Kommunikation beteiligten Personen, was auch die Einwilligung von all jenen erfordert.[981]

978 *Durner* in Maunz/Dürig, Art. 10 Rn. 56, 209.
979 BGH NJW 2000, 2195, 2195.
980 *Mayen* in DAV Stellungnahme Nr. 34/2013, S. 76.
981 BVerfGE 85, 386, 399.

b) Einwilligung durch den Absender

Da der Erblasser nicht wirksam auch für den Absender einwilligen kann und es im Falle seines Todes nicht mehr der Einwilligung zum Schutze seiner Rechte bedarf, kann nur der Absender ausdrücklich oder konkludent einwilligen. Eine ausdrückliche Einwilligung durch den Absender wäre in diesen Fällen als tatbestandsausschließende Einwilligung geeignet, da es auf die Einwilligung des Erblassers nicht mehr ankommt.

Eine konkludente Einwilligung des Absenders könnte darin gesehen werden, dass dieser damit rechnen muss, dass die Nachrichten grundsätzlich von Dritten gelesen werden können: Nach dem Absenden der Nachrichten verlieren die Sender die Verfügungsmacht über diese und können nicht mehr kontrollieren, wie der Empfänger mit den Nachrichten umgeht.[982] Nach ähnlichen Überlegungen wird auch beim Briefgeheimnis eine Verletzung danach beurteilt, ob der Absender auf die Diskretion des Empfängers vertrauen durfte.[983] Bei Nachrichten in Accounts oder bei E-Mails könnte man nach diesen Grundsätzen annehmen, dass die Absender prinzipiell kein Vertrauen darauf haben, dass die Nachrichten geheim bleiben.[984] Angesichts der unklaren Rechtslage und des laienhaften Verständnisses des Durchschnittsnutzers davon, was zur Erbmasse zählt und was nicht, kann man nicht unterstellen, dass die Absender beim Versenden von Nachrichten konkludent davon ausgehen, dass diese vererbt werden.[985] Die Möglichkeit, dass unbefugte Dritte die Nachrichten lesen, reicht auch dann nicht als konkludente Einwilligung aus, wenn man unterstellt, dass den Nutzern

---

982 *Herzog*, NK-Nachfolgerecht, Kap. 9 Rn. 68; *Pruns*, NWB 2014, 2175, 2183.

983 Teil II. A. II. 1. a.

984 Als schlüssiges Verhalten wird beispielsweise gewertet, wenn jemand ein Gespräch fortsetzt, trotz des Hinweises auf eine Überwachung, *Graulich* in Arndt/Fetzer/Scherer/Graulich, § 88 Rn. 31.

985 *Mayen* in DAV Stellungnahme Nr. 34/2013, S. 77.

die Unsicherheit der technischen Systeme bekannt ist.[986] Das abstrakte Wissen über mögliche Zugriffe auf das System kann nicht als konkludente Einwilligung in die Kenntnisnahme interpretiert werden.

Eine Einwilligung wird auch dann angenommen, wenn die Kenntnisnahme der Inhalte durch Dritte dem mutmaßlichen Willen und dem objektiven Interesse des Absenders entspricht.[987] Für geschäftliche Korrespondenz wird ein entsprechender mutmaßlicher Wille im Erbfall vermutet, da der Erbe als Rechtsnachfolger die Geschäfte des Erblassers abwickelt.[988] Nach Auffassung des KG Berlin ist ein entsprechender Wille jedoch auch bei geschäftlicher Kommunikation zu bezweifeln, da nicht ersichtlich sei, warum bei abgeschlossenen oder nachteiligen Geschäftsbeziehungen die Geschäftspartner ein Interesse daran haben sollten, dass die Erben die Kommunikation einsehen können.[989]

Bei privater Korrespondenz wird teilweise ebenfalls angenommen, dass der mutmaßliche Wille der Absender zugunsten einer Kenntnisnahme der Nachrichteninhalte durch die Erben vorliege.[990] Begründet wird diese Annahme damit, dass die Absender ein Interesse daran hätten, über den Tod des Erblassers informiert zu werden, wohingegen sie selten Geheimhaltungsinteressen verfolgten.[991] Die Geheimhaltungsinteressen können aber pauschal gar nicht zusammengefasst werden. Häufig wird das Geheimhaltungsinteresse nur auf „Liebes-E-Mail" re-

986 Vgl. dazu BVerfGE 85, 386, 396: Ein Eingriffsausschluss erfolgt auch nicht durch die Begründung eines Teilnehmer- oder Benutzerverhältnisses. „Wer ein solches Verhältnis begründet (…), weiß zwar in der Regel, daß es die Möglichkeit der Gesprächsbeobachtung gibt. Er willigt damit aber nicht darin ein, selber beobachtet zu werden."

987 *Bock* in BeckOK TKG, § 88 Rn. 44; *Pruns*, NWB 2014, 2175, 2184; *Bock*, AcP 207 (2017), 371, 407. Die mutmaßliche Einwilligung ist überwiegend zur Rechtfertigung eines Straftatbestandes geeignet.

988 *Kutscher*, S. 145; *Solmecke/Köbrich/Schmitt*, MMR 2015, 291, 291; *Steiner/Holzer*, ZEV 2015, 262, 264.

989 KG Berlin, ZUM RD 2017, 524, 538.

990 *Herzog* in NK-Nachfolgerecht, Kap. 9 Rn. 68; *Kutscher*, S. 146; *Pruns*, NWB 2014, 2175, 2185.

991 *Bock*, AcP 207 (2017), 371, 407; *Herzog* in NK-Nachfolgerecht, Kap. 9 Rn. 68; *Kutscher*, S. 146; a. A. *Leeb*, K&R 2014, 693, 697.

duziert;[992] es kann aber eine Vielzahl unterschiedlicher Inhalte geben, die der Absender geheim halten möchte – insbesondere dann, wenn Absender und Erben sich kennen. Das Informationsinteresse, das der Absender haben könnte, vom Tod des Erblassers unterrichtet zu werden, kann allein nicht ausreichen, um die Inhalte der Kommunikation den Erben offenzulegen. Selbst wenn man darin ein Interesse erkennt, würde es ausreichen, die Absender der Nachrichten zu informieren, ohne dass man auch den Inhalt der Nachricht zur Kenntnis nehmen muss. Es kann schließlich nicht darum gehen, anhand der Nachrichten das Näheverhältnis zum Erblasser festzustellen, um diese Person dann über dessen Tod zu informieren.

Die Möglichkeit, dass Dritte – seien es die Erben oder andere Personen – Kenntnis von den Nachrichten erhalten, sei es durch die Unsicherheit der technischen Systeme oder weil der Empfänger die Nachricht einem Dritten zeigt, reicht weder für eine konkludente noch für eine mutmaßliche Einwilligung aus. Weder die Unsicherheit des technischen Systems noch die Fehleinschätzung über die Vertrauenswürdigkeit eines Kommunikationspartners sind ausreichende Gründe, um dem Absender den Schutz des Fernmeldegeheimnisses zu entziehen.

c) Rechtfertigung des Eingriffes

Gemäß Art. 10 Abs. 2 GG ist das Fernmeldegeheimnis aufgrund eines Gesetzes beschränkbar; als gesetzliche Grundlage kommt vor allem § 88 Abs. 3 S. 1 TKG in Betracht.[993] Es konnte aber festgestellt werden, dass die Ausnahmen von § 88 Abs. 3 S. 1 TKG nicht vorliegen. Ein anderes einschränkendes Gesetz ist nicht ersichtlich. Aufgrund des Zitiergebotes ist auch § 1922 BGB als einschränkendes Gesetz nicht geeignet.

992 *Pruns*, NWB 2014, 2175, 2185.
993 *Leeb*, K&R 2014, 693, 698.

3. Praktische Konkordanz

Verfassungsrechtlich ist es schließlich anerkannt, dass ein Grundrecht dann eingeschränkt werden kann, wenn es mit einem anderen Grundrecht kollidiert. Im Wege der praktischen Konkordanz muss ein Ausgleich zwischen diesen Grundrechten gefunden werden.[994] Die Einschränkung des Fernmeldegeheimnisses könnte nach diesen Erwägungen durch das ebenfalls verfassungsrechtlich geschützte Erbrecht erforderlich sein. Es spricht einiges dafür, dass, wenngleich die Tatbestandsmerkmale erfüllt sind, der Schutzzweck des Fernmeldegeheimnisses im Falle eines Zugriffes durch die Erben nicht betroffen ist; das spezifische Gefährdungspotenzial, vor dem Art. 10 GG schützen soll, ist ein anderes.[995] Nach Auffassung des Kammergerichts ist aber aufgrund des kleinen Zitiergebotes, welches in § 88 Abs. 3 S. 3 TKG geregelt ist, kein Raum für eine praktische Konkordanz.[996]

Dieser Auffassung des Kammergerichts ist zuzustimmen. Der Gesetzesvorbehalt regelt, dass ein Zurücktreten des Fernmeldegeheimnisses nur dann in Betracht kommen kann, wenn dies gesetzlich geregelt ist. Daher kann ein Ausgleich der Interessen über die praktische Konkordanz nicht stattfinden, da es in der Folge zu einem Zurücktreten des Fernmeldegeheimnisses kommen könnte; diese Entscheidung soll aber nur der parlamentarische Gesetzgeber treffen können.

III. Das Recht auf informationelle Selbstbestimmung

Der Schutz der Kommunikation und des Informationsaustausches im Internet fällt, sofern Art. 10 GG Schutzlücken aufweist, ebenfalls unter den Schutz des allgemeinen Persönlichkeitsrechts.[997] Gegenüber der allgemeinen Handlungsfreiheit gelten das allgemeine Persönlichkeitsrecht und dessen besondere Erscheinungsformen als lex specialis.[998]

994 BVerfGE 115, 205, 233 f.; 83, 130, 139; 28, 243, 260 f.

995 *Bock*, AcP 217 (2017), 371, 408.

996 KG Berlin ZUM-RD 2017, 524, 536; so auch *Bock*, BeckOK TKG, § 88 Rn. 28.

997 *Bäcker* in Rensen/Brink, S. 99, 102.

998 *Jarass* in Jarass/Pieroth, Art. 2 Rn. 38.

Das Recht auf informationelle Selbstbestimmung ist eine besondere Ausprägung des allgemeinen Persönlichkeitsrechts und „trägt Gefährdungen und Verletzungen der Persönlichkeit Rechnung, die sich unter den Bedingungen moderner Datenverarbeitung aus informationsbezogenen Maßnahmen ergeben".[999] Weitere Ausprägungen des allgemeinen Persönlichkeitsrechts sind die Gewährleistung von Vertraulichkeit und Integrität informationstechnischer Systeme[1000] sowie der Schutz der Privatsphäre.[1001] Für die Vertraulichkeit der Internetkommunikation sind diese Erscheinungsformen daher vorrangig zu prüfen.[1002]

Das Recht auf informationelle Selbstbestimmung schützt die Kommunikationsfähigkeit des Einzelnen und seine Persönlichkeitsentfaltung.[1003] Es ist die „verfassungsrechtliche Antwort auf die besonderen Risiken der automatischen Datenverarbeitung für die Selbstbestimmung des Einzelnen".[1004] Die besondere Gefahr wird durch die unbegrenzte Speicherbarkeit der Daten sowie die jederzeitige Abrufbarkeit begründet. Daher soll das Recht auf informationelle Selbstbestimmung gewährleisten, dass der Einzelne seine Verhaltensweisen nicht danach orientieren muss, ob diese gekennzeichnet werden oder nicht.[1005] Die Verarbeitung der Daten birgt die Gefahr, dass Informationen über die Person bekannt werden, die diese gerne für sich behalten würde. Das Bedürfnis nach sozialer Geltung ist eine wesentliche menschliche Eigenschaft, die dadurch verletzt werden kann, dass eine soziale Anerkennung nicht den eigenen Erwartungen entspricht.[1006] Diese soziale Bindung wird durch den Menschen sowohl emotional als auch intellektuell anerkannt – dadurch entsteht das Bedürfnis, die eigene Rolle innerhalb dieses sozialen Geflechtes selbst zu bestimmen.[1007]

---

999 BVerfGE 130, 151, 183.
1000 BVerfGE 120, 274, 303.
1001 BVerfGE 120, 274, 311.
1002 *Bäcker* in Rensen/Brink, S. 99, 102.
1003 *Unseld*, S. 57.
1004 *Marwitz*, AfP 2003, 405, 405.
1005 *Marwitz*, AfP 2003, 405, 405.
1006 *Beuthien/Schmölz*, S. 8.
1007 *Beuthien/Schmölz*, S. 8.

Jede Datenverarbeitung ist daher ein Eingriff in die informationelle Selbstbestimmung, unabhängig davon, ob diese Daten privat oder geheim sind.[1008] Jedoch schützt das Recht auf informationelle Selbstbestimmung in erster Linie vor Eingriffen des Staates. Eine unzulässige Datenverarbeitung zulasten Dritter ist bereits einfachgesetzlich durch das Datenschutzrecht abgesichert. Eine Anwendung auf die Daten Verstorbener ist ebenfalls problematisch. Die Anwendbarkeit des Rechts auf informationelle Selbstbestimmung und des Fernmeldegeheimnisses auf den Erblasser wird grundsätzlich abgelehnt, da diese Normen allesamt nur den Schutz lebender Personen betreffen. Es geht um den Schutz der Person beziehungsweise um deren Persönlichkeit. Der Träger dieses Grundrechts kann nur eine lebende Person sein[1009] – die Fähigkeit zur Entfaltung einer Persönlichkeit können nur lebende Menschen haben.[1010] Nach dem Tod entfaltet das Persönlichkeitsrecht nur noch Würde- und Andenkenschutz.

IV. Das postmortale Persönlichkeitsrecht des Erblassers

Das Landgericht Berlin ließ offen, ob möglicherweise das postmortale Persönlichkeitsrecht eines volljährigen Erblassers einer Herausgabe der Account-Inhalte entgegenstehen würde. In dem zu entscheidenden Fall sah das Gericht zumindest aufgrund der Minderjährigkeit der Erblasserin keine Verletzung des postmortalen Persönlichkeitsrechts, da ihre Eltern als Erben auch die Sachwalter des Persönlichkeitsrechts wären.[1011] Das Kammergericht hat das postmortale Persönlichkeitsrecht nicht thematisiert, da das Gericht bereits im spezielleren Fernmeldegeheimnis ein Hindernis für die Herausgabe der Account-Inhalte, insbesondere der Nachrichten, sahen. Der BGH betrachtet das postmortale Persönlichkeitsrecht nicht als Hindernis für die Herausgabe der

1008 BVerfGE 65, 1, 45.
1009 BVerfGE 30, 173, 194, BVerfG NJW 2001, 2957, 2958.
1010 *Martini*, JZ 2012, 1145, 1148.
1011 LG Berlin DNotZ 2016, 537, 540.

Inhalte.[1012] Das Abwehrrecht, das den nächsten Angehörigen zusteht, begründe keine Zuordnung der höchstpersönlichen Inhalte an die Angehörigen. Da in dem zu entscheidenden Fall die Erben und die nächsten Angehörigen identisch waren, war eine Entscheidung auch nicht erforderlich. Der BGH umging damit aber die Frage, die sich auch ansonsten in der Literatur nicht so deutlich stellt, aber beispielsweise indirekt vom Kammergericht Berlin[1013] aufgeworfen wurde: Behindert das postmortale Persönlichkeitsrecht des Erblassers die Vererblichkeit der Account-Inhalte mit der Folge, dass in Bezug auf diese ebenfalls nur Abwehrrechte bestehen, die weder den Erben noch den nächsten Angehörigen zugeordnet werden können? Ob diese von den Erben beziehungsweise den nächsten Angehörigen geltend gemacht werden können, ist aufgrund der in den meisten Fällen identischen Personenkreise im Grunde genommen eine Folgefrage.

1. Der Schutzumfang des postmortalen Persönlichkeitsrechts

Das postmortale Persönlichkeitsrecht wird aus dem Schutz der Menschenwürde in Art. 1 Abs. 1 GG hergeleitet.[1014] Im Gegensatz zum allgemeinen Persönlichkeitsrecht, das in den Art. 2 I GG in Verbindung mit Art. 1 GG verankert ist, dient das postmortale Persönlichkeitsrecht nicht der Persönlichkeitsentfaltung, sondern dem Schutz des allgemeinen Achtungsanspruchs, der dem Menschen kraft seines Personenseins auch nach dem Tode zusteht. Das postmortale Persönlichkeitsrecht dient ferner dem Schutz des sittlichen, personalen und sozialen Geltungswertes, den eine Person durch ihre Lebensleistung erworben hat und der auch nach dem Tod noch geschützt wird.[1015] Der

1012 BGH NJW 2018, 3178, 3183.

1013 KG Berlin ZUM-RD 2017, 524, 531, nicht ganz eindeutig, aber in diese Richtung gingen auch die Zweifel des LG Berlin DNotZ 2016, 537, 540.

1014 Für die daraus folgende Problematik der Güterabwägung, die bei einer Verletzung der Menschenwürde und damit auch in ihrer Erscheinungsform als postmortales Persönlichkeitsrecht nicht vorgenommen werden kann, siehe *Leipold* in MüKo, § 1922 Rn. 128 f.; *Lange* in Lange, § 3 Rn. 2025.

1015 BVerfG NJW 2001, 594 f; NJW 2001, 2957, 2958; NJW 1993, 1462; BVerfGE 30, 173, 194 = NJW 1971, 1645.

Achtungsanspruch schützt den Menschen vor einer entwürdigenden Darstellung seiner Person in der Öffentlichkeit. Schutzobjekt ist somit die Würde, nicht die Persönlichkeit, deren Schutzbereich auch nicht identisch ist.[1016] Die Würde steht jedem Menschen aufgrund seines Menschseins zu; sie ist nicht quantifizierbar und kann nicht gegen andere Rechte abgewogen werden. Das allgemeine Persönlichkeitsrecht schützt hingegen die private Sphäre und die Handlungsfreiheit zur Gestaltung dieser Sphäre.[1017]

Das Lebensbild, das eine Abbildung der Lebensleistung darstellt, kann nach *Martini* aber auch durch den Einblick Dritter in die Details der eigenen Persönlichkeit verletzt werden.[1018] Der personale Eigenwert der Persönlichkeit überdauere die Rechtsfähigkeit ihres Trägers und sei daher schutzbedürftig.[1019] In weiten Teilen der Literatur stieß diese Auffassung auf Ablehnung. Die Kenntnisnahme von den Details der Persönlichkeit des Erblassers, die aufgrund dessen digitaler Hinterlassenschaft möglich ist, sei nicht ausreichend, um das postmortale Persönlichkeitsrecht zu verletzen. Diese Auffassung deckt sich auch mit der ständigen Rechtsprechung des BVerfG: Sowohl der Achtungsanspruch als auch der Schutz des Lebensbildes sollen vor allem vor Angriffen und einer möglichen Verunglimpfung schützen.

Der Einblick in die digitalen „Fußspuren" des Erblassers stellt aber keinen Angriff auf seine Würde oder sein Lebensbild dar, vielmehr ist dieser Einblick mit einem „Eindringen" vergleichbar, das dem Erblasser das Recht entzieht, nach dem Tod über seine Selbstdarstellung zu entscheiden. Das Recht des Einzelnen, selbst darüber zu entscheiden, wie er seine Person darstellen möchte, ist zu Lebzeiten durch eine Vielzahl von Rechten abgesichert. Dazu gehört das Recht am eigenen Bild, das Recht am eigenen Wort, das Recht auf informationelle Selbstbestimmung und auch das Recht auf Vertraulichkeit und Integrität informationstechnischer Systeme. Diese der Persönlichkeitsentfaltung

1016 Vgl. dazu *Müller*, S. 190 f.
1017 *Müller*, S. 191 f.
1018 *Martini*, JZ 2012, 1145, 1150.
1019 *Martini*, JZ 2012, 1145, 1150.

dienenden Schutzrechte wären nach Auffassung des BGH auch nicht ausreichend gewährleistet, wenn zu Lebzeiten nicht die Gewissheit bestünde, dass auch nach dem Tode ein gewisser Persönlichkeitsschutz bleibt.[1020] Daher müssen der soziale und der personale Geltungswert einer Person nach deren Tod nicht nur als Würdeschutz bestehen, sondern auch das Persönlichkeitsbild schützen, wie es vom Erblasser hinterlassen wurde.

Andere gesetzliche Regelungen zeigen auch, dass sich das Interesse des Erblassers in Bezug auf sein Persönlichkeitsbild nicht darin erschöpft, dass dieses „angegriffen" wird. Betrachtet man beispielsweise die auch nach dem Tod nicht erlöschende Schweigepflicht des Arztes, welches nur in Abwägung zu wirtschaftlichen Interessen der Erben (die von diesen geltend gemacht werden müssen und grundsätzlich nicht vermutet werden) zurücktreten muss,[1021] so wird deutlich, dass nicht nur die Würde geschützt wird, sondern auch die Persönlichkeit.

2. Das postmortale allgemeine Persönlichkeitsrecht

Die Summe der Rechte, die eine Form der Persönlichkeitsentfaltung schützen, zeigen insbesondere mit Blick auf die Detaildichte der über den Erblasser gewonnenen Informationen, dass das postmortale Persönlichkeitsrecht mit einer Beschränkung auf den Würde- und Andenkenschutz nicht mehr ausreicht.

Das Recht auf informationelle Selbstbestimmung als Ausprägung des Persönlichkeitsrechts und als Grundlage des Datenschutzrecht will die Bürger davor schützen, „wer was wann und bei welcher Gelegenheit über sie weiß".[1022] Dieser Schutz kann aber nur dann vollkommen sein, wenn er auch nach dem Tod noch besteht.[1023]

Im anglo-amerikanischen Raum wird eine bestimmte Handlungsweise, die aus der Angst vor unkontrollierbaren Folgen resultiert, „Chil-

1020 BGHZ 50, 133, 139.

1021 Vgl. *Peter*, S. 298 f.; *Hess*, ZEV 2006, 479, 481.

1022 BVerfGE 65, 1, 43.

1023 *Schack*, GRUR 1985, 352, 355; *ders.*, JZ 1989, 609, 614; *Martini*, JZ 2012, 1145, 1150 f.

ling Effect“ (abkühlender Effekt) genannt. Dabei handelt es sich um bedenkliche Abschreckungsdynamiken, auf die verfassungsrechtlich reagiert werden muss.[1024] Obwohl das BVerfG keinem einheitlichen Terminus folgt, liegt der Rechtsprechung vielfach ein ähnliches Argument zugrunde. Vor allem in den Urteilen mit Datenbezug wird von einer hemmenden beziehungsweise einschüchternden Wirkung auf die Ausübung der Grundrechte gesprochen.[1025] Es geht zwar häufig um Überwachung durch den Staat beziehungsweise Sammlung von Geheimwissen, das für den Einzelnen nicht mehr überschaubar ist, womit der Zugriff durch die Erben nicht verglichen werden kann; die Ungewissheit des Einzelnen ist aber – wenn auch in einem geringeren Umfang – die gleiche. Ziel dieser Rechtsprechung ist der Schutz des unbefangenen Verhaltens des Einzelnen. „Zweck des ‚Quellrechts‘ ist es u. a., dem Einzelnen einen Freiheitsraum zu sichern, in dem er seine Individualität ungestört von Eingriffen Dritter entfalten kann.“[1026] Obwohl dieser Entfaltungsprozess mit dem Tod endet, kann er nur dann zu Lebzeiten wirksam ausgeübt werden, wenn man sich vor einer beliebigen Enthüllung sicher fühlt.[1027] „Es geht um den Schutz des Lebenden, nicht des Toten.“[1028] Mit dem postmortalen Persönlichkeitsschutz soll nicht das allgemeine Persönlichkeitsrecht konserviert werden, sondern der lebzeitige Schutz auf einem bestimmten Niveau

1024 Vgl. zu der Problematik, insbesondere in Bezug auf die Meinungsfreiheit, *Heldt*, NJOZ 2017, 1458, 1461.

1025 BVerfGE 125, 260, 335 (Vorratsdatenspeicherung); BVerfGE 120, 378, 402 (automatisierte Kennzeichenerfassung) BVerfGE 115, 166, 188 (Kommunikationsverbindungsdaten). „Das Grundrecht dient dabei auch dem Schutz vor einem Einschüchterungseffekt, der entstehen und zu Beeinträchtigungen bei der Ausübung anderer Grundrechte führen kann, wenn für den Einzelnen nicht mehr erkennbar ist, wer was wann und bei welcher Gelegenheit über ihn weiß. Die Freiheit des Einzelnen, aus eigener Selbstbestimmung zu planen und zu entscheiden, kann dadurch wesentlich gehemmt werden.“ BVerfGE 109, 279, 354 (Großer Lauschangriff); BverfGE 65, 1, 43 (Volkszählung).

1026 *Heldrich* in FS Lange, S. 163, 166.

1027 *Heldrich* in FS Lange, S. 163, 167.

1028 *Bender*, VersR 2001, 815, 815.

beibehalten werden.[1029] Die Gefahr der Enthüllung und Diffamierung besteht zwar in erster Linie gegenüber der Öffentlichkeit und nicht gegenüber einzelnen Personen wie den Erben oder den Angehörigen; mit der zunehmenden Zahl an Daten, die man online über das gesamtes Leben speichert, ist eine entsprechende Hemmnis aber auch beziehungsweise insbesondere gegenüber engen Familienmitgliedern nicht undenkbar. Eine ähnliche Bedrohungslage war auch der Hintergrund der Entscheidungen des BVerfG zur Vorratsdatenspeicherung. Die Nutzer empfinden eine „diffuse Bedrohlichkeit", weil sie nicht wissen, was welche Behörde über sie weiß.[1030] Diese diffuse Bedrohlichkeit verspüren die Nutzer aber nicht nur gegenüber dem Staat, sondern allgemein in Bezug auf ihre Datenspuren im Netz.[1031] Mit der Vererblichkeit aller Onlineprofile wird diese diffuse Bedrohlichkeit in Bezug auf das postmortale Schicksal konkret. Die Bedrohlichkeit wird durch das Wissen verstärkt, dass nicht unbekannte Dritte, wozu sowohl der Staat, die Plattformbetreiber als auch unbefugte Dritte zählen, sondern bekannte Menschen, die eine konkrete Erinnerung an einen haben, einen Einblick in jegliches eigene Handeln in der Onlinewelt bekommen.

3. Zwischenergebnis

Die bestehenden verfassungsrechtlichen Grundsätze, die dem Einzelnen auch nach dem Tod noch einen gewissen Schutz gewähren, müssen im Hinblick auf die geänderte Lebensweise und Preisgabe von persönlichen Informationen im Internet überdacht werden. Insbesondere in Bezug auf die umfassende Verschärfung des Datenschutzrechts und die Ausweitung der Rechte der Einzelnen ist es nicht mehr kohärent, diesen Schutz mit dem Tod enden zu lassen.

1029 *Bender*, VersR 2001, 815, 815; *Schack*, GRUR 1985, 352, 356, „postmortale Vervollkommnung des Persönlichkeitsschutzes zu Lebzeiten". Kritisch *Schulze Wessel*, S. 45 f., „fragwürdig, ob sich Lebende in ihrem Schaffen tatsächlich von dem Gedanken hindern lassen, da ihr Lebensbild nach dem Tod mit Hilfe des Geschaffenen beeinträchtigt werden könnte".

1030 NJW 2010, 833, 843.

1031 *Härting* in Leible/Kutschke, S. 55, 63.

V. Abstrakte Abwägung der betroffenen Interessen nach dem Verfassungsrecht

Zum Erbrecht wurde bereits dargestellt, dass dieses wie das Recht auf Eigentum in Art. 14 Abs. 1 GG verankert ist. Die Unvererblichkeit aufgrund des Fernmeldegeheimnisses oder des (postmortalen) Persönlichkeitsrechts darf keinen Verstoß gegen Art. 14 GG darstellen.

Unter den Schutz von Art. 14 Abs. 1 GG fallen nicht nur das Eigentum im zivilrechtlichen Sinne, sondern alle Rechte, die Vermögenswert besitzen.[1032] Wie das Recht auf Eigentum ist auch das Erbrecht Grenzen unterworfen. Es ist grundsätzlich die Aufgabe des Gesetzgebers, das Erbrecht im Einklang mit anderen Verfassungsnormen und unter Berücksichtigung des Verhältnismäßigkeitsgrundsatzes auszugestalten.[1033] Dabei ist die Einschränkbarkeit des Erbrechts im Gegensatz zum Eigentumsrecht weitergehend, weil das Erbrecht an den Vermögensübergang anknüpft.[1034]

Im vorliegenden Fall ist daher eine Abwägung von Vermögensinteressen der Erben, sofern sie überhaupt vorliegen, gegenüber Persönlichkeitsinteressen des Erblassers und Dritter vorzunehmen. Dabei gibt es Beispiele aus der Rechtsprechung, die als Orientierungshilfe herangezogen werden können, wie diese Rechte in der Abwägung zueinander zu gewichten sind. In einem vom BGH entschiedenen Fall ging es um die Wahrung des Bankgeheimnisses, das auch den Schutz der informationellen Selbstbestimmung des Bankkunden bezweckt, in Abwägung zu den Informationsinteressen der Erben an bestimmten Zahlungsvorgängen.[1035] Der BGH entschied, dass der Wahrung des Bankgeheimnisses bei persönlichkeitsbezogenen Vorgängen dann Vorrang zu gewähren ist, wenn von einem mutmaßlichen Willen des Erblassers auszugehen ist, der gegen eine Veröffentlichung dieser Vorgänge spricht; es müsse daher eine Interessenabwägung erfolgen.[1036] Die Abwägung

1032 *Axer* in BeckOK GG Art. 14 Rn. 48.
1033 *Axer* in BeckOK GG, Art. 14 Rn. 155.
1034 BVerfGE 112, 332, 348 = NJW 2005, 1561, 1562.
1035 BGH NJW 1989, 1601, 1602.
1036 BGH NJW 1989, 1601.

der Persönlichkeitsbelange des Erblassers in Bezug auf die Informationen in seiner Krankenakte, die durch die Schweigepflicht des Arztes auch nach dem Tod abgesichert sind, ist nach der bereits genannten Entscheidung des BGH nur dann zulasten der Persönlichkeitsbelange auszulegen, wenn die Erben konkrete vermögensrechtliche Interessen darlegen können. Ein pauschales Recht auf Einsicht wird indes nicht gewährt.

Beide Entscheidungen zeigen, dass die Wahrung von Geheimnissen als Teil des Selbstbestimmungsrechts einer Person, das aus dem allgemeinen Persönlichkeitsrecht abgeleitet wird (Art. 2 Abs. 1 in Verbindung mit Art. 1 Abs. 1 GG), auch nach dem Tod des Betroffenen noch Vorrang vor den Vermögensinteressen der Erben haben kann.[1037]

Beim „digitalen Nachlass“ erfolgt durch die Einsicht der Erben in die Accounts unzweifelhaft ein Eindringen in die Privatsphäre des Erblassers und seiner Kommunikationspartner. In Abwägung dazu sind die vermögensrechtlichen Interessen, die möglicherweise von den Erben geltend gemacht werden können, kaum vorhanden. Es erfolgt eine Abwägung zugunsten des Erbrechts, obwohl dieses einen derartig weiten Schutz vor allem für Affektionsinteressen nicht vorsieht. Sofern vermögenswerte Inhalte in Accounts vorhanden sind, können diese einzeln herausgegeben werden, ohne dass den Erben der gesamte Account überlassen wird.

C. Archivierungsinteresse der Erben

Kommt man zu dem Ergebnis, dass eine vermögensrechtliche Zuordnung der Account-Inhalte nur dann erfolgen kann, wenn es sich dabei um Wertträger handelt oder an den Inhalten subjektive Rechte des Erblassers bestehen, die an die Erben übergehen, müssen diese Inhalte folglich erlöschen. Das Erbrecht schützt gerade kein sentimentales beziehungsweise ideelles Interesse der Erben und der Familienangehörigen, Bilder, Briefe, Profile und andere persönliche Informationen

1037 *Kühl*, JA 1995, 328, 331.

des Erblassers zu erhalten. Die bisher in den USA ergangenen Urteile, aber auch der Fall in Deutschland waren stark geprägt von emotionalen Interessen. Da diese aber vom deutschen Erbrecht und dem Grunde nach ebenso wenig vom US-amerikanischen Erbrecht erfasst sind, haben die Beteiligten in diesen Fällen oftmals ergänzend vermögensrechtliche Interessen vorgetragen. Letztendlich hat auch der BGH, ohne nähere Prüfung, die Vererblichkeit aufgrund einer vermögensrechtlichen Zuordnung angenommen und nicht aufgrund der Affektionsinteressen der Eltern, die in dem entschiedenen Fall deutlich im Vordergrund standen.

Eine Entscheidung anhand der bestehenden Gesetze kann grundsätzlich nur ein „Ganz oder gar nicht" zur Folge haben, da eine Differenzierung der Inhalte in der Praxis ohne entsprechende gesetzliche Regelung schwierig werden dürfte. Der Regelfall der Unvererblichkeit vor allem von Nachrichten, wie es im Rahmen dieser Arbeit befürwortet wird, führt aber dazu, dass vom Regelfall der Unvererblichkeit auch die Fälle betroffen sind, in denen der Erblasser unter Umständen seinen Erben gerne seine Briefe, Tagebücher oder sonstigen Informationen überlassen hätte. Im Umkehrschluss gibt es auch das Interesse der Erben, diese Inhalte zu archivieren und nachfolgenden Generationen verfügbar zu machen, sofern sich dieses Ansinnen mit den Interessen des Erblassers auch deckt. Die Aufbewahrung der Informationen kann nicht nur für die Erben, sondern auch für die Allgemeinheit von Interesse sein. Zumindest nach Ablauf einer gewissen Zeit – wodurch sichergestellt wird, dass die Persönlichkeitsbelange der Betroffenen nicht mehr berührt werden – könnten diese Informationen für die Nachwelt von Bedeutung sein. Denn es können interessante Informationen über eine Zeit im Leben des Erblassers vorhanden sein, die Einblicke in eine ganze Epoche gewähren, die sich nur in Accounts wiederfinden und mit diesen auch erlöschen würden.[1038] Es wäre zwar unverhältnismäßig, zugunsten dieser Interessen die gesamten digitalen

1038 Siehe dazu auch *Smith*, When we are no more, How Digital Memory Is Shaping Our Future, 2016; sowie *Walker*, http://www.nytimes.com/2011/01/09/magazine/09Immortality-t.html.

Inhalte dem Nachlass zuzurechnen – dafür gäbe es auch keine gesetzliche Grundlage –, es ist aber auch nicht von der Hand zu weisen, dass gewisse Verluste mit diesem Ergebnis einhergehen würden.

Zusammenfassung

Die Rechtsnachfolge in die Nutzungsvereinbarung berechtigt den Erben dazu einen Account mit allen Rechten und Pflichten zu nutzen. Eine Teilvererblichkeit des vertraglichen Anspruchs ist daher ausgeschlossen, weil es dem Institut der Rechtsnachfolge widerspricht und zu mehr Rechtsunsicherheit führt.

Ob eine Nutzungsvereinbarung vererblich ist, entscheidet sich danach, ob es sich um eine vermögensrechtliche oder nichtvermögensrechtliche Position handelt. Ein Vertragsverhältnis zählt nur dann zu den Vermögensrechten, wenn Vererblichkeitskriterien vorliegen, die eine Zuordnung zum Vermögen ermöglichen. Nichtvermögenswerte Vertragsverhältnisse können auch vererblich sein, sofern ein entweder Kontinuitätsinteresse besteht oder der Account für wirtschaftliche Interessen genutzt wird und keine Unvererblichkeitskriterien einschlägig sind, die den Übergang der Rechtsposition auf den Erben ausschließen.

Die Vererblichkeit der Account-Inhalte muss danach bewerten werden, ob an ihnen Rechte oder vermögensrechtliche Interessen bestehen, die einen eigenständigen Übergang auf den Erben rechtfertigen. Andernfalls sind Account-Inhalte nicht vererblich. Die Nutzungsvereinbarung ist kein Trägermedium für diese Inhalte. Die Zuordnung dieser Positionen zur Erbmasse muss eigenständig erfolgen.

Eine Verletzung des Datenschutz- und Telekommunikationsrecht kann nicht mit der Vererblichkeit des Vertrages gerechtfertigt werden, insbesondere dann nicht, wenn es sich um eine Teilvererblichkeit handelt, die nur darauf abzielt, dass der Erbe die Account-Inhalte erhält aber im Übrigen nicht so behandelt wird wie ein Rechtsnachfolger.

Eine Gegenüberstellung der Rechte der Erben sowie des Erblassers aber insbesondere auch der Rechte Dritter, deren personenbezogene

Daten und Kommunikationsinhalte, die sich ebenfalls im Account des Erblassers befinden, zeigt, dass es keine ausreichende erbrechtliche Begründung gibt, den Interessen der Erben den Vorrang zu gewähren, da diese sich nur in seltenen Fällen auf vermögensrechtliche Interessen beziehen. Das Erbrecht aber schützt in erster Linie die vermögensrechtlichen Interessen. Andere Interessen der Erben können nur berücksichtigt werden, wenn es eine ausreichende gesetzliche Grundlage dafür gibt. Insbesondere in Zeiten der bemühten Datensparsamkeit und dem höheren Schutzbedürfnis für die Privatsphäre der Internetnutzer, ist eine undifferenzierte Vererblichkeit keine Lösung. Die bisherige Untätigkeit des Gesetzgebers liegt vermutlich daran, dass die BGH-Entscheidung zunächst so verstanden wurde, als würde sie alle Probleme lösen. Das ist aber nicht geglückt, so dass der Gesetzgeber tätig werden muss.

Literaturverzeichnis

Acker, Ludwig/Thum, Kai, Zulässigkeit der Vereinbarung der freien Weiterübertragbarkeit von urheberrechtlichen Nutzungsrechten durch AGB, GRUR 2008, 671–678

Ahrens, Hans Jürgen, Die Verwertung persönlichkeitsrechtlicher Positionen. Ansatz einer Systembildung, Würzburg 2002

Ahrens, Hans Jürgen, Fragen der erbrechtlichen Gestaltung postmortaler Persönlichkeitsverwertungen, ZEV 2006, 237–242

Antonakopoulos, Nadine, Weidenfeller, David, Analyse der Goodwill-Bilanzierung bei Unternehmen in der Krise, IRZ 2018, 339–343

Arbeitsgruppe „Digitaler Neustart" der Konferenz der Justizministerinnen und Justizminister der Länder, Bericht vom 15.5.2017 abrufbar unter: https://www.justiz.nrw.de/JM/schwerpunkte/digitaler_neustart/zt_bericht_arbeitsgruppe/bericht_ag_dig_neustart.pdf

Arndt, Hans-Wolfgang/Fetzer, Thomas/Scherer, Joachim/Graulich, Kurt (Hrsg.), Telekommunikationsgesetz. Kommentar, 2. Auflage, Berlin 2015

Apel, Simon, Keine Anwendung der »UsedSoft«-Rechtsprechung des EuGH jenseits von Computerprogrammen - Eine Bestandsaufnahme zur Erschöpfung bei »gebrauchten« digitalen Gütern, ZUM 2015, 640–648

Ders., Anmerkung zu BGH, Urt. v. 12.7.2018 - 3 ZR 183/17, Anmerkung zu BGH, Urt. v. 12.7.2018 - 3 ZR 183/17, ZD 2018, 477–488

Arlt, Christian, Digital Rights Management-Systeme - Begriff, Funktion und rechtliche Rahmenbedingungen nach den jüngsten Änderungen des UrhG - insbesondere zum Verhältnis der §§ 95a ff. UrhG zum Zugangskontrolldiensteschutzgesetz (ZKDSG), GRUR 2004, 548–554

Atwater, Justin, Who Owns E-Mail? Do You Have The Right To Decide The Disposition Of Your Private Digital Life? 2006 Utah L. Rev. 397–418 (2006)

Auer-Reinsdorff, Astrid/Conrad, Isabell (Hrsg.), Handbuch IT- und Datenschutzrecht, 2. Auflage, München 2016 (zitiert: Bearbeiter in Auer-Reinsdorff/Conrad, IT- und Datenschutzrecht)

Ayar, Zuhal, Anmerkung zu BGH, Beschluss vom 27.08.2020 Az: III ZB 30/20, GRUR-Prax 2020, 496.

Bäcker, Kerstin/Höfinger, Frank Michael, Online-Vertrieb digitaler Inhalte: Erstvertrieb, nachgelagerte Nutzungen und nachgelagerte Märkte, ZUM 2013, 623–641

Bäcker, Kerstin, Anmerkung zu BGH, Urteil vom 17. Juli 2013 - I ZR 129/08 - UsedSoft II, ZUM 2014, 333–335

Baston-Vogt, Marion, Der sachliche Schutzbereich des zivilrechtlichen allgemeinen Persönlichkeitsrechts, Tübingen 1997

Banta, Nathalie M., Death And Privacy In The Digital Age, 94 N.C. L. Rev. 927–990 (2016)

Barth, Jan, Der digitale Nachlass, Tagung der Forschungsstelle für Notarrecht am 19.11.2014, MittBayNot 2015, 208–209

Bartsch, Michael, Software als Rechtsgut. Zur Wahrnehmung von Software aus Sicht des Rechts, zur Begriffsbildung im Recht und zu den praktischen Konsequenzen, CR 2010, 553–559

Bauer, Christian Alexander, User Generated Content, in Große Ruse-Khan, Henning/Klaas, Nadine/v. Lewinski, Silke (Hrsg.), Nutzergenerierte Inhalte als Gegenstand des Privatrechts, Berlin u.a. 2010, S. 1–41 (zitiert: *Bauer* in Große Ruse-Khan/Klass/v. Lewinski)

Baumbach, Adolf/Lauterbach, Wolfgang/Albers, Jan/Hartmann, Peter, Zivilprozessordnung mit FamFG, GVG und anderen Nebengesetzten, Kommentar, 73. Auflage, München 2015 (zitiert: *Bearbeiter* in Baumbach/Lauterbach/Hartmann, ZPO)

Bekker, Ernst Immanuel, System des heutigen Pandektenrechts, Band. l, Weimar 1886.

Bender, Albrecht, Postmortales Einsichtsrecht in Krankenunterlagen. Ein zivilrechtliches Spannungsverhältnis zwischen ärztlicher Dokumentations- und Schweigepflicht, Berlin 1998

Ders., Das postmortale allgemeine Persönlichkeitsrecht: Dogmatik und Schutzbereich, VersR 2001, 815–825

Berberich, Matthias, Virtuelles Eigentum, Tübingen 2010

Ders., Der Content „gehört" nicht Facebook! AGB-Kontrolle der Rechteeinräumung an nutzergenerierten Inhalten, MMR 2010, 736–741

Ders., */Golla, Sebastian,* Zur Konstruktion eines „Dateneigentums" - Herleitung, Schutzrichtung, Abgrenzung, PinG 2016, 165–176

Bergemann, Henrik A., Rechte an Briefen, Baden-Baden 2001

Beuthin, Volker, Was ist vermögenswert, die Persönlichkeit oder ihr Image? Begriffliche Unstimmigkeiten in den Marlene-Dietrich-Urteilen, NJW 2003, 1220–1222

Beuthien, Volker/Schmölz, Anton, Persönlichkeitsschutz durch Persönlichkeitsgüterrechte, München 1999

Beyer, Gerry/Cahn, Naomi, Digital Planning: The Future Of Elder Law, 9 NAELA J. 135–155 (2013)

Biermann, Bastian, Der digitale Nachlass im Spannungsfeld zwischen Erbrecht und Datenschutz, ZErb 2017, 210–217

Ders., Der digitale Nachlass – Vorrang des Erbrechts! ErbR 2018, 1

Binder, Julius, Die Rechtsstellung des Erben nach dem deutschen Bürgerlichen Gesetzbuch, 1901, Bd. 1, Band I, Leipzig 1901 (zitiert: *Binder*, Rechtsstellung des Erben)

Ders., Vermögensrecht und Gegenstand, ArchBürgR 34 (1910), 209–260

Birner, Cornelia, Die Internet-Domain als Vermögensrecht. Zur Haftung der Internet-Domain in Zwangsvollstreckung und Insolvenz, Tübingen 2005

Bleich, Holger, Ableben 2.0, c'l 2013, S. 62–64

Blume, Wilhelm von, Fragen des Totenrechts, AcP 112 (1914), 367–427

Bömelburg, Peter; Landgraf, Christian; Pühl, Christian, Dauerthema Goodwill-Impairment-Test – Änderungen in Sicht? IRZ 2017, 119–123

Brändel, Oliver C., Das Postmortale Persönlichkeitsrecht als Nachlassgegenstand in Ahrens, Hans-Jürgen/Bornkamm, Joachim/Gloy, Wolfgang/ Starck, Joachim/ Ungern-Sternberg, Joachim von (Hrsg.), Festschrift für Willi Erdmann – Zum 65. Geburtstag, München 2002, S. 49–61(zitiert: *Brändel* in FS Erdmann)

Braun, Frank, Anmerkung zu LG Berlin, Beschluss vom 13.02.2019 - 20 O 172/15

Bräutigam, Peter, Das Nutzungsverhältnis bei sozialen Netzwerken. Zivilrechtlicher Austausch von IT-Leistung gegen personenbezogene Daten, MMR 2012, 635–641

Bräutigam, Peter/Sonnleithner, Bernhard von, Vertragliche Aspekte der Social Media, in Hornug, Gerrit/Müller-Terpitz, Ralf (Hrsg.), Rechtshandbuch Social Media, Berlin u.a. 2015, S. 36–73 (zitiert: *Bräutigam/Sonnleithner* in Hornung/Müller-Terpitz)

Brinkert, Maike/Stolze, Michael/Heidrich, Joerg, Der Tod und das soziale Netzwerk. Digitaler Nachlass in Theorie und Praxis, ZD 2013, 153–157

Brisch, Klaus/Müller-ter Jung, Marco, Digitaler Nachlass – Das Schicksal von E-Mail- und De-Mail-Accounts sowie Mediencenter-Inhalten, CR 2013, 446–455

Brox, Hans/Walker, Wolf-Dietrich, Allgemeiner Teil des BGB, 41. Auflage 2017 (zitiert: *Brox/Walker*, BGB-AT)

Brox, Hans/Walker, Wolf-Dietrich, Erbrecht, 27. Auflage, München 2016 (zitiert: *Brox/Walker*, Erbrecht)

Brox, Hans/Walker, Wolf-Dietrich, Zwangsvollstreckungsrecht, 11. Auflage, München 2018 (zitiert: *Brox/Walker*, ZPO)

Boehmer, Gustav, Der Übergang des Pflichtlebens des Erblassers auf den Erben, in Otto Schreiber (Hrsg.), Die Reichsgerichtspraxis im deutschen Rechtsleben. Festgabe der juristischen Fakultäten zum 50jährigen Bestehen des Reichsgerichts, dritter Band, Berlin/Leipzig 1929, S. 180–316 (zitiert: *Boehmer* in RG-FG III)

Ders., Erbfolge und Erbenhaftung, Halle (Saale) 1927 (zitiert: Boehmer, Erbfolge und Erbenhaftung)

Boehm, Franziska, Herausforderungen von Cloud Computing-Verträgen: Vertragstypologische Einordnung, Haftung und Eigentum an Daten, ZEuP 2016, 358–387

Bock, Merle, Juristische Implikationen des digitalen Nachlasses, AcP 217 (2017), 371–417

Büchler, Andrea, Die Kommerzialisierung von Persönlichkeitsgütern. Zur Dialektik von Ich und Mein, AcP (206) 2006, 300–351

Buchner, Benedikt, Die Informationelle Selbstbestimmung im Privatrecht, Tübingen 2006

Ders., Die Einwilligung im Datenschutzrecht - vom Rechtfertigungsgrund zum Kommerzialisierungsinstrument, DuD 2010, 39–43

Büchner, Thomas, Die rechtlichen Grundlagen der Übertragung virtueller Güter, Baden-Baden, 2011

*Büscher, Wolfgang / Dittmer, Steffan /Schiwy, Peter (*Hrsg.), Gewerblicher Rechtsschutz, Urheberrecht, Medienrecht, 2. Auflage, Köln 2011(zitiert: *Bearbeiter*: in Büscher/Dittmer/Schiwy)

Bullinger, Winfried / Czychowski, Christian, Digitale Inhalte: Werk und/oder Software? - Ein Gedankenspiel am Beispiel von Computerspielen, GRUR 2011, 19–26

Burandt, Wolfgang / Rojahn, Dieter (Hrsg.), Erbrecht, München, 2. Auflage 2014 (zitiert: *Bearbeiter* in Burandt/Rojahn)

Burandt, Wolfgang, Digitaler Nachlass: Was mit unseren Daten im Todesfall geschieht, EE 2018. 152–156

Ders., Anmerkung zu BGH, Beschluss vom 27.08.2020 Az: III ZB 30/20, EE 2019, 020–021

Canaris, Claus-Willhelm, Die Verdinglichung obligatorischer Rechte, in Jakobs, Horst Heinrich et al. (Hrsg.), Festschrift für Werner Flume zum 70. Geburtstag, Band. I, Köln 1978, S. 371–427 (zitiert: *Canaris* in FS Flume I)

Carroll, Evan/Romano, John, Your Digital Afterlife, When Facebook, Flickr and Twitter Are Your Estate, What's Your Legacy?, Berkeley, 1. Auflage 2010

Castendyk, Oliver, Lizenzverträge und AGB-Recht, ZUM 2007, 169–178

Cichon, Caroline, Internet-Verträge. Verträge über Internet-Leistungen und E-Commerce, 2. Auflage, Köln 2005

Claus, Sabine, Postmortaler Persönlichkeitsschutz im Zeichen allgemeiner Kommerzialisierung, Baden-Baden 2004

Clément, Christoph, Urheberrecht und Erbrecht, Baden-Baden 1993

Conner, John, Digital Life After Death: The Issue Of Planning For A Person's Digital Assets After Death, 3 Est. Plan. & Community Prop. L.J. 301–322 (2011)

Conraths, Timo, Anmerkung zu KG Berlin Urt. v. 31.5.2017 - 21 U 9/16, CR 2017, 454–462

Cosack, Konrad, Lehrbuch des bürgerlichen Rechts, Band I, Die allgemeinen Lehren und das Schuldrecht, 7. Auflage, Jena 1922

Claussen, Lorenz, Gesamtnachfolge und Teilnachfolge, Berlin 1995

Clumsee, Thorsten, Postmortaler Datenschutz und postmortale Datennutzung, in Taeger, Jürgen (Hrsg.); Law as a Service, Tagungsband DSRI Herbstakademie, Edewecht 2013, S. 413 -428

Clumsee, Thorsten/Dorsche, Joachim, E-Mails als Nebenpflicht – Treuepflichten bei der Bereitstellung von E-Mail-Accounts, CR 2013, 290–294

Cummings, Rebecca G., The Case Against Access to Decedents' E-mail: Password Protection as an Exercise of the Right to Destroy, 15 MINN. J. L. SCI. & TECH, 897–944 (2014)

Damrau, Jürgen/Tanck, Manuel (Hrsg.), Praxiskommentar Erbrecht, 3. Auflage, 2014 (zitiert: *Bearbeiter* in Damrau/Tanck)

Dauner-Lieb, Barbara, Unternehmen in Sondervermögen. Haftung und Haftungsbeschränkung. Zugleich ein Beitrag zum Unternehmen im Erbgang, Tübingen 1998

De la Durantaye, Katharina/Kuschel, Linda, Der Erschöpfungsgrundsatz – Josef Kohler, UsedSoft, and Beyond, ZGE 2016, 195–217

Dernburg, Heinrich, Pandekten,

Erster Band, Berlin 1884 (zitiert: *Dernburg,* Pandekten, Bd. I)

Zweiter Band, Obligationsrecht, 5. Auflage, Berlin 1897 (zitiert: *Dernburg,* Pandekten, Bd. II)

Dritter Band, Familien- und Erbrecht, 5. Auflage, Berlin 1897 (zitiert: *Dernburg,* Pandekten, Bd. III)

Dernburg, Heinrich (Begr.) / Engelmann, Arthur (Bearb.), Das bürgerliche Recht des deutschen Reichs und Preußens, Fünfter Band, Deutsches Erbrecht, 3. Auflage, Halle an der Saale 1911 (*Dernburg/Engelmann,* Bd V)

Deusch, Florian, Digitales Sterben: Das Erbe im Web 2.0, ZEV 2014, 2- 8

Ders., Anmerkung zu KG Berlin, Urteil v. 31.5.2017 - 21 U 9/16, ZEV 2017, 386–400

Deutscher Anwaltverein, (Ausschüsse Erbrecht, Informationsrecht und Verfassungsrecht), Stellungnahme zum Digitalen Nachlass, Nr.: 34/2013, Berlin 2013 (zitiert: *Bearbeiter* in DAV Stellungnahme 34/2013)

Diegmann, Heinz/Kuntz, Wolfgang, Praxisfragen bei Onlinespielen, NJW 2010, 561–566

Dietzel, Andreas, Untergang statt Fortbestand – Zur Abgrenzung der unvererblichen Rechtsbeziehungen im Schuldrecht, Pfaffenweiler 1991

Dorner, Michael, Big Data und „Dateneigentum" – Grundfragen des modernen Daten- und Informationshandels, CR 2014, 617–628

Dorweiler, Magnus, Vermögensvorteil und Geldwert beim Vermächtnis, Frankfurt am Main 2005

Dreier, Horst (Hrsg.), Grundgesetz Kommentar, Band I, Artikel 1–19, 3. Auflage, Tübingen 2013

Druschel, Johannes, Die Behandlung digitaler Inhalte im Gemeinsamen Europäischen Kaufrecht (GEKR), München 2014

Ebenroth, Carsten Thomas, Erbrecht, München 1992

Ebers, Martin, Beeinflussung und Manipulation von Kunden durch Behavioral Microtargeting. Verhaltenssteuerung durch Algorithmen aus der Sicht des Zivilrechts, MMR 2018, 423–428

Eisenmann, Hartmut, Grundriss gewerblicher Rechtsschutz und Urheberrecht, 4. Auflage, Heidelberg 2001 (zitiert: *Eisenmann*)

Endemann, Friedrich, Lehrbuch des Bürgerlichen Rechts, Band 3, Erbrecht, 1. Hälfte, 8. und 9. Auflage, Berlin 1919

Enneccerus, Ludwig/Nipperdey, Hans Carl: Allgemeiner Teil des Bürgerlichen Rechts, Ein Lehrbuch, Erster Halbband, Allgemeine Lehren, Personen, Rechtsobjekte, 15. Auflage, Tübingen 1959 (zitiert: Enneccerus/Nipperdey, AT Bd. I)

Erman, Walter/Westermann, Harm Peter (Hrsg.), Bürgerliches Gesetzbuch. Handkommentar

Band II, §§ 762–2385, 15 Auflage, Köln 2017 (zitiert: *Bearbeiter* in Erman)

Ernst, Stefan, Recht kurios im Internet – Virtuell gestohlene Phönixschuhe, Cyber-Mobbing und noch viel mehr, NJW 2009, 1320–1322

Esser, Josef, Schuldrecht, Allgemeiner und Besonderer Teil, 2. Auflage, Karlsruhe 1960 (zitiert: Esser, Schuldrecht)

Fairfield, Josuha, Virtual Property, 85 B.U.L. Rev. 1047–1102 (2005)

Feldmann, Thorsten, Heidrich, Joerg, Rechtsfragen des Ausschlusses von Usern aus Internetforen, Praktische Analyse der Voraussetzungen eines Anspruchs auf Ausschluss, CR 2006, 406–412

Fenyves, Attila, Erbenhaftung und Dauerschuldverhältnis: zur Auflösbarkeit von Dauerschuldverhältnissen anlässlich des Todes einer Vertragspartei, Wien 1982.

Fezer, Karl-Heinz, Markenrecht, Kommentar zum Markengesetz zur Pariser Verbandsübereinkunft und zum Madrider Markenabkommen, 4. Auflage 2009 (zitiert: *Fezer*, Markenrecht)

Frey, Kaspar, Rechtsnachfolge in Vollmachtnehmer und Vollmachtgeberstellungen, München 1997

Flume, Werner, Allgemeiner Teil des Bürgerlichen Rechts, Zweiter Band: Das Rechtsgeschäft, 4. Auflage, Berlin/Heidelberg 1992 (zitiert: *Flume*, AT BGB II)

Finger, Colmar, Immaterialgüter im Bürgerlichen Gesetzbuche, GRUR 1919, 24–26

Fischer, Annette, Die Entwicklung des postmortalen Persönlichkeitsschutzes. Von Bismarck bis Marlene Dietrich, Frankfurt am Main u.a.

Fischer, Hans Albrecht, Subjekt und Vermögen, in Festschrift für Eduard Rosenthal zum 70. Geburtstag, Juristische Fakultät der Universität Jena (Hrsg.), Jena 1923, S. 1–68 (zitiert: *Fischer* in FS Rosenthal)

Flechsing, Norbert P., Das Recht an Briefen, in Becker, Jürgen/Lerche, Peter/Mestmäcker, Emst-Joachim (Hrsg.), Wanderer zwischen Musik, Politik und Recht, Festschrift für Reinhold Kreile zu seinem 65. Geburtstag, Baden-Baden 1994, S. 181–186 (zitiert: *Flechsing* in FS Kreile)

Forkel, Hans, Die Übertragbarkeit der Firma, in Kruse Heinrich Wilhelm (Hrsg.), Festschrift für Heinz Paulick zum 65. Geburtstag, Köln 1973, S. 101–117 (zitiert: *Forkel* in FS Paulick)

Ders., Allgemeines Persönlichkeitsrecht und „wirtschaftliches Persönlichkeitsrecht", in Barfuß, Werner/Dutoit, Bernhard/Forkel, Hans/Immenga, Ulrich/Majoros, Ferenc (Hrsg.), Festschrift Für Karl H. Neumayer zum 65. Geburtstag, Baden-Baden, 1985, S. 229–247 (zitiert: *Forkel* in FS Neumayer)

Ders., Lizenzen an Persönlichkeitsrechten durch gebundene Rechtsübertragung, GRUR 1988, 491–501

Frank, Rainer/ Helms, Tobias, Erbrecht, 7. Auflage, München 2017

Fraunhofer-Institut, Der digitale Nachlass. Eine Untersuchung aus rechtlicher und technischer Sicht, Darmstadt 2019

Freitag, Andreas, Die Kommerzialisierung von Darbietung und Persönlichkeit des ausübenden Künstlers, Baden-Baden 1993

Frey, Kaspar, Rechtsnachfolge in Vollmachtnehmer- und Vollmachtgeberstellungen, München 1997

Fromm, Friedrich/Nordemann, Wilhelm (Hrsg.), Urheberrecht, Kommentar zum Urheberrechtsgesetz, zum Verlagsgesetz und zum Urheberrechtswahrnehmungsgesetz, 12. Auflage, Stuttgart, Kohlhammer Verlag, 2018 (zitiert: *Bearbeiter* in Fromm/Nordemann)

Frieser, Andreas, Fachanwaltskommentar Erbrecht, 4 Auflage, Köln 2013 (zitiert: *Bearbeiter* in Frieser)

Funke, Michael, Dogmatik und Voraussetzungen der datenschutzrechtlichen Einwilligung im Zivilrecht – Unter besonderer Berücksichtigung der Datenschutz-Grundverordnung, Baden-Baden 2017

Gaa, Lothar, Die Vererbung von Unterlassungspflichten, AcP 161 (1962), S. 433–455

Gauch, Peter, System der Beendigung von Dauerverträgen, Freiburg 1986

Geppert, Martin/ Schütz, Raimund (Hrsg,), Beck'scher TKG-Kommentar, 4. Auflage, München 2013 (zitiert: *Bearbeiter* in BeckOK TKG)

Gierke, Otto von: Deutsches Privatrecht Band 1: Allgemeiner Teil u. Personenrecht, Leipzig u.a. 1895 (zitiert: Gierke, Deutsches Privatrecht, Bd. I)

Ders., Der Entwurf eines Bürgerliches Gesetzbuch und das deutsche Recht, Leipzig 1889 (zitiert: Gierke, Bürgerliches Gesetzbuch, Bd. I)

Gloser, Stefan, Anmerkung zu LG Berlin, Urt. v. 17.12.2015 – 20- o 171/15, DNotZ 2016, 537–549

Ders., „Digitale Erblasser" und „digitale Vorsorgefälle" – Herausforderungen der Online-Welt in der notariellen Praxis – Teil I, MittBayNot 2016, 12–19

Ders., „Digitale Erblasser" und „digitale Vorsorgefälle" – Herausforderungen der Online-Welt in der notariellen Praxis – Teil II, MittBayNot 2016, 101–108

Ders., Anmerkung zu KG Berlin, Urteil v. 31.5.2017 – 21 U 9/16, DNotZ 2018, 286, 307–311

Ders., Anmerkung zu BGH, Urt. v. 12.7.2018 – 3 ZR 183/17, DNotZ 2018, 846–866

Gola, Peter, Datenschutzgrundverordnung VO (EU) 2016/679 – Kommentar, 2. Auflage, München 2018 (zitiert: *Bearbeiter* in Gola)

Gomille, Christian, Information als Nachlassgegenstand, ZUM 2018, 660–667

Goratsch, Patricia, Anmerkung zu BGH, Urt. v. 12.7.2018 – 3 ZR 183/17, NZFam 2018, 800–811

Gössl, Susanne, Internetspezifisches Kollisionsrecht?: anwendbares Recht bei der Veräußerung virtueller Gegenstände, Baden-Baden 2014

Götting, Horst, Persönlichkeitsrechte als Vermögensrechte, Tübingen 1995

Ders., Die Vererblichkeit der vermögenswerten Bestandteile des Persönlichkeitsrechts – ein Meilenstein in der Rechtsprechung des BGH, NJW 2001, 585–587

Ders., Die Entwicklung des Markenrechts vom Persönlichkeits- zum Immaterialgüterrecht, in Strauss, Joseph (Hrsg.), Mitarbeiterfestschrift für Friedrich-Karl Beier zum 70. Geburtstag Köln/Berlin/ Bonn/München 1996, S. 233–242

Gottwald, Stefan, Das allgemeine Persönlichkeitsrecht, Berlin 1996

Gräber, Tobias, Rechte an Accounts und virtuellen Gütern, Norderstedt 2009

Graef, Ralph Oliver, Recht der E-Books und des Electronic-Publishing, 2016

Gregoritza, Anna, Die Kommerzialisierung von Persönlichkeitsrechten Verstorbener, Berlin 2003

Groll, Klaus/Steiner, Anton (Hrsg.), Praxishandbuch Erbrechtsberatung, 4. Aufl. 2015 (zitiert: *Bearbeiter* in Groll)

Große Ruse-Khan/ Klass/v. Lewinski, Vorwort, in Große Ruse-Khan, Henning/Klaas, Nadine/v. Lewinski, Silke (Hrsg.) Nutzergenerierte Inhalte als Gegenstand des Privatrechts, Berlin u.a. 2010

Große-Wilde, Franz M., Vererblichkeit eines Sozial-Media-Accounts (Facebook), MDR 2018, R5-R6

Grünwald, Andreas/Nüßing, Christoph, Kommunikation over the Top – Regulierung für Skype, WhatsApp oder Gmail? MMR 2016, 91–97

Grützmacher, Malte, Dateneigentum – ein Flickenteppich, Wem gehören die Daten bei Industrie 4.0, Internet der Dinge und Connected Cars? CR 2016, 485–495

Haase, Martin Sebastian, Rechtsfragen des digitalen Nachlasses, in Taeger, Jürgen (Hrsg.); Law as a Service, Tagungsband DSRI Herbstakademie, Edewecht 2013, S. 379–393

Habel, Oliver M., Eine Welt ist nicht genug - Virtuelle Welten im Rechtsleben, MMR 2008, 71–77

Haberstumpf, Helmut, "Josef Kohler und die Erschöpfungslehre", ZGE/IPJ 2014, 470–496

Ders., Verkauf immaterieller Güter, NJOZ 2015, 793–805

Hoch, Hansgeorg, Fortwirken zivilrechtlichen Persönlichkeitsschutzes nach dem Tode, Köln 1975

Harder, Manfred/Kroppenberg, Inge, Grundzüge des Erbrechts, 5. Auflage, München 2002 (zitiert: *Bearbeiter* in Harder/Kroppenberg, Erbrecht)

Härting., Providerverträge und Telekommunikationsgeheimnis - Vertragliche Einschränkungen der Beförderungspflicht für E- Mails im Hinblick auf § 206 StGB, ITRB 2007, 242–243

Ders., Anonymität und Pseudonymität im Datenschutzrecht, NJW 2013, 2065–2072

Ders., Datenschutz und Persönlichkeitsrechte: Verbotsprinzip und offener Tatbestand in Leible, Stefan/Kutschke, Torsten (Hrsg.), Der Schutz der Persönlichkeit im Internet, München 2013 (zitiert: *Härting* in Leible/Kutschke)

Ders., „Dateneigentum" - Schutz durch Immaterialgüterrecht? Was sich aus dem Verständnis von Software für den zivilrechtlichen Umgang mit Daten gewinnen lässt, CR 2016, 646–649

Hartmann, Thomas, Weiterverkauf und „Verleih" online vertriebener Inhalte - Zugleich Anmerkung zu EuGH, Urteil vom 3. Juli 2012, Rs. C-128/11 - UsedSoft ./. Oracle GRUR-Int. 2012, 980–989

Hauck, Ronny, Gebrauchthandel mit digitalen Gütern, NJW 2014, 3616–3619

Hauck, Ronny/Hofmann, Franz/Zech, Herbert, Verkehrsfähigkeit digitaler Güter, ZGE/IPJ 8, 2016, 141–148

Hausmann, Rainer/Hohloch, Gerhard (Hrsg.), Handbuch des Erbrechts, 2. Auflage, Berlin 2010 (zitiert: *Bearbeiter* in Hausmann/Hohloch, Erbrecht)

Haworth, Samantha, Laying Your Online Self to Rest: Evaluating the Uniform Fiduciary Access to Digital Assets Act, 68 U. Miami L. Rev. 535–559 (2014)

Heghmanns, Michael/Kusnik, Katharina, Zur strafrechtlichen Relevanz fremd veranlasster Verluste in Online-Spielen, CR 2011, 248–253

Held, Amelie, Terror-Propaganda online: Die Schranken der Meinungsfreiheit in Deutschland und den USA, NJOZ 2017, 1458–1461

Hellwig, Konrad, Über die Grenzen der Vertragsmöglichkeit, AcP 86 (1896), 223–248.

Hellwig, Konrad, Die Verträge auf Leistung an Dritte, Nach deutschem Reichsrecht unter besonderer Berücksichtigung des Handelsgesetzbuchs. Mit einer Einleitung über das römische Recht u. einem Anhang über die Erbverträge zu Gunsten Dritter, Leipzig 1899 (zitiert: *Hellwig*, Verträge)

Herberger, Maximilian/Martinek, Michael/Rüßmann, Helmut/Weth, (Gesamtherausgeber), juris Praxiskommentar BGB

Band 5 – Erbrecht (Hrsg. Ludyga, Hannes), 8. Auflage 2017 (zitiert: *Bearbeiter* in jurisPK-BGB)

Heinemann, Manuel/Heinemann, Daniela, Postmortaler Datenschutz, DuD 2013, 242–245

Heldrich, Andreas, Der Persönlichkeitsschutz Verstorbener, in Rechtsbewahrung und Rechtsentwicklung, in Kuchinke, Kurt (Hrsg.), Festschrift für Heinrich Lange zum 70. Geburtstag, München 1970, 163–178 (*Heldrich* in FS Lange)

Herzog, Stephanie, Der digitale Nachlass – ein bisher kaum gesehenes und häufig missverstandenes Problem, NJW 2013, 3745–3751

Dies., in Kroiß/Horn/Solomon, Kommentar zum Nachfolgerecht, 1. Aufl. 2015, Kap. 9. Digitaler Nachlass (zitiert: *Herzog* in Kroiß/Horn/Solomon)

Dies., Anmerkung zu KG Urt. v. 31.5.2017- 21 U 9/16, ZErb 2017, 205–210

Dies./Pruns, Der digitale Nachlass in der Vorsorge- und Erbrechtspraxis, 2017

Hess, Marco, Das Einsichtsrecht der Erben und Angehörigen in Krankenunierlagen des Erblassers, ZEV 2006, 479–484

Heun, Sevn-Erik, Handbuch Telekommunikationsrecht, 2. Auflage, Köln 2007

Heun, Sven-Erik/Assion, Simon, Internet(recht) der Dinge – Zum Aufeinandertreffen von Sachen- und Informationsrecht, CR 2015, 812–818

Heymann, Thomas, Rechte an Daten, Warum Daten keiner eigentumsrechtlichen Logik folgen, CR 2016, 650–657

Hirsch Ballin, Ernst, Der Schutz von Briefen, UFITA, Band 19, 1995, 129–290

Hoeren, Thomas, Grundzüge des Internetrechts, 2. Auflage, München 2002 (zitiert: *Hoeren,* Internetrecht)

Ders., Der Tod und das Internet – Rechtliche Fragen zur Verwendung von E-Mail- und WWW- Accounts nach dem Tode des Inhabers, NJW 2005, 2113–2117

Ders., Dateneigentum – Versuch einer Anwendung von § 303a StGB im Zivilrecht, MMR 2013, 486–491

Ders., Anmerkung zu BGH, Urt. v. 12.7.2018 – 3 ZR 183/17, MMR 2018, 740–750

Hoeren, Thomas/Jakopp, Sebastian, Der Erschöpfungsgrundsatz im digitalen Umfeld – Notwendigkeit eines binnenmarktkonformen Verständnisses, MMR 2014, 646–649

Hoeren, Thomas/Försterling, Matthias, Onlinevertrieb "gebrauchter Software", MMR 2012, 642–647

Hoeren, Thomas /Sieber, Ulrich/Holznagel, Bernd, Handbuch des Multimedia-Rechts, 45. Ergänzungslieferung, München 2017 (zitiert: *Bearbeiter* in Hoeren/Sieber/Holznagel)

Hömig, Dieter/Wolff, Amadeus (Hrsg.), Grundgesetz. Handkommentar, 12. Auflage 2018

Hohner, Georg, Subjektlose Rechte, Bielefeld 1969

Holland Capel, Elizabeth, Conflict and Solution in Delaware's Fiduciary Access to Digital Assets and Digital Accounts Act, 30 Berkeley Tech. L.J., 1211–1242 (2015)

Hornung, Gerrit/Müller-Terpitz, Ralf (Hrsg.), Rechtshandbuch Social Media, Berlin u.a., 2015 (zitiert: *Bearbeiter* in Hornung/Müller-Terpitz)

Hubmann, Heinrich, Die Zwangsvollstreckung in Persönlichkeits- und Immaterialgüterrechte, in Nipperday, Hans Carl (Hrsg.), Das deutsche Privatrecht in der Mitte des 20. Jahrhunderts; Festschrift für Heinrich Lehmann zum 80. Geburtstag, Band II, Berlin 1965, S. 812–836 (zitiert: *Hubmann* in FS für Lehmann)

Hindenberger, Lucas, Der Entzug virtueller Gegenstände – Eingriffe in die Herrschaftsmacht über Daten und Störungen von Datenverarbeitungen, Baden-Baden 2014

Jauernig, Othmar (Begr.)/ *Stürner, Rolf* (Hrsg.), Bürgerliches Gesetzbuch, Kommentar, 16. Auflage, München 2015 (zitiert: *Bearbeiter* in Jauernig)

Jakobs, Horst Heinrich /Schubert, Werner, Die Beratungen des Bürgerlichen Gesetzbuches in systematischer Zusammenstellung der Quellen,

Recht der Schuldverhältnisse I., §§ 241 bis 432, Berlin 1978 (zitiert: Jakobs/Schubert, Beratungen SchR I.)

Erbrecht: §§ 1922–2385, Berlin, New York 2002 (zitiert: Jakobs/Schubert, Beratungen Erbrecht)

Jarass, Hans/Pieroth, Bodo, Grundgesetz für die Bundesrepublik Deutschland. Kommentar, 15. Auflage, München 2018

Jülicher, Tim / Röttgen, Charlotte / Schönfeld, Max v., Das Recht auf Datenübertragbarkeit Ein datenschutzrechtliches Novum, ZD 2016, 358–362

Jung, Alexander, Die Vererblichkeit des allgemeinen Persönlichkeitsrechts, Remscheid 2005

Kainer, Isabel, Sportveranstalterrecht – ein neues Immaterialgüterrecht? Tübingen 2014

Keller, Thomas/Pärli, Kurt/Brucker-Kley, Elke/Kurtz, Lukas/Schweizer, Matthias/Studer, Melanie (Hrsg.), Sterben und Erben in der digitalen Welt, ZHAW School of Management and Law Zürich 2013

Keppler, Lutz Martin, Was bleibt vom TMG-Datenschutz nach der DS-GVO? – Lösung und Schaffung von Abgrenzungsproblemen im Multimedia-Datenschutz, MMR 2015, 779–783

Kipp, Theodor/Coing, Helmut, Erbrecht, 14. Auflage, Tübingen 1990

Kilian, Wolfgang, Rechtliche Aspekte bei Verwendung von Patientenchipkarten, NJW 1992, 2313–2317

Ders., Strukturwandel der Privatheit, in Wilhelm Steinmüller zum Gedächtnis, Berlin 2014 (zitiert: Kilian in GS Steinmüller)

Kiparski, Gerd/Sassenberg, Thomas, DSGVO und TK-Datenschutz - Ein komplexes europarechtliches Geflecht. Welche bereichsspezifischen Datenschutzregelungen im TKG werden durch die DSGVO verdrängt? CR 2018, 324–330

Klas, Benedikt/Möhrke-Sobolewski Christine, Digitaler Nachlass - Erbenschutz trotz Datenschutz, NJW 2015, 3473–3478

Klickermann, Paul, Virtuelle Welten ohne Rechtsansprüche? MMR 2007, 766–769

Klippel, Diethelm, Der zivilrechtliche Schutz des Namens. Eine historische und dogmatische Untersuchung, Paderborn u.a. 1985

Kloos, Bernhard/Wagner, Axel-Michael, Vom Eigentum zur Verfügbarkeit. Nutzungsorientierte Geschäftskonzepte im IT-Sektor aus vertragsrechtlicher Sicht, CR 2002, 865–872

Kloth, Matthias, Der digitale Zweitmarkt: Aktuelle Entwicklungen zum Weiterverkauf gebrauchter E-Books, Hörbücher und Musikdateien, GRUR-Prax 2013, 239–242

Klüber, Rüdiger, Persönlichkeitsschutz und Kommerzialisierung. Die juristisch-ökonomischen Grundlagen des Schutzes der vermögenswerten Bestandteile des allgemeinen Persönlichkeitsrechts, Tübingen 2007

Knoop, Martina, Digitaler Nachlass - Vererbbarkeit von Konten (minderjähriger) Nutzer in sozialen Netzwerken, NZFam 2016, 966–970

Koch, Pamela, Die rechtliche Bewertung virtueller Gegenstände auf Online-Plattformen, JurPC Web-Dok. 57/2006.

Koch, Frank A., Rechtsschutz für Benutzeroberflächen von Software, GRUR 1991, 180–192

Kohler, Josef, Das Recht an Briefen, ArchBürgR 7 (1893), 94–149

Ders., Die Idee des geistigen Eigenthums, AcP 82 (1894), 141–242

Ders., Das Obligationsinteresse, ArchBürgR 12 (1897), 1–88

Ders., Urheberrecht an Schriftwerken und Verlagsrecht, 1907 (zitiert: *Kohler*, Urheberrecht an Schriftwerken)

Koos, Stefan, Der Name als Immaterialgut, GRUR 2004, 808–815

Ders., Die Domain als Vermögensgegenstand zwischen Sache und Immaterialgut - Begründung und Konsequenzen einer Absolutheit des Rechts an der Domain, MMR 2004, 359–365

Korves, Robert, Eigentumsunfähige Sachen? Tübingen 2014

Koumantos, Georgios, Rechte an Briefen. Eine rechtsvergleichende Skizze, in Forkel, Hans/Kraft, Alfons (Hrsg.), Beiträge zum Schutz der Persönlichkeit und ihrer schöpferischen Leistungen, Festschrift für Heinrich Hubmann zum 70. Geburtstag, Frankfurt am Main 1985, S. 193–200

Krasemann, Henry, Onlinespielrecht - Spielwiese für Juristen, MMR 2006, 351–357

Kreutzer, Till, Computerspiele im System des deutschen Urheberrechts - Eine Untersuchung des geltenden Rechts für Sicherungskopien und Schutz technischer Maßnahmen bei Computerspielen, CR 2007, 1–7

Kroiß, Ludwig/Ann, Christoph/Mayer, Jörg (Hrsg.), NOMOS-Kommentar BGB,

Erbrecht Band 5: §§ 1922–2385, 4. Auflage, Baden-Baden 2014 (zitiert: *Bearbeiter* in NK-BGB)

Krüger, Hartmut, Anmerkung zu BVerfG, Beschluss vom 16.6.2009 - 2 BvR 902/06, MMR 2009, 673–683

Kuhls, Katharina, Anmerkung zu LG Berlin, Urt. v. 17.12.2015 - 20- o 171/15, jurisPR-ITR 6/2016 Anm. 2

Kühling, Jürgen/Schall, Tobias, E-Mail-Dienste sind Telekommunikationsdienste i. S. d. § 3 Nr. 24 TKG, CR 2016, 185–198

Kühling, Jürgen /Buchner, Benedikt, Datenschutzgrundverordnung. Bundesdatenschutzgesetz. Kommentar, 2. Auflage, München 2018 (zitiert: *Bearbeiter* in Kühling/Buchner)

Kuntz, Wolfgang, Bundesregierung: Digitalen Nachlass rechtzeitig regeln, ZD-Aktuell 2015, 04666

Ders., Digitaler Nachlass: Zugang der Erben zum Facebook-Nutzerkonto, jM 2016, 190–192

Kunz, Sylvia, Rechtsfragen des Ausschlusses aus Internetforen, Hamburg 2005

Kutler, Noam, Protecting Your Online You: A New Approach To Handling Your Online Persona After Death, 26 Berkeley Tech. L.J. 1641–1669 (2011)

Kutscher, Antonia, Der digitale Nachlass, 2015

Ladeur, Karl-Heinz, Datenschutz - vom Abwehrrecht zur planerischen Optimierung von, Zur "objektiv-rechtlichen Dimension" des Datenschutzes Wissensnetzwerken, DuD 2000, 12–19

Lange, Heinrich/Kuchinke, Kurt, Erbrecht, 5. Auflage, München 2001

Lange, Knut Werner, Erbrecht, 2. Auflage, München 2017

Lange, Knut Werner/Holtwiesche, Marian, Digitaler Nachlass - eine Herausforderung für Wissenschaft und Praxis (Teil 1), ZErb 2016, 125–131

Dies., Digitaler Nachlass - eine Herausforderung für Wissenschaft und Praxis (Teil 2), ZErb 2016, 157–162

Larenz, Karl, Allgemeiner Teil des Deutschen Bürgerlichen Rechts, 7. Auflage, München 1989 (zitiert: Larenz[7], BGB-AT).

Larenz, Karl/Wolf, Manfred, Allgemeiner Teil des Bürgerlichen Rechts, 9. Auflage, München 2004 (zitiert: Larenz/Wolf[9], BGB-AT)

Larenz, Karl, Lehrbuch des Schuldrechts, Band 1: Allgemeiner Teil, 14. Auflage, München 1987 (zitiert *Larenz,* Schuldrecht I)

Leeb, Christina-Maria, Bekannt verstorben – Rechtsfragen des Umgangs mit Social Media Daten Verstorbener, K&R 2014, 693–699

Dies., Anmerkung zu LG Berlin, Urt. v. 17.12.2015 - 20- o 171/15, K&R 2016, 135–141

Lehmann, Britta, Postmortaler Persönlichkeitsschutz, Zur Frage des Fortbestehens des allgemeinen Persönlichkeitsrechts über den Tod des Rechtsträgers hinaus, Bonn 1973

Lenkaitis, Karheinz, Krankenunterlagen aus juristischer, insbesondere zivilrechtlicher Sicht, Bochum 1979

Lettl, Tobias, Die vermögensrechtliche Zuweisungsgehalt der Mitgliedschaft beim Ideal-Verein, AcP 2003, 203 (2003), 149–209.

Leipold, Dieter, Erbrecht, 21. Auflage, Mohr Siebeck, Tübingen 2016

Lieder, Jan/Berneith, Daniel, Anmerkung zu BGH, Beschluss vom 27.08.2020 Az: III ZB 30/20, FamRZ 2020, 1756–1762

Lichtenstein, Falk, Idealwert und Geldwert des zivilrechtlichen Persönlichkeitsrechts vor und nach dem Tode, Baden-Baden 2005

Litzenburger, Wolfgang, Anmerkung zu LG Berlin, Urt. v. 17.12.2015 - 20- o 171/15, FD-ErbR 2016, 375286

Ders., Anmerkung zu KG Berlin, Urt. v. 31.5.2017 - 21 U 9/16, FD-ErbR 2017, 392155

Ders., Anmerkung zu BGH, Urt. v. 12.7.2018 - 3 ZR 183/17, FD-ErbR 2018, 407688

Lober, Andreas/ Weber, Olaf, Money for Nothing? Der Handel mit virtuellen Gegenständen und Charakteren, MMR 2005, 653–660

Dies., Den Schöpfer verklagen – Haften Betreiber virtueller Welten ihren Nutzern für virtuelle Güter? CR 2006, 837–844

Loewenheim, Ulrich (Hrsg.), Handbuch des Urheberrechts, 2. Auflage 2010 (zitiert: *Bearbeiter*: in Loewenheim, Urheberrecht)

Ludyga, Hannes, Der digitale Nachlass – zivilrechtliche Aspekte, jM 2016, 442–447

Ders., „Digitales Update" für das Erbrecht im BGB? ZEV 2018, 1–6

Ders., Anmerkung zu KG Berlin, Urteil v. 31.5.2017 – 21 U 9/16, jM 2017, 414–415

Ders., Anmerkung zu BGH, Urt. v. 12.7.2018 – 3 ZR 183/17, ZEV 2018, 582–593

Ders., Anmerkung zu BGH, Beschluss vom 27.08.2020 Az: III ZB 30/20, jM 2021, 320–321

Lübtow, Ulrich von, Erbrecht. Eine systematische Darstellung, 2. Halbband, Berlin 1971

Mackenrodt, Mark-Oliver, Technologie statt Vertrag? Sachmagelbegriff, negative Beschaffenheitsvereinbarungen und AGB beim Kauf digitaler Güter, 2015

Magold, Hanns Arno, Personenmerchandising, Der Schutz der Persona im recht der USA und Deutschlands, Peter Lang, Frankfurt am Main u.a., 1994

Martin, Klaus, Das allgemeine Persönlichkeitsrecht in seiner historischen Entwicklung, Hamburg 2007

Martinek, Michael/Semler, Franz-Jörg,/Flohr, Eckhard, Handbuch des Vertriebsrecht, 4. Auflage, München 2016

Martini, Mario, Der digitale Nachlass und die Herausforderung postmortalen Persönlichkeitsschutzes im Internet, 2012, 1145–1155

Ders., „Wenn ich einmal soll scheiden...“: Der digitale Nachlass und seine unbewältigte rechtliche Abwicklung, in Facebook, Google & Co., Chancen und Risiken. Hill, Hermann/Martini, Mario/Wagner, Edgar (Hrsg.), Baden-Baden, 2013, S. 77–125 (zitiert: *Martini* in Hill/Martini)

Marwitz, Petra, Zwangskommerzialisierung vermögenswerter immaterieller Rechte, AfP 2003, 405–409

Maume, Philipp, Bestehen und Grenzen des virtuellen Hausrechts, MMR 2007, 620–625

Maunz, Theodor/Dürig, Günter (Hrsg.), Grundgesetz Kommentar, Loseblattausgabe, 84. Ergänzungslieferung August 2018, München (zitiert: *Bearbeiter* in Maunz/Dürig)

Mehrings, Josef, Vertragliche Aspekte der Nutzung von Online- und CD-Ron-Datenbanken, NJW 1993, 3102–3109

Meier, Klaus/Wehlau, Andreas, Die zivilrechtliche Haftung für Datenlöschung, Datenverlust und Datenzerstörung, NJW 1998, 1585–1591

Meincke, Jens Peter, Das Recht der Nachlassbewertung im BGB, Frankfurt 1973

Methmann, Felix, Anmerkung zu BGH, Beschluss vom 27.08.2020 Az: III ZB 30/20, MMR 2020, 688–693

Meyer, Julia, Identität und virtuelle Identität natürlicher Personen im Internet, Nomos 2011

Moritz, Hans-Werner/Dreier, Thomas (Hrsg.), Rechts-Handbuch zum E-Commerce, 2. Auflage 2015 (Zitiert: *Bearbeiter* in Moritz/Dreier)

Motive zu dem Entwurfe eines Bürgerlichen Gesetzbuches für das Deutsche Reich,

Band II., Recht der Schuldverhältnisse, Amtliche Ausgabe, 2. Auflage, Berlin 1986

Band V., Erbrecht, Amtliche Ausgabe, Berlin 1888 (zitiert: Motive II bzw. Motive V)

Mugdan, Benno, Die gesamten Materialien zum Bürgerlichen Gesetzbuch für das Deutsche Reich,

Band II., Recht der Schuldverhältnisse, Berlin 1899 (zitiert: *Mugdan* II)

Band V, Erbrecht, Berlin 1899 (zitiert: *Mugdan* V)

Müller, Knut, Postmortaler Rechtsschutz – Überlegungen zur Rechtssubjektivität Verstorbener, Frankfurt a.M. u.a. 1996

Müller, Gabriele, Das Akteneinsichtsrecht des Patienten nach dem Patientenrechtegesetz und seine postmortale Wahrnehmung durch Dritte, ZEV 2014, 401–404

Münch, Ingo v./Kunig/Philip, Grundgesetz. Kommentar, Band I, Präambel bis Art. 69, 6. Auflage, München 2012 (zitiert: *Bearbeiter* in Münch/Kunig)

Münchener Kommentar zum Bürgerlichen Gesetzbuch: Rebmann, Kurt/Säcker, Jürgen/Rixecker, Roland (Hrsg.), (zitiert: *Bearbeiter* in MüKo)

Band 1, §§ 1–240, ProstG, AGG, 7. Auflage München 2015

Band 2, §§ 241–432, Schuldrecht, Allgemeiner Teil, 6. Auflage München 2012

Band 9, §§ 1922–2385 BGB, 27–35 BeurkG, 7. Auflage, München 2017

Muscheler, Karlheinz, Universalsukzession und Vonselbsterwerb, Tübingen 2002 (zitiert: *Muscheler*, Universalsukzession)

Ders., Erbrecht, Band I, Tübingen 2010 (zitiert: *Muscheler*, Erbrecht)

Naczinsky, Magdalena, Möglichkeiten der Nachlassbeteiligten im Hinblick auf den digitalen Nachlass, ZEV 2021, 227–232

Nänni, Matthias, Märkte virtueller Welten, Rechtsnatur und Übertragung virtueller Güter, Zürich 2009

Nordemann, Jan Bernd, AGB-Kontrolle von Nutzungsrechtseinräumungen durch den Urheber, NJW 2012, 3121–3125

Nordemann, Wilhelm, Bildschirmspiele - eine neue Werkart im Urheberrecht, GRUR 1981, 891–894

Obergfell, Eva Inés, Erbrecht (Kompass Erbrecht), Stuttgart 2013

Oetker, Harmut, Das Dauerschuldverhältnis und seine Beendigung, Tübingen 1994

Oettinghaus, Susanne, Das rechtliche Schicksal von Dauerschuldverhältnissen beim Tod des Verpflichteten, Bochum 1990

Ohly, Ansgar, Gesetzliche Schranken oder individueller Vertrag? in Dreier, Thomas/Hilty, Reto M. (Hrsg.), Vom Magnettonband zu Social Media, Festschrift 50 Jahre Urheberrechtsgesetz, C.H. Beck, München 2015, S. 379–399 (zitiert: *Bearbeiter* in FS 50 Jahre UrhG)

Paal, Boris/Pauly, Daniel, Datenschutz-Grundverordnung Bundesdatenschutzgesetz: DS-GVO BDSG, 2. Auflage, München 2018 (zitiert: *Bearbeiter* in Paal/Pauly, DS-GVO)

Palandt, Otto, Bürgerliches Gesetzbuch, Kommentar, 77. Auflage, München 2018

Palm, Franz/Roy, Rudolf, Mailboxen: Staatliche Eingriffe und andere rechtliche Aspekte, NJW 1996, 1791–1797

Panepinto, Joe, Who owns your E-Mail? Telematics and Informatics, Vol. 12, No. 2, S. 125–129 (1995)

Papantoniou, Nik, Die soziale Funktion des Erbrechts, AcP 173 (1973), 385–401

Peter, Jürgen, Das Recht auf Einsicht in Krankenunterlagen, Köln u.a., 1989

Peukert, Alexander, Güterzuordnung als Rechtsprinzip, Tübingen 2008 (zitiert: *Peukert*, Güterzuordnung)

Ders. Persönlichkeitsbezogene Immaterialgüterrechte? Zum 2000, 710–721

Ders. „Sonstige Gegenstände" im Rechtsverkehr, in Leible, Stefan/Lehmann, Matthias Zech, Herbert (Hrsg.), Unkörperliche Güter im Zivilrecht, Tübingen 2011, S. 95–121 (zitiert: *Peukert* in Leible/Lehmann/Zech)

Ders., Das Sacheigentum in der Informationsgesellschaft in Ohly, Ansgar /Bodewig, Theo/Dreier, Thomas (Hrsg.), Perspektiven des Geistigen Eigentums und Wettbewerbsrechts – Festschrift für Gerhard Schricker zum 70. Geburtstag, München 2005, S. 149–163 (zitiert: *Peukert* in FS Schricker)

Pfister, Bernhard, Technische Geheimnis „Know how" als Vermögensrecht, München 1974

Piltz, Carlo, Soziale Netzwerke im Internet eine Gefahr für das Persönlichkeitsrecht? Frankfurt am Main 2013

Planck's Kommentar zum Bürgerlichen Gesetzbuch nebst Einführungsgesetz,

Band V Erbrecht, Emil Strohal (Hrsg.), 3. Auflage, Berlin 1908 [zitiert: *Bearbeiter* in Planck, Bd. V)

Plaß, Gunda, Die Zwangsvollstreckung in die Domain, WRP 2000, 1077–1085

Preuß, Jesko, Rechtlich geschützte Interessen an virtuellen Gütern, Berlin 2009

Preuß, Nicola, Digitaler Nachlass – Vererbbarkeit eines Kontos bei einem sozialen Netzwerk, NJW 2018, 3146–3149

Protokolle der Kommission für die zweite Lesung des Entwurfs des Bürgerlichen Gesetzbuchs, hrsg. v. Reichsjustizamt

Band 2, Recht der Schuldverhältnisse, Berlin 1897 (zitiert: Protokolle II)

Band 5, Erbrecht, Berlin 1899 (zitiert: Protokolle V).

Pruns, Matthias, Keine Angst vor dem digitalen Nachlass – Erbrechtliche Grundlagen – Alte Probleme in einem neuen Gewand, NWB 2013, 3161–3167

Ders., Keine Angst vor dem digitalen Nachlass! Erbrecht vs. Fernmeldegeheimnis, NWB 2014, 2175–2175

Ders., in Fischer, Veronika/Hoppen, Peter/Wimmers, Jörg, DGRI Jahrbuch 2018, 1. Auflage 2019, Digitaler Nachlass und privates Datenmanagement in der anwaltlichen Beratung

Poll, Günter/Brauneck, Anja, Rechtliche Aspekte des Gaming-Markts, GRUR 2001, 389–396

Raddatz, Anselm, Die Nachlasszugehörigkeit vererbter Personengesellschaftsanteile, Folgerungen für die Rechte nachlaßbeteiligter Dritter, Berlin 1990

Raude, Karin, Der digitale Nachlass in der notariellen Praxis, RNotZ 2017, 17–27

Ders., Anmerkung zu KG Berlin, Urteil v. 31.5.2017 – 21 U 9/16, RNotZ 2017, 457–471

Dies., Rechtsprobleme des digitalen Nachlasses: Der Anspruch der Erben auf Zugang zum Account des Erblassers in sozialen Netzwerken, ZEV 2017, 433–439

Rauer, Nils/Ettig, Diana, Verkehrsfähigkeit von E-Books und anderen digitalen Werken, GRUR-Prax 2015, 202–204

Reichsgerichtsrätekommentar, Das Bürgerliche Gesetzbuch mit besonderer Berücksichtigung der Rechtsprechung des Reichsgerichts und des Bundesgerichtshofes – Kommentar.

Band V Teil 1, §§ 1922–2146 12. Auflage, Berlin 1974 (zitiert: *Bearbeiter* in RGRK)

Redeker, Helmut, Wer ist Eigentümer von Goethes Werther? NJW 1992, 1739–1740

Ders., IT-Recht, 5. Auflage, München 2012

Ders., Handbuch der IT-Verträge, Loseblattsammlung, 31 Ergänzungslieferung Dezember Köln 2016

Richter, Klaus, Das rechtliche Schicksal der Haftpflichtversicherung im Erbgang, Freiburg 1970

Ruff, Andreas, DomainLaw: Der Rechtsschutz von Domain-Namen im Internet, Berlin/Heidelberg 2002

Rössel, Markus, Anmerkung zu BGH, Beschluss vom 27.08.2020 Az: III ZB 30/20, ITRB 2020, 278–279

Rott, Eberhard/ Rott, Alexander, Wem gehört die E-Mail? NWB-EV 2013, S. 160–168

Roßnagel, Alexander/Pfitzmann, Andreas/Garstka, Hansjürgen, Modernisierung des Datenschutzrechts, Gutachten im Auftrag des Bundesministeriums des Innern, abrufbar unter: https://pdfs.semanticscholar.org/fa68/4e56317983fb6c379f29de8f61b4e22d3087.pdf

Roßnagel, Alexander/Pfitzmann, Andreas, Der Beweiswert von E-Mail, MMR 2003, 1209–1214

Sachs, Michael, Grundgesetz. Kommentar, 8. Auflage, München 2018 (zitiert: *Bearbeiter* in Sachs)

Säcker, Franz Jürgen, Telekommunikationsgesetz, Kommentar, 3. Auflage, Frankfurt am Main 2013

Salomon, Pascal, „Digitaler Nachlass" – Möglichkeiten der notariellen Vorsorge, NotBZ 2016, 324–331

Sauter, Eugen/Schweyer, Gerhard/Waldner, Wofram, Der eingetragene Verein, 17. Auflage 2001

Savigny, Carl Friedrich, System des heutigen römischen Rechts, Band III, Berlin 1840

Schack, Haimo, Das Persönlichkeitsrecht der Urheber und der ausübenden Künstler nach dem Tode, GRUR 1985, 352–361

Ders., Weiterleben nach dem Tode-juristisch betrachtet, JZ 1989, 609–615

Ders., Buchbesprechung zu „Horst-Peter Götting: Persönlichkeitsrechte als Vermögensrechte", AcP 195 (1995), 594–600

Ders., Anmerkung zu BGH, Urteil vom 1.12.1000 – I ZR 49/97- Marlene Dietrich, JZ 2000, 1060–1062

Ders., Urheber- und Urhebervertragsrecht, 8. Auflage 2017

Schenk, Stephan, Die Totensorge-ein Persönlichkeitsrecht. Zivilrechtliche Untersuchungen der Verfügungsbefugnis am toten menschlichen Körper, Hamburg 2007

Scherer, Stephan (Hrsg.), Anwaltshandbuch Erbrecht, 4. Auflage, München 2014 (zitiert: Bearbeiter in Scherer (2014))

Scheuerle, Klaus-Dieter/Mayen, Thomas (Hrsg.), Telekommunikationsgesetz Kommentar, 3. Auflage, München 2018 (zitiert: *Bearbeiter* in Scheuerle/Mayen)

Schippan, Martin, Rechtsfragen bei der Implementierung von Digital Rights Management-Systemen, ZUM 2004, 188–198

Schippel, Robert, E-Books im Spiegel des Immaterialgüterrechts, Übertragbarkeit der UsedSoft-Rechtsprechung auf andere digitale Produkte? MMR 2016, 802–807

Scholz, Harald, Der objektive Verkehrswert als Rechtsbegriff im bürgerlichen Recht, Berlin 2003

Schultz, Daniela, Der Bedeutungswandel des Urheberrechts durch Digital Rights Management – Paradigmenwechsel im deutschen Urheberrecht? GRUR 2006, 470–477

Schlüter, Wilfried/Röthel, Anne, Erbrecht, 17. Auflage, München 2015

Schmitz, Nicolas, Neue Möglichkeiten für den Kennzeichenmissbrauch? Die rechtliche Einordnung der Nutzung von sog. Domain-Namen, Köln 2002

Schneider, Mathias, Virtuelle Werte, Der Handel mit Accounts und virtuellen Gegenständen im Internet, Baden-Baden 2010 (zitiert: *Schneider*, Virtuelle Werte)

Schneider, Mathias, WhatsApp & Co. – Dilemma um anwendbare Datenschutzregeln

Problemstellung und Regelungsbedarf bei Smartphone-Messengern, ZD 2014, 231–237

Schricker, Gerhard/Loewenheim, Ulrich (Hrsg.), Urheberrecht, 5. Auflage, München 2017 (zitiert: *Bearbeiter* in Schricker/Loewenheim)

Schulze, Reiner/Dörner, Heinrich/Ebert, Ina/Hoeren, Thomas/Kemper, Rainer/Saenger, Ingo/Schreiber, Klaus/Schulte-Nölke, Hans/Schulze, Reiner/Staudinger, Ansgar (Hrsg.), Bürgerliches Gesetzbuch, Handkommentar, 9. Auflage, Baden-Baden 2017 (zitiert: *Bearbeiter*, in HK-BGB)

Schulze Wessel, Lambert, Die Vermarktung Verstobener: persönlichkeitsrechtliche Abwehr- und Ersatzansprüche, Berlin 2001

Schwab, Dieter, Persönlichkeitsrecht und Erbe, in Damrau, Jürgen/ Muscheler, Karlheinz (Hrsg.), Erbrecht und Vermögensnachfolge – System, Struktur, Vertrag, Festschrift für Manfred Bengel und Wolfgang Reimann zum 70. Geburtstag, München 2012, S. 345–356

Schwartmann, Rolf/Jaspers, Andreas /Thüsing, Gregor/Kugelmann, Dieter, Datenschutz-Grundverordnung. Bundesdatenschutzgesetz, Heidelberg 2018

Seidler, Katharina, Digitaler Nachlass. Das postmortale Schicksal elektronischer Kommunikation, Frankfurt am Main 2016

Dies., Der digitale Nachlass – ein Zwischenstand, NZFam 2020, 141–145

Sernetz, Herbert, Die Rechtsnachfolge in die Verbandsmitgliedschaft insbesondere beim Untemehmerwechsel, Bielefeld 1973

Simitis, Spiros (Hrsg.), Bundesdatenschutzgesetz, 8. Auflage, Baden-Baden 2014 (zitiert: *Bearbeiter* in Simitis)

Sydow, Gernot, Europäische Datenschutzgrundverordnung, 2. Auflage, Baden-Baden 2018

Soergel, Hans Theodor (Begr.), Bürgerliches Gesetzbuch mit Einführungsgesetzen und Nebengesetzen, Siebert, Wolfgang (Hrsg.),

Band 1, Allgemeiner Teil I, §§ 1–103, 13. Auflage, Stuttgart 2000

Band 21, Erbrecht 1, §§ 1922–2063, 13. Auflage, Stuttgart 2002

Sohm, Rudolph, Der Gegenstand, Ein Grundbegriff des Bürgerlichen Gesetzbuches Leipzig, Duncker & Humblot, 1905 (zitiert: *Sohm*, Gegenstand)

Sohm, Rudolph, Vermögensrecht. Gegenstand. Verfügung., ArchBürgR 28 (1906), 173–206

Sohm, Rudolph, Noch einmal der Gegenstand, Jherings Jahrbücher für die Dogmatik des bürgerlichen Rechts, Band 53 (1908), 373–394 (zitiert: *Sohm*, JherbJB 53 (1908))

Solmecke, Christian/Köbrich, Thomas/Schmitt, Robin, Der digitale Nachlass – haben Erben einen Auskunftsanspruch? Überblick über den rechtssicheren Umgang mit den Daten von Verstorbenen, MMR 2015, 291–295

Solmecke, Christian/Schmitt, Robin, Anmerkung zu LG Berlin, Urt. v. 17.12.2015 – 20- o 171/15 ZD 2016, 182–187

Solmecke, Christian/Dam, Annika, Wirksamkeit der Nutzungsbedingungen sozialer Netzwerke – Rechtskonforme Lösung nach dem AGB- und dem Urheberrecht, MMR 2012, 71–74

Specht, Louisa, Ausschließlichkeitsrechte an Daten – Notwendigkeit, Schutzumfang, Alternativen, CR 2016, 288–296

Specht, Louisa/Rohmer, Rebecca, Zur Rolle des informationellen Selbstbestimmungsrechts bei der Ausgestaltung eines möglichen Ausschließlichkeitsrechts an Daten, PinG 2016, 127–132

Spindler, Gerald (Hrsg.), Vertragsrecht der Internetprovider, 2. Auflage, Verlag Schmidt, Otto Köln 2004 (zitiert: *Bearbeiter* in Spindler)

Spindler, Gerald/Schuster, Fabian (Hrsg.), Recht der elektronischen Medien, 3. Auflage, München 2015 (zitiert: *Bearbeiter* in Spindler/Schuster)

Spindler, Gerald/Klöhn, Lars, Neue Qualifikationsprobleme im E-Commerce, Verträge über die Verschaffung digitalisierter Informationen als Kaufvertrag, Werkvertrag, Verbrauchsgüterkauf? CR 2003, 81–86

Stadler, Thomas, Verstoßen Facebook und Google Plus gegen deutsches Recht, ZD 2011, 57–59

Staudinger, Julius von (Hrsg.): Kommentar zum Bürgerlichen Gesetzbuch mit Einführungsgesetz und Nebengesetzen, 13. Auflage, Berlin 1995 ff. (zitiert: *Bearbeiter* in Staudinger)

Buch 1, Allgemeiner Teil, Abschnitt 3. Rechtsgeschäfte, Neubearbeitung 2010

Buch 5. Erbrecht, §§ 1922–1966, Erbrecht, 11. Auflage, Berlin 1954

Buch 5, Erbrecht, Einleitung zum Erbrecht, §§ 1922–1966, Neubearbeitung 2008

Buch 5, Erbrecht, Einleitung zum Erbrecht, Neubearbeitung 2017

Buch 5, Erbrecht, §§ 1968 - 2086, 13. Auflage 1996

Steiner, Anton/Holzer, Anna, Praktische Empfehlungen zum digitalen Nachlass, ZEV 2015, 262–266

Steinrötter, Björn, Vermeintliche Ausschließlichkeitsrechte an binären Codes, MMR 2017, 731–736

Strauß, Jürgen, Kein Recht der Eltern auf Zugang zum Facebook-Account des verstorbenen Kindes, GRUR-Prax 2017, 213–313

Stopfer, Juliane/Back, Mitja/Egloff, Boris, Persönlichkeit 2.0 – Genauigkeit von Persönlichkeitsurteilen anhand von Online Social Network-Profilen, DuD 2010, 459–462

Strubel, Michael, Anwendungsbereich des Rechts auf Datenübertragbarkeit – Auslegung des Art. 20 DS-GVO unter Berücksichtigung der Guidelines der Art. 29-Datenschutzgruppe, ZD 2017, 355–361

Striezel, Julia, Der Handel mit virtuellen Gegenständen, Stuttgart 2010

Strohal, Emil, Das deutsche Erbrecht auf Grundlage des Bürgerlichen Gesetzbuches, Band 1, 3. Auflage, Berlin 1903 (zitiert: *Strohal,* Erbrecht)

Strömer, Tobias, Online-Recht, Rechtsfragen im Internet, 3 Auflage, Heidelberg 2002

Taeger, Jürgen/Gabel, Detlev (Hrsg.), Kommentar zum BDSG und zu den Datenschutzvorschriften des TKG und TMG, 2. Aufl., Frankfurt a.M. 2013 (zitiert: *Bearbeiter* in Taeger/Gabel, BDSG)

Taeger, Jürgen, Datenschutzrecht, Frankfurt am Main, 2014

Ders., Scoring in Deutschland nach der EU-Datenschutzgrundverordnung, ZRP 2016, 72–75

Thiesen, Michael, Daten in der Erbmasse. Der digitale Nachlass zwischen Erbgang und Rechtsdurchsetzung, Frankfurt am Main 2017

Tuhr, Andreas von: Der Allgemeine Teil des Deutschen Bürgerlichen Rechts, Band I, Binding, Karl (Hrsg.), Leipzig 1910

Trump, Steffen S./Wedemeyer, Henning, Handel mit Gegenständen aus Online-Computerspielen, K&R 2006, 397–404

Uhrenbacher, Pia, Digitales Testament und Digitaler Nachlass, Berlin 2016

Ullmann, Eike, Persönlichkeitsrechte in Lizenz? AfP 1999, 209–214

Ders., Coroline v., Marlene D., Eheleute M, – ein fast geschlossener Kreis, WRP 2000, 1049–1054

Ders., Persönlichkeitsrechte in Lizenz? in Beuthien, Volker (Hrsg.), Persönlichkeitsgüterschutz vor und nach dem Tode, Baden-Baden 2002

Unseld, Florian, Die Kommerzialisierung personenbezogener Daten, München 2010

Völzmann-Stickelbrock, Barbara, Schöne neue (zweite) Welt? – zum Handel mit virtuellen Gegenständen im Cyberspace?, in; Festschrift für Ulrich Eisenhardt zum 70. Geburtstag, Wackerbarth, Ulrich/Vormbaum, Thomas/ Marutschke Hans-Peter(Hrsg.), München 2007, S. 327–345 (zitiert: *Völzmann-Stickelbrock* in FS Eisenhardt)

Wandtke, Artur-Axel/Bullinger, Winfried (Hrsg.), Praxiskommentar zum Urheberrecht, 3. Auflage, München 2009

Wandtke, Arthur-Axel, Ökonomischer Wert von persönlichen Daten, Diskussion des „Warencharakters" von Daten aus persönlichkeits- und urheberrechtlicher Sicht, MMR 2017, 6–12

Ders.,/Gerlach, Felix-Tessen von, Die urheberrechtliche Rechtmäßigkeit der Nutzung von Audio-Video Streaminginhalten im Internet, GRUR, 2013, 676–683

Watkins, Asley, Digital Properties and Death: What Will Your Heirs Have Access to After You Die? 62 BUFF. L. REV. 193–235 (2014)

Wellenhofer, Marina, Erbrecht: Digitaler Nachlass, JuS 2016, 653–655

Wemmer, Benedikt//Bodensiek, Kai, Virtueller Handel – Geld und Spiele, K&R 2004, 432–437

Weichert, Thilo, Die Ökonomisierung des Rechts auf informationelle Selbstbestimmung, NJW 2001, 1463–1469

Wiechert, Helmut, Der strafrechtliche Schutz des Briefgeheimnisses, Hamburg 1972

Willems, Constantin, Erben 2.0 – zur Beschränkbarkeit der Rechtsnachfolge in das „digitale Vermögen", ZfPW 2016, 494–512

Windel, Peter, Über die Modi der Nachfolge in das Vermögen einer natürlichen Person beim Todesfall, Heidelberg 1998

Windel, Peter, Personenrechtliche Grenzen der Vertragsbindung, in Butzer, Hermann/Kaltenborn, Markus/Meyer, Wolfgang (Hrsg.), Organisation und Verfahren im sozialen Rechtsstaat.: Festschrift für Friedrich E. Schnapp zum 70. Geburtstag S. 859–871 (zitiert: Windel in FS Schnapp)

Windscheid, Bernhard/Kipp, Theodor, Lehrbuch des Pandektenrechts, Bd. 2, 9. Auflage, Frankfurt am Main 1906 (Neudruck 1984) (zitiert: *Windscheid/Kipp*, Bd. 2)

Wintermeier, Martin, Inanspruchnahme sozialer Netzwerke durch Minderjährige, ZD 2012, 210–214

Wolf, Manfred/ Neuner, Jörg, Allgemeiner Teil des Bürgerlichen Rechts, 11. Auflage, München

2016Wortmann, Florian, Die Vererblichkeit vermögensrechtlicher Bestandteile des Persönlichkeitsrechts, Berlin 2005

Wunderlin, Philipp, Bielajew/Andrzej, Digitaler Nachlass-was geschieht mit unseren „IT-Daten", IPRB 2014, 223–226

Zech, Herbert, Unkörperliche Güter im Zivilrecht - Einführung und Überblick, in Lehmann/Leible/Zech (Hrsg.), Unkörperliche Güter im Zivilrecht, Tübingen 2011, S. 1–5

Ders., Information als Schutzgegenstand, Tübingen 2012

Ders., Daten als Wirtschaftsgut - Überlegungen zu einem „Recht des Datenerzeugers" - Gibt es für Anwenderdaten ein eigenes Vermögensrecht bzw. ein übertragbares Ausschließlichkeitsrecht? CR 2015, 137–146

Ders., „Industrie 4.0" - Rechtsrahmen für eine Datenwirtschaft im digitalen Binnenmarkt, GRUR 2015, 1151–1160

Zerr, Christian, Abgetrennte Körpersubstanzen im Spannungsfeld zwischen Persönlichkeitsrecht und Vermögensrecht, deutsch-französischer Rechtsvergleich über die Zulässigkeit der Kommerzialisierung Köpersubstanzen, Frankfurt u.a. 2003.

Kolibri 360 GmbH
Ferdinand-Jühlke-Straße 7
99095 Erfurt, Deutschland
produktsicherheit@kolibri360.de